普通高等学校财经类核心课程教材系列

管理学原理

Principles of Management

（第四版）

李品媛 编著

东北财经大学出版社
Dongbei University of Finance & Economics Press
·大连·

图书在版编目（CIP）数据

管理学原理 / 李品媛编著. —4版. —大连：东北财经大学出版社，2018.8

（普通高等学校财经类核心课程教材系列）

ISBN 978-7-5654-3228-6

Ⅰ. 管… Ⅱ. 李… Ⅲ. 管理学-高等学校-教材 Ⅳ. C93

中国版本图书馆CIP数据核字（2018）第153376号

东北财经大学出版社出版

（大连市黑石礁尖山街217号 邮政编码 116025）

网 址：http://www.dufep.cn

读者信箱：dufep@dufe.edu.cn

大连东泰彩印技术开发有限公司印刷 东北财经大学出版社发行

幅面尺寸：170mm×240mm 字数：420千字 印张：20.5 插页：1

2018年8月第4版 2018年8月第8次印刷

责任编辑：朱 艳 责任校对：贺 力

封面设计：沈 冰 版式设计：钟福建

定价：42.00元

教学支持 售后服务 联系电话：（0411）84710309

如有印装质量问题，请联系营销部：（0411）84710711

第四版前言

中国实施“十三五”规划的时期，也是中国经济发展面临诸多新问题、新挑战的时期，世界经济局势变化剧烈，充满了不确定性。以美国退出TPP等事件为标志的贸易保护主义势力抬头，地缘政治、经济冲突对区域发展影响不断加大，急剧变化的社会政治、经济态势以及产业、企业所面临的现实，需要管理学与时俱进，不仅能够解释和说明中国企业发展面临的现实问题，也要推动中国管理科学的发展，对世界管理科学的进步作出贡献。正如郭重庆院士所言，中国管理学应从对外来管理文化“照着讲”阶段，走向“接着讲”阶段。

从社会普遍存在的管理活动中概括出来的基本问题和规律构成了管理学的内容。尽管管理的历史久远，但管理学作为一门科学，却十分年轻，仅有几十年的历史。近二十年来，随着中国企业的快速成长，相关研究成果大量涌现，极大丰富了管理学的内容，现在管理学已成为我国各大学经济管理类本科生和研究生的必修课程。当然，管理学的教材也是汗牛充栋，不论是实体书店，还是网络书店，只要简单检索有关管理学的书籍就会出现数十个版本。

我于2005年编写了这本管理学教材，多年的管理学教学实践和为企业服务的经历，使我对这门学科的理解不断加深，认识不断系统化。本教材首推时定位于本科生的教学层面。这些学生的特点是缺少社会阅历，但对未来择业憧憬无限，希望通过结合企业和社会发展现实的课堂学习，系统、扎实地掌握管理学理论知识。之后的每一次修订，这一主旨是不变的。本书是第四版，主要内容体现在以下几个方面：

（1）本书根据定位本科生层面的基本指导思想进行编写。管理学原理作为经管类学生的专业入门基础课，也是学生们进入大学接触的第一门具有专业知识的课程，该课程的教学效果如何不仅直接影响学生对后继专业课的深入理解，也影响学生学习专业课的兴趣。所以，本书的章节编排充分考虑了这些问题。如每章后的案例都是结合本章核心知识精心设计的，选取的企业也是优秀的企业，具有较好的示范效应。再如在介绍一些基本概念时，尽量避免使用过于专业和晦涩的语言，做到通俗易懂，后面附有企业做法或示例，让学生结合实际增加理解。此外，对于重点理论和知识介绍，尽量使用标号，以确保逻辑关系清晰，便于学生识记。

（2）增加了第13章危机管理。危机管理作为管理理论发展的热点越来越得到主流管理学界的认可，这也是近年来我经常讲授的专题。一方面，由于企业所处外部环境变化剧烈，危机发生的概率显著提高；另一方面，由于通信发达，危机造成的负面影响比过去大了许多，危机决定企业的生死存亡。

（3）对章后案例进行了较大幅度的调整。我赞同这样一个观点："没有成功的企业，只有时代的企业。"一方面，增加了近几年在组织变革和企业创新方面有特色且被外界所公认的案例，如海尔的"人单合一"管理；另一方面，收入了在企业发展的转折关头，所采取的一些有争议性的管理制度或模式，如娃哈哈的掌门人宗庆后的"一言堂"领导、万科未来相关多元化发展等。此外，还缩编了原有的两个案例：宜家360管理和日本丰田的生产控制流程，以契合所在章节的核心理论。本次案例调整不仅仅更新内容，也更加注重简化精炼。

（4）本次修订注重阐述较为著名的基本理论，如增加第2章中的现代管理理论发展趋势，介绍管理学中比较有影响的比较管理理论、本土管理理论和后现代管理思潮；增加了激励章节中的XY理论，对一些含义差别不大、缺少中国语境研究的理论予以删减，如删除了激励理论中的ERG理论；增加了11章中的有效激励方法一节。在一些理论阐述和概念介绍后面增加了较多的企业实例，以启发学生的阅读兴趣，扩大信息量，也能更好地体现本书与时俱进的特点。

本书可作为高等院校经济管理类专业主干课教材，也可作为经济理论工作者的参考书或供各级组织的在职管理人员培训和自学使用。

本书在撰写过程中借鉴、参考了国内外一些相关著作和教科书等文献资料，不便一一列举，在此一并致谢。同时，由于本人的学识水平所限，书中不妥之处在所难免，敬希读者不吝赐教。

编著者

2018年5月

目 录

第1章

管理与管理者

学习目标

通过本章的学习，重点掌握管理与管理者的基本内涵；了解管理活动的特点、管理职能、管理的科学性与艺术性的关系；一般了解管理活动与管理学的差异；深刻理解管理者与操作者、管理者与领导者的差异，管理者的角色，成功管理者与有效管理者的异同等。

1.1 管理

在当今社会，管理是我们既熟悉又陌生的字眼。熟悉，是因为我们几乎时刻与之发生联系；陌生，是因为尽管管理就在我们身边，但是要科学地理解管理，有效地开展管理工作却并不是一件简单的事。

1.1.1 管理的含义

管理起源于人类的共同劳动，自古有之。当人们组成群体要达到共同目标时，就必须有管理，以协调群体中每个成员的活动。在现代社会，管理活动作为人类最重要的一项活动，广泛地存在于社会生活中，如国家、军队、企业、学校、医院、慈善机构等。由于现代社会的发展离不开管理，因此，就有必要了解什么是管理，为什么要进行管理活动，怎样才能有效地开展管理活动。

1）什么是管理

对于管理，人们从不同的角度出发，有着不同的理解。从汉语词典来看，管理一词是“管辖”“处理”的意思，但在管理活动中，管理的含义远非如此，是在“管辖”“处理”的基本含义基础上延伸出的更为广泛的意义。

管理学界对于管理概念的认识，至今仍未有一个公认和统一的解释。多年来，西方许多管理学者从不同的研究角度，对管理的概念做出了不同阐释。古典管理理论的代表人物、科学管理的创始人F.W.泰罗认为：管理是确切知道要别人干些什么，并使他们用最好、最经济的方法去干。管理理论创始人之一、法国的亨利·法约尔则将管理定义为：计划、组织、指挥、协调和控制。法约尔对管理基本思想的阐述反映在后来许多管理学家给管理所下的定义中。

20世纪50年代以来，随着社会生产的不断发展，人们对管理的认识又进一步拓展。美国管理学家赫伯特·A.西蒙认为：管理就是决策，而马丁·J.坎农则认为：管理是一种为取得、分配并使用人力和自然资源以实现某种目标而行使某些职能的活动。美国的小詹姆斯·唐纳利等人又把管理定义为：管理就是一个人或更多的人来协调他人的活动，以便收到单个人单独活动所不能收到的效果而进行的各种活动。

当代管理过程学派的代表、美国管理学家哈罗德·孔茨把管理定义为：管理就是设计和保持一种良好环境，使人在群体里高效率地完成既定目标。斯蒂芬·P.罗宾斯对管理的定义是：管理是一个协调工作活动的过程，以便能够有效率和有效果地同别人一起或通过别人实现组织的目标。

随着管理研究范围的不断扩大，各相关学科的研究成果日益丰富，人们对管理概念的认识更加宽泛。有人从系统论角度出发，认为管理就是对整个系统运动、发展、变化有目的、有意义的控制行为；有人从信息论的角度出发，认为管理就是信息不断输入、输出和反馈的过程。现代管理大师彼得·德鲁克则认为管理是一种器官，是赋予机构（工商企业）性命、能动、动态的器官。没有机构就不会有管理。但是，如果没有管理，那也就只会有一群乌合之众，而不会有机构。对于管理的概念的种种不同认识，我们还可以列举出很多，这些不同认识从不同的侧面揭示了管理的含义，或是深化了管理在某一方面的属性，这对管理理论的发展是有益的。

综上所述，我们认为管理是指管理者在特定的环境下，对组织的各类资源进行有效的计划、组织、领导和控制，使组织成员高效率地实现既定目标的活动过程。这一定义包含以下几层意思：

（1）管理是为实现组织目标服务的，是一个有意识、有组织的群体活动过程。所以，管理的基本原理适用于一切组织。不论是营利性的工商企业或是非营利性的群体组织，如学校、医院、科研单位、政府机关、军队或慈善救济会等。虽然不同组织可能需要不同的管理技术和管理方法，但是管理的基本原理却是相同的。

（2）管理过程是由基本职能构成的，这些基本职能包括计划、组织、领导和控制。各级管理者都要通过计划工作、组织工作、领导工作和控制工作来确定组织目标，创造一种良好的环境，使组织成员高效率地实现既定目标。

（3）管理的对象是组织的各类资源。管理的有效性集中体现在组织资源的投入、产出的比较上。所以，管理者都必须把提高效益作为管理目标。营利性的组织固然要讲究效益，追求盈利，但非营利性的组织，如事业单位、政府机关等，也必须力争完成预期目标，投入的资源（人、财、物）越少越好，或者以现有的资源完成更多的工作。而要提高效益，就必须提高工作效率。任何一个组织要想留住并引导该组织的成员高效率地工作，应使组织成员明确实现组织目标与实现个人目标是一致的，同时要满足组织成员各种合理的物质需要和精神需要，通过提高组织成员的满意度来激发员工的工作热情。

（4）管理活动是在一定的环境背景下进行的。管理者应善于发现环境给组织提供的机会和带来的威胁。管理者绝不是在一个孤立、封闭的组织内开展管理活动的，而是在一个开放的、与外界有千丝万缕联系的组织中进行管理活动的。管理者要适应外部环境的变化，并能充分利用外部环境提供的各种机会。这一方面要求组织为创造优良的社会物质和文化环境尽其“社会责任”；另一方面管理的方法和形式要因环境条件的不同而改变。

2）为什么要管理

（1）管理是人类社会最基本、最重要的活动之一。人类社会活动需要管理古来有之。人类自远古时代群居群猎时起，就知道“合群”抵御危险、征服自然。显然，其“合群”的目的无非是集结个人的力量，发挥集体的更大作用。要实现这一目的，在人类这种群体的“组织”中，就存在着合作、协作或协调的问题，这就是管理。所以，管理是伴随着组织的出现而产生的，是协作劳动的必然产物。

在现实生活中，我们每一天都会发生与管理相关的事情或活动，如果我们的管理工作做得好，事情的进展就会比较顺利，活动也有效率，一切都在按部就班地进行，这时人们往往意识不到什么问题。但是当管理工作不到位或组织混乱时，你的感受却十分明显。例如，通知你去交水费时，却发现水费计价有问题，而供水公司却无法立即解决，只能将错就错。你向航空公司订票，讲清是要后天动身，送票员却给你送来了明天的机票。美国IBM公司创始人托马斯·沃森曾经用一个故事生动地说明了管理在社会生活中的作用。一个男孩子在穿一条长裤时，发现裤子长了一些，于是他请奶奶帮忙将裤子剪短一点。可奶奶说，她现在太忙，让他去找妈妈，而妈妈则回答他，今天她已经同别人约好去打桥牌。男孩子又去找姐姐，但是姐姐有约会。时间已经很晚了，这个男孩非常失望，他怀着担心明天穿不上新裤子的不安心情入睡了。奶奶忙完家务事，想起了孙子的裤子，就拿剪刀将裤子剪短了一些；姐姐约会回来心疼弟弟，也把裤子剪短一点；妈妈打完桥牌回来后又把裤子剪去一截。结果想剪短一下长裤却将其剪成了短裤，这就是缺乏管理协调的结果。所以，大到一个国家，小到一个家庭，管理时刻存在于我们的生活中。

（2）管理促进了人类社会的进步、科技的发展。人是社会的产物，人类的社会活动需要组织起来进行，它包括人类活动的各个方面，如文化、教育、科研、政治、军事等，而要使组织起来的活动顺利进行就必须要管理。

管理活动对于人类社会的重要性是随着社会经济的发展和组织规模的不断壮大而日益显著的。如果说早期的组织实施的只是简单的、粗放的管理，那么时至今日，随着社会生产力的发展，科学技术的日新月异，人类社会有组织的活动规模越来越大，协作的范围越来越广，管理也越来越向精细化、科学化方向发展，管理的地位也日益突出和重要。世界上一些著名的管理学家和经济学家将管理看作推动人类社会进步、科技发展的催化剂或原动力，同土地、劳动和资本并列成为社会的“四种经济资源”，同人力、物力、财力和信息一起构成组织的“五大生产要素”。也有人将管理、技术和人才的关系比喻为车子的“两个轮子一根轴”，作用极为重要。

在现代社会，管理对人类社会进步、科技发展的促进作用主要是通过对现有资源最充分的利用体现的。管理科学的发展、管理水平的提高，既是人类社会进步、科学技术发展的结果，同时也促进了社会的发展、科学技术的进步。正如上面所言，人们把科技和管理比作推动社会进步的两个轮子，但是这两个轮子的作用是不同的，科技固然提供动力，使历史的车轮转动得更快，但管理不仅影响，甚至决定把科技成果转变为这种动力的可能性和速度，而且决定整个历史车轮转动的方向。所以，管理这个轮子是起决定作用的。

（3）管理活动有助于提高组织的效率。任何组织都离不开管理活动，组织的成长和发展都与管理活动的有效性息息相关，到了近代，管理的这种影响力越发显著。

20世纪80年代，美国的邓白氏公司对管理与企业运营关系系统研究后发现，美国企业失败的原因大多都是管理方面的问题，见表1-1。

表 1-1 美国企业失败原因调查

原因	占比 （%）
企业管理者无能	44
缺乏管理经验	17
经验失衡	16
缺乏行业经验	15
疏忽	1
欺诈或灾害	1
原因不详	6

资料来源 徐子健.管理学［M］. 北京：对外经济贸易大学出版社，2002.

由此可见，企业经营失败，有90%以上的原因与管理相关。该项调查尽管已经过去了几十年，但仍然具有现实意义。不能否认，在特定的市场条件下，一些企业虽然经营管理水平低下，也可能会出现短时期的繁荣，但要打造百年企业，一定是有战略高度、在管理上具有独到之处的企业。

在现代社会，随着社会生产规模的不断扩大，管理活动对组织的重要性愈加突出，与管理活动相关的工作岗位也日益增多。美国劳工统计局统计，到2008年，经理、行政人员和管理性职位增加了10%～20%。2013年，海尔由传统的组织变成网络型平台组织之后，两年间裁减2.6万人。当今，随着互联网与我们的生活更加紧密，社会环境变化更加迅速，企业运营的不确定性和复杂性显著增加，管理者也面临着新的挑战，需要运用更高的管理智慧，不断解决企业发展的新问题。

1.1.2 管理的特性

管理活动是社会活动的重要组成部分，对于管理活动的认识，主要是了解管理的特性。管理具有以下属性：

1）管理的自然属性和社会属性

（1）管理的自然属性

管理的自然属性和社会属性也被称为管理的二重性。通常，我们把上述管理的指挥劳动称为管理的自然属性。而管理中的监督劳动被认为是社会属性。了解管理的自然属性和社会属性可以使我们更好地了解管理的特性。

“指挥劳动”：凡是有许多人进行协作的劳动，其过程的联系和统一都必然要表现在一个指挥的意志上。这种管理活动是同生产力直接相联系的，是由共同劳动的社会化性质决定的，是进行社会化大生产的一般要求和组织劳动协作过程的必要条件，这种必要性随着生产力的发展、生产社会化程度的提高而增加，由此产生的管理职能，即一般职能就是合理组织生产力。为了实现这种管理职能而形成的管理技术和方法是由生产力发展水平所决定的，它不会因生产关系或社会制度的改变而变化，表现了管理的自然属性。因而它是管理的一般属性，体现了在任何社会制度中管理的共性。

（2）管理的社会属性

“监督劳动”：这种管理活动是同生产关系直接相联系的，是由共同劳动所采取的社会结合方式的性质决定的，是维护社会生产关系和实现社会生产目的的重要手段。管理要体现生产资料所有者的意志，维护所有者的利益，为巩固和发展一定的生产关系服务，从而表现管理的社会属性。管理的社会属性，主要取决于生产关系的性质，并随着生产关系性质的变化而变化，因而它是管理的特殊属性，在不同的社会生产关系条件下表现出管理的个性。

2）管理的科学性和艺术性

在管理学界，对于管理科学性和艺术性（实践性）一直是有争议的。坚持管理实践性的观点认为，经典的管理理论都来自于管理实践。在人类的远古时代，管理科学并不发达，但却诞生了人类最伟大的奇迹，如中国的万里长城、埃及的金字塔等。坚持管理科学性的观点认为，管理实践活动是有规律可循的，人的管理技能也是可以通过学习和训练提高的。我们认为管理既有科学性，也有艺术性。

（1）管理的科学性

①管理具有系统性。管理过程中发生的各种现象不是孤立的存在和表现的，是有其活动的客观规律的，人们经过长期的经验总结和理论升华，已形成了一整套反映管理过程客观规律的、合乎逻辑的理论体系以及管理的方法与技术。管理者可以运用这些理论、方法和技术解释管理工作中过去和现有的变化，并根据其运行规律预测未来的变化。

②管理方法具有科学性。管理的基本理论和方法像其他科学领域的理论和方法一样，是可以通过课堂传授或阅读而掌握的知识，并且是可以用来指导管理实践的。早在管理理论形成的初期，古典管理理论的创始人亨利·法约尔就指出：管理能力也应该像技术能力一样首先在学校里，然后在车间里得到。20世纪以来，西方发达国家兴办各类管理学校，培养出了大批管理人才。这些人才在管理实践中运用所学知识取得了举世公认的成绩，成为促进社会进步的一种力量。

③管理已经形成了完整、独立的学科。管理领域的各种研究成果和多种研究方法使管理科学不断发展进步。第二次世界大战结束后，学科发展速度最快、分支最多的就是经济管理研究领域。20世纪后期，管理学的发展完善性还体现在能够系统地兼收并用其他相关学科的研究成果、理论知识和分析方法，如心理学、社会学、系统科学、哲学、经济学等。

（2）管理的艺术性

①管理需要不断提高升华。任何组织成功的管理模式或制度都不能被简单地模仿或复制，需要管理者在管理活动中不断摸索总结，不断创新变革。在不同管理场景发生的事件都需要采取不同的管理方式或方法加以解决。2010年，日本航空公司陷入绝境，申请破产，日本政府请78岁高龄、曾缔造两家世界500强企业——京瓷集团和日本电信运营商的稻盛和夫出山，仅两年多，日航就起死回生。同样遇到经营危机，美国柯达公司陷入困境时，也曾采取换人、注资、调整主营业务等多项

措施，可最后还是破产了。

②管理活动的核心是管理者。管理的各项工作是以人为核心的，而人的心理素质和行为方式各不相同，最显著的是管理活动中表现的每个人不同的个性风格。管理强调的是管理人员必须在管理实践中发挥积极性、主动性和创造性，利用个人的智慧、知识和经验，因地制宜地将管理理论与具体的管理活动相结合，实现有效的管理。

③管理活动中的影响因素是不断变化的，不仅有确定的因素，还有非确定的因素；不仅有相对稳定的因素，还有突发性、偶然性的因素。这种影响因素的复杂多变，就决定了进行管理不仅要制定具有普遍意义的科学原则，运用能解决规律性问题的科学方法，而且还要有随机应变的能力和灵活发挥的艺术。如果不考虑具体情景，生搬硬套管理理论和原则，就不会达到管理的最佳效果。

④管理具有实践性。仅仅学习书本上的管理理论，能熟记管理的原理与原则是不可能成为成功的管理者的。成功的管理者必须善于在实践中应用管理理论，善于发现问题，总结经验，并通过实践创造和发展管理理论。正如人们把文学、音乐和绘画创作叫作艺术一样，如果作家、音乐家和画家不懂得有关理论或者只懂得有关理论而没有创造性是绝对不会有好作品的。所以，最富有成效的艺术家总是对他所依据的有关理论有较高的造诣，并能在实践的创作中创造性地运用这些理论。

但是，管理的科学性和艺术性并不是相互对立、相互排斥的，而是相互补充、相互印证的。管理理论和管理艺术研究的都是管理实践，不同的是：管理理论研究的是管理活动中普遍的、必然的规律性；管理艺术研究的是在具体情景中管理活动的特殊性和随机性。所以，管理理论和管理艺术都是管理学的有机组成部分，二者缺一不可。

3）管理的普遍性和特殊性

（1）管理的普遍性

①管理活动存在于人类社会的各个层面。管理是人类最近、最重要的活动之一，它广泛存在于社会生活的各个领域，包括国家、军队、政府、企业以及家庭和社区等。

②管理活动体现在组织的各个层面。组织作为社会活动的基本单元，通过有效管理提高服务效率和产出效益，是十分重要的。因此，无论哪一层次的管理者都是通过计划、组织、领导和控制职能实现组织目标的。

③可以从一般管理活动中，总结和发现规律，这些规律具有共同性，在某种程度上具有普世价值。例如，企业效益与其经营规模并不完全成正比。

（2）管理的特殊性

①管理目标的特殊性决定了管理内容和管理方法的差异性，不同的组织追求不同的目标，如：学校组织的目标是教书育人；医院组织的目标是治病救人；军队组织的目标是保卫国家；企业组织的目标是创造产品，提供服务。

②虽然管理理论对于管理实践具有普遍的指导意义，但是，管理活动的目标和

管理环境是不同的，没有完全照搬就能成功的管理模式。管理活动中的各类影响因素是不断变化的：不仅有确定的因素，还有非确定的因素；不仅有相对稳定的因素，还有突发性、偶然性的因素。影响因素的复杂多变决定了管理不仅要有普遍意义的科学原则，运用能解决规律性问题的科学方法，而且还要有随机应变的能力和灵活发挥的特点。如果不考虑具体情景，生搬硬套管理理论和原则，就不会达到管理的最佳效果。

管理的特殊性，还在于管理本身是一种不断变革、不断创新的社会活动。通过管理的变革，推动社会和经济的发展，在一定条件下，还可以创造新的生产力。没有管理的创新，就没有成功的管理。目前，中国出现的管理理论本土化热潮就是管理创新的体现，也是管理特殊性所在。

1.1.3 管理活动与管理学

1）管理活动

管理活动发生在社会的各个层面，既可以是社会层面，也可以是组织层面，甚至是个人和家庭层面，但一般意义上的管理，通常是指组织层面的。管理活动又是一个持续不断的过程，具有多样性、短暂性和不连续性的特点。因此，了解管理活动需要把握以下内容。

（1）管理活动是以组织为载体的

管理是人类一种有意识、有目的的活动，具有明显的目的性。但管理的目的性必须通过某一组织的活动才能有效实现。管理活动的这一特征，是我们区别自然界和人类社会中那些非管理活动的重要标志。凡是盲目的没有明确目的的活动，都不能称其为管理活动。那些纯属于由生理功能驱使，无意识的本能活动，如动物的群体活动，不能称其为管理活动。此外，某个单个成员或管理者的目的，也不是管理的目的。由于单个成员或管理者的目的，难以形成协作意愿，因此，只有一个组织的共同目的，才是管理的目的。在实际工作中，管理的目的往往具体表现为管理的目标，所以，组织的目标就是任何一个组织管理的出发点和归宿点，也是评价管理活动的基本依据。

管理的“载体”就是“组织”。因为，无论从改造自然或改造社会的任务来看，个体的能力都是有限的，个体的无序组合也是不能发挥作用的。因此，现实社会普遍存在着两个或两个以上的人组成的、为一定目标而进行协作活动的集体，这就形成了组织。显然，组织是社会生活中广泛存在的现象。同时，对任何性质、任何类型的组织都要保证组织中的各种要素合理配置，从而实现组织目标，这就需要在组织中实施管理。所以，“组织”是管理的“载体”，管理是组织中必不可少的活动。

（2）管理活动强调效率和效果

管理活动需要各种资源的投入，如人力、财务、物质和信息等，管理者的职责就是将各种不同的资源加以组合和协调，用最小的投入，达到最大的产出，以实现组织的目标。所以，管理活动的效率就是指以尽可能少的投入获得尽可能多的产出。任何组织生产活动中，都需要消耗各种资源，如资金、人力、物力和信息等，而产出是经营过程的结果，如合格的产品和有效的服务。只有通过管理，实现了低投入，高产出，企业组织才能可持续发展，具有竞争力。

但仅有效率还是不够的，还要评价管理目标，也就是关注效果。管理活动有助于组织达成目标，即管理效果。所以，管理效果是指实现组织目标的程度。管理学家斯蒂芬认为，效率是指“正确地做事”，效果是指“做正确的事”。

（3）管理活动不同于作业活动

管理是同作业完全不同的概念，管理工作的内容也不同于作业工作。但在各类组织中，管理活动与作业活动经常发生混淆或相互替代。这不仅会影响管理职能的发挥，还会降低组织的作业效率，影响组织绩效。

①管理活动和作业活动并存于一个组织之中，这是由组织的特点以及实现组织目标的要求决定的。直观上看，组织活动的成效性往往是通过作业活动效率的高低体现出来的，这是人们重视作业活动的重要原因。但是如果没有有效的管理协调，作业活动的效率和质量会大大降低。

②管理活动与作业活动的完成者并不是完全分开的。在各类组织中有许多的管理人员也经常完成一些作业工作。例如，一些企业的基层管理者——作业的班组长，既有组织上分配的作业任务，又要协调他所在的班组成员，上司对他的考核指标常常是二者都有。在一些企业高层管理者也可能从事一些作业活动，如：医院院长有时也做外科手术；学校校长也定期授课，带研究生等。这会进一步混淆管理职能和作业工作的概念。如果不能将二者所扮演的角色很好地区别或互补，就会弱化管理职能，甚至使管理人员陷入作业的具体工作中。

③组织中的作业活动一般是有特定的任务或定额的，这是从事作业人员不容忽视的，而管理工作的检验和规范都比较困难，主要是伴随着作业任务的完成或为保证作业任务的完成的非定型化的行为或协调，常常为管理者本身所忽视。如果说作业工作是显性的话，那么管理活动常常是隐性的，而隐性的东西发挥决定性的作用。

2）管理学

（1）管理学的概念

管理学是研究管理活动过程及其规律的科学，具体地说，是以研究企业组织管理活动为对象的科学。管理学的形成和发展有以下特点：

①管理出现的历史悠久，但管理学却是一门新兴的科学。管理形成系统化的理论知识，成为管理学是在20世纪初开始的，一般认为是以管理大师、工程师出身的泰罗《科学管理原理》（1911年）一书的问世为标志。所以，管理学是随着近现代工业不断发展而出现的新兴科学，有着百年的学科发展历程。

②管理学是管理实践的科学总结。管理是一个实践性很强的社会活动，研究管

理活动中的一般规律，不能闭门造车，更不能脱离各类组织运行的现实状况。管理学是为管理者提供从事管理活动的理论、原则和方法的实用性学科，这些共同的理论、原则和方法，是实践经验的总结和提炼。同时，管理的理论只有和管理实践结合起来，才能真正发挥这门学科的作用。也就是说，管理科学的研究只有来源于实践，服务于实践，才具有生命力，才能不断发展。正因为如此，管理学的奠基人如泰勒、法约尔等人不仅是管理大师，也是企业组织的管理者和领导者。

③管理学也是多学科交叉发展的产物。管理学的许多研究成果是近现代科学发展所带来的，如建立在社会学基础上的团队管理理论；借鉴心理学科发展成果所提出的领导行为理论以及随经济学、系统科学发展所形成的管理理论等。有的学者认为管理学是跨自然科学、社会科学和工程技术各领域，适用性较强的综合学科。

（2）管理学的研究对象

许多管理大师对于管理的论述，也可以理解为对管理学研究对象的表述，如：哈罗德·孔茨认为管理学的研究对象是经营理论和管理科学；詹姆斯·H.康纳利认为管理学的研究对象是有限资源的管理；斯蒂芬·罗宾斯认为管理学的研究对象就是管理；罗纳德·科斯明确指出，管理学的研究对象就是管理，不包括经营。

鉴于以上学者对管理学研究对象的表述，本书认为管理学是以企业组织角度，研究一般管理活动的普遍规律、基本原理和一般方法的科学。管理学的研究对象就是管理活动本身，管理活动的基本规律包括在计划、组织、领导、控制等职能基础上形成的领导与管理者行为规律，生产流程运作规律，资金流、信息流规律等。管理活动的基本关系包括：管理者与管理对象的关系；组织内部指挥链关系；组织的协作关系；组织中人、财、物、信息和技术关系等。此外，还包括管理学的诸多研究方法。

管理学是研究管理活动中的共性原理和基础理论。它是从一般原理和一般方法的角度对管理活动和管理规律进行研究的，适用于各类组织，如工厂、学校、科研机构、政府、军队、社会团体、服务机构等。组织为了实现既定目标和使命，都需要通过一系列的管理职能，如计划、组织、领导和控制等合理组织生产力、协调各种关系。

管理学有别于其他更为细化的管理学科，如工业企业管理、生产管理等。管理学不是其他专门管理学的简单相加，而是对它们的概括、抽象、综合和提炼。因而，管理学属于基础性的学科。

（3）管理学的研究方法

方法分为具体方法、基本方法（一般方法）和哲学方法三个层次。它们相互联系，共同构成一个有机的科学体系。具体方法是指指导具体实践活动、解决具体实践问题的方法，属于基本层面。在管理学中有计划法、决策法、控制方法等；基本方法或一般方法是指从各种具体方法中概括归纳出来的带有普遍性的方法，如法律方法、经济方法、行政方法等；哲学方法是关于管理的世界观和方法论，是人们认识和改造管理活动的总方法，如辩证法、认识论等。

管理方法是指在管理实践中为达到管理目标，确保管理活动顺利展开所采取的途径、策略手段等。主流管理学派认为，管理方法是将管理知识、哲学思维、管理原则、创新精神等与管理实践联系起来的桥梁和通道，是管理理论的延伸，是实现管理目的的途径和手段。从本质上讲，管理方法也是一种实践知识、一种哲学思维方式。

具体地说，管理学的研究方法主要有以下内容：

①观察研究法，是为了解管理中某一事物的特征及变化规律而采取的实地观察的方法。不只是观察事物的现象，而主要是透过现象看到本质，运用分析、综合、抽象等逻辑方法，总结实践经验。

②比较研究法，是指对彼此有某种联系的事物加以对照，确定对象之间异同点的方法。通过对不同的“管理现象”或类似的事物进行比较，用以鉴别它们相互之间的异同，分辨出管理问题的一般性和特殊性，

③历史研究法，是指从管理历史发展的进程中，不断总结实践中得出的管理经验或已形成的管理理论加以系统研究，从中找出规律性的东西，寻求具有重要意义的管理原则、方式和方法的方法。

④调查研究法，是指通过访谈、问卷调查、座谈会等，了解管理问题，分析成因，进行诊断，提出对策的方法。调查研究法是管理活动最常用的、最重要的方法。

⑤案例研究法，是指通过对典型的管理案例进行分析、讨论，将研究者置身于模拟或真实的管理情境中，从中总结出管理经验、方法和原则，以此指导实践的方法。

⑥实验研究法，是指有目的地在设定的环境条件下认真观察研究对象的行为特性，并有计划地变动实验条件，反复观察实验对象的行为特征，通过实验资料的分析、综合和归纳，从而揭示管理的规律、原则和艺术的方法。

1.1.4 管理的职能

管理的职能就是管理者为了有效地管理必须具备的功能，或者说管理者在执行其职务时应该做些什么。

最早对管理的具体职能加以概括和系统论述的是管理过程学派的创始人法约尔。他在1916年出版的《工业管理与一般管理》一书中指出，管理就是实行计划、组织、指挥、协调和控制。法约尔对管理职能的论述，形成了自己的学派，被称为“五功能学派”。后来许多管理学者又从不同的角度、用不同的语义对管理职能进行了阐述，出现了不同的学派。但从总体上看，各学派只是表述繁简不同，并没有实质上的差异（见表1-2）。

表 1-2　　**不同学者对管理职能划分一览表**

年份	管理职能的划分 / 代表人物	计划①	组织	指挥②	协调	控制③	激励④	人事	调集资源	通信联系⑤	决策	创造革新
1916	法约尔	○	○	○	○	○						
1934	戴维斯	○	○			○						
1937	古利克	○	○	○	○	○		○		○		
1947	布　朗	○	○	○		○			○			
1947	布雷克	○			○	○	○					
1949	厄威克	○	○			○						
1951	纽　曼	○	○	○	○	○			○			
1955	孔　茨	○	○			○		○				
1964	艾　伦	○	○			○						
1964	梅　西	○	○			○		○			○	
1964	米	○	○			○	○			○	○	○
1966	希克斯	○	○			○	○			○		
1970	海曼和斯科特	○	○			○	○	○				
1972	特　里	○	○			○	○					

注：○表示各代表人物所列举的各项管理职能。

①计划包括计划、预测。

②指挥包括指挥、命令、指导。

③控制包括预算控制。

④激励包括鼓励、促进。

⑤通信联系包括报告。

由表 1-2 可见，在法约尔之后，众多有影响的管理学家都没有再把协调作为一项管理职能。这主要是基于协调是管理的实质，其他各项职能均有协调的作用，因而不应将其作为一项独立的管理职能。20 世纪 30 年代以后，人际关系学说兴起，人们在管理中从重视技术研究转向重视对人的研究，因而古利克等人把人事、激励、通信联系等作为管理职能。以后西蒙和马奇等创立了决策理论，强调决策在管理中的作用，又把决策从计划职能中分出，列为一项管理职能。由于新技术革命浪潮的冲击，为了突出创造和革新在管理中的作用，一些学者，如希克斯等人将创造和革新作为一项管理职能。总之，随着社会发展的不断进步，人类对于管理的认识也在不断提升、发展，对管理职能的诠释也不断丰富和深化。

1）计划职能

计划是对未来活动如何进行的预先筹划。人们在从事一项活动之前，都要预先进行计划，以确保行动的有效。计划职能指的是管理者对要实现的组织目标和应采取的行动方案做出选择和具体安排，包括明确组织的使命，分析外部环境和内部条件，确定目标，制订战略和作业计划，制定决策程序等。由于任何管理活动都是从计划开始的，因此，计划是管理的首要职能。正确发挥计划职能的作用，有利于组织活动适应市场需要和环境变化；根据组织的竞争态势，对生产经营活动做出统筹安排；有利于组织正确地把握未来，对付外部环境带来的不确定性，在变动的环境中稳定地发展；有利于使全体员工将注意力集中于组织的目标；有利于对有限的资源进行合理分配和使用，以取得较好的效益。

2）组织职能

组织职能是指管理者根据计划对组织活动中各种要素和人们的相互关系进行合理的安排，包括设计组织结构，建立管理体制，分配权力和资源，配备人员，建立有效的信息沟通网络，监督组织运行等。组织工作是计划工作的延伸，其目的是把组织的各类要素、各个部门和各个环节，从劳动的分工和协作上、从时间和空间的连接上、从相互关系上，都合理地组织起来，使劳动者之间和劳动工具、劳动对象之间，在一定的环境下形成最佳的结合，从而使组织的各项活动协调有序地进行，不断提高组织的活动效率。

3）领导职能

每一个组织都是由人组成的，管理者的主要任务之一是指导和协调组织中的人，这就是领导。所以，领导是指利用组织赋予的权力和自身能力去指挥和影响下属为实现组织目标进行各种活动的过程。领导职能是指管理者带领、指挥和激励下属，选择有效的沟通渠道，营造良好的组织氛围，以实现组织目标的过程。有效的领导要求管理者在合理的制度环境中，针对组织成员的需要和行为特点，运用适当的方式，采取一系列措施去提高和维持组织成员的工作积极性。下属一般愿意服从那些能理解其思想和行为并且能满足其需要的领导者，所以，领导者职能包括运用影响力、激励和沟通等。

4）控制职能

控制职能是为了确保组织目标以及保证措施能有效实施，管理者要对组织的各项活动进行有效的监控以及纠偏的过程。因此，这里的控制职能既是为了保证系统按预定要求运作而进行的一系列工作，也是管理者在建立控制标准的基础上，衡量实际工作绩效，分析出现的偏差，并采取纠偏措施的过程。其具体内容包括根据计划标准，检查和监督各部门、各环节的工作，根据组织内外部环境的变化，对计划目标和控制标准进行修改或重新制定。控制职能与计划职能密不可分，计划是控制的前提，为控制提供目标和标准，没有计划就不存在控制；控制是实现计划的手段，没有控制，计划就不能顺利实现。

5）管理职能之间的辩证关系

通过对管理职能的划分，为研究管理问题提供了一个理论框架或理论体系。有关管理的概念、理论、原则、方法和程序都可以按照不同的管理职能而加以分类归纳并予以系统论述，从而为研究与学习管理学提供了便利的工具。但是，这并不意味着这些职能是互不相关而孤立存在的。虽然每一种管理职能均侧重于整个管理工作的某一方面，但却与其他的职能密切相关。管理的四项职能是相互联系的，它们既相互依存，又各自发挥其独立作用。计划职能是管理的首要职能，没有计划，组织、领导、控制都无从谈起；但没有组织、领导和控制，计划也不能有效落实，特别是控制职能，能对前三项职能的有效实施起很好的反馈作用。

此外，虽然组织中所有管理者都要执行管理的四项基本职能，但处于不同层次的管理者在这四项职能上耗费的时间是不一样的。一般来讲，管理者所处的职位不同，对不同管理职能的关注和时间分配也有较大的差异。例如，高层管理者要花更多的时间来考虑组织的发展战略和整个组织的设计，而基层管理者则要更多地考虑如何激励下属的工作设计。如果管理职位晋升，那么管理者可能从事更多的计划工作和更少的直接领导工作，见表1-3、图1-1。

表1-3　组织中不同层次的管理者每种职能的时间分布

管理职能 / 时间分布 / 管理者	计划	组织	领导	控制
高层管理者	28%	36%	22%	14%
中层管理者	18%	33%	36%	13%
基层管理者	15%	24%	51%	10%

资料来源　罗宾斯.管理学［M］. 毛蕴诗，译.北京：中国人民大学出版社，1997：13.

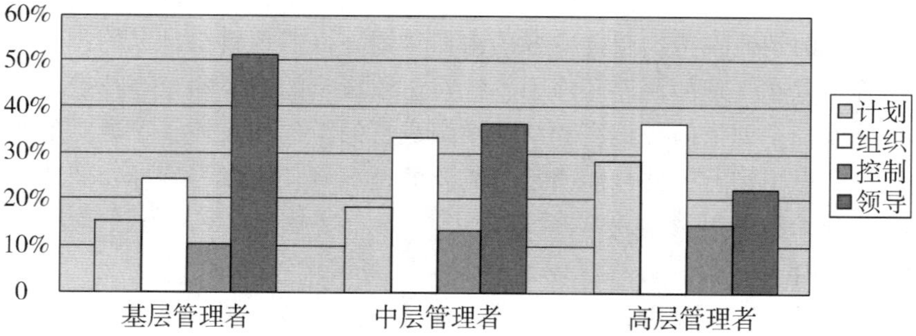

图1-1　处于组织不同层次的管理者每种职能的时间分布

从管理职能划分的演变看，计划、组织和控制是各管理学派公认的管理职能，而领导的作用在现代管理中日益突出，所以，本书按计划、组织、领导和控制等四个职能来组织管理学的内容。至于每一项职能的具体内容将在各章中详细论述。

1.2　管理者及其技能

1.2.1　什么是管理者

对管理者的理解也如同管理一样，对其定义的表述争论较大。在管理实践的早期，管理者被定义为“对其他人的工作负有责任的人”。管理大师彼得·德鲁克认为：管理者并不是由他的权力和职位所界定，称其为管理者的真正理由，在于他对组织贡献的责任。

我们认为，随着管理职能和管理环境的变化，特别是组织中工作性质的变化，管理者与非管理者的界限也进一步模糊，许多传统的职位现在都包括了管理的性质特点，尤其是在团队中。因此，对管理者进行简单的定义和理解使我们很难从本质上把握管理者的内涵。

根据我们对管理含义的理解，管理者是指通过协调他人的活动以实现组织目的的人。具体地说，就是在组织中执行计划、组织、领导和控制职能的人。虽然这些人有时也要完成一些具体工作，但是他们的主要职责是制定整个组织或分支机构的目标，并创造出一种能诱导其他人参与工作的良好环境，有效率地实现组织目标。

正像管理不同于作业和创新活动一样，在管理活动中，管理者也不同于操作者和领导者。

（1）管理者不同于操作者。操作者是指组织中直接从事具体实施和作业工作的人。例如，汽车装配流水线的装配工人、餐厅中制作菜肴和食品的厨师、商业卖场的售货员、学校中授课的教师、医院中为病人看病的医生等。这些人处于组织中的最基层，被称为作业层，不具有监督指挥他人的职责。而管理者之所以被称为管理者就是通过协调他人的活动实现组织的目的。没有对他人的管理就不能称为管理者。但是在许多组织中，一些管理者，特别是基层管理者常常把自己等同于操作者，有些情况下是由于企业的基层管理者本人也完成既定的操作任务，也有些情况是由于中高层管理者不定期地从事一些作业活动，如医院院长为病人做手术等。如果不能很好地处理二者的关系，特别是高层管理者经常事必躬亲地去做具体工作，必然会忽视自己的本职工作——管理协调，这会影响管理者作用的发挥，或是将管理者等同于操作者，因而降低了组织的运行效率。

（2）管理者不同于领导者。管理者是在组织中通过协调别人来完成工作的，管理者一定是在特定的组织中而言的，没有组织就谈不上管理者。而领导者不同，领导是指一种影响群体实现目标的能力。领导者既可以产生于正式的组织中，也可以来自于非正式的组织中。哈佛商学院的学者亚伯拉罕·扎莱兹尼克指出，管理者和领导者是两类完全不同的人，他们在动机、个人历史及想问题、做事情的方式上存在着差异。他认为，管理者如果说不是以一种消极的态度，也是以一种非个人化的态度面对目标的；领导者则以一种个人的、积极的态度面对目标。管理者倾向于把工作视为可以达到的过程，其中包括人与观念，二者相互作用就会产生策略和决策；领导者的工作具有高度的冒险性，他们甚至主动寻求冒险，特别是当机遇和奖励很大时。管理者喜欢与人打交道的工作，他们根据自己所扮演的角色与他人联系；领导者则关心观点，以一种更为直觉和移情的方式与他人联系。而约翰·科特则认为管理者与领导者的差异主要是管理者处理复杂的问题，制订正式计划以及监督计划实施。相反领导者则处理变化的问题并有效激励下属。例如，《后汉书》中记载的刘邦与韩信的“论将”一番对话，清晰地显示了领导者与管理者的差异。

刘邦问韩信：“像我这样的人，能领兵多少？”

韩信说：“陛下能领兵十万。”

“而你呢？”

“我是多多益善啊！”

“多多益善，那你为何被我所擒？”

“那是因为陛下虽不能领兵，却善将将（‘用将’之意）的缘故。”“能领兵者，谓之将也”“能将将者，谓之帅也”。“将才”与“帅才”的差异不在于管理者与领导者在职位上的差异，而是二者之间的本质差异，即领导者凝聚、激励下属人员的影响力。

1.2.2 管理者的职责与分类

管理者在不同的组织有不同的称呼，在工商企业既可以叫经理、厂长，也可以被称为总裁、首席执行官；在学校，校长、教务长是主要管理头衔；在政府部门中，是以部长、厅（局）长、处长、科长分类不同层次的管理者；在医院这类组织中，院长是我们最熟悉的管理头衔；在军队系统中，是以司令员、军长、师长、团长、连长设置管理头衔的；在其他一些组织中，主管也是流行的称呼。总之，尽管处于不同组织不同管理层次的管理者的称呼不同，但他们的共同特点是执行相应的管理职能并负责完成组织各个层次的管理任务。

1）管理者的职责

（1）管理者是目标的提出者。管理能否取得成效和成效的大小，关键在于是否能制定出反映本组织发展的目标，这个目标体现着管理者和大多数成员的意志，以及社会发展的要求。因此，管理者要能够为组织制定一个切实可行，足以激发组织成员奋发向上的发展目标。

（2）管理者是计划者。制订计划是管理者的首要任务，也是管理者指引组织发展、调动组织内成员积极性的重要手段。一个管理者必须善于制订计划，亨利·法约尔说过：缺乏计划或一个不好的计划是领导人员无能的标志。因此，管理者必须以严谨的科学态度、实事求是的精神，制订组织的计划，并保证计划的可行性和可操作性。

（3）管理者是组织者。组织是保证管理活动顺利进行的必不可少的条件，因而是管理者的重要职责。管理者应把管理活动的各个要素、各个环节和各个方面，从劳动的分工、协作，时间、空间上很好地结合，使组织不断适应客观条件的变化，发挥出最大的效能。

（4）管理者是指挥者。管理者要不断地在管理过程中发布命令，下达指示，制定措施，以此来统一组织及其成员的意志和行为，所以，他又是一个指挥者。指挥者的任务就是要在严密组织的基础上，合理分配任务和布置工作，并督促和检查执行情况，及时处理管理中出现的问题。没有高效统一的指挥，组织的目标就不能实现，计划就无法完成，也不能实行有效的管理。

（5）管理者是协调者。有效的管理必须保证生产过程中各要素与管理的各职能之间保持高度的协调。这种协调的实现，需要管理者在管理活动中不断地进行统筹和调节。所以，管理者又是一个协调者。作为一个协调者，必须要在保证组织目标实现的基础上，各环节相互配合，紧密衔接，不互相矛盾。协调的形式有纵向协调和横向协调，内部协调和外部协调。协调包括人、财、物的协调，也包括各种关系的协调。

2）管理者的层次

按管理者在组织中所处的地位划分，管理者可分为：

（1）高层管理者，指负责制定组织的发展战略和行动计划，有权分配组织中拥有的一切资源的管理人员。在西方，企业中的高层管理者一般是指CEO 、COO和CFO。CEO即行政首长（又译为首席执行官），COO即业务首长（又译为首席运营官）及CFO即财务首长（又译为首席财务官）等。在我国，工商企业中的经理、厂长，学校的校长，医院的院长等都属于高层管理者。组织的兴衰存亡取决于高层管理者对环境的分析、判断，以及目标的选择和资源运用的决策。他们还要代表组织协调与其他组织（或个人）的关系，并对组织所造成的社会影响负责。因此，高层管理者具备的知识要广、能力要强、素质要高。

（2）中层管理者，指负责制订具体的计划及有关细节和程序，以贯彻执行高层管理者做出的决策和计划的人员。大公司的地区经理、分部（事业部）负责人、生产主管、车间主任等都属于中层管理人员。中层管理人员不直接指挥、协调一线人员的活动，他们主要是将高层管理者的决策和指示传达给基层管理者，同时将基层的意见和要求反映到高层管理部门。他们是连接高层管理者与基层管理者的桥梁和纽带。中层管理者还要负责协调和控制基层生产活动，保证完成各项任务，实现组织目标。

（3）基层管理者，又称一线管理人员，指工厂里的班组长、小组长等。他们的主要职责是传达上级计划、指示，直接分配每一个成员的生产任务或工作任务，随时协调下属的活动，控制工作进度，解答下属提出的问题，反映下属的要求。他们工作的好坏直接关系到组织计划能否落实，目标能否实现，所以，基层管理者在组织中有着十分重要的作用。对基层管理者的技术操作能力要求较高，但并不要求其拥有统筹全局的能力。

尽管组织的类型千差万别，管理者的头衔也各不相同，但这三种类型的划分还是比较科学的，可以涵盖各类组织不同层次的管理者，并对不同层次管理者侧重的管理职能加以细分。不同层次的管理者尽管职责不同，但工作的性质和内容基本上是相同的。他们有一个共同的特征就是能够协调指挥他人，有效实现组织目标，执行计划、组织、领导和控制职能。但不同管理层次的管理者，他们各项管理职能履行的程度和重点却是不同的。例如，就计划职能而言，高层管理人员关心的是组织的长期战略规划，而中层管理人员则侧重企业中期和局部计划，基层管理人员则侧重于短期的业务和作业计划。

3）管理者的领域

管理人员按其所从事管理工作的领域，可以分为综合管理人员和专业管理人员。综合管理人员是指负责管理整个组织或组织中某个事业部全部活动的管理者，对于一个小型组织来说，企业的总经理就是综合管理者，他要统管该组织生产、经营、人事、财务等主要业务活动。但对于大型组织而言，组织多是按事业部设立的，组织的权力层层下放，高层主管人员无法统管组织的各个层面和环节。此时，该组织的综合管理人员的范围就大大拓宽，也包括组织中各分公司经理或事业部经理等。

专业管理人员也称为职能管理者，指负责组织中某一专门管理职能的管理人员，如计划管理人员、市场营销管理人员、财务管理人员、生产（业务）管理人员、人事管理人员等。这类管理人员的职责是负责组织或组织内某一层次中的某一专门管理职能，以他们的专业知识对组织目标的实现做出贡献。

管理在现代社会的重要地位使人们越来越对管理专家重视起来，一方面，各类组织的高层管理者大多是专业技术人员或受过专门训练的职员，如美国500家大公司的高级经理人员中有71.8%是工商管理专业毕业的，法国高级公务员都是法国国家行政学院的毕业生，现在，管理人员职业化已成为一种国际潮流。另一方面，专业技术管理人才适应形势发展需要，向复合人才，即专业多元化发展。20世纪60年代的组织中的管理工作，还主要是由懂业务技术的“硬专家”来担任。进入21世纪，随着社会全球化、经济一体化的发展，仅由精通一门技术的专家来管理已不适应形势的要求，复合型人才更受欢迎，这类管理专家所具有的管理技能已经大大超出技术职能的范围。由于他们能很好地适应知识经济时代的要求，因此提高了组织的运行效率。

此外，组织中还有一些决策参谋人员，指为各级决策指挥人员提供决策建议的智囊人员。这类人员没有直接的决策指挥权，但他们以自己的知识影响组织决策，有时这种影响还比较大，所以通常将他们也称为管理人员。决策参谋人员的职责是收集、整理、提供与决策相关的各种信息，为决策者提供合理的建议、方案。

1.2.3 管理者的角色

20世纪五六十年代，一些研究者从领导者行为和管理者实现活动的角度来探讨“管理者干什么”的问题，加拿大学者亨利·明茨伯格的研究具有较大的影响，为后来的学者所推崇。明茨伯格通过对总经理的工作研究发现，管理者扮演着10种不同的但却是高度相关的角色，归纳起来主要是三个方面，即正式权威和特殊地位产生了人际关系工作中的角色、获得信息独特地位的信息传递角色和与决策相关的工作角色，见表1-4。

表 1-4　**管理者的角色**

类　别	角　　色	工作内容
人际关系类	挂名首脑（figure head） 联络者（liaison） 领导者（leader）	执行仪式或象征性的工作 建立内部和外部的信息网络 指挥协调群体的工作
信息类	监听者（monitor） 传播者（disseminator） 发言人（spokesperson）	搜寻、接收和筛选信息 传递信息给他人 通过演讲、报告、电视、广播等向外部提供信息
决策类	企业家（entrepreneur） 障碍处理者（disturbance handler） 谈判者（negotiator） 资源分配者（resource allocator）	制订计划,建立秩序 解决员工或部门中的各种冲突、问题 在谈判中代表部门或公司 决定资源分配的对象和数量等

1）人际关系方面的角色

人际关系方面的角色是指管理者履行的礼仪性和象征性义务的角色。它涉及管理者与其他人的关系，包含三个具体角色，即挂名首脑、领导者和联络者。挂名首脑这一角色指所有的管理者都要从事本部门或组织中礼仪性和象征性的活动，如作为学院院长出席学生的毕业典礼，作为企业经理参加颁奖仪式等。他们都在扮演挂名首脑的角色。而领导者则是指管理者的职能角色是指挥、领导他人，这一角色包括招聘、激励、培训、奖励和惩罚员工等。这一角色在组织内部的作用极为重要。联络者的角色是指管理者在不同的人群中充当联络员。明茨伯格把这种角色说成是与提供信息的来源接触。这些来源可以是组织内部的，也可以是组织外部的。例如，人事经理从销售经理那里获得信息属于内部联络关系，而人事经理与外部的人才招聘机构发生联系时，他就有了外部联络关系。

2）信息传递方面的角色

信息传递方面的角色是指所有的管理者在一定程度上都要从外界收集和接受信息。管理者在信息传递方面也扮演了三种角色，即监听者、传播者和发言人。通过各种公众媒体或与他人谈话来了解公众兴趣的变化或竞争对手的情况，被明茨伯格称为监听者角色；而向组织成员传递信息，就是传播者的角色；当他们代表组织向外界表态时，这类管理者就扮演着发言人的角色。

3）决策制定方面的角色

扮演决策指挥者的角色，是指在组织各层次中拥有决策指挥权的管理者。他们的基本职责是组织内各层次的管理，拥有直接调动下级人员、安排各种资源的权力，通常指各管理层的“一把手”。明茨伯格把决策角色又划分为四种类型：一是作为企业家，管理者发起和监督那些改进组织绩效的新项目；二是作为局面驾驭者，管理者采取纠正行动应付那些未预料到的问题；三是作为资源分配者，管理者负有分配人力、物质和金融资源的责任；四是当管理者为了自己组织的利益与其他团体议价和商定成交条件时，他就扮演着谈判者的角色。

明茨伯格的角色划分理论得到了后继研究者的有利支持，许多研究支持了他的管理者角色划分的观点。一般来说，不论是在何种类型的组织中或者组织的哪个层次上，管理者都可能扮演或履行不同的角色。但研究发现，管理者角色强调的重点会随组织管理者的层次不同而变化，像信息传播者、挂名首脑、谈判者、联络者和发言人的角色主要表现在组织的高层管理者身上，而领导者的角色在低层管理者身上表现得更加显著。

1.2.4 管理者的技能

管理人员由于处于不同的管理层次和不同的管理岗位，其发挥作用的大小也不相同，但一个重要的、不可忽视的影响因素是管理者是否真正具备了相应的管理技能，即技术技能、人际技能和概念技能。

1）技术技能

技术技能是指人熟悉和精通某种特定专业领域的技术与方法的能力。例如，在企业中，工程师、会计师、广告设计师、计算机程序员等被认为是具有专业技能的人员，但在组织的管理中，是指管理者掌握或熟知某一专业领域的技能，并能运用其有效完成组织任务的能力。不同层次的管理者，对技术技能的要求程度是不同的。对于基层管理者来说，这些技能更为重要，因为管理者要根据这方面的技能来从事管理工作。

2）人际技能

管理者要指挥协调他人的工作，这就需要管理者具有较好的人际技能，能够有效调动员工的工作热情，善于激励、引导和鼓舞员工完成艰巨的任务。

人际关系技能是指管理者处理人与人之间、人与事之间关系的技能，即理解、激励并与他人共事和沟通的能力。人际技能包含的内容比较多，诸如管理者的沟通能力、领导能力、协调能力等都会直接影响其人际技能的发挥。因为管理者除了领导下属人员外，还得与上级领导和同事打交道，需要不断运用沟通、说服、激励等各种手段和方法调动相关人员有效开展工作，完成任务。可以说，不论是哪一管理层次的管理者，掌握良好的人际技能都是十分重要的。这是因为各个层次的管理者都必须在与上下左右进行有效沟通的基础上相互合作，共同完成组织的目标。

3）概念技能

概念技能是指管理者对复杂情况进行抽象和概念化的技能，特别是对组织发展的远大目标、战略方向的把握及判断力，具体地说是指洞察组织与环境相互影响因素的能力、确定和协调各方面关系的能力以及权衡不同方案优劣势和内在风险的能力。要具有这方面的能力，就要求管理者能够站在一定的组织高度，从组织的整体角度理解和促进组织的运行，能够快速、敏捷地从混乱而复杂的动态情况中辨别出各种因素的相互作用，准确地把握问题的实质以及可能出现的后果等。因此，管理者所处的层次越高，其面临的问题越复杂，越需要其概念技能，见图 1-2。

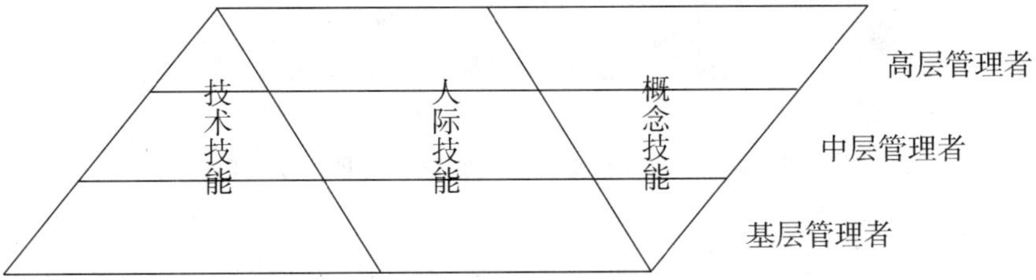

图 1-2　不同层次管理者所需的技能

处于不同层次的管理者所应掌握和应用的技能是有一定差异的，一般来讲，高层管理者主要应掌握概念技能，能很好地理解组织各部分之间的关系，对组织的战略发展方向和战略目标有清晰的把握和准确的定位，使组织更好地适应不断变化的环境。但是在组织中的基层管理者即使有很高的技术技能，他也没有条件站在组织的全局的高度把握或关注组织的方向性问题，主要是在基层的作业环节有效带领团队实现企业的既定目标。该研究也表明，不论是基层、中层还是高层管理者，对他们同等重要的就是人际技能。

1.2.5　成功的管理者与有效的管理者

弗雷德·卢森斯与其助手通过对管理者主要从事的四种管理活动进行了分析研究，发现不同类型的管理者在企业活动中所从事的管理活动内容的侧重点不同，并影响管理者的工作绩效。卢森斯研究管理者的活动主要是以下四个方面：

（1）传统管理：决策、计划和控制。

（2）沟通：交流例行信息和处理文书工作。

（3）人力资源管理：激励、惩罚、调节冲突、人员配备和培训。

（4）网络联系：社交活动、政治活动和与外界交往。

研究发现，管理者分配在这四种不同管理活动的内容上有很大的差异。一般意义上的管理者花费 32% 的时间从事传统管理活动；20% 的时间从事人力资源管理活动；19% 的时间从事网络活动；29% 的时间从事沟通活动。而成功的管理者（研究者是以在组织中晋升的速度作为标志）对这四种活动分配的时间却不同：13% 的时间用在传统管理上；28% 的时间用在沟通上；11% 的时间用于人力资源管理；48% 用于网络联系。但在有效的管理者（研究者用工作成绩的数量和质量以及下级对其满意和承诺的程度作为标志）中，用于传统管理的时间为 19%，网络联系为 11%，人力资源管理为 26%，而沟通占到 44%，见图 1-3。

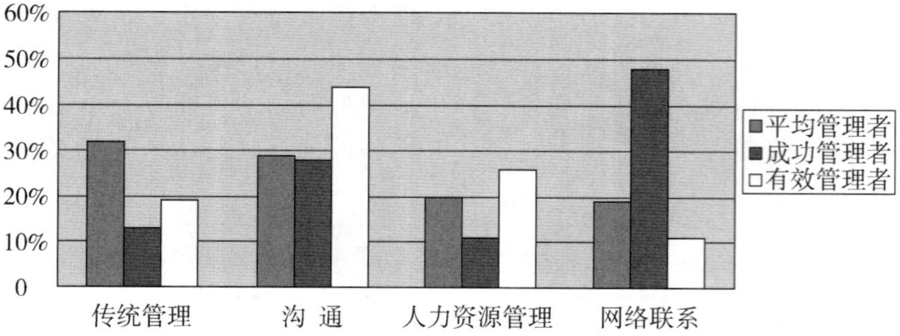

图 1-3 平均的、成功的和有效的管理者每种活动的时间分布

资料来源 罗宾斯.管理学［M］. 毛蕴诗，译.北京：中国人民大学出版社，1997：12.

从图 1-3 中我们可以发现，一般管理者在传统管理方面最为关注，所用时间也最多；成功管理者将主要精力集中在网络联系上；而有效管理者将主要时间用于沟通方面。成功管理者与有效管理者的管理风格有显著区别。二者的不同主要在于：维护网络关系对管理者的成功贡献最大，从事人力资源管理活动相对贡献较小。而在有效的管理者中，沟通的相对贡献最大，维护网络关系的贡献最小。这说明社交和施展政治技巧对于管理者在组织中的晋升起着十分重要的作用。

本章小结

本章是管理学一般概述，主要介绍了几个最基本的概念以及与此相关的重要问题。

首先，提出了对管理本质的认识，通过对不同管理概念的分析，指出管理是管理者对组织资源进行规划和控制，以便实现组织目标的过程。重点分析了管理的五大特性，特别指出，重点理解管理的科学性和艺术性的相互关系，是理解管理科学的关键点。此外，还简要介绍了管理的基本职能。

其次，本章提出了管理活动与管理学的关系问题，管理学作为运用系统研究方法的科学要超出管理实践活动，要总结其规律性和科学性。

再次，本章重点研究了管理者以及相关问题，指出管理者是指那些指挥协调别人的人。在此基础上，提出了作为管理者，需要区别管理者与操作者和领导者的异同点。操作者是做具体工作或完成具体任务的人，而领导者则是以更自我的方式行使职权和影响他人。领导者既可能来自于正式组织，也可能来自于非正式组织，而管理者一定是相对正式组织而言的。

最后，本章还提出了不同层次管理者应该掌握的基本技能和管理者应该扮演的不同角色。对于基层管理者来讲，业务技能或技术技能最为重要，而高层管理者掌握概念技能是关键，但不论哪种类型的管理者，都需要有很好的人际技能。管理者在不同场合可能扮演不同的角色、他们可能是在做决策，从而担当领导者的角色；也可能是出席庆典仪式，成为挂名首脑；还有可能与下属沟通，扮演联络者的角色。

此外，本章对于不同模式管理者的工作重点也予以了一般介绍。

本章案例

日本航空公司起死回生

在2015年4月30日公布的2014年度经营业绩报告中，日本航空公司营业额比2014年增加2.7%，达到13 447亿日元，营业利润比2014年增加7.7%，达到1 796亿日元，税后纯利润达到1 490亿日元。

日本航空公司创建于1951年，最初是私有化的，1953年转为国有，1987年民营化，成为全球第三大航空公司。2010年1月，日本航空公司由于长期经营亏损陷入困境，不得不向东京地方法院递交了破产申请，负债金额高达2万亿日元（约1 000亿元人民币）。一旦日航破产，就意味着几万人失业。在紧急而严峻的形势下，当时的日本政府鸠山内阁宣布，对日航实行为期3年的“国有化”，并注入大量政府资金，以便让日航尽快获得重建。同时，鸠山首相邀请有“经营之神”之称的京瓷公司和日本电信运营商的创始人稻盛和夫出任日本航空董事长。

在稻盛和夫出山以后，日本航空公司接受了日本政府企业再生支援机构3 500亿日元的资金援助，同时，各交易银行也最终同意放弃5 215亿日元的债权。日本航空公司宣布实施一系列“重建计划”，结果在宣告破产重建的第2年，就实现了扭亏为盈，而且纯利润高达1 866亿日元，2012年度达到2 490亿日元。日本航空公司从宣告破产到重建上市，仅用了两年7个月的时间，上市后全额返还了政府的援助资金，并且还多给了3 000亿日元。

许多研究文献对此进行分析，但归结起来，稻盛和夫领导下的日本航空公司主要有两大方面的变化：

（1）企业员工同仇敌忾，士气高涨。稻盛和夫以80岁的高龄出任董事长，而且不要一分钱的薪酬，在员工的眼里，他已经是备受尊崇的爷爷辈、父亲辈人物，他的出现本身就是对公司员工士气的提升。他担任董事长后做的第一件事，就是要明确日本航空公司的经营目标，并将这一目标反复向全体员工传达，让每一位员工时刻牢记自己要做什么，公司要做什么。管理者要与员工产生心灵的共鸣。

与此同时，稻盛和夫身体力行，经常出现在航空公司关键的岗位上，与乘客、机长、客舱服务员、行李搬运员、地勤人员交流，一起商议提高服务质量的方法，改善客舱餐食，制定了40个项目的服务内容。不仅给员工树立了很好的榜样，也让员工与他拥有共同的价值观和经营理念，做到“物心两面”一致，日本航空公司心的企业理念也因此形成。

（2）对公司内部的管理体制进行彻底的改革，一切从细节上着手。这种模式被稻盛和夫称之为“阿米巴经营术”。阿米巴是一种单细胞的变形虫，它最大的特性是能够随着外界环境的变化而变化。在遭遇外界攻击时，多个阿米巴可以组合成新的个体。在新个体中，每个变形虫各司其职，共同御敌，当分开时，它们又能独立生存、互不依赖。这种生物凭借极强的适应能力，在地球上生存了几十亿年，生生不息，是地球上最古老、最具生命力和延续性的生物体。

日航的阿米巴经营术体现在以下三个方面：一是把日航分割为非常细小的组织。每一条航线成为一个利润中心，各中心独立负责收入盈利情况。二是每个“阿米巴”需要展示自己的成果。每条航线要自己计算班次的成本和单价，每天更新数据，从而可以灵活地在乘客较多或较少时选择不同机型的客机。此外，各个航线小组可以在电脑系统中看到其他小组的收支情况，互相对比分析，实现循环改善。三是提供迅速、及时的经营信息。阿米巴领导者需要各种各样的信息，因此管理部门作为一个中枢神经，将各种信息搜集整理起来，提供给一线的阿米巴组织。

一旦市场有任何风吹草动，企业可以随着外界环境的变化，像变形虫一样不断变形。阿米巴的核心，就是在大型组织中把企业经营的决定权交给一线的员工，从而实现组织的扁平化和决策路径的最短化。

资料来源　徐静波.静观日本［M］.北京：华文出版社，2015.

思考题：

为什么稻盛和夫要率先垂范，以提升员工的士气？在日航起死回生的过程中，高层管理者扮演了什么样的角色？阿米巴经营术的独特之处是什么？

思考与练习

1.管理的基本含义是什么？怎样理解不同学派对管理的解释？

2.为什么说管理既是一门科学又是一门艺术？

3.为什么说管理职能是研究管理的核心？管理职能之间的关系是什么？

4.管理学的研究对象是什么？研究方法有哪几种？

5.试说明操作者与管理者、管理者与领导者的区别与联系。

6.不同管理者角色的差别与作用是什么？

7.为什么处于不同层次的管理者所具备的管理技能是不同的？

8.怎样理解成功的管理者与有效管理者的差异？

第2章 管理理论的形成和发展

学习目标

通过本章的学习，重点掌握管理思想发展史上具有代表性的古典管理理论、行为科学理论、管理科学理论和现代在全球经济一体化大背景中发展起来的新的管理思潮或流派。

2.1 古典管理理论

古典管理理论形成于19世纪末20世纪初，这是与当时的资本主义生产方式相适应的，是管理理论发展的初级阶段，主要有：泰罗及其追随者的科学管理理论，即“泰罗制”；法国古典管理学家法约尔创建的一般管理理论；德国社会学家韦伯创建的行政组织理论。

2.1.1 泰罗的科学管理理论

1）泰罗科学管理理论产生的历史背景

泰罗的科学管理理论的形成是有着特定的历史时代背景的。美国经过南北战争以后，资本主义经济得到较快的发展，许多工厂发展成为生产产品的大企业。可是由于管理水平落后，美国经济的发展和企业中劳动生产率的提高远远落后于当时科学技术成就和国内外经济条件所提供的可能。许多工厂的产量都远低于其额定生产能力，能达到60%的都很少。工人的生产率和工资都很低，每周的平均劳动时间在60小时以上。当时在美国有人认为，如果改进管理，美国企业中同样的人力和设备，可以提高产量好几倍。这种情况引起了同企业管理有关又具有科学技术知识的一批工程技术人员和管理人员的注意。他们进行各种实验，努力把当时科学技术的最新成就应用于企业的生产和管理，以便大幅度地提高劳动生产率，从而形成一套科学管理的理论和方法，泰罗就是其中最突出的代表。

弗雷德里克·温斯洛·泰罗，1856年出生在美国费城一个富裕的律师家庭。他年幼时就很爱好科学研究和实验，对任何事情都想找出一种最好的解决办法。泰罗25岁时就开始在米德维尔钢铁厂进行劳动时间和工作方法的研究，这为他以后创建科学管理理论奠定了基础。他的著作主要有《计件工资制》《工厂管理》《科学管理原理》等。1912年，他在美国国会众议院特别委员会对泰罗制和其他工厂管理制的听证会上的证词，也是研究科学管理理论的一篇重要文献。泰罗作为科学管理理论的主要倡导者，在管理思想的发展上起着极为重要的作用，被称为“科学管理之父”。

2）泰罗科学管理理论的主要内容

泰罗倡导的以科学为依据的管理理论，有以下几个主要观点：

（1）科学管理的根本目的是谋求最高工作效率。泰罗认为，最高的工作效率是工厂主和工人共同达到富裕的基础。它能使较高的工资与较低的劳动成本统一起来，从而使工厂主得到较多的利润，使工人得到较高的工资，这样，便可以提高他们扩大再生产的兴趣，促进生产的发展。所以，提高劳动生产率是泰罗创立科学管理理论的基本出发点，是泰罗确定科学管理的原理、方法的基础。

（2）用科学的管理方法代替传统的经验管理。泰罗认为管理是一门科学。在管理实践中，建立各种明确的规定、条例、标准，使一切科学化、制度化，是提高管理效能的关键。这也是泰勒研究的核心内容。

（3）实施科学管理的前提是劳资双方观念的变革。泰罗在1912年美国众议院特别委员会所作的证词中强调指出：科学管理是一场重大的精神变革，只有工厂的工人树立对工作、对同伙和雇主负责任的观念，领工、监工、企业主、董事会改变对同事、对工人以及对一切日常问题的态度，增强责任观念，才能使双方合作，实现各自最大的利益。当他们用友好合作、相互帮助代替对抗和斗争时，他们就能够创造出更多的盈利。

在此基础上，泰罗提出了科学管理制度设计：

（1）实行科学的操作方法。只有采用科学的操作方法，才能合理利用工时，提高工效。在制定工作定额时，泰罗认为应当以第一流的工人“能在不损害其健康的情况下维持很长年限的速度、能使他更愉快而健壮的速度”为标准。通过制定标准的操作方法，并规定完成每一个标准操作或动作的标准时间，制定出劳动时间定额，以实现提高劳动生产率的目的。

（2）实行差别计件工资制。按照作业标准和时间定额规定不同的工资率。对完成和超额完成工作定额的工人，以较高的工资率计件支付工资；对完不成定额的工人，则按较低的工资率支付工资。泰勒在实验中采用计件工资制来激励工人配合他实验，收到了很好的成效。

（3）对工人进行科学的选择、培训和提高。泰罗曾经对经过科学选择的工人用上述的科学作业方法进行训练，使他们按照作业标准工作，以改变过去凭个人经验选择的作业方法，生产效率大为提高。例如，在搬运生铁的劳动实验中，经过选择和训练的工人，每人每天的搬运量从12.5吨提高到47.5吨；在铲铁的实验中，每人每天的平均搬运量从16吨提高到50吨。

（4）制定科学的工艺规程。这种科学的工艺流程是通过标准化来实现的。除了要求员工的操作应达到作业标准以外，还必须从作业方法到材料、工具、机器等方面实行标准化。例如，泰罗用了10年以上时间进行金属切削实验，制定出了切削用量规范，使工人的作业完成标准和劳动金额有了准确和可靠的依据。

（5）作业人员与管理者职能分开。作业人员与管理者职能分开，使管理和劳动分离，将管理工作称为计划职能，将工人的劳动称为执行职能。泰罗还提出了组织机构上的管理控制原理。泰罗提出规模较大的企业不能只依据职能原则来组织和管理，而必须应用例外原则。

3）泰罗科学管理理论的现实意义

泰罗的科学管理是为了适应工厂制度和资本主义发展的客观需要而发展起来的，因而有其产生、发展的客观必然性。同时，科学管理又对西方资本主义的发展起到巨大的促进作用。列宁曾对泰罗制做过科学的评价。他认为泰罗制一方面是资产阶级剥削的最巧妙的残酷手段，另一方面是一系列最丰富的科学成就，应该研究、传授、试行这种制度。泰罗制的贡献主要表现在以下几点：

（1）打破了经验管理办法，将科学引进了管理领域，并且创立了一套具体的科学管理方法。这不仅是管理理论上的重大贡献，也大大提高了组织的管理水平。

（2）由于采用了科学的管理方法和操作程序，使生产效率有了极大的提高，推动了生产的发展，适应了资本主义经济在这个时期发展的需要。

（3）由于管理职能和执行职能的分离，企业中开始有一些人专门从事管理工作。这就使管理理论的创立和发展有了实践基础。

当然科学管理也并不是完美无缺的，泰罗制的缺点主要有以下几个方面：

（1）把人看作纯粹的“经济人”，认为人的活动仅仅出于个人的经济动机，忽视企业成员之间的交往及工人的感情、态度等社会因素对生产效率的影响。

（2）把计划同执行分开，发现计划的重要性，并认识到计划是管理的一个独立的部分，是泰罗最有价值的贡献之一。但是计划和执行是同一项工作的不同部分，而不是不同的工作。任何工作如果不包含这两个成分，就不可能有效地进行。特别是在新技术条件下，对工人和工作进行管理的主要问题是如何使得工人能够做一种全面而完整的工作、做出负责的计划并执行之。正是从这种观点出发，德鲁克提出了“目标管理”的建议。

2.1.2 法约尔的一般管理理论

法约尔是古典管理理论的杰出代表，他所提出的一般管理理论对西方管理理论的发展具有重大的影响，成为后来管理过程学派的理论基础，也是以后西方的各种管理理论和管理实践的重要依据之一。法约尔长期担任公司的总经理，由于所处地位的关系，他研究的对象与泰罗有所不同。泰罗着重于车间、工场的生产管理研究，而法约尔着重于企业全面经营管理的研究。法约尔的一般管理理论主要体现在：

（1）将经营与管理划分为不同的领域。法约尔认为经营和管理是两个不同的概念。法约尔把整个企业经营活动概括为6个方面，即技术活动、商业活动、财务活动、安全活动、会计活动和管理活动。在这6项活动中，管理活动居于核心地位。

（2）提出管理的5大职能。法约尔提出，管理活动包括5种职能：一是计划，这是管理的首要职能；二是组织，包括有关组织结构、活动和相互关系的规章制度，以及职工的招募、评价和训练；三是指挥，是指对下属活动的指导；四是协调，是结合、统一以及调和所有企业活动与个人活动的努力，以实现共同的目标；五是控制，是指为了保证实际工作按已定计划和命令完成的那些活动。

（3）确定了管理的14项原则。其包括：劳动分工；权力与责任；纪律；统一指挥；统一领导；个人利益服从集体利益；人员的报酬；集中化；等级系列；秩序；公平；人员的稳定；首创精神；团结精神。法约尔强调指出，管理的14项原则不是一成不变的，应灵活掌握，在同样条件下，尽量从不两次使用同一原则来处理事情，应注意各种可变因素的影响。

（4）提倡“法约尔桥”的沟通方式。法约尔发现规模较大的组织实行分层后，信息只按权力等级链纵向传递，在不同权力系列的两个组织之间如果存在信息交换的要求，仍按权力等级链传递，既费时间又增加费用。为了弥补这一缺陷，法约尔提出了横向联系的跳板原则，即不同权力系列的同一层次的组织之间，在上级授权的情况下，可以横向传递信息，直接商议解决问题，再分头上报。后人把这种做法称之为“法约尔桥”或“跳板原则”。设置法约尔桥，既维护了统一指挥原则，又使得横向联系通畅，这一设想至今仍有现实意义。

2.1.3 韦伯的组织理论

韦伯是德国社会学家、经济学家和德国古典管理理论的代表人物。他的关于新教教义和资本主义发展等论述和思想对西方社会科学具有极其重要的影响。

韦伯对管理理论的贡献主要是提出了理想的行政组织体系理论，因此被称为“组织理论之父”。所谓理想的行政组织体系理论，原意是通过职务或职位而不是通过个人或世袭地位来管理。这是一个有关集体活动理性化的社会学概念。韦伯的理想的行政组织体系理论的主要内容包括：

（1）把在组织中为了实现目标所需要的全部活动都划分为各种基本作业，作为任务分配给组织中的各个成员。组织中的每一个职位都有明文规定的权利和义务。

（2）各种职务和职位按职权的等级原则组织起来，形成一个指挥体系或阶层体系。每个下级接受他的上级的控制和监督，在对自己的行动负责的同时，还要对自己下级的行动负责。为此，他必须对自己的下级拥有权力，能发出下级必须服从的命令。

（3）组织中人员的任用完全根据职务上的要求，通过正式考试或教育训练来实现，每个职位上的人员必须称职，同时，也不能随意免职。

（4）除了某些按规定必须通过选举产生的公职外，管理人员是委任的。

（5）这些管理人员并不是他们所管理的单位的所有者，只是其中的工作人员。

（6）组织中人员之间的关系是一种不受个人感情影响的关系，完全以理性原则为指导。这种公正不倚的态度，不仅适用于组织内部，而且适用于组织同顾客之间的关系。

（7）管理人员是专职的，领取固定的薪金，有明文规定的升迁制度。通过这种制度，在组织的成员中培养集体精神，鼓励他们忠于组织。

（8）管理人员必须严格遵守组织中规定的规则和纪律。组织要明确规定每个成员的职权范围和协作形式，以便正确行使职权，减少摩擦和冲突。

韦伯认为，理想的行政组织体系最符合理性原则，效率最高，在精确性、稳定性、纪律性和可靠性方面优于其他组织形式，能高度精确地计算出组织的领导人和成员的成果，所以能适用于所有的各种管理工作和各种大型组织，如教会、国家机构、军队和各种团体。韦伯的管理思想对以后的管理理论，如社会系统理论等有一定的影响。

2.2 行为科学理论

20世纪40年代，随着社会生产的发展，许多管理学家对如何调动人的积极性展开了研究，这为后来的行为科学发展奠定了基础。1952年前后，福特基金会成立了行为科学部门，建立了“行为科学高级研究中心”，并拨款给哈佛、斯坦福、密执安、北卡罗来纳等大学，委托这些学校的专家、学者从事行为科学的研究。1956年在美国出版了第1期《行为科学杂志》，行为科学在美国的管理学界便风行起来。行为科学是研究人的行为的一门综合性科学。它研究人的行为产生的原因和影响行为的因素，目的在于激发人的积极性、创造性，达到组织目标。它的研究对象是探讨人的行为表现和发展规律，以提高对人的行为预测以及激发、引导和控制能力。

2.2.1 人际关系学说

行为科学理论的发展是从人际关系学说开始的，它的产生源于著名的“霍桑实验”。

1）霍桑实验

霍桑实验是指20世纪20—30年代间，由美国哈佛大学教授乔治·埃尔顿·梅奥主持，在美国西方电器公司霍桑工厂进行了有关工作条件、社会因素与生产效率之间关系的实验。在这项实验的基础上，梅奥创立了早期的行为科学——人际关系学说。霍桑实验分为以下四个阶段：

（1）工场照明实验。该实验是要证明工作环境与生产率之间有无直接的因果关系。研究人员将接受实验的工人分成两组：一组采用固定照明，称为控制组；另一组采用变化的照明，称为实验组。研究人员原以为实验组的产量会由于照明的变化而发生变化，但结果是：当实验组的照明强度增加时，产量提高了，控制组的产量也提高了；当照明度减弱时，实验组的产量非但没有减少，反而还有所提高，控制组的产量也相应提高。实验结果说明，照明度与生产率之间并无直接的因果关系。两组的产量都得到提高，是因为被测试人员对实验发生了莫大的兴趣。

（2）继电器装配室实验。目的是通过实验发现各种工作条件变动对生产率的影响。研究人员将装配继电器的6名女工从原来的集体中分离出来，成立单独小组，同时改变原来的工资支付办法，以小组为单位计酬；撤销工头监督；增加工作的休息时间，实行每周工作5天；工作休息时免费供应咖啡。采取这些措施后，女工们的日产量增加了30%以上。实验一段时间后，梅奥又取消了所有这些优待，但是生产率并没有因此而下降，反而仍在上升。原因是社会条件和督导方式的改变引起了女工们工作态度的变化。

（3）谈话研究。梅奥用2年多的时间对2万多名职工进行了调查。调查涉及的问题很广泛，允许职工自己选择话题、提建议、发牢骚，结果是生产量大幅度上升。实验证明，物质条件的变化往往对生产率的影响不大，人们的工作成绩还受其他人的因素影响，即不仅仅取决于个人自身，还取决于群体成员。

（4）观察研究。例如，“接线板小组观察室”实验，目的是揭示社会因素对激发工人积极性的关系。研究人员选择了14名接线板工人，通过6个月的观察，发现许多行为准则会影响工人的行为。这些准则包括工作时干多少活、与管理人员的信息交往等，如：活不应干得太多，也不应干得太少；不应向上司汇报同事中发生的事情等。研究的结论是：在实际生产中，存在着一种“非正式团体”，决定着每个人的工作效率，对职工来说，其在群体中的融洽性和安全性比工资、奖金等物质因素有更重要的作用。

通过以上实验，梅奥等人认识到，人们的生产效率不仅要受到生理方面、物质方面等因素的影响，更要受到社会环境、心理等方面的影响。根据霍桑实验，梅奥于1933年出版了《工业文明中人的问题》一书，提出了与古典管理理论不同的新观点——人际关系学说。

2）人际关系学说的主要内容

（1）职工是“社会人”。在人际关系学说产生以前，职工是“经济人”的观点一直占据主流地位。梅奥等人以霍桑实验的成果为依据，提出了与“经济人”观点不同的“社会人”的观点，强调金钱并非刺激职工积极性的唯一动力，新的激励重点必须放在社会、心理方面，以使人们之间更好地合作并提高生产率。

（2）企业中存在着“非正式组织”。在组织的工作过程中，其成员间必然发生相互联系，不断交往导致感情上的接近，形成了非正式群体。而这种群体中的规范和心理效应，对群体成员的行为有着直接的影响。梅奥认为，在正式组织中是以效率逻辑为其行动准则的，为提高效率，组织各成员之间保持着形式上的协作。在非正式组织中是以感情逻辑为其行动准则的，这是出于某种感情而采取行动的一种逻辑。

（3）领导能力在于提高职工的满足度。生产率的高低主要取决于职工的士气，即职工的积极性、主动性，而士气的高低则主要取决于职工的满足度。这种满足度首先表现为人群关系，如职工在工作中的社会地位，是否被上司、同事和社会承认，其次才是金钱的刺激。职工的满足度越高，士气也越高，生产效率也就越高。所以，领导的能力在于要同时具有技术-经济的技能和人际关系技能，在于如何保持正式组织的经济要求同非正式组织的社会需求之间的平衡。平衡是取得高效率的关键。

3）梅奥人际关系学说的评价

以梅奥为代表的人际关系学说的出现，开辟了管理和管理理论的新领域，弥补了古典管理理论忽视人的因素的不足。同时，人际关系学说为以后行为科学的发展奠定了基础。在管理的指导思想上，人际关系学说在相当程度上反映了现代化大生产的共同要求。这集中表现在以人为中心的管理思想，重视群体的作用，将系统论、权变理论引入到管理中来的贡献上。人际关系学说存在着“合理内核”的成分。它反映了大多数人的心理规律，对我们研究调动职工的积极性有一定的借鉴意义。此外，建立在人际关系学说基础上的管理措施和研究方法具有更广泛的参考价值。

2.2.2 “行为科学”理论的代表流派

“行为科学”理论在20世纪30年代到60年代期间得到了迅速发展，主要有以下理论流派：

（1）马斯洛的需求层次论。马斯洛是美国的人本主义心理学家和行为科学家，他在1954年出版的《动机和人》著作中，提出了人的需要层次理论。在马斯洛看来，人是“需要的动物”，人的需要是有层次的，按照低级（生理、安全）到高级（社会、自尊和自我实现）的层次排序。

（2）赫茨伯格的双因素理论。赫兹伯格在1959年与别人合作出版的《工作激励因素》和1966年出版的《工作与人性》两本著作中，提出了人的激励因素分为两大方面，即激励因素和保健因素。

（3）麦格雷戈的XY理论。麦格雷戈1935—1937年期间在哈佛大学教授社会心理学，1937年起在麻省理工学院任教，他对当时流行的传统管理观点和对人的本性的看法提出了疑问。在他所著的《企业的人性方面》一书中，他提出了有名的“X理论-Y理论”的人性假定。

（4）维克托·弗鲁姆的期望理论。维克托·弗鲁姆是著名的心理学家和行为科学家，他曾在美国宾州大学和卡内基-梅隆大学任教，并长期担任耶鲁大学客座教授兼心理学教授。弗鲁姆深入研究组织中个人的激励和动机，率先提出了形态比较完备的期望理论模式。弗鲁姆在1964年出版的《工作和激励》一书中，提出了期望机率模式，以后又经过其他人的发展补充，成为行为科学领域影响广泛的代表流派。

此外，美国行为科学家爱德华·劳勒和莱曼·波特在1968年合作出版的《管理态度和成绩》一书中，提出了波特-劳勒斯望激励理论，也有一定影响。

2.3 管理科学理论

管理科学是继科学管理、行为科学理论之后，管理理论与管理实践发展的结果。这些理论源于运用应用科学的方法解决生产和作业管理的问题。当然，这些理论的形成与发展是建立在科学技术不断发展的基础上的。

2.3.1 管理过程学派

管理过程学派又叫管理职能学派、经营管理学派。这一学派是继古典管理学派和行为科学学派之后最有影响的一个管理学派。它的开山祖师就是古典管理理论的创始人之一法约尔。管理过程学派的研究对象是管理过程和职能。这个学派试图通过对管理过程和管理职能进行分析，从理性加以概括，把应用于管理实践的概念、原则、理论和方法糅合到一起，以形成一个管理学科。他们认为，各个企业和组织以及组织中各个层次的管理环境都是不同的，但管理却是一种普遍而实际的过程，同组织的类型或组织中的层次无关。把这些经验加以概括，就成为管理的基本理论。有了管理理论，就可以通过对理论的研究、实验和传授，改进管理实践。

管理过程学派坚持管理是一个过程，可以通过分析管理人员的职能从理论上很好地对管理加以分析，管理原理可以起到启示作用：根据企业长期从事管理的经验，可以总结出一些基本管理原理，这些基本管理原理对认识和改进管理工作能起到一种说明和启示的作用；可以围绕这些基本原理展开有益的研究，以确定其实际效用，扩大其在实践中的作用和适用范围；这些基本管理原理只要还没有被实践证明不正确或被修正，就可以为形成一种有用的管理理论提供若干要素；管理是一种可以依靠原理的启发而加以改进的技能，就像医学和工程学一样；管理中的一些基本原理是可靠的，就像生物学和物理学中的原理一样；管理人员的环境和任务受到文化、物理、生理等方面的影响，也吸收同管理有关的其他学科的知识。

2.3.2 社会系统学派

社会系统学派是以组织理论为研究重点，从社会学的角度来研究组织的。这一学派的创始人是美国的管理学家切斯特·巴纳德。他的代表作是1937年出版的《经理的职能》一书。

巴纳德把组织看作一个社会协作系统，即一种人的相互关系的协作体系。这个系统的存在取决于3个条件：协作效果，即组织目标能否顺利达成；协作效率，即在实现目标过程中，协作的成员损失最小而心理满足较高；组织目标应和环境相适应。

巴纳德还指出，在一个正式组织中要建立这种协作关系，必须满足以下3个条件：共同的目标；组织中每一个成员都有协作意愿；组织内部有一个能够彼此沟通的信息系统。

此外，巴纳德还对一个管理者提出如下的责任要求：规定目标；善于使组织成员为实现组织目标做出贡献；建立和维持一个信息联系系统。这一学派虽然主要以组织理论为其研究的重点，但它对管理所做的贡献是巨大的。

2.3.3 决策理论学派

该学派的代表人物是著名的诺贝尔经济学奖获得者，美国卡内基-梅隆大学的教授西蒙。这一学派是在社会系统学派的基础上发展起来的，是当代西方影响较大的管理学派之一。西蒙认为，决策程序就是全部的管理过程。决策贯穿于管理的全过程。决策过程是从确定组织目标开始，再寻找为达到该项目标可供选择的各种方案，经过比较做出优选决定，并认真执行控制，以保证既定目标的实现。西蒙采用“令人满意的准则”代替传统决策理论的“最优化原则”。他认为，不论从个人生活经验中，还是从各类组织的决策实践中，寻找可供选择的方案都是有条件的，不是漫无限制的。他还研究了决策过程中冲突的关系以及创新的程序、时机、来源和群体处理方式等一系列有关决策程序的问题。

西蒙的决策理论是以社会系统理论为基础的，以后又吸收了行为科学、系统理论、运筹学和计算机科学等学科的内容，既重视了先进的理论方法和手段的应用，又重视了人的积极作用。

2.3.4 系统管理学派

系统管理学派是运用系统科学的理论、范畴及一般原理，分析组织管理活动的理论。其代表人物有美国的卡斯特、罗森茨韦克等。

系统管理学派的主要理论要点是：组织是一个由相互联系的若干要素所组成的人造系统；组织是一个为环境所影响，并反过来影响环境的开放系统。组织不仅本身是一个系统，它同时又是一个社会系统的分系统，在与环境的相互影响中取得动态平衡。组织同时要从外界接受能源、信息、物质等各种投入，经过转换，再向外界输出产品。系统管理和系统分析在管理中的应用，提高了管理人员对影响管理理论和实践的各种相关因素的洞察力。该理论在20世纪60年代最为盛行，虽然它在解决具体的管理问题时略显不足，但仍然不失为一种重要的管理理论。

2.3.5 社会-技术系统学派

社会-技术系统学派是第二次世界大战以后在西方兴起的一个较新的管理学派。它是社会系统学派的进一步发展。这一学派是由英国的特里斯特等人通过对英国达勃姆煤矿采煤现场的作业组织进行研究的基础上形成的。他们根据对煤矿中“长壁采煤法”研究的结果认为，许多矛盾的产生是由于只把组织看成一个社会系统，而没有看到它同时又是一个技术系统，而且技术系统对社会系统有很大的影响；只有使社会系统和技术系统两者协调起来，才能解决这些矛盾，从而提高劳动生产率，而管理者的一项主要任务就是要确保这两个系统相互协调。

这一学派认为，就环境对企业的影响而言，可以发现：①企业产品的市场变动在多大程度上可为企业承受，而不至于引起企业组织结构上的变动，取决于企业的技术系统的灵活性。②一个企业对它所需的资源市场的变动能在多大程度上承受，也取决于它的技术系统的灵活性。因此，企业作为一个系统，必须是一个社会-技术系统，而不只是一个社会系统。社会-技术系统学派的研究内容和成果，有些是符合社会化大生产的发展规律的，特别是在当前新技术革命和产业革命的条件下，更有现实意义。

2.3.6 管理科学学派

管理科学学派又叫作数量学派，是泰罗“科学管理”理论的继续和发展。管理科学学派正式作为一个管理学派，是在第二次世界大战以后形成的。这一学派的特点是利用有关的数学工具，为企业寻找一个有效的数量解，着重于定量研究。

管理科学学派认为，管理就是制定和运用数学模型与程序的系统，就是用数学符号和公式来表示计划、组织、控制、决策等合乎逻辑的程序，求出最优的解答，以达到企业的目标。这个学派还提倡依靠电子计算机管理，提高管理的经济效率。管理科学学派似乎是有关管理的科学，其实它主要不是探索有关管理问题，而是设法将科学的管理原理、方法和工具应用于管理。

管理科学学派强调数量分析，主张用先进的技术成果和科学研究成果对管理学进行研究，其意义也是十分明显的。但管理活动纷繁复杂，并非所有的管理问题都能定量化，能用模型来分析，因此，过分依赖于模型，也会降低决策的可信度，所以在管理活动中，应以一分为二的态度来对待数学模型。

2.3.7　权变理论学派

权变理论是20世纪70年代在经验主义学说基础上进一步发展起来的管理理论。权变理论认为，在组织管理中要根据组织所处的环境和内部条件的发展变化随机应变，没有一成不变、普遍适用的“最好的”管理理论和方法。权变管理就是依据环境自变数和管理思想及管理技术的因变数之间的函数关系来确定一种最有效的管理方式。它要求具体情况具体分析。

权变理论的基本观点主要有以下几个方面：

（1）权变管理的思想结构观点。权变管理的思想结构就是认为管理同环境之间存在着一定的函数关系，但不一定是因果关系。所谓函数关系，就是作为因变数的管理思想、管理方法和技术随环境自变数的变化而变化。这种函数关系可以解释为“如果-就要”的关系，即“如果”某种环境情况存在或发生，“就要”采用某种管理思想。

（2）权变理论的组织结构观点。它是以权变思想为基础，把组织看成一个既受外界环境影响，又对外界环境施加影响的“开式系统”。组织内部机构的设计，必须与组织任务的要求、外在环境要求以及组织成员的需要等互相一致，组织才能有效。

（3）权变的人事管理观点。在人事管理方面的权变观点也以权变管理思想为基础，认为在不同的情况下要采取不同的管理方式，不能千篇一律。

（4）权变理论的领导方式观点。权变理论学派认为并不存在一种普遍适用的“最好的”或“不好的”领导方式，一切以组织的任务、个人或小组的行为特点以及领导者和员工的关系而定。

权变理论的出现对于管理理论有着某些新的发展和补充，主要表现在它比其他一些学派与管理实践的联系更具体一些，与客观的现实更接近一些。但是，权变理论在方法论上也存在着严重的缺陷，主要问题是：仅仅限于考察各种具体的条件和情况，而没有用科学研究的一般方法来进行概括；只强调特殊性，否认普遍性；只强调个性，否认共性。这主要是从经验主义的立场出发的。

2.4 现代管理理论

20世纪80年代末以来，信息化和全球化浪潮迅速席卷世界，跨国公司力量逐日上升，跨国经营也成为大公司发展的重要战略，跨国投资不断增加。知识经济的到来使信息与知识成为重要的战略资源，而信息技术的发展又为获取这些资源提供了可能；顾客的个性化、消费的多元化决定了企业只有合理组织全球资源，在全球市场上争得顾客的投票，才有生存和发展的可能。进入20世纪90年代，信息技术高速发展，全球竞争日趋激烈，经济一体化程度大大提高，这些变化也触及管理学的一些根本问题，使管理理论的发展进入一个新的阶段。

2.4.1 具有代表性的现代管理理论

1）企业再造理论

企业再造的思想是美国人迈克·哈默和詹姆士·钱皮在1994年出版的《再造企业》中首先系统表述的。哈默与钱皮认为，自亚当·斯密以来的企业运营，都是建立在分工论的基础上的，这种效率低下的功能组织不能适应以顾客主导、竞争激烈、变化迅速为特征的现代企业经营环境，必须彻底摈弃大工业时代的企业模式，即将硬性拆开的组织架构，如市场开发、生产、营销、人事、财务、后勤等功能性部门，按照自然跨部门的作业流程重新组装回去，即从协作的角度出发，用整体思想重新塑造企业的所有流程，使企业模式与当今时代信息化、全球化相适应，才能大幅度提高企业生产力。显然这种重新组装是对过去组织赖以运作的体系与程序的一种革命。

企业再造的核心是业务程序（或业务流程）的再造。流程再造的最终目标是通过改变工作结构和工作方法来培养企业独特的个性，取得绩效的巨大飞跃。企业再造的思想将使传统管理理论与实践出现全面革新，迎来全新的管理天地。当然，实践中对流程重新塑造为企业带来惊人变化的例子很多，但由于流程再造失败给企业带来了很大损失的例子也不少。

2）学习型组织理论

学习型组织是彼得·圣吉在《第五项修炼》中所倡导的一种新理论。该书的出版在全世界引起了巨大反响，彼得·圣吉于1992年荣获世界企业学会最高荣誉——开拓者奖。彼得·圣吉认为，组织危机最根本的症结就是组织及组织成员片面和局部的思考方式及由此所产生的行动，为此需要突破习惯的思考方式，排除个人及组织的学习障碍，重新塑造企业的价值观念、管理方式及方法。为此，彼得·圣吉提出了要建立学习型组织，并认为“五项修炼”是建立学习型组织的技能。所谓修炼，对组织而言，就是通过学习和训练，提高组织内部结构和机能对社会、市场变化的适应能力，对个人而言，是指通过学习提高自身素质。

第一项修炼：自我超越。“自我超越”就是不断认识自己，认识外界的变化。

不断赋予自己新的奋斗目标，突破过去，超越自己。第二项修炼：改善心智模式。心智模式是一种思维方法和行为模式，往往是人们长期实践经验的总结。所以，改善心智模式，就是改善认知模式，要求企业能够不断随着外部环境的变化适时调整甚至革新企业内部的习惯做法。第三项修炼：建立共同愿景。愿景是期望的未来远景和愿望。建立共同愿景就是建立一个组织成员共同的远景和愿望，并以这个共同愿景感召全体组织成员，使之为这个愿景而奋斗。第四项修炼：团队学习。团队成员通过"深度交谈"，使集体思维变得越来越默契，。第五项修炼：系统思考。人与组织具备系统观察、系统思考的能力，以系统的观点、动态的观点观察世界，从而决定其正确的行动。

3）企业核心竞争力理论

1989年，哈默和普拉哈拉德在《哈佛商业评论》第1期发表了《与竞争者合作——然后胜利》一文，明确指出：核心竞争力是指"组织中的累积性学识，特别是关于如何协调不同的生产技能和有机结合多种技术流派的学识"。同时该文还指出，短期而言，公司产品的质量和性能决定了公司的竞争力；长期而言，起决定作用的是造就和增强公司的核心能力——孕育新一代产品的独特技巧。日本NEC之所以获得长期的竞争优势，其奥秘在于NEC具有远见卓识地培养了其核心能力。在《哈佛商业评论》第3期，两位作者发表了《战略意图》一文，指出，本田在发动机方面形成的核心能力无异于向竞争者发出警告，它将有可能进入表面上无关的行业，如汽车、割草机、水下引擎和发电机等行业（事实也果真如此）。因此，作者的分析结论是：在产品和市场策略的生命越来越短暂的同时，企业的核心能力是企业持久的特殊本质；竞争成功不再被看作产品与经营策略的结果，而被看作智力资本的结果；这种智力资本在企业深层次以企业核心能力形式存在；在企业取得和维持竞争优势的过程中，企业能力的培养及综合运用是最关键的因素。

此外，鲍·埃里克森提出核心能力是组织资本和社会资本的聚合体，必须将社会环境的影响包括在内；蒙特古曼运用能力理论批评了非关联多元化战略；提斯则研究了连续性问题；莱文索尔分析了在开发、探索和避免成长性陷阱之间、静态效率与动态效率之间平衡等问题。尽管研究的侧重点不同，但都围绕着一个核心，即企业内部条件对于企业占据市场竞争优势具有决定性作用，企业内部能力、资源和知识的积累是解释企业获得超额收益和保持企业竞争优势的关键。提斯等人提出的动态能力方法，认为环境是不断变化的，战略管理的目的是要整合与重组公司的各种组织技能、资源与能力，以适应不断变化的市场环境，保持企业的持续优势。企业战略管理分析的维度应是管理与组织过程、现有地位、选择的路径等。塞兹和哈尼等学者也在20世纪90年代中后期相继提出了企业能力观，认为企业是一个开放的能力系统，明确指出以能力为基础的战略管理理论的四个理论基石，并努力建立企业核心能力理论分析的框架。哈德森也认为企业是一组核心能力和辅助资产的集合，而能力则存在于组织中的个人之间，企业是核心能力与互补性资产的集合。

4）虚拟组织理论

1990年，《哈佛商业评论》第6期发表了一篇题为《公司核心能力》的文章，作者建议公司将经营的焦点放在不易被抄袭的核心能力上，由此引发后来的“虚拟组织”热。虚拟组织与传统的实体组织不同，它是围绕核心能力，利用计算机信息技术、网络技术及通信技术与全球企业进行互补、互利的合作，合作目的达到后，合作关系随即解散，以此种形式能够快速获取处于全球各处的资源并为我所用，从而缩短“观念到现金流”的周期。不仅如此，灵活的“虚拟组织”可避免环境的剧烈变动给组织带来的冲击。1994年出版的由史蒂文·L.戈德曼、罗杰·N.内格尔及肯尼斯·普瑞斯合著的《灵捷竞争者与虚拟组织》是反映虚拟组织理论与实践的较有代表性的著作。

5）知识管理理论

20世纪60年代初，美国管理学教授彼得·德鲁克博士首先提出了知识工作者和知识管理的概念，指出我们正在进入知识社会，在这个社会中最基本的经济资源不再是资本、自然资源和劳动力，而应该是知识。知识管理是指在组织中建构一个人文与技术兼备的知识系统，让组织中的信息与知识，通过获得、创造、分享、整合、记录、存取、更新等过程，达到知识不断创新的最终目的。此后，卡尔-爱立克·斯威比博士（1986）首次提出了知识型企业的概念。他在《知识管理》（1990）一书中，明确提出企业资产应从知识管理的角度重新认识。他将知识资本分为雇员能力、内部结构和外部结构三部分。雇员能力用以表达企业拥有的人力资源状况。内部结构用以表达企业内部生产和管理体系。外部结构代表包括市场与客户、供应商和合作伙伴在内的企业外部资源。企业知识管理的目标就是在可持续发展战略的指导下，对这三类结构进行有效的开发和利用，为企业创造最大效益，实现长期稳定增长。他被美国《财富》杂志誉为“世界知识管理之父”。

知识管理理论在20世纪90年代后出现了研究热潮。如美国波士顿大学教授托马斯·H.达文波特在知识管理的工程实践和知识管理系统方面做了开创性的工作，提出了知识管理的两阶段论和知识管理模型。日本学者野中郁次郎出版了《知识创造公司》（1995）一书，提出了知识螺旋上升模型，指出知识分为隐性知识和显性知识，隐性知识是企业创新和竞争力源泉。野中郁次郎被国际学术界誉为“知识创造理论之父”和“知识管理的拓荒者”。

2.4.2 现代管理理论发展的新趋势

随着经济的全球化，管理理论也出现了较大的发展，主要形成了以下几大流派，如比较管理理论、本土管理理论和后现代管理理论。

1）比较管理理论

现有文献表明，1959年哈宾森和梅耶斯的《工业世界的管理：国际分析》是跨文化比较研究的开山之作，使比较管理理论成为管理学的重要分支。1980年，吉尔特·霍夫斯坦德出版了《文化影响力》一书，提出衡量不同国家文化价值观的五个维度：权力距离、不确定性的规避、个人主义与集体主义、男性化与女性化、长期取向和短期取向。霍夫斯坦德从文化人类学的角度建立的研究模型，引起了巨大反响，进一步确立了比较管理理论研究的社会价值和地位。1981年，日裔美籍管理学家威廉·大内出版了《Z理论——美国企业怎样迎接日本挑战》一书，比较了美国和日本企业在雇佣制、组织评价和晋升、企业决策的参与程度、专业化程度、个人和集体负责差异、局部和整体关系等方面的差异，进而提出了不同于美国式和日本式的Z管理模式。

2）本土管理理论

2008年，郭重庆院士以“中国管理学界的社会责任和历史使命”为题，率先提出了管理学研究本土化的命题。当然，随着中国管理学研究的不断发展，本土化的研究早已起步，如大庆模式研究。

其中，比较有代表性的是台湾学者郑伯埙提出的差序式领导理论。差序格局源自我国社会学者费孝通对中国传统社会研究提出的概念，是指人们会依据远近亲疏来使用不同的人际交往法则。越靠近自己的圈，越属于自己的人，靠近外圈，则属于外人，由此确认企业领导者会依据关系亲疏、忠诚度以及才能三个标准，将部属分为自己人与外人。此外，徐淑英、李平、郭毅等人也对中国的本土管理学理论有较深入的研究。

3）后现代管理理论

随着人类进入知识经济时代的信息社会，企业组织及管理领域正在经历一场自现代产业革命以来前所未有的深刻变化，后现代管理思潮的出现就是在这一背景下产生的批判传统科学管理模式的一场管理革命。这一管理思潮发端于20世纪80年代。德国法兰克福学派代表人物哈贝马斯和利奥塔围绕现代性与后现代性进行理论论战，随后，美国的新实用主义者罗蒂和新马克思主义者詹姆逊等人以不同态度介入辩论与理论研究，再后来，介入的学者越来越多，研究涉猎的领域也越来越宽。

比较有代表性的后现代管理理论主要有：

（1）彼得·德鲁克的知识管理理论。他在1959年出版的《未来的里程碑——关于新的后现代世界的报告》一书中，分析了后现代世界的转向，即未来的4个里程碑。他认为后现代世界是基于生物学的世界观，而不是基于机械学的基础；创新已成为后现代社会主要的管理模式；大组织中的团队协作精神及对知识型工作者的管理将更加重要；后现代是一个教育大爆炸的时代。

（2）汤姆·彼得斯的混沌管理理论。其代表作主要有《追求卓越》《解放型管理》《超越混沌》《重新想象》等。他通过对传统理性管理模式的批判，突出强调外部环境的混沌特征对管理的影响，对于直觉、想象等非理性因素在管理中的作用也推崇备至。所以，彼得斯主张构建混沌组织和实施解放型的管理。他还预言传统科层制和智能化的组织结构必将走向死亡，未来的商业需要一场返回到基点的革命。因此，他鼓励公司建立灵活的、自由流动的组织结构，进而构建庞大而高效率的网络结构。

（3）克莱格的后现代组织理论。斯图尔特·克莱格长期从事组织理论研究，提出了许多后现代组织观点。克莱格认为，“分化”是现代社会的标志，分化越细表明现代化程度越高，也说明社会越进步、越美好。所以，他认为后现代性的特征就是“去分化”。现代性管理包含一系列基于分工和专业的工具和实践，后现代管理就是消除现有的劳动分工形式，以此来构建整个现代管理的理论基础。

此外，后现代管理思想分歧颇多，其内容也涉猎广泛，有管理学、科学哲学、人性假设、领导思维方式、组织变革发展等。总之，后现代管理是在对传统管理理论基石、研究方法否定的基础上对现代科学管理模式的基本假设进行深层架构，未来发展可期。

本章小结

本章重点介绍管理理论发展的历史、流派以及具有代表性的现代管理理论。

首先，将古典管理理论作为管理学发展历史中的重要内容加以详细阐述，主要介绍：科学管理之父——泰勒的科学管理原理；一般管理学的古典管理理论代表法约尔的管理理论，包括其管理职能、管理原则和管理经营的划分；对组织理论的代表人物韦伯的管理理论也做了重点阐述。

其次，介绍了行为科学理论的起源和发展，重点介绍了霍桑实验的基本内容和科学结论，分析了在此基础上形成的人际关系学说和主要观点，以及后来的行为科学代表人物马斯洛、赫茨伯格、麦格雷戈和维克托·弗鲁姆等人及他们的主要观点，提出了行为科学作为管理理论流派的重要价值和意义。

再次，介绍了管理科学理论。其中，社会系统学派是以组织理论为研究重点，从社会学的角度来研究组织的；系统管理学派是运用系统科学的理论、范畴及一般原理，分析组织管理活动的理论；社会-技术系统学派的特点是利用有关的数学工具，为企业寻求一个有效的数量解，着重于定量研究；权变理论学派是依据环境自变数和管理思想及管理技术因变数之间的函数关系来确定一种最有效的管理方式的管理思想。

最后，介绍了几种有代表性的现代管理理论及现代管理理论研究的发展趋势，包括由美国人迈克·哈默和詹姆士·钱皮提出的企业再造理论，彼得·圣吉在《第五项修炼》中所倡导的学习型组织理论，哈默和普拉哈拉德提出的核心竞争力理论、虚拟组织理论以及知识管理理论等。在现代管理理论研究的发展趋势方面，主要介绍了有代表性的比较管理理论、本土管理理论和后现代管理理论。

本章案例

富士康的“科学管理”

富士康科技集团创立于1974年，是专业从事电脑、通信、消费电子、数位内容、汽车零组件、通路等6C产业的高新科技企业。凭借扎根科技、专业制造和前瞻决策，自1974年在台湾肇基，特别是1988年在深圳地区建厂以来，富士康迅速发展壮大，拥有90余万名员工及全球顶尖IT客户群，为全球最大的电子产业专业制造商。2016年，富士康位列《财富》全球企业500强第25名。

富士康的深圳龙华园区总面积2.3平方千米，龙华厂区有26.5万人，观澜厂区有11万人，深圳其他厂区还有将近2.5万人。新员工进公司的第一堂课就是军训。在不断运转的生产线限定工人一天必须做多少个动作。与半军事化管理相对应的是，在富士康的墙壁、楼道等很多地方都有口号式的标语，最出名的一句是“魔鬼藏在细节中”。

富士康的管理有三个特点：一是流程化，把入口到出口之间的工作细分为若干个节点；二是专业化，每个人只做流程中的一节；三是标准化，动作、工具与原料都标准化。在车间，到处是不断转动的传输带和工作平台。20秒完成1块电路板的测试，1分钟装7个静电袋，很多人每天10个小时不停地重复几个单调的动作，每工作2个小时可以休息10分钟。连续3年，每天做的就是扫描、装袋和贴标签的员工不在少数，唯一的变化是越做越熟练。依靠这种管理，富士康在2005年做到了“982”，即98%的产品可以2天内出货，领先其他同行3天。

在富士康一个工厂中大约有11个事业群，一个宿舍住8个人，宿舍没有一张桌子，而且同乡不能住在一起，基本上每天一半人在睡觉，一半人在上班，大家相互之间很难有交往，甚至一个月也说不上几句话。这是一个“科学”的安排。同一个地方的人错开安排是为了效率先行，能有效减少群体性事件的发生。

富士康的管理岗位层级分明，分工也十分细致。公司对于“中干”（中国大陆籍员工），分管理职位、薪资资位、岗位职系三条线管理，以多重标准考核员工，定岗定编。最简单的是岗位职系，即“工种”。最复杂的是资位，分为“铨叙”和“不铨叙”。“铨叙”又分为员级和师级，员级分为员一、员二、员三，师级分为师一到师十七。每个级别的薪资都不同。

企业的管理职位是从组长、课长、专理到经理、协理，再到副总经理、总经理、副总裁等，一个事业群的级别达12层。在富士康有12个这样的大事业群。在事业群之间也提倡竞争，公司每年都要根据业绩进行排名。而这种层级的晋升往往通过后浪推前浪的方式进行。

资料来源　根据以下资料整理：[1] 李娟.一个工人的富士康八年 [N]. 第一财经日报，

2010-07-08；[2] 徐明天.郭台铭管理日志 [M]. 杭州：浙江大学出版社，2011；[3] 魏昕，廖小东.富士康内幕（全球最大代工企业成长真相）[M]. 北京：华夏出版社，2010.

思考题：

你如何看待富士康的"科学管理"？请列举这种管理模式的优缺点。你认为富士康的"科学管理"是否对中国企业提高管理水平具有借鉴意义？主要表现在哪些方面？

思考与练习

1.古典管理理论包括哪些内容？产生的背景条件是什么？

2.为什么说泰罗是科学管理之父？如何评价科学管理理论？

3.法约尔提出的管理活动职能有哪些？相互之间是什么关系？

4.韦伯的行政组织体系理论体现了什么特点？

5.人际关系学说的主要内容是什么？为什么说霍桑实验是人际关系学说发展的基础？

6.具有代表性的行为科学理论有哪些？

7.科学管理理论包括哪些学派？你对各学派是如何评价的？

8.如何理解学习型组织的特点？

9.在知识管理理论方面有哪些代表人物？主要观点是什么？

10.现代管理理论研究最新发展趋势体现在哪几个方面？

第3章

管理与环境

学习目标

通过本章的学习，重点了解管理环境的内涵与构成；掌握组织环境和任务所包含的主要因素；了解组织、文化与环境相互影响的关系；掌握社会责任、社会响应与社会义务的关系；辨析组织是否应当承担社会责任以及怎样承担社会责任。

3.1 组织与环境

3.1.1 组织环境的内涵

环境是指事物存在与发展的周围条件和状况。管理活动总是发生在一定的情景下，它无时无刻不受到周围环境中各种因素的影响。同理，组织是在一定的环境条件下成长起来的，组织的各种环境对组织的发展有重要影响。组织环境有组织外部环境与组织内部环境之分。组织的外部环境是组织之外所有可能影响组织的因素。这里还可以根据外部影响因素的差异分为一般环境和任务环境。组织的内部环境是指组织内部的条件和因素，主要是指与组织内部运作直接相关的组织成员以及相关要素。其组成部分如图 3-1 所示。

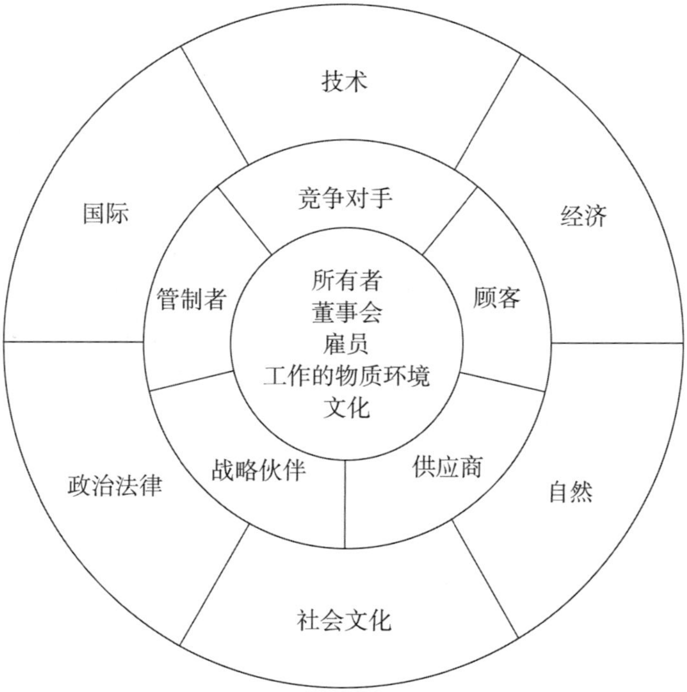

图 3-1　组织环境的相关要素

1）外部环境

外部环境包括一般环境和任务环境。其中，一般环境是组织外部构成其总体背景的一系列广泛的作用因素，而且这些因素的最大特点是组织不能够左右而只能适应。而任务环境与组织的联系更紧密一些，与组织的作用互动性更强。

（1）一般环境

一般环境的每一类要素都可能对组织产生重大影响，但许多情况下，这种影响都是间接表现出来的。

①政治与法律环境。

A.政治环境是指制约或影响组织的各种政治要素及其运行所形成的环境系统，包括一国的政治体制、政党制度、政府颁布的政策、政治气氛等诸多因素。政治环境既有相对稳定的成分，又有动态变化的要素。国体、政体、政党制度等属于一国政治环境中的结构性要素，具有较强的稳定性，一般不会有大的调整和变化；而政府颁布的各种政策由于要受国内与国际各种因素的影响，通常处于动态的变化中，往往会对企业产生意想不到的影响。动态变化的政治环境要素是政治环境中最重要的部分，企业必须给予足够的重视。

B.法律环境是指与组织相关的一系列法律规范以及这些法律规范的制定和实施机构，同时也包括与此相关的社会法律意识，其中法律规范是最基本、最重要的要素。由于法律、法规的制定与政治环境中的政治体制、政党、政府等要素密切相关，所以法律环境和政治环境本质上是一体的。法律的强制性决定法律环境对组织的影响具有硬性约束和刚性约束的特征，它规定了哪些事能做，哪些事不能做，从而确定了组织的行为边界，对组织的行为具有导向和规范的作用。比如，汽车召回制度的实施，使得汽车生产厂商都尽可能地在汽车出厂之前将所有的质量问题解决掉。不过，需要指出的是，不同国家的法律有可能是不一样的，这是一个企业在跨国经营中必须要特别注意的问题。

② 经济环境。经济环境是指影响组织生存与发展的社会经济状况以及国家经济政策，包括社会经济水平、经济周期、产业结构、居民的购买力水平、消费结构、价格、财政税收制度、利率与通货膨胀水平以及国家的经济管理体制等要素。经济环境可能是一般环境中对组织特别是企业的经营管理活动影响最为直接的部分。环境的另一个特征是其内部的各种因素通常会发生连锁反应，一种因素的变化有可能引起诸多因素不同程度的变化，甚至导致整个经济形势发生逆转。比如，当消费者的收入减少，或者他们对工作保障的信心减弱，或者他们预期今后的消费支出会大幅度增加，他们就会减少或者推迟目前一些非必需品的消费，这会导致这些部门的投资不足，进而导致整个社会的投资需求不足，为避免经济出现衰退，政府又会采取积极的财政政策来刺激经济需求。不过，有时候政府投资又可能对民间投资产生“挤出效应”，从而进一步加剧经济衰退的步伐。而在经济衰退期，人们对服务愿意支付的价格不但会降低，而且还要求服务质量不断提高。

③社会文化环境。社会文化环境是指社会环境中由文化诸要素及与文化要素直接相关联的各种社会现象构成的实际状态。文化环境涉及的范围十分广泛，大体上包括文化的基本要素系列、文化的价值系统和文化教育事业状况。文化的基本要素系列包括哲学、宗教、语言与文字、文学等。价值系统主要是指存在于文化之中的普遍的价值观，也称文化价值观。文化教育事业是提高社会文化水平的决定性因素。置身于一定的文化环境中的组织，必然要受到文化环境的影响和制约。因此，组织应当充分认识文化的作用及其作用方式，强化组织的文化环境意识，建设具有自己特色的组织文化。社会文化环境潜移默化地影响着我们对世界的认知方式。

④技术环境。技术环境主要是指组织所处的社会环境中的科技要素及与该要素直接相关的各种社会现象的总和，包括新技术、新设备、新材料、新工艺的开发和采用，以及以此为基础形成的组织的经营管理方式的改变与国家科技政策的制定等内容。近20年来，一般环境中变化最迅速的就是技术。目前，大数据、云平台、物联网的出现正在改变人们的生活方式，利用通信技术，整个世界都变成了一个地球村；微处理器等信息载体变得更加小巧，而功能与速度却更强更快；利用3D打印技术，不仅能打印我们日常的生活用品，而且能打印我们居住的房屋。在这些突飞猛进的技术中，对组织与管理影响最大的首推信息技术。信息技术改变了组织内部人与人之间的交流方式，大大减少了组织的管理层次，使组织结构越来越朝扁平化的方向发展。ERP在信息技术的基础上对企业的流程进行了重组，大大提高了组织的运行效率。同时，基于互联网的信息技术也改变了组织之间的关系，IBM完全可以把它的数千人的全球售后服务中心搬到印度，在利用了的当地廉价劳动力的同时并不会增加运输成本，因为一切都可以通过互联网和电话传输，物流成本几乎可以忽略不计。出于相同的理由，世界银行也把它的会计部门外包给了一家印度公司，一位公干的世界银行专家完全可以在美国自己的家中毫不费劲地通过互联网办理自己的差旅费报销。

基于互联网的电子商务正在开创崭新的经营模式。美国2016—2045年新兴科技趋势报告显示，在对700项科技趋势的综合比对分析基础上，最终明确了20项最值得关注的科技发展趋势，列在第一位的就是物联网。到2045年将会有超过1 000亿的设备连接在互联网上，如移动设备、可穿戴设备、家用电器、医疗设备、工业探测器、监控摄像头、汽车及服装等。它们所创造并分享的数据将会给我们的工作和生活带来一场新的信息革命。报告还指出，物联网、数据分析以及人工智能这三大技术之间的合作将会在世界上创造出一个巨大的智能机器网络，在不用人力介入的情况下实现巨量的商业交易。此外，机器人与自动化系统、智能手机与云端计算、智能城市、量子计算、混合现实（虚拟现实和增强现实）技术、人类增强和网络安全等都是未来发展的重要领域，会对人们的生活产生重大影响。

⑤国际环境。在全球化的大背景下，地缘政治、经济出现了许多新特点和新模式，如英国脱欧、美国退出TPP等，贸易保护主义开始抬头。各种规模或者类型的组织都面临着管理全球环境的机遇和挑战，这迫使每个管理者都不得不认真思考在国际市场中消费者在哪里、竞争者是谁、如何才能从一个地区性的公司发展成全球性公司等问题。2017年7月，进入中国27年的全球快餐连锁巨头麦当劳中国公司易主，尽管门店风格和服务产品都没有变化，但名字已经变成了中资企业的金拱门。

⑥自然环境。自然环境强调的是外在物质要素的条件、状况对人类活动的制约和影响。对组织而言，它往往是指作为生产资料和劳动条件的各种自然禀赋，常常表现为组织经营地域内的能源供应情况，自然资源的种类、品位、储量、分布和开采利用的程度，铁路、公路、水运、客运的条件等。所以，自然环境有时也被称为

地理环境。对于百货商店来说，自然环境则包括商店所处商圈的地理位置、交通情况、潜在顾客的数量以及商店的设施设备等内容。2011年3月，日本发生9级大地震，这场大灾难汇集了大地震、大海啸、核泄露三大灾害，也成为人类历史上少有的“三位一体”式的灾难。它不仅导致了日本生命财产的重大损失，也使许多日本企业陷入了前所未有的困境。由于辐射，福岛县、群马县、千叶县的蔬菜放射性物质超标，牛奶、矿泉水等都被禁止销售。美国、新加坡、澳大利亚、新西兰以及中国香港地区都宣布禁止进口日本灾区四县的果蔬、食品和肉制品。国内禁售和国际社会的抵制，使日本的许多企业陷入停产、倒闭的绝境。

（2）任务环境

相对于一般环境来讲，任务环境更为具体，影响也更直接，它包括竞争对手、顾客、供应商、管制者和战略合作伙伴。

①竞争对手。组织的竞争对手是同组织竞争资源的其他组织。在竞争的初级阶段，同类组织间更多表现为产品与服务价格、市场的竞争；随着社会生产的不断发展，竞争也随之转化为组织之间的产品换代、技术升级的竞争；在全球经济一体化和知识全球化的国际市场中，组织对资源的争夺也发生变化，竞争也上升到更高层次，如创新商业模式、争夺高端人才、打造电商平台、突出特色等已成为企业战胜竞争对手的法宝。

2017年11月12日凌晨，天猫官方微博公布“双11”的成交额达1 682亿元。而京东方面也公布了数据，下单金额超1 271亿元。仅它们两家的销售额就已将近3 000亿元。看起来皆大欢喜，但这两家业务越来越交叉的企业竞争的火药味十足。

在谈到如何看待阿里巴巴与京东的关系时，专家表示：京东和阿里的关系其实是一种彼此需要的关系。“京东好，对于阿里巴巴太重要了，因为阿里巴巴就是要培养更多像京东这样的企业。另外阿里巴巴好，对京东也太重要了，因为京东市值的一半以上来源于资本市场对于阿里巴巴未来的信心和想象。”所以，两家企业在竞争中求发展，市场会做得更大，受益的是消费者。

②顾客。顾客是为购买组织产品和服务支付货币的个人或组织。某个组织，或者说任何一个企业，是以满足顾客的需求而存在的，是通过向顾客出售组织提供产品和服务而运行的。组织发展的关键取决于能否满足顾客的需求。但由于顾客需求的内涵和特点不断变化，为顾客提供产品和服务的组织必须不断适应甚至是激发顾客的需求。在今天，组织的生存还在于能否吸引特定的目标市场顾客，并保持他们的忠诚。例如，于2006年成立的买卖宝是中国最早的移动电商之一，到2013年销售额接近20亿元。企业业绩的高速增长主要得益于对服务的目标客户群体的维护。买卖宝服务对象不是大企业的白领阶层，而是三线到六线地区的普通用户，包括农民工、技术工人、小业主、学生等。这些人虽然收入有限，但却是中国最早使用手机购物的群体，由于生活压力小等原因，其网购费用比都市白领还高。但企业如果没有一套有效的客户维系体系和手段，这些用户也非常容易流失，他们的忠诚度不够。买卖宝所能做的就是不断进行深入的客户需求调查并能认真研究其需求变化，

在企业提供的交易产品、销售方式、送货渠道方面都竭力满足客户的需求，进而获得了非常好的口碑和信誉。

在国际化的组织中，企业面临的顾客群体更为复杂，即便是相似的细分市场也有着不同的消费特点，这给跨国公司为顾客服务提出了新的课题。组织只有实现对市场的快速响应，才能在市场中立于不败之地。

③供应商。供应商是为其他组织提供资源的组织。一个组织与供应商之间的关系是十分复杂与微妙的。渠道理论研究表明，组织的供应商与其客户的关系就是一种博弈，供应商希望通过抬高价格或降低质量及服务的手段，向为其供货的企业施加压力，以获得尽可能多的利润；反之亦然。供应商的讨价还价能力越强，被服务的客户企业盈利空间就越小。决定供应商讨价还价能力的因素主要有：供应商所在产业的集中度、交易规模、产品差异化程度以及前向一体化的可能性等。

2013年年底，日日顺启动“车小微”工程，即吸引社会上的人和车，参与到日日顺的服务中来，日日顺物流由此转为一个开放的、送装一体化的服务平台。为应对这一新物流模式，2014年3月，海尔信息化中心启动移动互联网战略，研发了一系列服务“车小微”的APP，主要有配送司机使用的“一路顺”和服务兵使用的“人人服务宝”。到2017年，日日顺平台上已有9万辆“车小微”，服务人员超过18万人。它们分布在全国各地，行驶在大街小巷。由于移动软件的应用，使得工厂与用户、海尔与服务人员之间的服务流程大大缩减，解决问题的速度大大加快。目前，“车小微”的投资回报率平均达30%，企业配送成本降低了5%，依靠这种模式，日日顺在全国2 915个县区作出了“按约送达，超时免单”的承诺。从工厂到用户家里，这条线上的任何一个节点出了问题，都能找到对应的人，服务兵是这条线上最末端的环节，其工作直面用户，他们的表现直接影响到用户对日日顺品牌的认知。“车小微”模式，不仅是日日顺物流超速发展的秘笈，也是服务商与业主关系模式的转变。目前，日日顺在全国设立了15个发运基地、136个智慧仓、6 000多家微仓，实现仓配全流程智能操作，大大提升了配送效率。

④管制者。管制者是指在任务环境中可能控制、立法限制或以其他方式影响组织的政策或实践的要素。这主要体现为两种形式：一是管制机构，即由政府设立，旨在保护公众或组织免受某些特定企业行为的侵害，如证券交易监督委员会、食品与药物管理部门、环境保护部门等。这类部门与机构在保护个人和组织权益方面发挥了重大作用。二是利益集团，即指试图影响组织成员的集团，包括社会组织、行业协会，如工会、消费者协会、产业协会等。这类组织不同于政府管制机构，没有法律承认的官方权力，但可以通过各类媒体的帮助，产生广泛的社会影响，发挥监管作用。2014年11月15日，国务院总理李克强主持召开国务院常务会议，强调要加快推进价格改革，更大程度让市场定价，实施普遍性降费，进一步为企业特别是小微企业减负添力。从2015年1月1日起实施4项具体降费措施，每年将减轻企业和个人负担400多亿元。

⑤战略合作伙伴（战略联盟伙伴）。战略合作伙伴是指两家或更多的公司以合

资、合作或其他形式结成的联盟关系。战略伙伴关系帮助企业从其他组织中获得相关资源和专长，有助于合作企业间分散风险和开拓新的市场，同时，借助与联盟内企业的合作，相互传递技术，加快研究与开发的进程，获取本企业缺乏的信息和知识，并带来不同组织间的协同效应。这已成为企业成长的重要形式，但由于企业之间存在着紧密关系，这种影响表现是多方面的。在战略联盟中表现出色的日本东芝公司拥有强大的制造能力，因此它建立的伙伴战略联盟大多数是研发（R&D）项目上的合作，如与摩托罗拉在大规模记忆芯片的合作，与IBM在笔记本电脑的合作，目的就是在较宽的产品线中构造强大而匹配的价值系统。事实证明，这种联盟收到了很好的成效，合作的每一方都收获巨大。

2）内部环境

内部环境是相对于外部环境而言，是指一个组织内部可以利用的资源，主要包括组织所有者、董事会、员工和工作环境。

（1）所有者。企业所有者是对企业拥有法律上的财产权利的人。所有者可能是一个人；也可能是合伙人；也可能是购买了企业股票的个人投资者；还可能是其他组织，甚至国家。所有者与经营者应该是分离的。在比较规范的公司治理结构中，主要是以股东大会、董事会、监事会和经理班子体现的。

（2）董事会。公司董事会是由股东选举出来的具有监督管理者、保证企业按符合股东利益最大化要求经营的治理实体。董事会执行规定的监督职责，但很少介入运营管理，企业的实际运营由董事会聘任的经理班子负责。但近年来的发展趋势表明，越来越多的董事会加强监管力度，对公司的经营管理施加更大的影响，由此引发了业内外对公司治理结构——谁应当对企业负有治理责任的大讨论。

（3）员工。组织中的员工也是内部环境的主要因素，主要包括组织的作业工人和管理人员。随着社会发展，组织内部结构的变化，对组织员工的知识和专业水平要求越来越高，组织的员工也在向知识型员工转化，组织之间的竞争越来越表现为员工素质和能力的竞争。同时，组织不仅要招聘和培育高素质的员工，还要注重其忠诚度的培养。

（4）工作环境。组织员工的工作环境和他们所从事的工作是组织内部要素不可缺少的部分。工作环境对于知识员工的影响已上升到前所未有的高度，而工作挑战性和丰富性也是这类员工最为看重的。企业如何能通过这方面的改进吸引高素质的员工，这已是各类组织极为关注的问题。例如，同为高技术企业，Google公司能够将微软公司的高级管理人才吸引过来，并不是靠更高的薪酬或更好的福利，而是靠更加灵活的办公方式，为员工提供张扬个性的办公场所和环境。比如，员工可以穿轮滑鞋上班，带宠物到办公室。

3.1.2　组织与环境的关系

组织与环境是一种相互影响、相互制约的关系。但是对于不同的管理环境而言，与组织的互动关系是不同的。在外部环境中，组织更主要的是受其制约，适应的成分更大，而任务环境对组织的影响更直接，组织的反作用性加强；对于内部环境，组织控制力进一步加大，可以完全决定内部环境结构以及如何与外部环境相适应。

1）环境对组织的影响

环境对组织的影响主要表现在以下方面：

（1）一般环境变化的影响。一般环境变化主要表现为两个特性，即外部环境的复杂性和变动性。复杂性是指构成组织外部环境既有经济因素，技术、文化方面的因素，又有政治、社会方面的因素，而且这些因素中，既有对组织直接发生影响的，又有间接发生影响的，既有一种因素对组织发挥着重要影响作用的情况，也有多种因素同时对组织发挥着重要影响作用的情况。因此，组织必须全面分析各种因素的影响，特别是着重分析那些对组织影响重大的环境因素，并及时做出正确的反应。在2014年11月19日召开的世界移动互联网大会的分论坛上，日本软银集团董事长孙正义发表演讲指出，人类历史上只有三类改革，能让我们更好地认识自己，第一个是农业革命，第二个是工业革命，第三个是信息革命。这是我们运用了脑力、体力最伟大的三次革命。在工业和信息革命过程中，汽车引擎变化两次，速度上升了200%。计算的速度即微处理能力达到了100万次。微处理的速度对人们的影响是巨大的。在未来300年，芯片可能会以10的60次方的速度优胜于人脑的处理速度。所以，微处理器会比人脑更加聪明。在未来你可以享用无穷无尽的信息，借用记忆存储器人们可以非常自如地交流。

而外部环境的变动性是指组织的外部环境总是处于不断变化的过程中，只不过有的变化是渐进的，比较缓慢，不易察觉和把握；有的变化是突变的，很快就会对组织的活动发生直接的影响，引起组织的足够重视。不过，无论是对渐变的部分，还是对突变的部分，组织都应当及时掌握和分析有关的信息和情报，把握环境因素变化的趋势，制定正确的应对策略，来适应组织外部环境的变化。

由于上述特性的作用，组织面临的环境总是处于一种不确定的状态。管理大师罗宾斯提出了“环境不确定性矩阵”，利用环境复杂程度和变化程度两个指标对不同组织的外部环境的特性进行评估，如图3-2所示。

（Ⅰ）低-中程度不确定性 A.大量外部环境要素,而且要素不相似 B.要素维持不变或缓慢变化	（Ⅱ）高不确定性 A.大量外部环境要素,而且要素不相似 B.要素常常变化且不可预测
（Ⅲ）低不确定性 A.外部环境要素少,而且要素相似 B.要素维持相同或慢慢变化	（Ⅳ）高-中程度不确定性 A.少量外部环境要素,而且要素相似 B.要素常常变化且不可预测

稳定(静态)　　　　不稳定(动态)

环境变化的程度

图3-2 环境不确定性矩阵

由图3-2可见，相对于环境的复杂程度而言，环境的变化对环境不确定性的影响程度更大。因为当环境不稳定的时候，环境的复杂程度无论高低，环境的不确定性都处于较高的水平。而当环境稳定但环境比较复杂的时候，环境的不确定性也仅是“低-中程度不确定性”。这表明组织在对付环境复杂性方面的能力要比对付环境变化的能力更强。2014年的“双11”，马云的电商平台创下了571亿元的销售记录，到2017年，总交易额超1 682亿元，无线交易额占比81.87%，覆盖235个国家和地区。2017年“双11”全天，物流方面也刷新全球纪录。“双11”亦使“新经济时代”的落地变为现实。互联网时代的到来给传统企业如零售百货企业带来了致命的打击，但却带给亚马逊、阿里巴巴这样的企业绝好发展机会，阿里巴巴的生态圈已经开始聚集来自全球的需求，连接全球的商家与消费者，进而改变上游的制造、物流与金融配置的效率，通过互联网的方式形成新的生产关系。全面互动的方式将消费与娱乐的边界完全模糊，海内、海外商业基础设施的打通令全球买卖成为可能，线上、线下百万门店的打通带来全渠道融合式购物体验，大数据构建个性化消费，令全球商家和消费者提前感受未来5~10年的生活方式。

（2）任务环境变化的影响。任务环境变化对组织的影响主要体现在以下几个方面：

首先，任务环境是直接与组织相关的变量因素，对组织的影响更为直接和具体。一个行业内新进入了一些企业，可能会立刻改变现有的竞争格局，打破了原先势均力敌的平衡态势，为此，一些企业可能受到威胁，甚至退出原有市场。例如，1990年，美国麦当劳进入中国市场，当时，对于中国内地顾客来讲，到麦当劳餐厅就餐是有身份和档次的象征。这个全球食品零售服务业龙头企业2016年在全球拥有超过37 000家麦当劳餐厅，每天为100多个国家和地区的6 900万名顾客提供高质量的食品与服务。但随着麦当劳在中国的不断扩展，其餐饮食品已经成为中国百姓十分熟悉的普通快餐食品。2017年7月，麦当劳与中信股份、中信资本和凯雷进行战略合作，共同运营和管理麦当劳在中国内地和香港的业务。目前，中国是麦当劳全球第三大市场，也是全球最大的特许经营市场、全球增长速度最快的市场，在国内有2 500家餐厅，员工人数超过12万，服务超过10亿次。虽然麦当劳的营业环境和标识没有改变，但其管理公司已经改名为“金拱门”了。

其次，任务环境的各个要素也要受一般环境变化的影响。任务环境是处于社会政治经济大环境之中的，因此，一般环境变量的变化会对任务环境有直接的影响。例如，战略联盟是出现在20世纪50年代，到21世纪这种模式成为组织间合作的重要形式。而这种合作是基于各种组织在不断发展形成自己的核心优势之时，利用各自的专长形成的优势互补，以便实现20世纪末企业扩张发展的重要条件——快速响应市场。例如，总部设在加利福尼亚的First Virtual公司，是一家生产用于视频合作与学习的台式多媒体产品的公司。根据该公司的创立者拉尔夫·翁格曼的说法，它只有两项核心竞争力：迅速持久的创新能力，建立强大的合作关系的能力。

除此之外，该公司的其他业务都外包给了公司认为是“第一流的供应商”。他们的信念是：合作可以实现双赢和互利。在今天，只有在这方面做得好的企业才能生存下去。

最后，任务环境与组织的影响是互动的。组织对一般环境变化更多是如何适应与应对，而组织对任务环境却可以施加积极的影响，两者之间是一种相互影响的关系。最为典型的就是制造商与零售商的相互关系。20世纪，制造商凭借其庞大的生产体系，左右着零售商市场。进入21世纪，零售商成为交易关系中的主角。如零售巨头沃尔玛，其庞大的销售网络、稳定的目标市场使其无论是从什么角度看都占有主动权，任何一个大供应商都不敢轻视，其谈判的议价能力更是无人能及。

（3）危机管理。我们前面所讲的组织所面临的不确定性是一般情况下的变化，由于突发事件造成的危机带来的危害可能更为严重，后果也更难以弥补。许多情况下，危机的发生之前没有任何征兆。例如，美国所遭受的“9·11”恐怖袭击，尽管事件的发生仅仅在短短的几个小时内，但却造成了上千亿美元的损失，由此带来的人们心灵上的创伤，以及价值信仰的变化可能会持续几年或数十年。

许多组织由于缺乏对危机的预先准备，结果面对突发事件，不是熟视无睹，任其肆意发展，造成更严重的后果，就是惊慌失措，没有采取及时、正确的补救措施。中国2003年发生的SARS公共卫生事件、2015年发生的天津港危险化学品仓库爆炸事件，都造成了巨大的生命财产损失和严重的社会影响。由于危机以极端的形式对组织产生重大影响，对此，许多组织建立了危机管理团队，建立了危机预警系统和快速反应系统。但更多的组织对此重视不够，采取拖延、遮盖的手法，甚至欺骗公众，隐瞒真相，长此以往都会给组织带来重大损失。

2）组织怎样适应环境

环境既为组织的发展带来了机遇和市场，也使组织在发展过程中充满了变化因素、问题和机会。

（1）管理组织环境。环境对组织生存和发展有重大影响，管理者的一项重要工作就是评估或者是分析任务环境和一般环境为组织提供机会和威胁的力量，研究环境对于组织的重要性。管理者必须掌握环境的复杂程度、环境变化的速度，并据此制定组织的发展目标和战略实施举措。

组织环境的复杂性是任务环境和一般环境中力量的数量及潜在影响的一种客观性质，管理者必须对其做出适当的反应。对管理者来说，那些看起来有较大不利影响的力量是一种潜在的威胁，必须为此使用组织重要的资源，尽可能消除这种潜在威胁，实在不行要做好应对准备。环境威胁也可能产生边缘影响，这对组织的威胁不大，管理者花少量的时间和精力就可以处理好。对于有可能产生巨大积极影响的力量，管理者必须花费较大的时间和精力，以把握住机会。

一般来讲，组织规模越大，管理者需要应付的各种环境力量就越多。一个小餐馆，经理可能主要处理就餐客人的位置和食品问题，但希尔顿国际连锁集团不仅要解决由于机构庞大而产生的内部管理沟通问题，很可能要应对不同国家不同行业管制规定和巨大差异的背景文化。显然，管理者需要应对的力量越多，管理环境就越复杂。

此外，了解环境变化的速度也十分重要，主要是环境变化速度会对组织发展产生重大影响，而且最终结果难以预料。例如，在知识经济的大背景下，计算机和电信产业方面的技术日新月异，信息公路高速发展，微处理机功能更强大，产品成本快速降低，互联网会极大影响和改善人们的社会生活，组织的管理模式也会因此发生重大变化，这些都为计算机和电信行业的发展带来巨大市场机会，但具体的方向是什么，还需要组织研究和把握。当年发明了第一台个人PC电脑的苹果公司就是认为个人电脑用户只是市场中的极小部分而将主攻方向放在办公电脑上，错失了企业发展的极好机会，但却成全了IBM公司。

（2）减少环境力量的影响。由于环境对组织发展带来的不仅仅是机遇，也可能是威胁，而且这种威胁对组织能够产生致命的影响，因此，任何一个组织的管理者都会设法减少组织环境力量对组织的潜在影响。但由于组织对宏观大环境的反作用微乎其微，因此，组织若要减少环境压力，只能是对组织密切联系的群体或有一定交易关系的客户产生作用，包括组织的竞争对手的未来动向、产品的新顾客以及供应商等。

减少环境影响还包括监测环境。组织生存发展的重要形式是搜集信息，以便了解环境变化趋势以及变化的形式。因此，许多组织采取各种办法搜集相关信息，如聘用专业调查人员、参加各种展览会等，争取第一时间掌握这些变化。从技术发展、政府政策到流行时尚，这些都会直接和间接地影响组织的运作方式。因此信息的性质影响管理者的决策，所以，准确的信息处理也至关重要。组织发展的事实也证明，如果信息处理技术滞后，也会影响到组织对环境变化的反应速度。

（3）调整组织结构和控制系统。应对复杂多变的组织环境的有效方法之一，就是提高组织自身结构和控制系统的复杂程度。例如，根据组织环境的特性，管理者可以采取机械式或有机式组织模式加以应对。在机械式组织结构中，权威集中在上层，任务和职能都很明确，这有助于组织有效地利用稳定环境中的资源；相反，如果环境变化迅速而且情况复杂，有机式结构更好些，这种组织类型，权威分散到与现场密切接触的中层和基层管理者中，甚至是员工，使组织能够对新情况做出及时和有效的反应。

此外，比较通行的做法是组织高层管理者安排不同的部门去处理由于环境变化可能给组织带来的消极影响。如销售和服务部门着重发展处理客户关系方面的技能和知识，研发部门的主要职责是确认可能对组织产生影响的技术革新或革命，财务部门要对这些影响进行财务上的评估，确认组织可能遭受的损失等。

3.2 组织管理与社会道德

3.2.1 社会道德的基本内涵

社会道德是指在处理公平、正义、贫穷和人权问题时指导人们行事的标准，在许多教科书中被称为社会伦理。这里我们将道德与伦理视为同义词，但专家们对此有争议。认为有分歧的是指道德是个人自律的规范，而伦理则是社会约束的法则(黑格尔)。出于本节需要，我们将对社会道德、职业道德和个人道德进行研究。

社会道德不仅受社会的法律、风俗、惯例的影响，还取决于那些影响人们相互交往的不成文的价值观和准则。例如，一个国家的公民可能会自觉地做出符合道德的行为，那是因为他们已经把特定场合下应如何举止的价值观和准则消化、吸收。

1）社会道德

社会道德所起的作用和影响是难以估量和评述的。社会道德可以监控个人和组织的一些自私自利的行为。尽管许多人并不认为这种行为会对社会和组织产生多么严重的危害，但如果不加以控制，在社会范围内蔓延开来，很可能会威胁到社会和组织的整体利益。因此，只有对社会道德做出规范，对什么是适宜和良好的社会行为做出明文规定，才可以使个人和组织受益，社会也因此整体受益。也只有这样，才能形成公平合理的竞争环境，组织间才能倾向于采用正当的竞争手段。所以，从社会道德层面讲，组织的社会道德更重要。例如，在商品经济社会，广告是企业宣传产品的有效手段，但肆意做虚假广告欺骗消费者就是超出了社会行为的道德底线，甚至是违法。如果商家和企业都这样做，整个社会诚信就会丧失殆尽，最后，可能没有一个赢家。

在不同的国家，由于道德标准和文化观念的差异，社会道德也差异较大。在欧洲被普遍接受的道德标准，在伊斯兰国家可能被视为冒犯。例如，西方人十分重视时间观念，他们认为不准时赴约是不礼貌的行为，至少是对对方的不尊重。但在伊斯兰国家，西方人的重视时间常常让他们感到有压迫感，缺少人情味，也是对自己文化的不尊重。而不同国家的商业惯例则是让跨国管理者头痛不已的问题。在一些国家，行贿和补偿性支付是正常的商业惯例，但在美国和一些欧洲国家却是违法的。不能否认，这其中有许多模糊地带，就是受道德谴责但不违反法律。

2）职业道德

职业道德是指导组织内各类员工的行为规范和准则。相对于社会道德来讲，职业道德更具有指导性和约束性。在许多情况下，一个组织内部的职业规范和条例常会影响员工的价值观和行为，在一些特定行业，诸如律师、会计师事务所和研究机构、政府机构和从事特种职业，比如造币企业的员工身上表现得更为明显。当执行这些规范和条例的背景成熟时，这些就成为企业职业道德的一部分，员工会自觉遵守和维护。

当然，对职业道德的维护不能仅靠员工的自觉行为，世界上许多国家的职业组织都对违反职业道德的个体和组织进行惩处。例如，在西方国家，医生、律师或会计师如果违反职业道德，他们可能会被吊销营业执照或勒令停业。当然这样做是有法律依据的。所以，在一个法治国家，职业道德可以很好地规定员工的职业操守，因为他们清楚，违背职业道德的后果是什么。但有些国家是通过比较严厉的惩罚措施来保证组织的职员遵守职业道德的。例如，在新加坡，如果公务员违反职业道德，接受贿赂，那么他很可能被取消终生养老金。

但是，当员工在面临着利益冲突、秘密与机密和诚实等方面的问题时，职业道德的问题可能会凸现出来。尽管大多数公司都禁止员工收受礼物，但仍是屡禁不止。而最让一些技术企业管理者头痛的是，企业核心的技术员工流失后，带走的不仅仅是企业需要的技术和头脑，还可能将企业的秘密泄露出去，为竞争对手所用。而工作中出现的不诚实现象，如谎报业绩、欺骗客户、假公济私、出工不出力等更是层出不穷，给企业造成的损失难以估量。

组织中的员工如何遵守职业道德是一个方面，而组织如何对待员工则是另一方面。组织要有效运行，招聘员工，培养和提拔管理者，确定薪酬体系等都是不可或缺的部分，而这些都体现了组织的道德观。比如，如果组织坚持唯才是用，任人唯贤，就会创造公平的竞争环境，使员工充分施展才华，并将适合的人才选拔到相应的岗位上，但如果组织的管理者相信血缘和地缘关系使员工更效忠，那么，他很可能提拔其亲属和老乡到重要的岗位上。

3）个人道德

个人道德是指个人与他人交往时的个人标准和价值观。个人的道德形成主要受其家庭、朋友和成长环境等因素的影响。一个人在判断是非或做出某种决定、采取某种行为时往往会借助于他个人的标准和价值观。而这一价值观的发展又会受到他一生中的某些经历的影响。有研究表明，人们在童年时就开始形成道德标准，伴随其成长，道德观也在不断改变。

但是，个人道德并不是企业道德的基础，也不是群体必须遵守的道德底线。在某些人眼里，某些决定和行为可能是不道德的，但在另一些人的眼里，这些行为却是完全可以接受的。例如，最近中国电视报道的有关变性人的新闻。这些“边缘人”在社会上生存比较艰难，并不是因为他们收入较低或处于社会底层，相反，由于其有专长，他们中一些人有很好的经济收入。但是社会上许多人的歧视却令他们倍感生存的艰辛。他们被视为社会的渣滓，被认为毫无廉耻，没有道德感，甚至亲人都远离他们，许多人无法组织家庭。但电视报道后，却激起了民众的广泛讨论，许多人认为他们是值得同情和尊重的，他们用自己的技能和劳动自食其力，有的人也很成功。

需要指出，个人道德是建立在社会道德基础上的。在这种条件下，个人道德的差异很可能是受个人信仰、宗教以及终极价值观的影响。在特定的组织和群体中，有影响的人物、领袖或领导者都会对个人道德和组织道德起重要的影响作用。组织通过文化建设，将员工个人道德观与价值观统一起来，成为组织凝聚力的保证。

一个社会中规范的法律通常采用其公民主流的道德标准——社会规范。例如，由于绝大多数人认为偷窃是不道德的，于是社会通过了相关的法律规定这种行为是不合法的，并且规定了惩罚违反者的办法。但这并不等于人人的行为都是合理合法的，社会中还是大量存在着法律与道德界限模糊的现象。例如，尽管法律规定员工节假日加班要付双倍或更多的工资，但许多企业还是想方设法加以逃避。

3.2.2 组织管理中的社会道德

组织的运行涉及社会各个层面，当管理者的决定缺乏具体的法律规定，完全需要管理者自行做出时，道德问题就凸显出来。此外，管理者在决定如何与特定的利益相关者交往的时候，也可能在处理道德问题上进退两难。之所以这样，是因为一部分利益相关者获益，而另一部分相关者受到伤害，很难做到两全其美。

1）强化员工的名誉感，提升组织形象

预防不道德行为最重要的方法就是提高人们的羞耻感和名誉意识。名誉是获得的尊重和声望，是无价之宝。拥有名誉的利益相关者必须保护好他们珍贵的名誉，这决定了他们能否在长期范围内获得资源和利润。

如果一个管理者滥用资源，并且其他人认为这种行为超出了可接受的标准，那么他的名誉就会受到损害。短期内不道德的行为可能会导致长期严重的后果。名声不好的管理者很难在业内找到市场，股东们也可能拒绝在此公司投资。在这种情况下，所有利益相关者的名誉都可能受到损害。如果一个管理者或一个公司由于不道德的行为而被人知晓，那么其他利益相关者就会带着怀疑的态度甚至敌意去看待他们，他们会由于名声的问题而失去本应该获得的资源。

在一般情况下，不道德的行为最终会惩罚那些始作俑者。如果所有的利益相关者都警觉到不道德的行为会给他们的长远利益带来伤害，并认为有必要制止这种行为的话，那么不道德行为出现的几率就会大大降低。此外，社会舆论的监督，法律和制度的惩治也会对不道德者产生较大的威慑力，有助于制止不道德的行为。如万科与宝能的股权之争。2015年下半年，宝能不顾万科管理层的反对，在二级市场上大举购买万科公司的股票，并成为第一大股东，随即提出要撤换以王石为代表的董事成员。万科召开股东大会，说明情况，请广大中小股东予以支持。事件的不断发酵不仅引起了企业与民众的不安，也引起的了监理层的关注，舆论也由开始的分化到最后形成一边倒支持万科管理团队的局面。当然，事件的结果还是圆满的。

2）塑造符合道德的组织文化

组织可以通过把道德价值观和标准作为组织文化核心的方式，将公司在道德和社会责任感问题上的立场传达给每一位员工，而且要在组织范围内让每一位员工在行动上自觉遵守。需要指出的是，当组织成员遵守组织的价值观和行为规范时，这些就会变成他们个人道德规范的一部分。所以，组织成员对道德问题做出的反应就能反映出这家公司的道德标准。高标准的、强文化的价值观和严格的规范可以帮助个人抵制自私行为，并使他们认识到他们代表的不仅仅是个人，而是组织的形象。

管理者在帮助其员工建立个人标准方面起着重要作用，管理者不仅仅是员工的上司，也是行为或道德标准执行的表率，他们的一举一动都要受到下级的模仿和监督。如果管理者做出不道德的行为，会为下属起到反面的示范作用。这会给组织的发展带来一定的危害。比较有效的方法是通过制订成文的道德规范和定期的道德培训计划以及树立组织先进模范的典型，帮助员工认同公司的价值观和确立与此相适应的个人道德观。海尔在组织发展初期，由于员工信仰出现真空，因此其行为出现许多偏差，如违反社会公德、无组织无纪律、偷盗等。公司通过强化组织纪律，采取惩罚式管理，使这种现象得到很大改善。但最终使员工行为达到组织规范要求的，还是组织文化的建设，通过强化价值观和信仰灌输，提高员工的自律行为，使员工自觉遵守组织的规范。

3.3 组织社会责任

3.3.1 组织的社会义务、社会响应、社会责任及相互关系

社会义务是指一个企业的行为符合其应履行的经济和法律责任。也就是说，一个企业承担了社会义务，只是说它的行为达到了法律的最低要求，企业所追求的社会目标仅限于有利于该企业经济目标的实现。持有这种观点的企业认为自己唯一应该承担的社会责任就是对股东的责任。社会义务只是工商企业参与社会的基础，而社会责任和社会响应均超越了只是符合基本的经济的和法律的标准的限度。

社会响应是指一个企业适应变化的社会状况的能力，它强调的是一个企业对社会呼吁的反应。一个具有社会响应能力的组织之所以采取某种行为方式，是因为它希望满足某种普遍的社会需要。它不去琢磨长远来看什么对社会有利，而只是去识别主流的社会（而不是法律）准则并改变其社会参与方式，从而对变化的社会状况做出反应。

社会责任是指企业追求有利于社会的长远目标的一种义务，它超越了法律和经济所要求的义务。社会责任加入了一种道德要求（不是法律或者准则要求），促使人们从事使社会变得更美好的事情，而不是去做那些有损于社会的事情。一个具有社会责任感的组织从事有助于改善社会的事情，绝不只限于法律要求必须做的或者经济上有利的事情，它之所以如此做是因为它觉得这些事情是应该做的、正确的或是合乎道德的。一个具有社会责任感的组织做正确的事情，是因为它觉得有责任去做。社会责任和社会响应均超越了只是符合基本的经济和法律的

标准和限度。

以下举例说明这三个概念的关系。当一家公司达到政府设立污染控制标准，或是在晋升决策中不歧视年龄大的雇员，它只是在履行其社会义务。因为法律规定公司不能够污染环境或实行年龄歧视。在20世纪90年代，如果一家化学公司提供照顾雇员小孩的设施，或者宣布其洗衣用品是用100%可再循环利用的纸包装的，那么该公司的行为是社会响应。这是因为这些行为是职业压力和环境保护者强烈要求的结果，已是一种普遍的社会呼吁。但是，如果该公司在20世纪70年代就有了照顾孩子或保护环境的举措，那么在当时便是一种社会责任行为，因为这是组织主动去做的，而且是在呼吁者呼吁之前去做的。由此可见，社会责任高于社会响应，社会响应高于社会义务。

社会义务、社会响应和社会责任三者的关系可以用图3-3来表示。

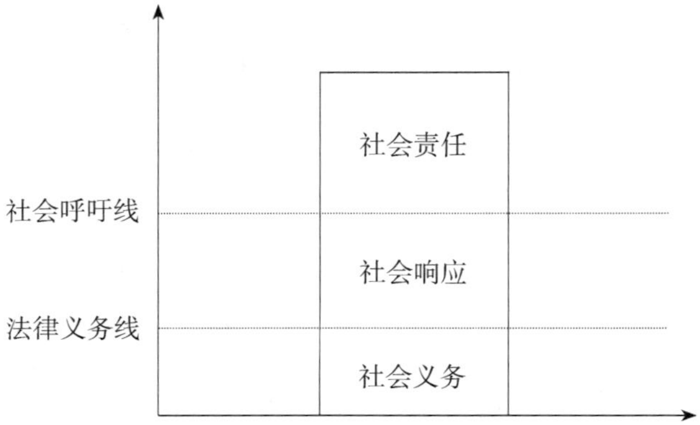

图3-3 社会义务、社会响应和社会责任比较

3.3.2 社会责任的相关问题

1）学术界关于社会责任的争论

理论界关于企业是否应该承担社会责任存在两种观点。

以林恩·夏普·佩因为代表的学者认为，企业应该承担社会责任。支持强化企业社会责任的观点主张，许多问题是由企业引起的，如空气和水的污染，资源消耗等。因此，企业应当在解决这方面问题上下工夫，特别是企业不能逃避作为公民的责任。如果企业认真承担社会责任，往往能够获得较高的声望，其产品也可以获得更大的市场份额，对组织和社会两者都是有益的。佩因认为，从短期来看，企业承担社会责任会出现经济绩效的降低，但她强调富有社会责任感是组织有效性的基石和保证。一套建立在合理的伦理准则基础上的组织价值体系也是一种资产，它可以带来多种间接收益。这些间接收益主要体现在三个方面：一是一套良好的价值体系对于取得和维持基础的组织业绩十分重要。这是因为一个普遍被接受的目标和一套完善的价值体系是组织力量，也是组织个性（标识）的源泉，它能够给组织成员带来自豪感和满足感，帮助公司适应环境，从而有利于公司的长期发展和繁荣。二是社会责任意识和道德观念同时也是市场识别一家公司的关键，它有助于公司与主要的利益相关者建立起牢固的关系。许多公司的发展经历都已证明，今天的财务亏损可以通过明天的盈利来弥补，而失去信任则必须通过长期的不懈努力才能够挽回。三是一个合乎伦理经营从而具有较好信誉的公司，不仅可以减少遭受起诉、法律制裁和政府限制性法规制裁的可能性，而且可以赢得利益相关者的信任和合作，从而有助于获得竞争优势。

以经济学大师弗里德曼为代表的学派认为，企业不应该承担社会责任。弗里德曼认为，将社会责任宽泛化可能令组织偏离其基本使命——为所有者创造利润，从而对美国经济造成损害。企业的真正所有者是股东，经理的主要责任就是按照股东的利益来经营业务，企业不应该承担额外的社会责任。如果经营者将企业的资源用于“社会产品”，就会破坏市场机制的基础。企业承担社会责任，生产社会产品，实际上是一种资源的再分配，有人必须要为这种再分配付出代价。如果企业的社会行为降低了利润和股息，那么股东将遭受损失；如果通过降低工资来消化企业社会责任行为的成本，那么雇员将遭受损失；如果用提价来补偿社会责任行为，那么消费者将遭受损失；如果市场不接受更高的价格，销售额下降，那么企业就不能生存。结果，企业的全部要素都将遭受损失。更重要的是，弗里德曼指出，当职业管理者追求利润以外的目标时，他们实际上是将自己置于非选举产生的政策制定者的地位，而经营者并不具有制定公共政策的专长。另一种反对强化企业社会责任的观点认为企业已经拥有了很大的权力，如果它们再介入社会活动的话，其权力将得到进一步加强。而有的人则更加关注可能的利益冲突。

2）社会责任与企业绩效的关系

管理学大师罗宾斯认为，公司承担社会责任与经济绩效之间存在着正相关关系，这已被许多实证研究证明。在罗宾斯引述的一项研究中，被调查的13家公司仅有一家发现负相关关系，但即使在这个案例中，承担社会责任的公司的股票价格并不低于股票价格的全国指数。为使自己的观点更有说服力，罗宾斯还考察了近期发展起来的社会意识共同基金，并将它们的经济绩效同全部的共同基金的平均水平比较。这些基金从不投资于与酒类、赌博、烟草、武器、价格管制、诈骗有关的公司，它们为个人投资者支持那些具有社会责任感的公司提供途径。但是，过去5年来，这些共同基金多数的业绩超过了市场平均水平。由此，罗宾斯得出的一个结论是：没有足够的证据证明，一个公司的社会责任行为明显降低其长期经济绩效。

但经济学家波斯特认为，公司社会责任行为与公司绩效的关系极为复杂。即使一项研究发现企业的社会绩效与过去和将来的财务绩效呈正相关关系，也并不一定能够证明二者是正相关的。这是因为：一方面存在着某些与衡量“社会责任”和“经济绩效”有关的方法论的问题；另一方面还有一个因果关系的问题，即社会责任与经济绩效之间的正相关可能不是社会参与产生了更高的经济效益，而是高利润才使得企业有条件广泛地参与社会活动。

3）组织承担社会责任的方式

组织对所承担社会责任的立场并不相同，这里我们主要介绍四种形式，如图3-4所示。

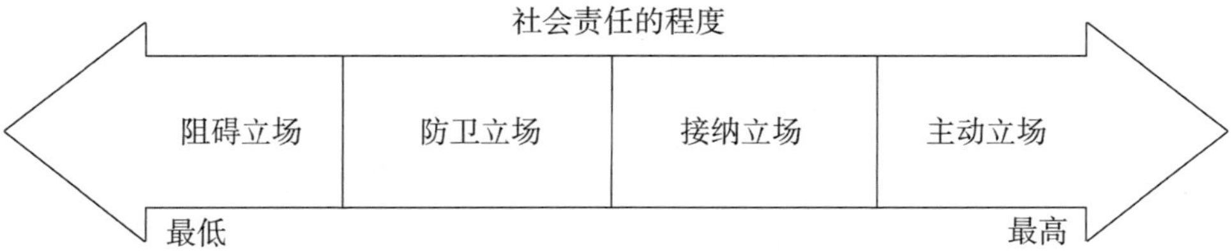

图3-4 组织对所承担社会责任的立场

（1）阻碍立场。一些组织采取阻碍立场，这是指坚决否认或极力避免承担社会责任。这些组织通常表现为对社会或环境问题不闻不问，但当它们一旦跨越了可接受行为的界限后，它们通常的反应是否认或避免为自己的行为承担责任。例如，一些企业排污控制不利，污染环境，被公开揭露后，千方百计掩盖事实真相，否认自己应当承担的社会责任，直到被定罪处理。

（2）防卫立场。从阻碍立场向前迈进一步就变成了防卫立场，是指企业的所作所为只限于法律要求。企业的管理者认为企业的主要目的是赚取利润，承担社会责任只是企业的额外义务，但组织必须按照法律规定行事。例如，政府规定烟草必须在包装上标明尼古丁的含量，企业就必须遵守这一规定并不得做假。

（3）接纳立场。采取这一立场的组织不仅符合法律和伦理的要求，而且还会有选择地超出这些要求。这类企业会表现出主动参加各种社会公益活动，赞助一些对企业有益处的社会活动。例如，一些企业会主动为某些社会活动捐赠，按照组织者的要求参与某些社会活动，当然，企业也希望这些活动能为企业带来更好的社会影响。

（4）主动立场。社会责任程度最高的组织采取的是主动立场。采取这一立场的组织将社会责任作为企业经营的宗旨之一。它们主动将自己看成社会发展的重要力量并积极寻求贡献的机会。例如：零售业巨头沃尔玛在美国建立社区大型健身中心，为市民提供休闲和娱乐服务；微软、IBM、诺基亚等企业将社会责任作为企业使命之一，与企业的经营宗旨密切相连，它们密切关注社会主流价值观，并通过企业良好的社会行为为其他组织做出表率。这些组织为增进社会福利，发展社会进步做出了有益的贡献。

3.3.3 组织应怎样承担社会责任

在社会不断进步，道德伦理不断提升的情况下，当代组织需要承担的社会责任被提到空前高度，成为社会各种利益群体十分关注的问题，因此，坚持企业的社会责任、坚持高标准的社会伦理也给各种组织带来了空前的挑战。组织应当像制定发展战略模式一样制定履行社会责任的原则，应当将社会责任视为一种需要仔细规划、决策和评估的重大挑战。

1）遵守法律和组织道德

组织要遵守的法律表现在各个层面。首先，组织要遵守社会基本法律，使组织的行为在社会层面上符合法律制度的基本要求。例如，组织承诺不雇用未满18岁的青少年。其次，组织要遵守各项专项法规和制度。例如，组织的财务部门要向主管单位如实申报组织的各项经济指标，保证公司运作符合各项管制规定。最后，组织要遵守和履行与社会和政府要求相吻合的各项内部规定与制度。例如，消费者保护法对消费者的保护可能从某种角度使组织付出较大的代价，如对消费者造成人身伤害的赔偿上，一些组织会出于自身利益考虑不履行或拖延履行其承诺。

遵守道德或职业道德是指组织成员的行为符合基本的伦理标准，组织在这方面不仅要给予重视并且采取切实有效的行动来提升组织成员的道德观以及行为表现，如提供道德培训，制定道德指导和行为准则，并且可以采取一些考评指标，检测和加强对组织成员道德的强化。《财富》杂志列出的1 000家公司中，几乎90%的公司都已建立了一套明文的伦理法规。60%的《财富》500强企业实施了包含道德在内6大核心要素的计划。在组织中，伦理准则是表明一个组织基本价值观和它希望遵守的道德规则的正式文件。需要指出，在组织伦理道德准则制定过程中，要特别注意：一方面，伦理准则应尽量具体，能让员工明白组织所要求的工作精神；另一方面，伦理准则应有足够的宽松度，以给员工一定的判断自由。

2）加强对利益相关者的管理

利益相关者是指环境中受组织决策和行动影响的任何相关者。这些相关群体与组织息息相关，或是组织行为对其产生重大影响，反过来，它们也可能影响组织。利益相关者可以分为第一级利益相关者和第二级利益相关者。

第一级利益相关者是与组织发生最直接关系的团体，包括员工、股东、信用机构、供应商、顾客、批发商和竞争者。它们是通过正式的契约形式与企业在市场交易的过程中发生关系，约束着企业的战略和管理者的政策决定。

第二级利益相关者是社会中那些直接或者间接受企业次级影响的团体，其与企业的关系在第一级利益相关者之后，包括政府、社区、行业协会、媒体、社会和政治团体。第二级利益相关者并不意味着它们与企业的关系较第一级利益相关者不那么重要，而是指它们与企业的关系是作为指导公司正式行动的结果而发生的。不过第一级和第二级利益相关者仍有原则上的差别：企业与第一级利益相关者的关系主要是通过市场发生的；企业与第二级利益相关者的关系则是非市场的。

组织对利益相关者的管理主要分四个步骤：首先，确定谁是组织的利益相关者；其次，确定这些利益相关者可能存在的特殊利益关系是什么；再次，确定每一个利益相关者对于组织决策和行动来说有多么关键；最后，决定通过什么具体形式管理利益相关者。

利益相关者的管理方式如图3-5所示。

环境不确定性	利益相关者的重要性：重要而关键	利益相关者的重要性：重要但不关键
高度不确定性	Ⅳ 利益相关者伙伴关系	Ⅱ 跨域管理
低度不确定性	Ⅲ 利益相关者管理	Ⅰ 扫描和监控环境

图3-5 利益相关者的管理方式

如图3-5所示，根据“利益相关者的重要性”“环境不确定性”这两个指标可以将利益相关者分为Ⅰ、Ⅱ、Ⅲ、Ⅳ四种，每种均采取不同的管理方式。对于第一种情况，管理者没有必要采取具体行动来管理，只需要简单地扫描和监控环境中可能变化的趋势和力量，即跟踪了解利益相关者的动向，了解他们可能关心的问题及其变化。对于第二种情况，要采取“跨域管理”方式，即与各种外部利益相关者开展互动合作，以搜集和传播重要信息。对于第三种情况，可以采取直接的利益相关者管理，如开展顾客营销调查、鼓励供应商之间的竞争，设立政府关系部门或展开游说活动等。对于第四种情况，要采取“利益相关者伙伴关系”方式管理，即为追求共同目标而在组织和利益相关者之间达成非正式协议。当然，这种伙伴关系需要合作者的高度承诺，相辅相成，而不是互不相干的。

在网络经济时代，利益相关者与组织的关联更为密切，沟通也更为便捷。但同时，核心企业受损，对利益相关者的影响也更为直接和深远。2015年天津港“8·12”瑞海公司危险品仓库特别重大火灾爆炸事故，不仅造成了大量的人员伤亡，也给相关企业和部门带来重大损失。

3）强化组织领导与组织文化

组织的高层管理者对建设什么样的组织文化和坚持哪种社会责任的立场有着直接的影响。不仅领导提倡的价值观和道德理论对组织管理哲学和经营宗旨有重要作用，而且领导本身的所作所为也对组织员工起示范作用。组织文化的内容和力量也同样会影响组织员工的伦理行为。一种可能形成较高伦理标准的文化是一种高风险承受力、高度控制，以及对冲突高度宽容的文化。处在这种文化中的组织员工，会被要求不断创新和进取，并对社会道德行为有准确的自我判断和行为能力。如果从文化力量的角度而言，支持高伦理标准的强文化，会对组织员工行为产生非常强烈和积极的影响。因此，组织要坚持履行社会责任，必须要建立一种高伦理标准的强文化，自觉约束员工行为，并增强组织凝聚力。通用电气公司就明确宣布，公司绝不会提拔与其所提倡的价值理念不同的员工。同样，中国的华为也对高管的晋升有类似的要求。

4）评估社会责任

任何严肃对待社会责任的组织通常要确保其努力正在产生预期的结果，这一要求主要体现在将控制的概念应用于社会责任。许多国际跨国公司要求现有员工和新员工阅读伦理原则和伦理规则并签署同意遵照执行的声明，试图从根本上使员工认识到遵守组织伦理是组织要求最基本的内容。但组织这样做需要对自己应承担的社会责任的有效性进行准确的评估。这项工作内容主要是对企业的社会审计，即一种针对企业社会绩效有效性的正式的和系统的分析。这种审计通常是由一组公司高层经理组成的任务团队来完成的，主要是组织要定义所有的社会目标，分析它为实现每一目标分配的资源，评估不同目标实现的程度和对哪些方面需要格外注意提出建议。据估计，在全世界最大的250家公司中有45%的企业每年公布报告，总结它们在环境和社会责任方面的努力。例如沃尔玛在2016年宣布，重新使用或再利用它在美国商店和其他美国运营部产生的80%以上的废品，以减少垃圾对社会的污染。

本章小结

本章重点介绍组织成长的内外环境以及对组织发展有重大影响的组织管理与社会道德和组织的社会责任等。

首先，详细分析了组织所处的内外环境，包括组织外部环境的政治与法律、经济、技术、社会文化、国际和自然等，并指出对这些环境要素的变化各类组织无法左右。由于这些因素变化会给企业带来很多机遇和挑战，组织只能更好地适应。在任务环境中，介绍了与组织生存和发展相关的竞争者、顾客、供应商、管制者、战略合作伙伴等，而在内部环境中主要介绍了所有者、董事会、员工和工作环境几个方面，并在此基础上系统分析了组织与环境的相互影响，指出这种影响是深远的、巨大的，对组织如何应对环境的变化提出了一般对策。

其次，研究了组织管理与社会道德（社会伦理）问题。作者从社会道德、职业道德和个人道德三个层面分析了道德问题在组织中的表现以及组织中的道德对组织发展的影响，在此基础上提出了如何在组织管理中注重社会道德问题，包括强化员工的名誉感，提升组织形象，塑造符合道德的组织文化等。

最后，将组织的社会责任作为研究的重点之一。根据罗宾斯的观点，提出了组织的社会义务、社会响应、社会责任的概念，阐述了它们之间层层递进的相互关系，指出对于组织是否应承担社会责任，从不同的观点和角度出发有不同的理解，而且组织承担社会责任的程度也存在着较大的差异。对于组织如何承担社会责任本章也做了一些阐述。

本章案例

浦东发展银行成都分行违规授信事件

从2016年开始，广发银行侨兴债事件、民生银行假理财事件、中国农业银行14亿元萝卜章、中国邮政储蓄银行非法挪用30亿元理财资金到浦发银行违规授信事件，银行业10年繁荣背后，所隐藏的问题一一暴露。自2017年3月末以来，银行业“三三四十”专项整治行动共查出问题5.97万个，涉及金额达17.65万亿元。

2018年1月19日，银监会披露了浦发银行成都分行775亿元违规授信案相关处罚结果。四川银监局依法对浦发银行成都分行罚款4.62亿元；对浦发银行成都分行原行长、2名副行长、1名部门负责人和1名支行行长分别给予禁止终身从事银行业工作、取消高级管理人员任职资格、警告及罚款，对195名分行中层及以下责任人员内部问责。

浦发银行成都分行为掩盖不良贷款，通过编造虚假用途、分拆授信、越权审批等手法，违规办理信贷、同业、理财、信用证和保理等业务，向1 493个空壳企业授信775亿元，换取相关企业出资承担浦发银行成都分行不良贷款。媒体报道，浦发银行成都分行最终形成不良资产在100亿元左右。银监会指出，这是一起浦发银行成都分行主导的有组织的造假案件，涉案金额巨大，手段隐蔽，性质恶劣，教训深刻。

浦发银行成都分行成立不久，钢铁业不景气，但浦发银行成都分行却为钢铁业贷出6亿元。不到半年，钢铁价格上涨，这些企业都成了浦发银行回报最大的客户。此后，浦发银行成都分行把水电、钢铁、煤等信贷业务作为支柱项目、基础项目来抓。但在2012年后，银行业告别高速增长期，实体产业产能逐渐过剩，浦发银行成都分行出现很多巨额逾期贷款。为了“粉饰太平”，浦发银行成都分行上演了资本腾挪之术，即通过编造虚假用途、分拆授信、越权审批等手法，违规办理信贷、同业、理财、信用证和保理等业务，向1 493个空壳企业授信775亿元，换取相关企业出资承担浦发银行成都分行不良贷款。经济下行导致不良资产激增是事实，但违规放贷掩盖不良资产却是人为，其规模之大，令业内外人士震惊。

2018年1月5日，银监会发布《商业银行股权管理暂行办法》，明确要从股东责任、商业银行职责、信息披露、监督管理、法律责任等方面加强商业银行股权管理；1月13日，银监会发布《关于进一步深化整治银行业市场乱象的通知》，再次将关联交易、虚假出资、出资不实等问题作为整治银行业市场乱象的工作要点。

为防范此类事件再发，浦发银行启动全行大轮岗。专家认为，轮岗是解决道德风险问题，但不能解决其他相关问题。实施轮岗并不是简单地将人员进行调动，还要考虑分行队伍与服务质量的稳定性、持续性等问题，避免因轮岗而影响业务。此外，风控是什么？是制度、规定，还是“专业”？在银行业务中，对宏观经济、行业走势、企业发展状况的持续研究和监控有否必要？此外，行内的组织架构、体制机制需要如何调整？什么权限需要集中到总行统一管理？什么权限需要下放？这些都需要银行管理者进行认真研究。

资料来源 本案例改编自王博.涉775亿元违规授信案，浦发银行被罚4.62亿元，你想知道的都在这里［J］. 中国企业家，2018（1）。

思考题：

浦发银行成都分行违规授信行为的动机是什么？产生了怎样的恶劣影响？你认为应采取什么措施，才能从根本上杜绝这样的违规行为。

思考与练习

1.组织的环境要素包括哪些内容？
2.辨析组织的外部环境和任务环境差异及相互关系。
3.怎样理解组织的环境与管理活动之间关系？
4.管理伦理和组织道德是什么关系？
5.组织中的道德涉及哪几方面？
6.社会责任、社会义务和社会响应的关系是什么？
7.组织是否应该承担社会责任？
8.组织应当怎样承担社会责任？

第4章

计划职能

学习目标

通过本章的学习，一般了解计划工作的含义与作用；熟悉并了解计划的类型以及影响计划的权变因素；重点把握目标管理的基本内涵、特点以及各种计划方法。

4.1 计划工作的含义和作用

4.1.1 计划与计划工作的含义

在日常的工作和生活中，我们经常会听到或看到“计划”这个词。大到美国政府的火星探测计划，小到我们身边的假期旅行计划，计划几乎无所不在。

计划与计划工作是两个不同的概念。计划（plan）是一种结果，它是在计划工作所包含的一系列活动完成之后产生的。计划工作（planning）有广义和狭义之分。广义的计划工作是指制订计划、执行计划和检查计划的执行情况三个紧密衔接的工作过程。这里，我们将计划确定为组织根据环境需要和自身特点，确定该组织在一定时期内的目标，并通过计划的编制、执行和监督来协调、组织各项资源以顺利达到预期目标的过程。

组织计划的内容常用“5W1H”来表示：做什么（What to do it)？即明确所要进行的活动内容及其要求；为什么做（Why to do it)？即明确计划工作的原因和目的；何时做（When to do it)？即规定计划中各项工作的开始和完成时间，以便进行有效的控制和对能力及资源进行平衡；何地做（Where to do it)？即规定计划的实施地点或场所，了解计划实施的环境条件和限制，以便合理安排计划实施的空间；谁去做（Who to do it)？即规定由哪些部门和人员负责实施计划；怎么做（How to do it)？即制订计划的措施以及相应的政策和规则，对资源进行合理分配和集中使用，对生产能力进行平衡，对各种派生计划进行综合平衡等。

4.1.2 计划工作的作用

计划工作的重要性表现在其结果对组织的工作既能起积极作用，也可产生消极影响甚至使组织陷入严重的困境。计划工作的积极意义应当体现在以下几方面：

1）指明方向，协调活动

未来的不确定性和环境的变化使组织的发展在方向、规模、实施时间和步骤上时刻面临着困难。良好的计划可以明确组织目标，通过科学的计划体系使组织各部门的工作能统一协调地运作，使主管人员能超脱于日常事务，集中精力于对未来的不确定性和变化的把握，随机应变地制定相应的对策，实现组织与环境的动态协调。如公开宣称要成为中国迪斯尼的圣亚海洋世界娱乐有限公司，制订了未来10年的发展计划，在确保海洋主体公园主业不断增长的同时，进军儿童娱乐领域，与大型购物中心强强联手，每年要在全国开店超过20家，迄今已经过去5年了，这一战略得以有效实施。

2）预测变化，减少冲击

计划是面向未来的，而未来无论是组织生存的环境还是组织自身都具有一定的不确定性和变化性。计划工作可以让组织通过周密细致的预测，尽可能地变“意料之外的变化”为“意料之内的变化”，制定相应的补救措施，并在需要的时候对计划做必要的修正，变被动为主动，变不利为有利，以减少变化带来的冲击。如作为计划的一部分，英特尔公司掌门人欧德宁决定将公司分为4个市场型事业部，并为每个事业部设定角色、职责，分配资源，分别搭建针对公司电脑、家用电脑、笔记本电脑和健康服务业专用电脑的平台。这种事业部的调整使得该公司较好地应对未来环境和技术的变化。

3）减少重复和浪费

计划工作的一项重要任务就是要使未来的组织活动均衡发展。预先对此进行认真的研究能够消除不必要的重复的活动所带来的浪费，避免在今后的活动中由于缺乏依据而进行轻率判断所造成的损失。计划工作还有助于用最短的时间完成工作，减少迟滞和等待时间，减少误工损失，促使各项工作能够均衡稳定地发展。如宜家有一款颇受市场欢迎的水杯——邦格杯子。这款产品开发员在接到设计新型杯子任务的同时，还被告知这种杯子在商场应该卖到多少钱，即5个瑞典克朗。也就是说，在设计之前，宜家就确定这种杯子在价格上必须能够击败竞争对手。这个价格并不是宜家随便杜撰出来的，它是由全球资深经理人组成的产品战略委员会传达给产品开发经理的。

4）有利于有效地进行控制

组织在实现目标的过程中离不开控制，而计划则是控制的基础，控制中几乎所有的标准都来自于计划。如果没有既定的目标和规划作为衡量的尺度，管理人员就无法检查组织目标的实现情况，也就无法实施控制。如从2009年12月18日始，往返于英国和欧洲大陆之间的欧洲之星列车在英吉利海峡地下31英里长的欧洲隧道中因故障而陷入困境，5列火车发生一系列故障，2 000多名旅客被困长达16个小时，旅客因冻、饿发生疾患。事故调查结果表明，欧洲之星公司管理层没有应对冬季恶劣的天气的准备，致使列车因为过量降雪而中途停运，事故发生后处理也不及时，这对公司产生了极大的负面影响。

4.2 计划类型和权变因素

4.2.1 计划类型

计划的种类很多，依据不同的标准，可将计划分为不同的类型。各种类型的计划不是彼此割裂的，而是由分别适用于不同条件的计划组成的一个计划体系。

1）按计划的广度划分

按计划的广度可分为战略计划和作业计划。战略计划是应用于整个组织、为组织设立总体的较为长期的目标，寻求组织在环境中的地位的计划。战略计划的特点是长期性，决定在相当长的时期内大量资源的运动方向；它还具有较大的弹性、涉及面广、相关因素较多的特点，如公司的5年战略规划、10年发展规划等。作业计划是规定总体目标如何实现的细节计划。它的计划期限较短，其与战略计划的最大区别在于，战略计划的一个重要任务是设立目标，而作业计划则是假设目标已经存在，而提供一种实现目标的方案，如企业日生产任务计划、每周财务计划等。

2）按计划的明确程度划分

按计划的明确程度可分为指导性计划和具体计划。指导性计划只规定一般的方针或指出重点，不把管理者限定在具体的目标或特定的行动方案上。这种计划具有灵活性，可为组织指明方向，统一认识，但并不提供实际的操作指南，如主管部门的行业发展规划、产业规划等。具体计划则恰恰相反，要求必须具有明确的可衡量的目标以及一套可操作的行动方案。组织通常根据面临环境的不确定性和可预见性程度的不同，选择制订这两种不同类型的计划，如企业生产部门、营销部门、人力资源部门的计划等。

3）按组织层次划分

按组织层次可分为高层管理计划、中层管理计划和基层管理计划。高层管理计划着眼于组织整体的、长远的安排，注重组织在环境中的定位，确定与环境的能量互换关系，一般属于战略计划。中层管理计划一般着眼于组织内部的各个组成部分的定位及相互关系的确定，它既可能包含部门的分目标等战略性质的内容，也可能包含各部门的工作方案等作业性的内容。基层管理计划着眼于每个岗位、每个员工、每个工作时间的工作安排和协调，基本是作业性的内容。

4）按组织职能划分

按组织职能可分为生产计划、营销计划、财务计划等。这些职能计划通常就是企业相应职能部门编制和执行的计划，因此，按职能分类的计划体系一般是与组织中按职能划分管理部门的组织体系并行的。

按组织职能进行分类，有助于人们更加精确地确定主要作业领域之间的相互依赖和相互影响关系，有助于估计某个职能计划执行过程中可能出现的变化以及对全部计划的影响，并有助于将有限的资源更合理地在各职能计划之间进行分配。当然，部门计划要与企业总体规划相匹配。

5）按计划的内容划分

按计划的内容可分为专项计划和综合计划。专项计划又称专题计划，是指为完成某一特定任务而拟订的计划，如基本建设计划、新产品试制计划等。综合计划是指对组织活动所做的整体安排。综合计划与专题计划之间的关系是整体与局部的关系。专项计划是综合计划中某些重要项目的特殊安排，专项计划必须以综合计划为指导。

6）按计划的期限划分

按计划的期限可分为长期计划、中期计划和短期计划。长期计划往往是战略性计划，它规定组织较长时期的目标以及实现目标的总的方法。对一个工商企业来说，长期计划包括经营目标、战略、方针、远期的产品发展计划、革新等。短期计划通常是指年度计划，是根据中长期计划规定的目标和当前的实际情况，对各种活动做出的详细说明和规定，它具有较强的可操作性。中期计划介于长期计划和短期计划之间，起到衔接长期计划和短期计划的作用。

7）按计划的表现形式划分

计划的不同表现形式是计划多样性的重要方面，确定计划形式对于发挥计划职能有着重大意义。不同的计划形式可描述为一个等级层次，如图4-1所示。

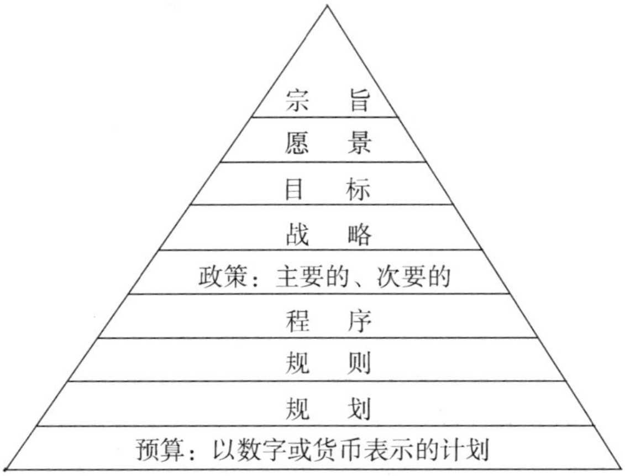

图4-1　计划的表现形式

（1）宗旨。宗旨是一个组织存在的基本理由。组织成立之初就要选择服务的领域或事业，这就是组织的使命。例如，一家旅行社和一家电子企业为了创造利润，一个选择提供旅游服务，一个选择提供好的电子产品。宗旨关注组织满足顾客需求的程度。

（2）愿景。愿景是组织确定服务领域之后，需要对未来发展有一个描绘的前景，通常是一个能引起共鸣的、大胆的、以简明的语言描述的组织管理层希望实现的目标。如美国福特公司的愿景是成为世界领先的汽车产品和服务的公司。当然，好的愿景还要让员工了解和接受，并鼓舞员工为之奋斗。

（3）目标。组织的使命说明了组织要从事的事业，而组织的目标则更加具体地说明了组织从事这项事业的预期结果。组织的目标包括了组织在一定时期内的目标以及组织各个部门的具体目标等两个方面的内容。目标不仅是计划工作的终点，而且也是组织工作、人事工作、领导工作和控制活动所要达到的结果。

（4）战略。组织的使命和目标只是指明了组织的服务领域和预期结果，要实现组织的使命和目标必须创造或具备各方面的基础条件，如资源条件、技术条件、市场条件、人员条件等。这些基础条件正是组织战略实施的结果。战略是为实现组织长远和全局的重大问题而进行的谋划。

（5）政策。政策是组织在决策或处理问题时用来指导和沟通思想与行动方针的明文规定。它指明了组织活动的方向和范围，以保证行动同目标相一致。作为组织明文规定的政策，通常被列入计划之中，而一项重大的政策，则往往单独发布。政策要规定范围和界限，其目的不是约束下级，而是鼓励下级在规定的范围内解决问题。组织的政策必须保持一贯性和完整性。

（6）程序。程序规定了处理那些重复发生的例行问题的标准方法，所以也是一种计划和工作步骤。管理者一般把反复出现的业务编制成程序，程序可以被看作经过优化的计划，它是对大量日常工作过程及工作方法的提炼和规范化。制定程序的目的是减轻主管人员的决策负担，明确各个工作岗位的职责，提高管理活动的效率和质量。

（7）规则。规则是对具体场合和具体情况下，允许或不允许采取某种特定行动的规定。规则像其他计划一样是从若干可供选择方案中选出的，常常与程序和政策混淆，区别在于：程序是一系列规则的总和，规则不规定时间顺序；规则在应用中不具有自由处置权，而政策则有一定的自由处置权。

（8）规划。规划是为实施既定方针所必需的目标、政策、程序、规则、任务分配、执行步骤、使用的资源以及其他要素的复合体。规划种类不同，组织层面的规划是综合性的、粗线条的、纲要性的计划，而组织中不同管理层次间的规划则属于职能或部门规划。

（9）预算。预算作为一种计划，是以数字表示预期结果的一种报告书，它也可称为“数字化”的计划。例如，企业中的财务收支预算，勾勒出了未来一段时期的现金流量、费用收入、资本支出等的具体安排。预算可以帮助组织各级管理部门的主管人员，从资金和现金收支的角度，全面、细致地了解组织经营管理活动的规模、重点和预期成果。预算也是一种控制手段。

4.2.2 计划工作的权变因素

计划要根据组织自身以及环境特点来制订，组织及其所处环境特点不同，计划工作的重点也不相同。影响计划工作重点的权变因素有：

1）组织层次

在组织中高层管理者主要制订具有全局性、方向性、长期性的计划，计划工作的重点是战略计划；基层管理者主要制订局部的、具体的、短期的计划，其计划工作的重点在可操作性上：中层管理者制订的计划内容介于高层与基层管理者制订的计划之间。图4-2表明了组织层次与计划重点之间的关系。

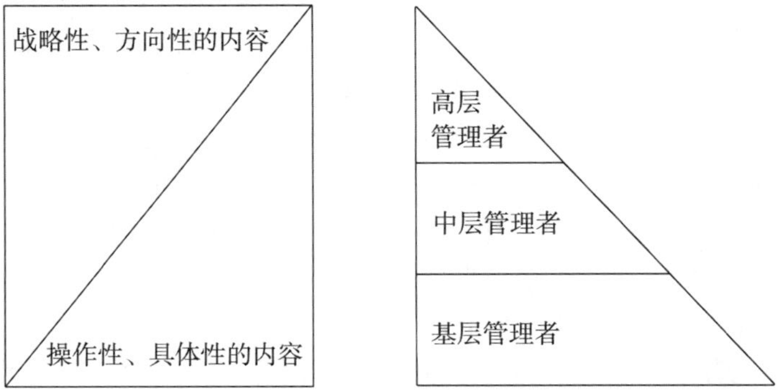

图4-2 组织层次与计划工作重点

在组织管理中，不同组织层次与计划工作比较突出的矛盾是不同管理层级之间关于计划目标的分歧，传统的管理者习惯于由高层下达计划任务，基层主要负责执行。现在越来越多的组织由基层制订计划，再向上传递，或者是双向沟通，使管理层和执行层完成目标的意愿尽可能一致。

2）组织的生命周期

任何组织都要经历一个从形成、成长、成熟到衰退的生命周期。在组织生命周期的不同阶段，计划工作的重点也不一样，如图4-3所示。组织处于形成期时，各类不确定因素很多，目标是尝试性的，要求组织具有很高的灵活性，要求计划也能随时按需要进行调整。所以，计划工作的重点应放在其方向性、指导性上，计划的期限宜短。在成长阶段，随着目标的确定，不确定因素减少（如资源更容易获取、顾客忠诚度的提高），因此，计划的重点可放在具体的操作性上，但为了保持灵活性，仍应侧重于短期计划。当组织进入成熟期时，组织面临的不确定性和波动性最少，计划工作的重点可放在长期性、具体的可操作性计划上。当组织进入衰退期时，组织面临的变化和波动又将增多，如目标要重新考虑、资源要重新分配等，计划工作的重点又重新放在短期的、指导性的内容上。

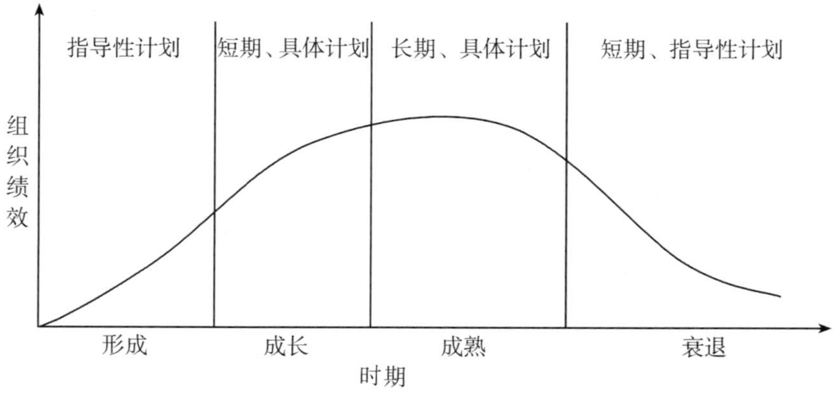

图4-3　组织生命周期与计划工作重点

3）组织文化

组织文化有强弱之分。强文化一般与仪式、表征、故事、英雄人物和口号等形式的经常使用相关联，这些因素可以增加员工对公司价值观和战略的认同。在强文化中，组织的核心价值观得到强烈的认可和广泛的认同。接受这种核心价值观的组织成员越多，他们对这种价值观的信仰越坚定，组织文化就越强。相应地，组织文化越强，就会对员工的行为产生越大的影响，因为高度的价值观共识和强度在组织内部创造了一种很强的行为控制氛围。这一点也说明了组织文化产生的作用是一个正反馈的关系。公司建立了一种强有力的组织文化，员工们对自己应该干什么、怎样干都十分清楚，公司文化对他们的影响相当深远。

在强文化背景下，组织成员所共有的价值体系也会对计划工作的重点产生影响。在手段倾向型的组织文化中，组织的计划更侧重于具体的操作性内容；而在结果倾向型的组织文化中，组织的计划则会侧重于目标性和指导性内容。

4）环境的波动性

若环境波动的频率高，即变化较多，则组织的计划重点应放在短期计划上，反之，计划的重点则可偏向于长远的规划上；若环境变化的幅度大，计划的重点应放在指导性的内容上，反之，组织的计划则可侧重于操作性的具体内容方面。面对急剧变化的大环境，许多组织不仅在计划上下放权限，甚至改变组织结构设计，让员工直接面对客户和市场。如海尔的人单合一管理模式，就是完全打乱组织的管理层级，计划由处于平台中的小微企业、创客等自己来定，胜出的就能生存和发展。

需要指出，组织计划工作的制订和实施也会产生一定的问题。首先，计划可能会造成刚性。如果计划工作目标的前提假设是错误的，遵循计划的管理者可能会遇到麻烦，甚至可能导致灾难。其次，动态的环境是难以预见的。现今绝大多数组织都面对着动态的环境，存在着随机性和不可预见性。在这种环境下进行管理，要求灵活性，这可能意味着不能被约束在正式的计划上。再次，正式计划不能代替直觉和创造性。组织的成功通常来自某些人创造性的远见，但是如果存在着某种趋势试图使远见形式化，则可能会影响组织的发展。最后，计划工作有可能将管理者的注意力集中在现在的生存而不是未来的发展上。计划的模式会强化成功，但也会因此导致失败。事实上，成功在不确定的环境下也可能是失败之母。由于改变和放弃原来的成功计划是困难的，所以，成功的计划可能会带来错误的安全感，会增加对正式计划工作的盲目信任。

4.3 目标与目标管理

4.3.1 目标的类型

计划工作很重要的一个方面就是确定目标。目标就是组织在某一方面、某一预定时期所要达到的成果指标。它包括组织的目的、任务，具体的目标项目和指标，以及指标的时限。

（1）主要目标和次要目标。主要目标是组织发展中最为关键的目标。就企业来说，生存、盈利和发展作为企业三个最为重要的目标同时存在，相辅相成，缺一不可。但组织还要围绕着总目标设立一些辅助目标或分目标，如市场地位、创新与技术进步、生产率和主管人员的绩效考核目标等。

（2）控制性目标和突破性目标。控制性目标是指使生产水平或经营活动水平维持在现有水平。大连机床集团制定的确保中国国内第一名的目标，就是控制性目标，但要在2008年以前进入世界前十名就是突破性目标。突破性目标是指使生产水平或经营活动水平达到前所未有的水平。

（3）长期目标和短期目标。将目标分为长期目标和短期目标是相对时间跨度而言的。一般来说，时间跨度达5年以上的目标称为长期目标。由于长期目标历时较长，中间发生的变动因素很多，因此，随着时间的推移，长期目标在实施过程中会不断进行调整。短期目标通常是指1年以内要求达到的目标。短期目标是长期目标的基础，任何长期目标的实现必然是由近及远。另外，短期目标必须体现长期目标，必须是为了实现长期目标的。

（4）明确目标和模糊目标。从管理的角度讲，目标一般应当越明确越好。明确的目标既有利于计划，又有利于控制。但有时制定模糊目标效果会更好。联想集团总裁柳传志在阐述集团的发展目标时说："我们想做一个长久性的公司，要做百年老字号，这是第一条最重要的目标；第二，我们要做一个有规模的公司，要有国际性的市场地位；第三，要做一个高技术的公司，不想什么赚钱做什么。"这显然比明确规定的具体数字更为合理贴切。评价模糊目标是否实现的标准也不同于明确目标，它是一种满意标准，是一种价值判断。

（5）定量目标和定性目标。定量目标是指可考核、定量的目标，是企业目标体系中最重要的。但是，许多目标是不宜用数量表示的，这可以是定性目标。有时，提出一个定性目标可能比规定一个定量目标，使主管人员处于更有利更主动的地位。

4.3.2 目标管理

1）目标管理的含义

目标管理（management by objectives，MBO）最早由彼得·德鲁克教授提出，后又经许多管理学者的发展完善，被许多组织运用。

概括地说，目标管理是一种综合的以工作为中心和以人为中心的系统管理方式。它首先由组织中的各级管理人员与下属共同制定组织目标，明确规定每个部门和个人的职责范围，最后又用这些目标进行管理、评价和决定对每一个部门和成员的奖惩。

目标管理的中心思想就是让具体化展开的组织目标成为组织内每个成员、层次和部门等行为的方向和激励，同时又使其成为评价组织内每个成员、层次和部门等工作绩效的标准，从而使组织能够有效运作。目标管理是一种系统的管理方式。最早的目标管理仅是用于组织成员业绩考评、行为激励的一种手段，最近的发展则是把组织的战略计划等均纳入目标管理之中，像组织结构设计、流程改造、文件管理、创新开发等都成为目标管理体系之中的内容。目标管理也已经发展出多种不同的形式，如绩效管理、成果管理、承诺管理、季度评审法等。

2）目标管理的特点

（1）明确目标。研究人员和实际工作者早已认识到制定个人目标的重要性。美国马里兰大学的早期研究发现，明确的目标要比只要求人们尽力去做有更高的业绩，而且高水平的业绩是和高目标相连的。人们注意到在企业中目标技能的改善，会继续提高生产率。

（2）参与决策。“参与感”使员工产生认同感，是促进工作热诚的有利手段，这是不容置疑的。然而，并非承认部属都可以根据自己的意见来制定目标，而是要克服企业目标与个人行动上的矛盾，统一及协调双方的要点。辅导经验表明，目标管理的推动，双方能否协调成功，主管与部属的沟通很重要。

（3）规定时限。这强调目标管理的时间性，要求制定的每一个目标都有明确的时间期限，如1个季度、1年、5年，或在已知环境下的任何适当期限。在大多数情况下，目标的制定可与年度预算或主要项目的完成期限一致。

（4）“自我控制”。大力倡导目标管理的德鲁克认为，员工是愿意负责的，是愿意在工作中发挥自己的聪明才智和创造性的。目标管理的主旨在于，用“自我控制的管理”代替“压制性的管理”，它使管理人员能够控制他们自己的成绩。

（5）评价绩效。不断地将实现目标的进展情况反馈给个人，以便他们能够调整自己的行动。也就是说，下属人员承担为自己设置具体的个人绩效目标的责任，并具有同他们的上级领导一起检查这些目标的责任。每个人因此对他所在部门的贡献就变得非常明确。尤为重要的是，管理人员要努力吸引下属人员对照预先设立的目标来评价业绩，积极参与评价过程，用这种鼓励自我评价和自我发展的方法，鞭策员工对工作的投入，并创造一种激励的环境。当然，公司应将考核结果明确告知执行者，并将考核绩效与企业奖惩办法及升迁制度相结合，以利奖惩。

3）目标管理的过程与步骤

从过程来看，目标管理大致可分为四个步骤：

（1）建立目标体系。实行目标管理，首先要建立一套完整的目标体系。这项工作总是由上而下地逐级确定目标。目标体系应与组织结构相吻合，从而使每个部门都有明确的目标。

（2）明确责任。有时我们遇到这种情况，即在达到目标的过程中，所期望的结果和责任之间的关系往往被人忽视。实施目标管理重要的一点，就是要尽可能地做到每个目标和子目标都应是部门或某个人的明确责任，如果难以做到，则至少应该对每一协作的管理人员为完成计划目标所做的具体任务做出明确的规定。

（3）组织实施。在组织实施时，要特别注意把握好两点：一是高层领导的管理要多体现在指导、协助、提出问题，提供信息情报以及创造良好工作环境方面；二是高层领导要更多地把权力交给下级成员，充分依靠执行者的自我控制完成目标任务。

（4）考评和反馈。对各级目标的完成情况，采取定期检查、考核的办法是比较有效的手段。检查的方法可以多样化，如采用自检、互检、责成专门的部门进行检查或评比、竞赛等形式。检查的依据就是事先确定的目标。对最终结果，应当根据目标进行评价，并将评价结果及时反馈。反馈对绩效有积极的影响，它可以使人们知道自己的努力水平是否足够或是否还得加强，它能诱使人们在实现了原先的目标后进一步提高自己的目标，而且使他们了解自己的行动方式的效果。经过评价和反馈，目标管理进入下一轮循环过程。

当然，这只是目标管理过程的基本环节和要素，实际上不同行业的组织需要根据行业特点和企业发展目标要求，制定和实施适合本企业的目标管理流程。

我们用表4-1概括MBO计划的典型步骤。

表4-1 MBO计划的典型步骤

1.制定组织的整体目标和战略
2.对下属单位和部门分配主要的目标
3.下级部门管理人员与上级一起议定本部门的目标
4.部门的所有成员设定自己的具体目标
5.上级与下级共商实现目标的行动方案
6.组织实施行动方案
7.定期检查实现目标的进展情况，并向有关部门和个人反馈
8.基于绩效的奖励将促进目标的成功实现

4）目标管理的问题

（1）偏重操作而忽视原理。由于目标管理具有目标明确的优点，因此常常使人误以为目标管理简单易行，从而疏忽了对它的深入了解和认识。现实企业的困境是，具有数字意义的目标比较容易制定和实施，如销售额、财务指标、成本目标等，但具有战略意义的展望目标，却常常流于形式，起不到很好的激励作用。如许多企业刚有扩大规模的能力，就提出要做百年老店，成为行业领头羊等。

（2）难以对假设提出质疑。所有计划都是建立在未来假设基础上的，但如果有些假设是错误的，或者最初的假设是正确的，但不可预知的变化使它们失去了作用，两种情况都可能导致计划失去作用。

（3）目标制定与考核方面的困难。真正可考核的目标通常很难确定。一方面，要建立始终具有正常的"紧张"和"费力"的目标；另一方面，要确定目标实施者实现目标的能力和外界影响要素的标准和尺度。若目标过于偏离实际，除了会对个人产生过大的压力外，还可能出现下级人员为追求过高目标而采取违法或不道德做法的情况。

4.4 计划的工具与技术

计划工作效率的高低和质量的好坏，在很大程度上取决于所采用的计划方法。下面介绍几种主要的计划工具与技术。

4.4.1 预测

预测是面向未来的，是对未来事物及其发展变化趋势预先做出的推断。预测既是对未来的估计，也是对以前实现的总结，是一个完整的管理活动过程。预测的结果是在对所预测的事物进行一系列科学的分析后做出的。这一系列科学的分析包括：预测目标的确定、预测信息资料的收集、预测方法的选择和应用、预测模型的选定及估计、预测结果的评价等一整套过程。因此，预测是在科学分析的基础上，运用相应的预测方法，对预测对象在未来的状态及发展变化趋势进行预料推测的过程。

常用的预测方法种类比较多，但可以分为两种类型：定量预测和定性预测。定量预测是指利用过去发生的一系列数据，经系统运算或分析以测定未来结果的方法。例如，时间序列分析法，即按时间把过去统计得到的数据排列起来，观察发展趋势；相关分析法，主要用于测定组织的销售量和其他因素间的相互关系；经济指标法，利用多个经济指标来预测经济的未来状态；替代效果法，运用数学公式预测新产品或新技术对现有的替代的方法。当管理者掌握足够的可靠数据时，使用这些定量方法的效果最好。定性预测是运用个人的经验或集体讨论进行未来趋势判断的方法。其主要有：意见评判法，是对管理人员和专家的意见进行综合与折中，获得一种平均预测的趋势；销售人员估计法，是指从销售人员和销售经理那里获得对其预期销售量的综合意见；客户评估法，是指综合客户对预期购买量的估计。当管理方缺乏或难以获得所需必要数据时，定性预测方法有较好的效果。当然，许多情况下，定性方法和定量方法要结合使用。

4.4.2 滚动计划法

滚动计划法是一种定期修订未来计划的方法。这种方法是根据计划的执行情况和环境变化情况定期修订未来计划，并逐期向前推移，使短期计划、中期计划和长期计划有机地结合起来。由于长期计划很难准确地预测将来影响经济发展的各种变化因素，为了避免这种不确定性带来的不良后果，在每次编制和修订时，都要根据前期计划执行情况和客观条件的变化，将计划期向前延伸一段时间，使计划不断向前滚动、延伸，故称滚动计划。

例如，某公司在2017年年底制订了2018—2022年的5年计划。采用滚动计划法，到2018年年底，就要根据2018年计划的实际完成情况和客观条件的变化，对原定的5年计划进行调整或修订，在此基础上编制2019—2023年的5年计划，其后依此类推，如图4-4所示。

滚动计划法的特点表现为：第一，可使计划更加切合实际，极大地提高了计划的准确性，更好地保证了计划的指导作用，提高了计划的质量。第二，使长期计划、中期计划与短期计划相互衔接，短期计划内部各阶段相互衔接，这就保证了当环境变化

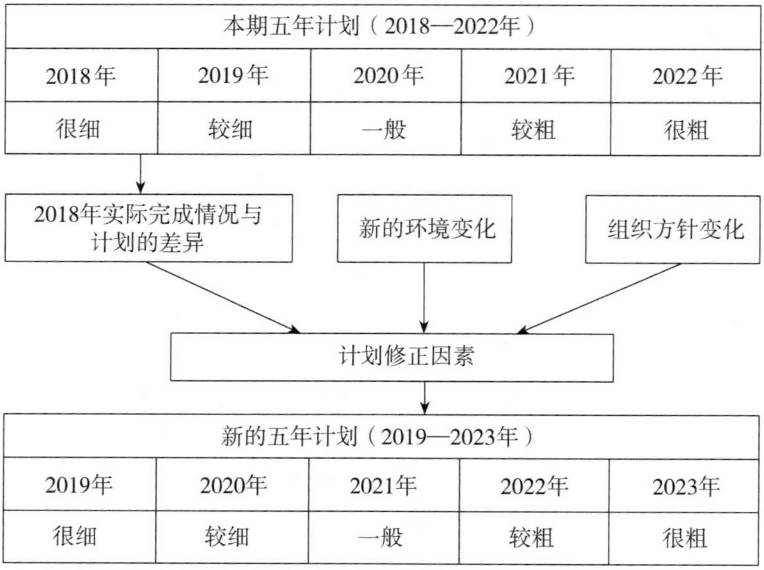

图 4-4 滚动计划法示意图

出现某些不平衡时，能及时进行调整，使各期计划基本保持一致。第三，滚动计划大大增加了计划的弹性，这在环境剧烈变化的时期尤为重要，它可以提高组织的应变能力。

4.4.3 甘特图

甘特图是在20世纪初由亨利·L.甘特发明的。它是一种线条图，横轴表示已经过去的时间，纵轴表示需要安排的工作，线条表示在整个期间内计划和实际任务的完成情况。甘特图直观地表明计划任务的起始时间，以及实际进度与计划要求的对比。简单实用，一目了然，有助于管理者对计划工作进行正确的评估。

图4-5绘出了一个图书出版的甘特图。图中显示，除打印长条校样比计划进度落后了2周外，其他各项活动都按计划完成了。给出这些信息，项目的管理者就可以采取相应的纠正行动。因此，甘特图可以作为一种控制工具，帮助管理者控制管理实际进度偏离计划的情况。

4.4.4 排队论

排队论，即通常所谓的等候理论。当涉及权衡开设等候线的成本与维持等候线的服务成本的决策时，应用排队论有助于问题的解决。排队问题是一种常见的情况，如决定加油站需要安装几台抽油泵、银行需设多少位柜员、航空公司需设几个办理登机手续的柜台等，都属于排队问题，如图4-6所示。

排队理论系统的基本特征主要表现为以下几个方面：

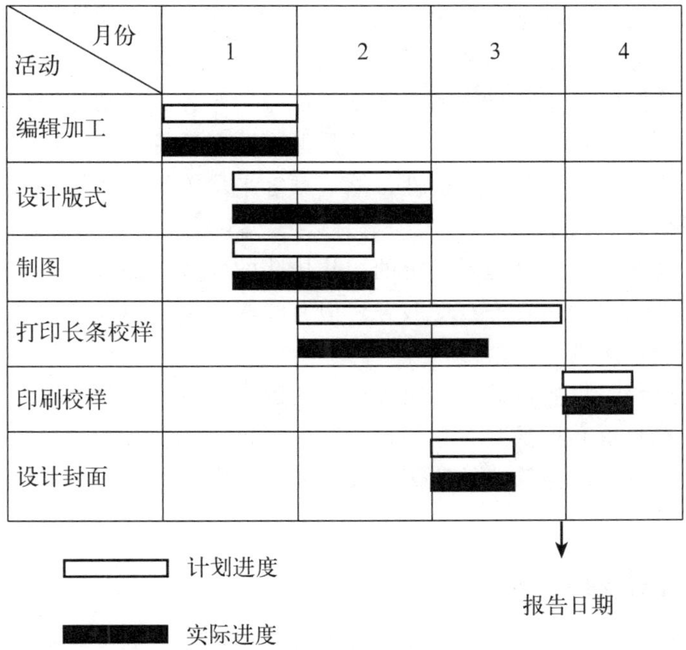

图4-5 图书出版的甘特图

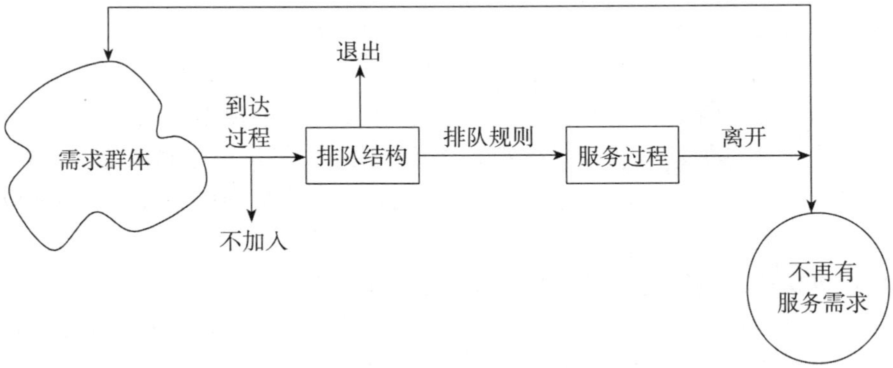

图4-6 排队系统图示

一是需求群体，即顾客群体，他们不一定是同质的，也可能包含若干个亚群体。例如，到医院就诊的病人可以分为未经预约的病人、预约的病人和急诊病人。每一类病人提出的服务需求都不同，且每一类病人预期的等待时间也有显著区别。

二是达到过程。主要了解服务需求的时间分布和空间分布，一般是通过记录实际达到次数来收集数据，从而计算达到的间隔时间。许多实证研究证明，达到间隔时间呈指数分布。但服务需求的重要特点是服务需求的密度不同，这会直接影响顾客对组织服务能力的要求。例如，电话公司使用差别定价的方法，鼓励顾客在非高峰时间打电话，电影院晚6点之前的场次提高票价折扣等。

三是排队结构，指排队的数量、位置、空间要求及其对顾客行为的影响。一般有三种形式：多队列、单队列和领号。多列队是指有多条队伍，到达的顾客必须决定要加入哪一条队伍。这种排列的好处是提供差别服务，劳动分工，顾客可以偏好选择以及增加顾客流量等。单列队的好处是保证顾客等待的公平性，减少不公平感的比较和插队现象，提高服务私密性，缩短顾客平均等待时间等。领号方法既方便顾客，又保证秩序和公平。

四是排队规则，指由管理者制定的、从排队的顾客中挑选下一个接受服务的政策，一般的规则是先到达者先接受服务。但有时候，也采用根据顾客需要的动态规则，如最高优先权法则等。

五是服务过程。主要根据影响服务行为的因素而定，如服务时间的分布、服务台的设置、管理政策和提供服务者的行为等。提供服务者对待顾客的行为方式对于组织的成功至关重要。当等待的队伍很长时要么损失顾客，要么降低服务质量，后果十分严重。

4.4.5 网络计划技术

网络计划技术是一种利用网络理论来安排工程计划，求得最优的计划方案，并用来组织和控制计划的执行，以达到预期目标的科学管理方法。利用网络图表述计划进度的安排及其中各项工作（工序）之间的相互关系，可以形象地反映出整个工程或任务的全貌；在此基础上进行网络分析，计算网络时间，确定关键工序和关键线路；利用时差不断地改善网络计划，求得工期、资源与成本的优化方案。在计划执行过程中，通过信息反馈进行有效的监督和控制，以保证达到预定的计划目标。所以网络计划技术是充分合理地利用资源，通过协调，达到提高效率和经济效益的一种科学的计划管理方法。

我们以建造一幢住宅为例，说明网络计划技术的应用过程。

①确定达到目标所需进行的活动。②确定这些活动的先后顺序以及各自耗费的时间，见表4-2。③以箭线代表活动（作业）的完成过程，箭线上面的字母代表作业名称，下面的数字代表所耗费的时间，圆圈代表某项活动的结束和另一项活动的开始，从左到右绘制网络图，如图4-7所示。④找出关键路径，即完成该项活动所需时间最短的那条路径，用双箭线表示。

根据这张网络图就可以确定关键作业，即图中的关键路径是A-B-C-D-G-H-J-K，所需的时间是50周（10+6+14+6+5+5+3+1），这是完成目标的最短路径。这说明任何其中一次活动的延迟都将导致整个活动项目完成时间的延误。识别项目的关键路径是要明确项目活动的重点，便于优化项目的资源分配。美国海军的极地星潜艇项目就是采用了网络分析法，将原来的完成时间由10年提前为8年。

表4-2　　**建筑房屋事件描述**

事件描述	期望时间（周）	紧前事件
A.审查设计和批准动工	10	—
B.挖地基	6	A
C.立屋架和砌墙	14	B
D.建造楼板	6	C
E.安装窗户	3	C
F.盖屋顶	3	C
G.室内布线	5	D、E、F
H.安装电梯	5	G
I.装地板和嵌墙板	4	D
J.安装门和内部装饰	3	I、H
K.验收和交接	1	J

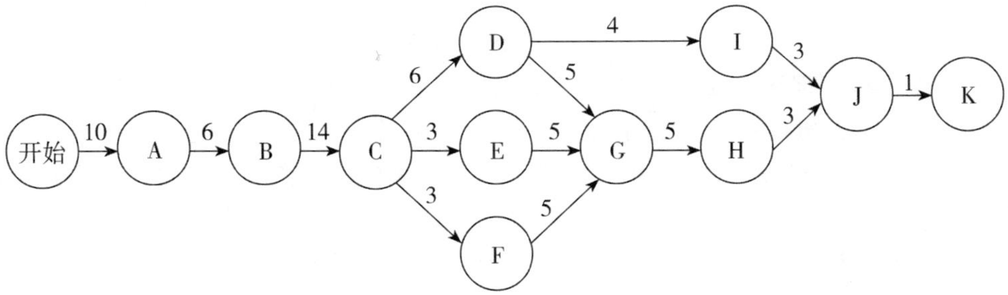

图4-7　PERT网络图

资料来源　芮明杰. 管理学［M］. 上海：上海人民出版社，1999：246-247.

本章小结

本章主要围绕计划问题展开分析与阐述，包括计划的基本含义、在组织的不同层次中计划的表现形式、影响计划工作的权变因素等。而计划的重要形式——目标管理和计划工具与技术也是本章研究的重点。

首先，分析了计划不同于计划工作，在各类组织中不论计划表现为何种形式，计划主要是解决“5W1H”问题。对于组织来讲，计划的作用是十分显著的。它有助于组织指明方向，协调活动；预测变化，减少冲击；减少重复和浪费；有利于有效地进行控制。

其次，从不同的角度和分类标准来讲，计划表现为多种形式，有广义和狭义的计划；有指导性和指令性计划；有高层、中层和基层计划；有战略和职能计划；有长期、中期和短期计划等。但需要重点理解在组织的不同层次，计划表现形式和内容的差别。此外，还要深入领会在组织成长的不同阶段，计划表现出的不同影响和作用。

再次，计划非常重要的实现形式是目标管理。现已发展成为十分完善的管理系统，本章主要介绍目标系统的确立、目标管理模式、目标管理实施过程与步骤，以及组织在实施目标管理过程中的问题和解决措施。

最后，本章介绍了几种比较常见且实用有效的计划技术与方法，包括预测方法、滚动计划法、甘特图、排队论和网络计划技术等，要求学生能熟练掌握并应用。

本章案例

宜家的360°管理

宜家1943年诞生于瑞典的斯马蓝达省，目前，已经发展成为全球最大的家居用品零售企业，每年接待约23亿名顾客。宜家是全球唯一一家既进行渠道经营又进行产品经营并且取得成功的非上市公司。其在全球保持低价格战略发展的秘诀就是宜家的360°管理。如图4-8所示，在宜家的管理系统中，所有系统相互关联，环环相扣。宜家商场根据销售情况、销售预测和库存向系统下达订单；订单按照设定或被发送到当地配送中心，或被直接发送给供应商；配送中心在仓库管理系统中自动处理订货、补货信息并确认出货。

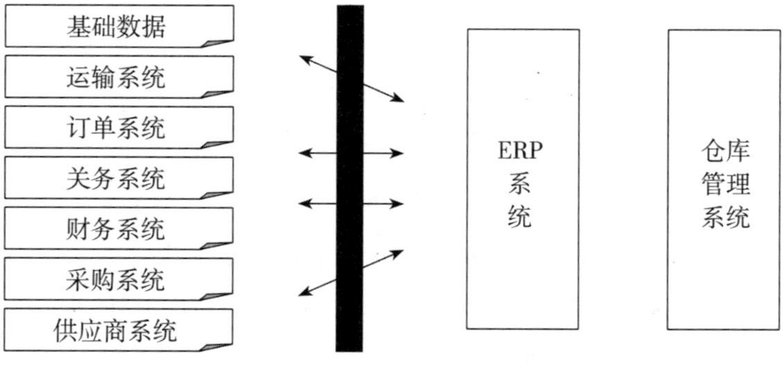

图4-8 宜家的供应链管理信息系统

1）独立自主的产品设计

宜家自创立以来一直坚持设计所有产品并拥有专利。其做法是：首先设计价签，即设计师在设计产品之前，宜家就为该产品设定了销售价格，尽一切可能做到简洁实用，便于装卸、运输和安装。

2）全球选拔供应商

宜家在26个国家拥有31家贸易采购公司，在55个国家拥有大约1 220个供应商。要想成为宜家的生产商，就必须通过多达200项的考核，包括价格、环保、质量、物流、出货准时度、员工工作条件、安全性因素和供应商管理方式等。从最初联系到最终成为宜家的供应商，时间跨度长达1～2年。成为宜家的供应商绝不是“一劳永逸”的事情，宜家每年会对供应商进行审核，以确定是否再合作，还会有1 500家生产商前来参与选拔。

3）精准控制的物流体系

宜家的物流管理流程：各商场根据自己的需要向宜家贸易公司购买产品，所有的商品被运送到全球各地的中央仓库和配送中心，由专业人员经过计算，决定哪些产品在本地销售，哪些出口到海外商店。如图4-9所示，在整个供应链的运转过程中，从各商场提供的实时销售记录开始，反馈到配送中心，再到贸易机构、代工生产商、物流公司、仓储中心，直至转回每家商场，宜家控制着物流的每个节点。

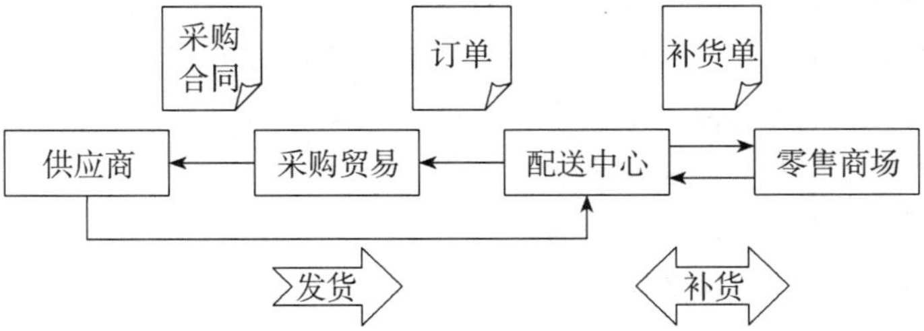

图4-9 宜家的供货系统

图4-9中的配送中心按照功能可以分为货物配送中心（distribution center，DC）和顾客配送中心（customer distribution center，CDC）两部分，其中，DC主要负责对销售网点的货物配送；CDC是配合网上销售，直接面向顾客提供上门服务的配送中心。到2017年年末，宜家在12个国家开设了24个订货中心，在18个国家开设了31个分拨中心，在13个国家开设了26个顾客分拨点。

4）连锁大卖场

在整条供应链终端的是宜家自己的卖场。迄今为止，宜家在29个国家有355家商场。轻松、自在的购物氛围是全球所有宜家商场的共同特征，宜家让顾客“拉开抽屉，打开柜门，在地毯上走走，或者试一试床和沙发是否坚固”。

宜家的展示区按照客厅、饭厅、工作室、卧室、厨房、儿童用品和餐厅的顺序排列。这种顺序是从顾客习惯出发制定的，客厅最为重要，饭厅是人们处理日常事物的地方，家庭办公室紧随其后，卧室是最后一个大型家具区。宜家的商品陈列也极具关联性，即根据用途进行组合和陈列产品线。如沙发区有扶手椅、茶几、电视机柜等，既方便选购，也刺激消费。宜家为所有家具配有十分具体的安装说明书，顾客可以根据说明书把家具组装起来，在节省搬运费的同时，也增加了动手的乐趣。

资料来源　根据以下资料整理：（1）http：//www.ikea.com/cn/zh/；（2）http：//www.ikea. com/ms/zh_CN/about_ikea/index.html；（3）http：//baike.baidu.com/view/5861.htm；（4）http：//www.cnki.net/.（5）宜家中国官方网站。

思考题：

为什么宜家能够成功地将质优价低的产品卖到世界各地？有人说企业成功的秘诀就是专心地做专业的事，你怎样评价案例中宜家对家居产品整个供应链条的渗入和控制？

思考与练习

1.计划与计划工作有什么关系？

2.按表现形式划分的计划具有哪些特点？

3.怎样在组织发展的不同阶段，确定计划工作的权变因素的影响？

4.目标管理的含义和特点是什么？怎样有效实施目标管理？

5.计划的预测方法本质是什么？

6.滚动计划法是基于什么原理设计的？

7.网络计划技术具有什么特点？

第5章

决策

学习目标

通过本章的学习，重点了解决策的本质；了解决策的一般程序；熟悉决策的不同类型，辨析集体与个体决策的特点与差异；掌握不同决策模式的内涵，了解和掌握决策的基本方法。

5.1 决策的本质

5.1.1 决策的概念

关于决策的定义，目前比较有代表性的观点主要有：美国管理学家赫·西蒙的“管理就是决策”观点；美国学者 E.F.哈里森提出的“决策是一个过程”，即“决策是一个有着明确职能的过程，而且是一个科技整合过程”；由美国南加利福尼亚大学管理系主任、副教授阿兰· L.帕兹和该校工商管理学院教授阿兰·丁·罗主编的《管理控制与决策系统》一书中，提出把决策当作“一种社会过程”“一种社会-技术系统”来认识；中国学者于光远提出的“决策就是做决定”。这些定义，从不同角度揭示了决策所蕴含的意义，所以它们能为大多数人所接受。

综合以上分析，我们将决策定义为：为实现一定目标，在两个以上的可行方案中，选择一个方案的分析判断过程。

对决策概念的理解，应考虑以下四个方面：

（1）目标。决策前必须明确所要达到的目标，而且必须将局部的目标置于组织的总体目标体系中。没有目标，人们就难以拟订未来的活动方案，评价和比较这些方案也就没有了标准，对未来活动效果的检查更失去了依据。

（2）多个选择方案。决策总是在若干个有价值的方案中进行选择。若要有所选择，就必须提供可以相互替代的多种方案。如果只有一个方案，那就不用选择；没有选择，无从优化，也不存在决策。

（3）分析判断。每个备择方案都有其优缺点，管理者必须掌握充分的信息，进行逻辑分析，才能在多个备择方案中选择一个较为理想的合理方案。不过在拍板决定的关键时刻，由创造力或直觉产生的判断也十分重要。

（4）过程。决策是一个过程，而非瞬间行为。组织决策总是要付诸实践。而组织的任何实践活动都需要利用一定的资源，需要组织和安排相应的人力、物力和技术等各种资源。因此，决策方案的拟订、选择与实施是一个完整的过程。

5.1.2 决策过程

决策过程即管理过程，组织中的每一个人都制定决策，但管理者做决策的概率远远大于普通员工。这是基于决策是管理者的重要职能。事实上，管理过程中每一阶段的每一管理行为，如计划、组织等都伴随着决策过程，见表 5-1。

决策理论研究证实，在组织发展过程中，决策受两方面因素影响：一方面是决策与职能之间的关系，即上述表中所反映的各个职能层面的问题；另一个方面是决策与认知。由于决策是由人来进行的，所以，认知偏差对决策有重要影响。这可以解释为什么人的决策很多是来自于直觉。

表5-1 **管理职能与决策问题**

职能	决策问题	职能	决策问题
计划	组织的长远目标是什么 什么战略能够最好地实现这些目标 组织的短期目标是什么 每个目标的困难程度有多大	领导	我应该如何对待缺乏积极性的雇员 目前哪一种领导方式最有效 调整工资将如何影响工人的生产力 何时是激发冲突的最好时机
组织	直接向我报告的下属有多少人 组织的集权程度有多大 职务应如何设计 组织结构应何时进行调整	控制	组织中哪些活动需要控制 如何控制这些活动 业绩偏差达到什么程度才算严重 组织应建立何种管理信息系统

资料来源 罗宾斯. 管理学 [M]. 毛蕴诗，译. 北京：中国人民大学出版社，2004.

典型的例子是，在互联网时代，沃尔玛、国美、苏宁等传统零售企业都开启了线上线下并行的销售模式，但宜家却是另类。2008年宜家遭遇销售危机，此时，宜家的竞争对手、已是美国第二大零售商的塔吉特公司，已开始利用其网页来吸引买家，并且很快在销售网站上推出了品种齐全、价格低廉的系列产品。宜家的很多顾客希望通过网络购买其产品，宜家的合作伙伴也向其创始人坎普拉德提议将网络配送链延伸到线上，与线下同步进行，一些投资人也跃跃欲试，愿与宜家联手打造网络销售渠道。但坎普拉德拒绝了这样的提议，他认为网络主页会减少来店客人数量，失去一些额外的生意。公司仍把战略中心放在新店的扩张上，而不是电子商务。2016年年底，宜家高层管理者仍对外宣称："迄今为止，我们成功的秘诀是在城郊开设大型零售店。"

5.2 决策的程序

5.2.1 识别问题

决策过程的第一步是认识决策的需要。通常一些因素会激发对决策需要的认识。当组织环境变化而导致机会或威胁产生时，这些因素就会显现出来。同时，组织内部管理者的行为也可能成为引发决策的因素。如组织的员工以及营销、生产、研发等，都会使组织产生决策的需要。

但需要指出，认识问题属于人的知觉范围，而人的一些知觉现象会对这些方面产生积极和消极的影响。这里我们分析一些典型的知觉现象。

①信息偏倚。各层组织里，在对包含消极内容的信息（如坏消息）做上行沟通时，通常不像包含积极内容的信息那样能得到正确和及时的处理。此外，信息在平行的决策单位之间传递时，由于"不确定性吸附"现象的存在，也常常导致信息的歪曲。这些因素的存在，就使高层决策者用于识别决策问题的信息依据可能包含某种偏差。

②知觉偏倚。知觉偏倚也称认知偏差，是决策者对环境信息进行接收和释义的过程。由于决策者没有能力对环境给予的信息刺激全面做出反应，常常表现出要么刻意追寻，要么故意回避的倾向。所以，在对决策问题进行识别时，他们对问题中所包含的信息，总是先经知觉的选择，而后才能把部分信息作为知觉的对象，其余的信息则被决策者抛出认知范围之外。因此，这便往往导致以偏概全的结论和认知的片面化。造成这种知觉偏倚的原因，一般与决策者个人的背景、兴趣、动机、知识水准尤其是决策者的职业经验有关。

专家的研究证实，人们习惯根据自己的知觉感受外界事物，而这种知觉是建立在片面认识基础上的。一个面向公司管理对象实验的题目是，公司目前面临的主要问题是什么？83%的从事营销工作的管理人员回答是营销问题，仅有29%的非营销部门的管理人员认为是营销问题，这些回答多与他们自己所从事的工作有关，并不反映该组织真实问题之所在。另一项调查也显示，对于同一个问题，生产部门的经理与营销部门的经理，经常持截然不同的观点。此类由于知觉选择性作用的影响而导致的对决策问题错误理解的偏倚现象，已被大量的经验研究所证实。

心理科学对决策行为影响越来越大。如知觉偏倚对决策的影响：第一，先验假说偏差，即如果决策者对两个变量之间的关系具有很强的事先判断，他们就会基于这种判断进行决策，即使有证据证明他们的判断是错误的。而且他们会主动寻找和利用符合他们判断的信息，而忽略与判断不相符的信息。宜家创始人拒绝网上销售就是实例。第二，知觉偏倚是承诺升级。典型的事例就是已经向某项目投入大量资源的决策者在得到项目失败的反馈后，还会继续投入更多的资源，最常见的解释就是，如果不继续投入，前面的投资就彻底收不回来了。第三，知觉偏倚是类比推理。用简单类比来解决复杂问题。第四，偏差是代表性。这是指人们趋向于从小样本或单一事件中进行归纳总结。这种偏差违反了统计学上的大数定律。如人们经常以腾讯、百度的成功说明互联网创业的容易性，却忽视数十万企业在创业中消亡的事实。此外，还有控制错觉，是指高估自身控制能力的一种倾向。便利性误差是指估算结果发生的概率是以结果想象的容易度为依据。如人们对飞机失事的报道格外害怕，但实际上人们乘车死亡的概率要远大于乘飞机死亡的概率。

5.2.2 确定决策标准及分配权重

当确定了决策目标后，下一步就是确定决策标准，这也是决策选择的主要依据。需要指出的是选择什么因素作为决策标准与不选择什么因素作为标准同样重要。如果将重要的标准遗漏，将会对决策的实施及效果产生重大影响；反之，如果确定的标准并不科学，甚至交叉重复，也会影响决策方案的确定。

确定决策标准后，还要就标准的权重进行分配。因为并不是所有标准同等重要。如同样是购买手机的决策，选择的标准不外乎是价格、性能、款式、质量、品牌、售后服务等，但学生群体会看重手机的价格和质量；商界人士则更重视手机的品牌和性能；而女性群体会对款式的时尚性和售后服务特别敏感。不同的权重会直接影响决策方案的最终选择。

5.2.3 确定备选方案

决策过程的第三项步骤就是确定备选方案。但在确定备选方案时，应防止出现问题求解定势。问题求解定势是类似学习转移的一种心理机制。由于这种机制的存在，决策者以前获得的经验，包括知识、技能、对待现实的态度及行为方式等，对后来的决策行为均可能产生一定的影响。此类影响可以分为积极的和消极的两个层面。其积极的一面是，当决策者面临一种通过定势作用便可以解决的问题情形时，他不必经过新的、复杂的学习过程，即能够使决策问题得到顺利解决。但由于问题求解定势的积极影响，仅在类似的、熟知的问题情形中才能正常发挥，所以，决策者应科学地把握运用原则与问题情况的有机配合，做到因情制宜，趋利避害。

问题求解定势的消极一面是，当决策者在解决了一系列相似的问题之后，便会陷入一种固定的思路和僵化的模式之中。决策者的视野因此变得狭窄，看不到其他可能的解决方法，无视有效的问题求解方式。特别当问题的情形与决策者所熟知的情形有所不同时，问题求解定势的作用便可能使决策者在新情形中应用旧方法，因盲目行动而招致失败，干扰决策问题的有效解决。

行为决策理论认为，对于特殊状况问题的处理，通常需要发挥决策者的创造力。然而，创造力的引发和富有创意方案的设计却并不是简单的事。首先，环境因素对创造行为有比较大的影响。如在一个决策群体中，不良的心理环境有时可能会成为影响群体成员创造才能正常发挥的障碍。其次，人们的创造意念有时可能处于一种无意识状态，尚待给予一定的刺激而加以诱发。最后，创造性意念通常总是表现为突现、零碎和缺乏系统性。基于这些原因，研究者们认为，要想通过创造行为来解决非常规的、新颖的决策问题，就必须创造良好的环境条件，并辅以必要的、使创造意念系统化的方法，这可以通过借鉴社会心理学、创造工程学的原理和研究成果来实现。

5.2.4 评价备选方案

审定决策要求拟订出一系列备选方案，通过对这些备选方案的比较，选择出最佳方案。有时所有方案看起来似乎很好，没有一个方案能够明显优于其他方案。在这种情况下，为了选择最佳方案，管理人员要通过一定的方式比较这些备选方案。在缺乏足够的备选方案资料的情况下，不可能比较出备选方案的相对优点。因此，充分收集每个方案的资料是至关重要的。但能否完成备选方案情报资料的收集任务，取决于方案标准。

坚持把不同备选方案和规定的标准相比较，切勿方案和方案比较，避免出现“方案游戏”的弊病，方案和方案比较只能使管理人员无休止地比较各种备选方案，失去决策目标，造成无效决策。在这个阶段，可能出现另一种弊病——“分析停滞”。当把收集备选方案的情报资料当作最后目的时，这种弊病就可能会发生。

决策是寻找建立在最可靠情报资料基础之上的最佳方案的过程。永远不会存在一开始全部资料都具备的决策。将备选方案和决策标准进行比较的过程，是试图帮助领导者分析关键的原始资料的过程。要把精力集中在标准上，不是集中在备选方案上，只有这样才能摆脱以上两种决策弊病。

5.2.5 选择方案

如果已经确定了所有与决策相关的因素，系统地分析了它们的重要性，确认了可行方案，那么这时得分最高的方案就是要选择的方案。

在决策方案的选择过程中会产生心理冲突。对此，美国学者贾尼斯和曼提出了一种描述决策者面临决策方案选择时的认知心理理论。该理论认为，当决策者面临一项重要问题的决策时，可能会产生非常强烈的心理冲突。尤其当决策者认为无论选择何种行动方案，都将遭受一定程度的风险时，冲突便愈发强烈。此外，当决策者必须从一项决策中撤出来时，如果这种选择十分困难，也会产生此种冲突。冲突会引起决策者的动摇、踌躇、不安，以及高度的情绪紧张，进而会导致决策的失误。所以，研究决策的心理状态和决策者可能采取的行为，便显得十分重要。

研究发现，当决策问题导致决策者的认知元素发生矛盾和冲突时，决策者可能采取的应付模式或决策的行为有五种形式。

第一种被称为“无冲突地坚持”。在面临一项决策时，如果决策者确信采取目前的决策会出现某种不良的后果，但影响并不严重时，便可能会坚持目前的行动方案，亦即“无冲突地坚持”。

如果认为如变为不改前的行动方案，将会招致更大的风险和损失，并令人感到难以接受时，将可能会采取第二种应付模式，即“无冲突地改变”。通过改变原定的行动方案，来减缓冲突。

第三种被称为“防御性回避”。在第二种应付模式下，如果无冲突地改变行动方案仍然有很大的风险，决策者便会处于进退两难的境地：无论是坚持还是改变行动方案，都可能遭受风险与损失。如果找不出摆脱两难境地的良策，防御性回避行为便会发生。其可能出现的形式有三：其一为拖延，即延期决策；其二为推诿，即把决策的责任转嫁给他人；其三为支持，即夸大决策方案中有利的一面，而将不利的影响说得无足轻重。

第四种被称为“极度紧张”。如果决策的结果可能会导致心理冲突，且没有充裕的时间来确保决策者对决策方案做认真的探索和深思熟虑，此时决策者便会极度紧张，形成一种认知防御。

第五种被称为“警惕模式”。这种模式出现的条件是，当需要寻找新的行动方案时，如果决策者有充裕的时间对方案进行深思熟虑的探索和分析，决策者的行为便可能是“警惕式”的，即决策者对决策方案做通盘的、细致的考虑，准确地对决策的成本和风险做出评估，并认真搜索相关的信息。在所有的应付模式中，只有警惕模式才是理性的和非情绪化的，因此是一种较为可靠的决策行为。在决策的质量上，它将优于仅凭直觉或情绪而采取决策行动的其他四种模式。

此外，在选择决策方案之后，决策者还可能会出现认知失调现象，这是由美国学者费斯汀格提出的，即人们在认知出现矛盾和失调时，就会造成心理上的不愉快和紧张感。于是会产生一种内驱力，驱使自己采取某种行动以减轻或消除这种不协调。因此，在决策活动中，当决策者选定方案之后，他会避免收到决策是错误的那种信息，不会认真地评价已经做出的决策，但会更加注意那些支持其决策是正确的信息。

5.2.6 实施方案

实施是指将决策传递给有关人员并得到他们行动的承诺。由于一项决策实施过程中需要众多人员的参与和配合，因此，实施方案的步骤就必须考虑实施人员的积极性以及可能存在的阻力。一般来讲，经理集体班子或者委员会以及各级管理者是一个组织实现决策的主体，但组织员工也可能在决策实施中起关键作用。所以，比较有效的办法是让决策实施可能涉及的人员尽可能地参与决策制定过程，以提高他们实施决策的热情。日本企业管理上决策的制定和设计过程比较长，主要是让参与决策实施的人员充分讨论，共同协商，一旦达成一致行动效率会非常高。但如果一项决策涉及许多方面的利益，则实施起来难度就比较大，因此，决策还要考虑推行过程中出现问题的详细解决方案和补救措施。

5.2.7 评价决策效果

决策制定过程的最后一步就是评价决策效果。主要是检查决策确定的目标的实现状况，如选择和实施的方案取得理想的结果了吗？实施的方案与制订的计划目标有很大的偏差吗？推行过程中出现的众多问题是哪些层面的？解决的效果如何？是否还有更好的办法？方案选择和实施措施是否配套等。当然，实施决策最后阶段的评价十分重要，但一个最大问题是决策实施已经完成，即便是有问题也很难亡羊补牢。美国国防部曾经花费18亿美元和8年的时间开发约克军士自行高射机枪战车。在测试阶段，该武器的系统问题就已经暴露出来了，但直到最后阶段证明它完全不合用之后才被放弃，此时损失已难以挽回。

因此，组织建立科学规范的评价和检测系统是十分重要的，决策实施到每一阶段都应进行相应的评价和检测，累计数据，跟踪评价，出现问题及时发现并解决。决策实施的最后评价阶段是结果数据的汇总，一切偏差和问题已在实施过程中进行了调整，从而最大限度地实现决策目标。

5.3 决策的类型

5.3.1 经营决策、管理决策和业务决策

这是按决策性质划分的类型。

（1）经营决策。经营决策是指工商企业适应时刻变化着的外部环境的一种决

策，具有全局性、长期性与战略性的特点。经营决策又称企业战略决策，对企业而言是最重大的决策，如确定或改变企业的经营方向和经营目标，新产品开发，企业上市，兼并企业，企业合并，开拓海外市场，合资经营，扩展生产能力等。

（2）管理决策。管理决策是指对企业的人力、资金、物资等资源进行合理配置，对经营组织机构加以改变的一种决策，具有局部性、中期性与战术性的特点。管理决策的制定必须纳入经营决策的轨道，为企业实现战略目标服务，如机构重组、人事调整及资金筹措与使用等，都属于管理决策的范畴。

（3）业务决策。业务决策是在一定的企业运行机制基础上处理日常业务的决策，具有琐碎性、短期性与日常性的特点。如每日每班的任务安排和设备使用，原材料、配件供应，食堂饭菜花色品种、数量，职工洗澡时间等。业务决策虽然处理一些细节问题，但细节构成整体，因此，必须妥善处理。

5.3.2 程序化决策与非程序化决策

按组织中问题的性质不同，决策可分为程序化决策和非程序化决策。

（1）程序化决策。程序化决策是针对例行的、重复出现的活动而言的，又称重复性决策、定型化决策或常规决策。在组织运行过程中随时会发生各种问题，按面临问题的性质，分为例行问题和例外问题。例行问题是指那些重复出现的、日常的管理问题。例如，产品质量、设备故障、现金短缺、供货单位未按时履行合同等方面的问题。对于例行问题的解决或决策，主要是通过制定相应的制度、规则或政策，当问题出现时，各级管理者按例行程序处理即可。西蒙认为，程序化决策是指决策可以程序化到呈现出重复和例行的状态，可以程序化到制定出一套处理这些决策的固定程序，以致每当它们出现时，不需要再重复处理它们。在一般组织中，约有80%的决策为程序化决策。

（2）非程序化决策。非程序化决策是为解决不经常重复出现的、非例行的新问题所进行的决策。这类决策又称为一次性决策、非定型化决策或非常规决策，处理这类问题没有灵丹妙药，因为这类问题在过去尚未发生过，是一种例外问题；或因为其确切的性质和结构尚捉摸不定、很复杂，或因为其十分重要而需要用“量身定做”的方式加以处理。例如，组织结构变革问题、重大的投资问题、开发新产品或打入新市场的问题、长期存在的产品质量隐患问题、重要的人事任免问题以及重大政策的制定问题等。这类问题为数不多，但却是真正要求主管人员倾注全部精力，进行正确决策的问题，所以属于例外问题。

5.3.3 确定型决策、风险型决策、不确定型决策

这是根据决策的备选方案、自然状态及后果进行的分类。决策备选方案指的是可供决策者选择的各种可行方案；决策自然状态是指决策时所面临的不以决策者的主观意志为转移的客观情况与条件；决策后果是指采取决策所决定的行动后所带来的后果、结果或引起的变化。决策后果、自然状态和备选方案之间实际上是相互关

联的。

（1）确定型决策。确定型决策是指满足下述条件的决策类型：一是决策者希望达到的目标明确。例如，决策者希望获取最大的经济利益。二是决策者面对的自然状态（即客观环境条件）完全确定，任何一个条件都只有两种可能：要么存在要么不存在。三是存在着可供决策者选择的两个或两个以上的备选方案。四是每一个备选方案的效用值都能够被准确地计算出来。满足以上条件的决策被称为确定型决策。这类决策从做出决定的角度来说并不困难，因为只要推算出各个方案的结果并加以比较，就可判断出方案的优劣。

（2）风险型决策。风险型决策是指在上述条件中，决策时不能满足其中的第二个条件，即决策者面对的客观环境条件并非完全确定，而是存在着两个或两个以上不同类型的环境条件，这些环境条件的出现不以决策者主观意志为转移；尽管决策者不能控制环境条件，但决策者有能力准确地预知各种环境条件出现的概率。这种条件下的决策就是风险型决策。

（3）不确定型决策。不确定型决策是指与风险型决策相比不仅存在多种类型的客观环境条件，而且决策者或者没有能力，或者不可能准确地预知各种环境条件出现的概率，决策者对各个备选方案的执行后果难以确切估计，这种备选方案的不定性来自于环境条件的不稳定性。

5.3.4 直觉决策和科学决策

这是按决策人决策方式不同划分的决策类型。

（1）直觉决策。直觉决策是指决策者主要根据其个人潜意识判断而做出的决策。决策理论创始人H.A.西蒙认为，“人所把握的信息总是不完全的，但要决策，那么他依据的至少有一半得凭直觉进行判断”。美国战略管理专家罗伯特·沃特曼说：“通常人们认为‘信息加上机会就可以产生出经营成功的最重要的战略。但是这里还有第三个因素，这就是直觉’。”

直觉可以帮助我们决策。决策在任何活动中都十分重要，尽管决策的方法很多，但直觉决策仍不失为一个有效方法。管理学家斯蒂芬·罗宾斯认为，直觉决策在以下几个方面都是不可替代的：①存在较高的不确定时；②极少有先例存在时；③变化难以科学预测时；④事实有限时；⑤事实不足以明确指明前进道路时；⑥分析数据用途不大时；⑦当需要从几个可行的方案中选择一个，而每一个的评价都良好时；⑧时间有限，并且存在提出正确决策的压力时。

有数据显示管理者一半的决策是靠直觉，下列现象也有助于我们理解直觉决策。

①损失厌恶。在现实生活中，人们常常具有“损失厌恶”的非理性行为特征，损失引起的负的刺激度远远高于同等收益引起的正的刺激度。例如，丢掉1万元的难受程度是拣到1万元高兴程度的若干倍。因此，人们在面对“获得”时倾向于“风险规避”，尽量获得确定性的收益，而在面对“损失”时倾向于“追求风险”，

即为了避免确定的损失而甘愿冒更大的风险。

②锚定效应。锚定效应是指当人们需要对某个对象作出定量估计时，会受某些特定起始值（像锚一样）的影响。如果这些“锚”的位置有误，那么估计值就会发生偏差。一般而言，一个“锚”一旦定下来，后面接受的信息常常会受这个“锚”的影响，而这种影响人们是很难察觉的。

③过度自信。这是指人们过于相信自己的判断能力，高估自己的成功机会。例如，做一件事情只有50%的成功率时，却自认为可以达到80%的成功率。过度自信反映了人们自我认知的偏差。实证研究表明，过度自信的管理者更倾向采用比较激进的融资决策，以债务融资支持投资，并且采取消极的风险管理措施。

④实证偏好。实证偏好是指人们常常有一种证实自己观点的倾向。当人们有一种观点时，就会无意识地寻找证据去证实它。反映在决策上，就是人们往往倾向于过度关注支持自己观点的证据，而忽略那些否定该设想的信息，从而促成管理者选定自己心目中的方案。

（2）科学决策。科学决策是指以科学预测、科学方法为手段制定的决策。随着现代科学技术的发展，各类科学的研究成果不断丰富和发展，科学研究的方法也日新月异，计算机技术方法、数据模型处理方法、运筹学方法、投入产出以及统计、会计方法等越来越多地被运用到决策活动中。美国耗资300多亿美元的“阿波罗”登月计划的成功，就是运用科学决策的范例。科学决策离不开定量分析方法的开发和应用，但过分地追求决策问题的数学化、模型化、计算机化这些“硬”的决策技术，将给决策实施带来一些问题，特别是当外界环境变化较大时。因此，科学决策也要与其他决策手段综合考虑。

5.4 群体决策与个体决策

组织的决策可以区分为个体决策与群体决策。个体决策的决策者是单个人，所以也称为个人决策。群体决策的决策者可以是几个人、一群人甚至扩大到整个组织的所有成员。“厂长负责制”企业中的决策就主要是由厂长个人做出方案抉择的，尽管在其决策过程中可能接受“工厂管理委员会”这类智囊机构的咨询意见。相比之下，“董事会制”下的决策则是一种群体决策，由集体做出决策方案的选择。

5.4.1 群体决策与个体决策的优缺点

群体决策与个体决策优劣势明显，两者都不可能适用于所有的情况。我们主要从以下几方面分析其各自特点。

（1）正确性。集体决策由于集思广益，有更多的信息与观点，并且在集体商议时也会产生更多的灵感和思路，因此，可能有更多更好的可供选择的方案，而且有错误也可能有更多的校验与校正，所以在正确性方面较有优势。与之相比，个人决策会受个人经验、思维习惯和既定模式的影响，决策思路比较狭窄。美国学者罗斯·威伯的实验证实了两点：群体决策要比个体决策花费更多的时间，但准确程度则普遍高，失误少。如果按年龄分，比较年轻的群体，群体决策效果好；而年纪大、经验较丰富的决策者，个体决策优势更明显。

（2）创造性。如果从个人决策不受其他意见的影响与制约、可能更放得开的角度讲，个人决策可能更容易发挥个人的创造性。在处理一些突然发生的、结构不清楚的问题时，个人决策更能发挥作用。对一些任务明确、执行程序清楚的决策，特别是关系重大、责任重大的决策由集体进行则更为适宜。

（3）风险性。任何决策都具有风险性，一般在处理风险大、影响广的问题上倾向于集体决策，主要的原因在于责任“分散”，这有助于领导者“拍板”，群体互相支持，共同认可。至于“拍板”的倾向是畏惧风险，还是更冒风险，取决于多数群体成员的倾向，特别是领导者的倾向。大多数情况是极端化，即富于冒险的更为冒险，倾向保守的则更加保守。而个人决策如果在风险比较大时，则领导者会放大来自于这方面的压力和风险。

（4）决策效能。这里首先要了解决策群体的特点。如果其中各成员之间合作好，大家能想到一块去，那么群体的力量就大，决策容易通过，执行起来也更顺利，可以发挥集体决策的优越性。如果这个群体成员之间缺乏合作精神，互相对立，那么产生的内耗很大，往往难以通过集体决策，更无法顺利执行。在这种情况下一个强有力的领导如果能做出较好的决策可能更有效。个人决策如果透明度不高，问题会更加严重，但如果个人权威性高，也会有很好的效能。

（5）决策速度。对于集体决策来说，情况也有很大差异，如群体成员的年龄、职位、职业、群体的大小、企业的性质等都会对决策速度产生影响。研究结果表明，群体决策正确性高，但花时间长；个人决策速度性比较好。

（6）决策成本。任何组织决策都需要一些人参与，需要确定决策的时间、地点和相应的规则，耗费的时间和费用比较高，而个人决策的成本要低得多。在时间紧迫、决策重要程度不高的情况下，个人决策更有优势。

（7）决策可实施性。集体决策有较多的参与者，并使决策过程信息更加透明，所以，增加了对决策实施的认同感和责任感。参与者，特别是执行层面的参与者获得了较多的信息与信任，满足了受尊重的心理需要，更容易接受群体的决定，执行过程中积极性比较高。而个人决策信息透明度较低，向组织成员解释时不仅费时费力，还容易产生误解，实施决策也容易受利益关系影响产生较大的阻力。

群体决策与个体决策的优缺点见表5-2。

5.4.2 个体与群体差异

和个体相比，群体有其特有的心理现象。如果说个体心理是头脑的机能，是外部世界的主观印象，那么，群体心理则是普遍存在于各个群体成员头脑中反映群体社会关系的共同心理状态与心理倾向。由于群体心理的特殊性，造成的集体决策的如下特有现象值得管理者注意，以便在集体决策过程中扬长避短。

表 5-2 群体决策与个体决策的优缺点

决策特点	群体决策	个体决策
正确性	好	一般
创造性	好	差
风险性	分散	集中
效能	好	差
速度	慢	快
成本	高	低
可实施性	好	差

1）群体空想征

由于参与决策的群体成员把保持群体和谐一致作为目的，往往不能理智地分析各种备选方案，而表现出群体空想征，从而使决策质量降低。群体空想症的特征是：

（1）趋同效应。在心理学中，趋同效应被定义为个人由于真实的或臆想的舆论压力，在认知或行动上不由自主地趋向一致的现象。在社会生活中，趋同是一个非常普遍的现象，趋同效应具有积极和消极的意义。

（2）倾向性地选择信息。群体成员往往封锁外界和内部对决策的怀疑信息，尤其对领导更不敢报告坏消息。

（3）盲目自信与乐观。群体过高地估计自己的判断能力，对外部的影响和力量缺乏清醒认识。群体成员往往对决策的成功率估计过高，对失败的可能性估计不足，相信群体无所不能。

（4）首创精神的幻想。群体自认为在解决问题上有首创精神，人类或工商企业的命运取决于他们的决策。事实上，“群体空想征”是可以避免的，关键在于领导者能否广开言路，善于纳谏，鼓励群体成员在决策过程中大胆发表不同意见。

2）风险极端化

风险极端化是群体决策中可能出现的另一个问题。面对风险，在群体中可能出现两种情况：一种情况是过度保守，另一种情况是过度冒险。

群体决策的过度保守常常表现为群体不愿意接受高风险的方案，因为极端的方案往往会影响到较多决策群体中成员所代表的利益。折中的方案则较易为决策群体中大多数人所接受。群体决策的过度冒险则是因为群体决策会在某种程度上分散责任。

在现代组织中，由于经营环境的复杂多变和组织成员素质的普遍提高，群体决策方式较之个体决策方式已愈来愈受到重视，但群体决策方式能否被广泛推广和应用并取得预期的效果，实际上与组织文化特征有密切的关系。在东方文化中，组织生活被看作个人生活中不可缺少的部分，个人与同事、与上级的关系不仅是单纯的工作和服从，而且还带有很深的情感联系，他们倾向于以集体方式开展活动，并崇尚个人对组织目标的认同。日本企业中大多数的决策是以自上而下和自下而上相结合的方式，依靠集体力量做出的。相对而言，西方文化则崇尚自我独立意识和个人能力至上观念。东方文化中这些根深蒂固的价值观导致在日本等国家中较自然实现的民主管理和集体决策方式，在美国等西方国家的实际推行中却遇到了传统文化的阻碍。由于这个原因，美国等国家的企业中许多重大经营问题的决策通常都在高层管理人员中做出，决策时即便采取群体决策的方式，参加者也往往没有低层次的管理人员和一般员工。

5.5 决策模式

5.5.1 理性决策模式

理性决策模式，也称科学决策模式，是建立在古典经济学基础上的决策模式。理性决策模式基于以下几点假设：

（1）决策者面临的是一个既定的问题。这一问题同其他问题相区别，或至少同其他问题相比是重要的。

（2）引导决策者做出决定的目的、价值或目标是明确的，而且可以按它们的重要性依次排列。

（3）决策者将预测所有可能的解决问题的方案，以供选择。

（4）决策者可以运用科学的方法对每一决策方案进行评估，并预测出执行该方案后可能产生的后果。

（5）决策者可以将每一个备选方案进行对比，并按优劣排出先后顺序。

（6）决策者能够选择出最大限度地实现预定目的或目标的方案。

5.5.2 有限理性决策模式

有限理性决策模式的提出者是美国卡内基-梅隆大学计算机科学和心理学教授赫伯特·西蒙，他由于“对经济组织内的决策程序所进行的开创性研究”于1978年获诺贝尔经济学奖。西蒙提出的有限理性决策模式建立在对传统理性决策模式的批判基础上。西蒙认为传统的理性决策模式只是一种理想化的模式，它不符合决策的实际情况。

（1）按照理性决策模式，决策者必须在收集到有关决策状况的所有信息后才能进行决策，但是事实上决策者并不可能掌握有关决策状况的所有信息。因此，完全的理性决策根本无法进行。

（2）决策者处理信息的能力也是有限的。由于决策者处理信息的能力受到各种主、客观条件的限制，因而他不可能对有关决策状况的所有信息做出完全正确的分析和处理，因此也就不可能做出百分之百的最佳决策。

（3）在实际决策中，决策者往往在有了有关决策状况的简单印象之后就开始行动。而在传统的理性决策模式下，决策者必须在了解和掌握所有信息以后才开始行动，这显然不符合决策过程的实际状况，因此没有多大的实用价值。

（4）决策者个人的能力也是有限的。现实生活中的决策活动都是极为复杂的，能力有限的决策者要在极其复杂的决策状况中做出完全最佳的决策是不可能的。

（5）事实上并不存在绝对的最佳决策。因为每一项决策的制定，既受到特定的客观条件的影响，又受到决策者主观条件的影响。例如，从客观条件来说，决策者的选择行为总要受到所得信息的性质和先后次序的影响；从主观条件来说，决策者的选择行为必然受到决策者个性及其个人经历的影响。

西蒙认为完全的“经济人”和“理性人”是不存在的，实际生活中的人是“行政人”“有限理性人”。基于此，西蒙提出了决策的满意原则，即以满意决策替代最佳决策。西蒙的“有限理性”是指人的行为“意欲合理，但只能有限地做到”。西蒙认为，交易主体在经济活动中，其感知和认识能力是有限的，人们在搜集和加工处理大量相关市场信息方面，其能力受到自身的很多限制。一般来讲，交易当事人既不能完全搜集事前与契约安排相关的信息，也不能预测未来各种可能发生的变化，因而所签订的合约总是不完全的。西蒙的“满意化”是指在不能大量处理为达到最大化所需要的所有信息的情况下，企业追求的利润和效用不是最大化，而是“满意化”。

现实中，许多决策问题十分复杂、难以选择，由于人的理性是有限的，因此，企业不能在一切可以设想的备选方案的集合中进行最优化决策（西蒙在此批评了新古典经济学中“经济人”的假设）。相反，在实际决策过程中，备选方案集合不是固定的，而是产生方案的一个搜寻过程的结果。决策者们并不是按经济学分析的在已知效用函数或偏好序列下追求最大化，而是设想一个令人满意的欲望水平，根据选择过程的实际状况，追求一个满意的结果。

以往的决策理论着重研究决策结果的合理性，而很少注意决策过程本身。实际上，决策并不仅仅是最后时刻的事情，它包括整个决策过程。西蒙提出的决策过程可分为四个主要阶段：第一阶段是“情报活动”，即找出制定决策的理由；第二阶段是“设计活动”，即找到可能的行动方案；第三阶段是“抉择活动”，即在各种备选方案中进行选择；第四阶段是“审查活动”，即对已选择的方案进行实施和评价。

5.5.3 林德布洛姆的渐进决策模式

美国著名经济学家和政治学家林德布洛姆提出的渐进决策模式，是直接针对传统理性决策模式的缺陷，根据实际政策制定的特点，从“决策实际上如何做”而不是“应如何做”的角度出发，建立的一套有特色的政策制定模式。林德布洛姆认为，传统理性决策模式具有以下缺陷：一是传统理性决策模式要求有一个既定的问题，然后才能进入制订、选择和实施方案等阶段，然而在实际生活中，决策者面临的并不是一个既定的问题，而是必须首先对所谓的问题加以明确并予以说明。但在明确和说明这一问题时，不同的人往往有不同的看法。二是传统的理性分析并不是万能的。这是因为，一方面，决策受到时间的限制。常常是决策者在分析未完成之前就要做出决定，否则就会贻误战机。另一方面，决策也受到费用的限制。三是决策受到个人价值观的影响。决策集团内部个人价值观不同，因而在进行方案选择时就必然会出现意见的不一致问题。

渐进决策模式的特点是：一是渐进主义。林德布洛姆认为政策的制定是根据过去的经验，经过逐渐变迁的过程而获得的共同一致的政策。二是积小变为大变。林德布洛姆认为，渐进决策看上去似乎行动缓慢，但它积小变为大变，实际速度往往要大于一次大的变革。三是稳中求变。渐进决策步子虽小，但却可以保证其过程的稳定性，达到稳中求变。渐进决策模式也有一些明显的缺陷，这主要体现在它的保守性上。一般说来，渐进决策模式比较适用于稳定和变动不大的环境，以及总体上比较好的现行政策。而一旦社会条件和环境发生巨大变化，需要对以往的政策进行彻底改变时，渐进决策就起不到修正和缓和的作用，有时甚至会对社会的根本变革起阻碍作用。

5.6 决策的方法

5.6.1 定性决策方法

定性决策方法，又称“软”方法，是一种直接利用决策者本人或有关专家的智慧来进行决策的方法。管理决策者运用社会科学的原理并根据个人的经验和判断能力，充分发挥各自丰富的经验、知识和能力，从对决策对象的本质特征研究入手，掌握事物的内在联系及其运行规律，对企业的经营管理决策目标、决策方案的拟订以及方案的选择和实施做出决断。主要有以下几种：

1）德尔菲法

德尔菲法是由美国兰德公司于20世纪50年代初发明的，其最早用于预测，后来被推广应用到决策中。德尔菲是古希腊传说中的神谕之地，城中有座阿波罗神殿可以预卜未来，因而借用其名。德尔菲法是一种向专家进行调查研究的专家集体判断。它是以匿名方式通过几轮信函征求专家们的意见，组织决策小组对每一轮的意见进行汇总整理，作为参考资料再发给每一位专家，供他们分析判断，提出新的意见。如此反复，专家们的意见日趋一致，做出最终结论。德尔菲法具有匿名性、价值性和程序化的特点。其缺点是有一定的主观性，而且耗时，费用也比较高。

2）风暴式思考

风暴式思考，又称头脑风暴法，是由A.F.奥斯本提出的，通过专家们的相互交流，在头脑中进行智力碰撞，产生新的智慧火花，使专家们的讨论不断集中和深化。风暴式思考是一种主要吸收专家积极的创造性思维的活动。研究表明，当信息分散在不同类型的人员当中时，集体决策虽然不好，却更能为人们接受；而个人决策，尽管更好，却可能会遭到那些实施人的反对。另外，当决策是由负责实施的集体做出时，新思想就更容易被人们所接受。

风暴式思考的目的在于创造一种自由思考的环境，诱发创造性思维的共振和连锁反应，产生更多的创造性思维。一般参与者以10～15人为宜，时间为20～60分钟，参加的人员中不宜有领导者，专业也应有所不同，以有利于创造性思考。研究数据表明，与面对面交流的头脑风暴相比，通过电子手段进行的头脑风暴会多产生40%的创意。

3）名义群体法

名义群体是社会心理学的术语，指不允许每一个成员进行口头语言交流的群体，该群体的交流方式是纸和笔。具体进行的方式是，群体成员在特定的环境中，相互之间传递书面反馈意见，在设置的图表上，用简洁的语言记下每一种想法，然后进行书面讨论，最后小组成员对各种想法进行投票，通过数学方法，用等级排列次序得出决策。这种方法的特点是，真实群体中由于语言交流抑制了个体的创造力，而名义群体成员利用群体思考的创造性激发灵感，用笔表述，其思路的流畅性和独创性更好些，想法和建议也比较系统和完整，且该方法耗时较少，成本低。

4）电子会议

最新的定性决策方法是将专家会议法与尖端的计算机技术相结合的电子会议。众多参会人员围坐在设定的桌子周围。桌子上装有计算机系统，用来输入相关信息。主持人将问题出示给决策参与者，参会人员把自己的回答显示在计算机屏幕上。个人评论和票数统计都投影在会议室的屏幕上。

电子会议的主要优点是匿名、可信度高和快速。决策参与者能不透露姓名地打出自己所要表达的任何信息，一敲键盘即显示在屏幕上，使所有人都能看到。它使人们充分地表达他们的想法而不会受到惩罚，消除了闲聊和讨论偏题，且不必担心打断别人的“讲话”。专家们认为电子会议比传统的面对面会议可节省一半以上时间。但是电子会议也有缺点，即缺乏面对面的口头交流所传递的丰富信息。现在，电子会议也扩展为如邮件、微信、MSN、QQ以及其他便捷的电子沟通形式。

5.6.2 定量决策方法

定量决策方法，又称“硬”方法，就是运用数学的决策方法。其核心是把同决策有关的变量与变量、变量与目标之间的关系用数学关系表示，即建立数学模型，然后通过计算求出答案，供决策参考使用。近年来，计算机的发展为数学模型的运用开辟了更广阔的前景。下面介绍两种常用的决策方法。

1）决策树分析法

运用决策树法，首先要画出决策树形图。画决策树应从左向右，即先在左边画出决策点（用□表示），从决策点出发引出若干方案枝，在方案枝末端画出自然状态点（用○表示），从自然状态点引出概率枝，在概率枝末端标出损益值。然后进行计算和分析。计算和分析是由右向左，即按右端结束点后的损益值与相对应的概率值，计算出各方案在不同自然状态下的损益期望值，并注明在各方案状态点上，再比较其大小，最后进行优选。

例：某企业准备今后五年生产某种产品，需要确定产品批量。根据预测，这种产品的市场状况的概率是畅销为0.3，一般为0.5，滞销为0.2。产品生产提出大、中、小三种批量的生产方案，怎样决策才能取得最大经济效益？有关数据见表5-3。

表5-3 **各方案损益值表**

损益值（万元）/ 自然状态 / 概率 / 方案	畅销	一般	滞销
概率	0.3	0.5	0.2
大批量(Ⅰ)	30	25	12
中批量(Ⅱ)	25	20	14
小批量(Ⅲ)	18	16	15

根据以上数据从左向右绘制决策树，如图5-1所示。

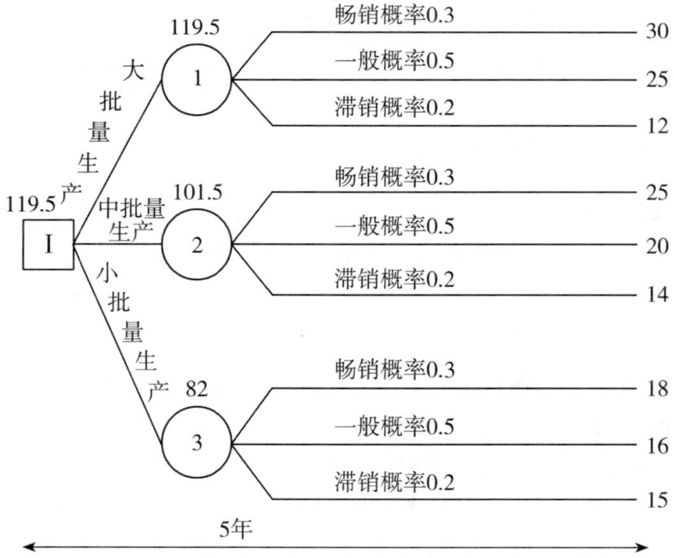

图5-1 决策树图

计算各方案的损益期望值，其公式为：

某方案损益期望值=∑(该方案某种自然状态的概率×该自然状态下的损益值)

大批量生产①的期望值=（30×0.3+25×0.5+12×0.2）×5=119.5（万元）

中批量生产②的期望值=（25×0.3+20×0.5+14×0.2）×5=101.5（万元）

小批量生产③的期望值=（18×0.3+16×0.5+15×0.2）×5=82（万元）

将以上计算结果注明在各个方案节点上，然后在各个方案之间比较期望值，从中选出期望值最大的作为最佳方案，并把此最佳方案的期望值写到决策节点方框里面，以表示决策的结果。根据比较，剪去中批量和小批量方案枝，选择大批量方案。

2）优选理论

决策者在实际中往往并不按决策树法得出的结果行事，越是重要决策，越可能不遵循这一规律，主要是受决策者对待风险的态度影响。优选理论就是研究人们对风险的态度，分析人们在愿意或避免承担风险情况下的各种可能性的一种理论。典型的对待风险的态度曲线如图 5-2 所示。有些人在较小的成功概率下愿意承担大风险，是冒险家；有些人只有在很大的成功把握下才愿意承担大风险，是谨慎者。图 5-2 中的统计概率曲线，是完全按成功把握的正比例承担风险；图 5-2 中的个人偏好曲线，是大多数人的实际情况，即在风险较小时，都是冒险者，但当风险增大时，很快就成为谨慎者。

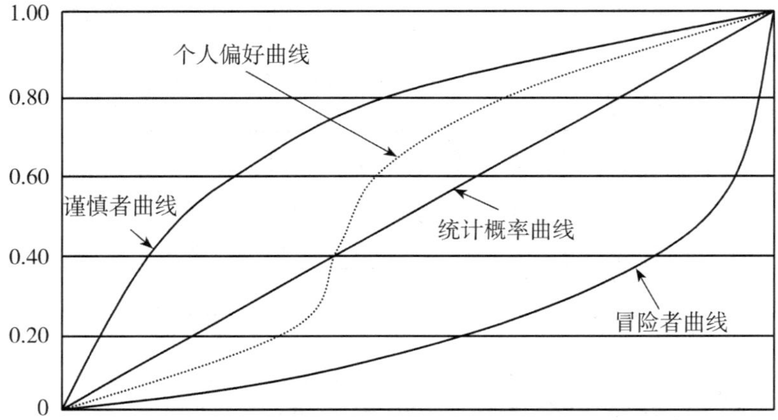

图 5-2　人们对待风险的态度曲线

管理者可以通过评估自己在实际中的处事方法或想象情况下的应对策略，绘出自己的偏好曲线，从而可以根据实际决策中的估计概率来决定自己的行动。即使管理者不能系统地画出个人偏好曲线，如能粗略地知道自己与同事或下属对待风险的态度，这对决策的制定也是十分有益的。

定量决策方法的发展，是与计算机在组织管理中的应用分不开的。因为有了计算机，从而大大缩短了运算和逻辑判断的时间。定量决策方法的运用可以提高决策的准确性、时效性和可靠性，并且能大大地节省决策者花费在常规决策上的时间和精力。但它也存在一定的局限性，许多复杂的决策问题很难用数学模型表示出来，某些变量根本不可能定量化。因此，数学模型所反映的只是影响决策的主要因素而不是全部因素，它只能近似地、有条件地反映现实。另外，建立数学模型往往要耗费大量人力和资金，使用计算机的成本也比较高。

本章小结

首先，本章详细分析了决策的基本含义，并由此得出了决策过程即管理过程的基本结论。而决策过程的步骤也是本章学习的重要内容，主要是识别问题、确定决策标准及分配权重、确定备选方案、评价备选方案、选择备选方案、实施方案和评价决策效果。在这一分析过程中，注重学习一些与决策相关的知觉理论。

其次，本章系统研究了决策的不同类型及特点，从决策的性质、决策的程序、决策的风险性和人们决策的偏好角度分析了各种不同类型的决策形式，希望学生对决策有较为全面的了解。在决策类型中，差异最大且影响也比较大的是个体决策与群体决策，所以本章专门用一节来陈述这一问题，对个体决策与群体决策的优缺点、心理效应和风险模式进行了介绍。

再次，在决策模式中，侧重介绍了在学术界有较大影响的几种决策理论。一是建立在古典经济学基础上的理性决策模式，也称科学决策模式；二是由美国卡内基-梅隆大学计算机科学和心理学教授赫伯特·西蒙提出的有限理性决策模式；三是由美国著名经济学家和政治学家林德布洛姆提出的渐进决策模式，并分析了这三种决策模式的特点以及形成的基础。

最后，从定性和定量两个方面系统介绍了几种有影响的决策方法，包括德尔菲法、头脑风暴法、电子会议、决策树法和优选理论。要求学生对这些方法有一定了解和掌握，特别要搞清楚这些方式确立的基础和实施的特点。

本章案例

华为的轮值主席制

根据华为公布的年报，华为投资控股有限公司100%由员工持股，到2011年12月31日，员工持股计划参与人数为6.5596万人，全体在职员工选举产生持股员工代表，并通过持股员工代表行使有关权利。华为的组织架构是，在公司的股东会之下，设立董事会和监事会，董事会成员共13名，由全体持股员工选举产生，下设人力资源委员会、财经委员会、战略与发展委员会以及审计委员会。

2004年，华为在美国顾问公司的帮助下创建了EMT（Executive Management Team）这一集体决策机制，任正非提出EMT的主席由高管团队轮流担任，结果从

2004年起，由8位管理者轮流担任EMT主席，每人轮值半年。

任正非在公开发表的《一江春水向东流》一文中指出，轮值制度的实行，平衡了公司各方面的矛盾，使公司得以均衡成长。轮值的好处是每个轮值者在一段时间里，担负了公司COO的职责，不仅要处理日常事务，而且要为高层会议起草文件，大大地锻炼了他们。同时，轮值主席必须勤勉敬业，踏实做人，否则，他的提议就无法通过表决，得不到别人对他的拥护。这样做的结果，就是过去总是为自己所管辖的部门争利益的问题不见了，每个轮值主席在任期间，会将他管辖的部门，带入全局利益的平衡，公司的山头无意中在这几年削平了。

经历了8年轮值后，在2011年新董事会选举中，多数轮值主席被选上。华为又开始了在董事会领导下的轮值CEO制度，由3位高管（郭平、胡厚昆和徐直军）轮流担任首席执行长一职，每6个月轮换一次。他们在轮值期间是公司最高的行政首长，着眼公司的战略，关注制度建设，将日常经营决策的权力进一步下放给各区域，以推动公司业绩提升。华为的13名董事在华为的董事会会议上拥有平等投票权，不过，3位轮值CEO对决策的影响力更大，部分原因在于他们还负责公司政策设计委员会，郭平担任华为财经委员会的主任，胡厚昆担任人力资源委员会主任，徐直军担任战略与发展委员会主任。

专业人士评论，华为为了规避风险，采取的是逐步放权、稳步培养的渐进模式，2004年开始，先从COO开始轮，涉及战略性的重大决策，依然由CEO任正非或其代理人孙亚芳董事长负责，而将运营管理的决策权交由COO负责，华为当时1+6人的EMT（执行管理团队）中，任正非之外的其他6名EMT成员轮流担任COO，任正非负责把守最后一道关口，同时充当了扶上马、送一程的教练角色。经过七八年的试验，在轮值COO制度成熟之后，从2011年开始实行目前的轮值CEO制，任正非也逐渐开始脱离管理团队，专注于董事会层面的决策管理和CEO教练。其目的就是通过这种“在岗培养+在岗选拔”的方式，为“后任正非时代”做准备。目前，华为采取的是“能进能出”的候选人机制，任何人都不可能是轮值CEO的钦定人选，董事会制定相关轮值制度，并根据明确的任职资格标准对CEO候选人（EMT成员）进行评估选拔，定期对其履职情况进行考核评价，并根据评价结果进行人事调整。

无疑，这种模式的软肋也非常明显，就是会大大降低战略决策的效率和战略执行的连续性。公司治理的全球最佳实践是董事会向全体股东负责，经营层向董事会负责的二级代理机制。其中：董事会的主要职责是规避重大风险，采取议会制，即多数票决策制；经营层的主要职责是提高战略执行的效率，一般采取CEO负责的总统制。事实证明，在全球，双CEO或轮换式CEO均极为罕见。2013年，海尔集团也开始执行轮值CEO制度，由周云杰和梁海山分别轮值，轮值期为1年。2016年12月26日，海尔集团对外宣布总裁轮值制终结，周云杰出任总裁。

资料来源 根据以下资料整理：［1］周留征. 华为哲学：任正非的企业之道［M］. 北京：机械工业出版社，2016；［2］希文. 任正非内部讲话［M］. 哈尔滨：哈尔滨出版社，2017；［3］冀勇庆. 华为在11把尖刀上跳舞 内忧外患令人担心［EB/OL］.［2013-04-06］. http：//it.sohu.com/20130406/n371787380.shtml；［4］任正非. 一江春水向东流［EB/OL］.［2011-12-26］. https：//wenku.baidu.com/view/372ab3272f60ddccda38a085.html；［5］中国企业家. 华为轮值CEO制度非长久之计［EB/OL］.［2012-05-24］. http：//tech.qq.com/a/20120524/000276.htm；［6］http：//www.huawei.com/。

思考题：

华为实行轮值主席制是怎样一种决策模式？这种决策模式能否适应组织未来的需要？能否很好地解决华为接班人问题？

思考与练习

1.怎样理解决策是多种预选方案的抉择？

2.请用一个购买手机的实例分析决策的程序。

3.请说明直觉策略的特点，什么情况下适合直觉决策？

4.决策类型划分的现实意义是什么？

5.个体决策和群体决策的优缺点有哪些？差异的基础是什么？

6.分析比较传统的理性决策模式、西蒙的有限理性决策模式、林德布洛姆的渐进决策模式的特点及差异。

7.德尔菲法适用于什么方面的决策？

8.优选理论从哪些角度分析人们的决策选择？

第6章 战略管理

学习目标

通过本章的学习，重点掌握具有代表性的战略管理定义以及战略管理的基本要素；熟悉战略管理基本过程以及每一个阶段的战略重点；了解掌握组织的战略类型，特别是在全球经济一体化中的跨国公司战略、本土化战略等。此外，熟悉了解战略设计方法也十分重要。

6.1 战略与战略管理

6.1.1 什么是战略

1）战略的定义

“战略”一词来源于希腊语strategos，由stratos和eg构成，意思是将军指挥军队的艺术。而战略思想也是最早在军事领域得到广泛应用的，苏格拉底弟子、希腊将军色诺芬，恺撒等都是非常出色的军事战略家。但是，当战略演变为具有高超谋略，甚至上升到艺术层面时，不仅需要的是军事谋略，还要有深刻的思想基础。中国古代的《孙子兵法》就是一部关于战略的经典巨著。

到了近代，战略一词出现十分频繁，在实践中应用也影响深远，特别是进入20世纪，工业革命创造了巨大的劳动生产力，一些工业组织得到了快速发展，有关战略的研究也取得了丰硕的成果。尽管古今中外人们从不同角度来界定和理解战略，但主要的含义还是大同小异，即战略的内涵是指战略主体对未来全局做出的筹划和谋略。这里我们介绍几种有代表性的战略理论观点，以增加对战略一般定义以及战略研究出发点的理解。

（1）资源控制论。其代表人物是哈佛工商业史学家艾尔弗雷德·钱德勒（Alfred D.Chandler，Jr.）。他在1962年出版的《战略与结构》一书中为战略做了初步定义：战略是一个企业基本长期目的和目标的确定，以及为实现这一目标所需要采取的行动路线和资源配置。钱德勒的战略概念体现了战略的三大要素：设定目的、分配资源、找出实现目的的方法。后来的战略学者和战略学派很大一部分是在钱德勒的基础上发展起来的。之后，企业战略研究迅速风靡全球。对于企业战略的含义，很多著名学者都提出过自己的见解。

（2）环境影响论。战略管理大师安德鲁斯在1971年出版的《公司战略思想》和1979年出版的《战略管理》著作中，对环境要素对企业发展的影响进行了较为系统的研究。他认为：战略是关于企业宗旨、目的和目标的一种模式，以及为达到这些目标所制订的主要政策和计划。战略行为是组织对其环境的交感过程和由此引起的组织内部结构变化的过程。在此基础上，作者提供了包括外部环境、战略预算、战略动力、管理能力、权利、权利结构、战略领导和战略行为八个因素在内的企业战略行为模式。

（3）组织控制论。其代表人物主要有纽曼、安索夫等人。安索夫在1965年出版的《公司战略》一书中，集中体现了这一理论的核心思想。他提出战略是一条贯穿于企业活动与产品/市场之间的“共同经营主线”，其决定着企业目前所从事的或者计划要从事的经营业务的基本性质。战略应当包括四个构成要素：一是产品与市场范围，即确定企业在所处行业中的产品与市场地位。二是增长向量，即企业经营的方向和趋势。三是协同效果，即“大于由公司各部分资源独立创造的总和的联合资源回报效果”。强调企业运行在资源、技术、管理和价值链活动等各主要业务的相互匹配关系的作用中，产生“1+1>2”的效果。四是竞争优势，即企业及产品和市场所具备的区别于竞争对手并能为企业带来竞争优势的要素。

（4）产业决定论。其代表人物是迈克尔·波特。波特将战略理解为，战略是公司为之奋斗的一些终点（目标）以及公司为达到终点（目标）而寻求的途径（政策）的结合物。因此，他认为企业战略的核心是获取竞争优势，而获取竞争优势的因素有两个：一是企业所处产业的盈利能力，即产业的吸引力；二是在产业内的相对竞争地位。

此外，对战略定义表述比较有影响的还有拜亚斯，他认为，战略包括对实现组织目标和使命的各种方案的拟订和评价，以及最终选定将要实行的方案。德鲁克的观点是，战略就是企业发挥战略优势、迎接环境挑战而制订的统一的、内容广泛的、一体化的计划。贝茨和艾德雷奇的观点为，战略就是为组织投入资源、实现其目标的指导哲学，它为组织做出必要的行动决策提供了约束和限制。而冯·纽曼则认为，战略是一种完整的计划，旨在说明在每一种情况下应该做出怎样的选择。

综上所述，不同的研究者从不同的角度和范围对战略进行了描述，我们认为战略是指管理者为了组织的长期生存与发展，对组织全局、长远、重大问题所进行的谋划。把战略模式运用于企业领域就是企业战略，运用于政治、军事和经济领域，就形成了政治战略、军事战略和经济战略。

2）战略的特征

根据上述定义分析，战略一般具有如下特征：

（1）全局性。全局性是指战略是以组织的全局为研究对象来确定组织的总目标，规定组织的总行动，达到指导全局的目的。它所规划的是组织的总体行动方针，追求的是企业的总体效果，谋求的是组织的整体发展。所以说，全局性是战略最根本的特征。中国平安保险公司为更好地指导组织的今后发展，花费上千万美元邀请美国战略规划权威组织——麦肯锡公司帮助制定组织的战略规划，不仅规划实施需要动员组织的所有人员和部门，就连规划的制定也是全员参与，集体进行讨论。

（2）长远性。这是指战略的着眼点是组织的未来，是为了谋求组织的长远发展。战略实质上就是组织的长远计划，组织制定战略不是为了维持现状，而是为组织的持久发展指明方向，谋划组织资源的有效利用，为组织的未来设计蓝图。战略决定了组织今后相当一段时期的形象和竞争态势，因此，战略的结果和效益常常不能在短期体现。一般企业战略规划的时间限度为5年到20年。

（3）纲领性。这是指战略所确定的战略目标和发展方向，是一种原则性和概括性的规定，是对组织未来的一种粗线条的设计。它是对组织未来成败的总体谋划，组织战略规定了组织的发展目标、资源的配置方式以及发展的方向与重点。规划中描述的问题都涉及组织战略方针等重大问题，战略规划的出台不仅需要组织的高层达成一致，还要通过正式组织程序，在企业组织中还要经过董事会和职工代表大会讨论通过。

（4）对抗性。战略是谋划组织的长远发展，要对组织所处的生存环境和市场状况以及组织自身优劣势做系统分析，制订的是组织在竞争中战胜对手，应付外界环境威胁、压力和挑战的整套行动方案。它是针对竞争对手、目标市场制定的，具有直接的对抗性。此外，时效性也非常显著。这一点也常常表现在组织处于发展的重大转折或关键时期，谋求设计战略规划，以指导组织的运行和发展。

战略涉及组织的所有层面，制定和实施战略规划也是一项非常复杂的决策活动，甚至是系统工程，它要求决策者必须具备比较高的素质和决策水平。

3）战略构成要素

战略管理大师安索夫的战略观影响深远，这里我们介绍其战略理论的核心部分——战略要素。战略一般由4个基本要素构成，即经营范围、增长向量（成长方向）、竞争优势、协同作用。这4个要素可以产生合力，构成企业的共同发展主线。

（1）经营范围。经营范围指企业所从事生产经营活动的领域，又称企业定域。它既反映了企业目前与其外部环境相互作用的程度，也反映了企业计划与外部环境发生作用的要求。对于大多数企业而言，应该根据自己所处的行业、自己的产品和市场来确定经营范围。企业确定经营范围的方式可以有多种形式。从产品角度来看，企业可以按照自己产品系列的特点来确定经营范围，如半导体器件公司、机床公司等。此外，企业还可以根据产品系列内含的技术来确定自己的经营范围，如计算机公司、光导纤维公司等。

（2）增长向量。增长向量指企业经营运行的方向或成长的方向，主要是指企业从现有产品与市场组合向未来产品与市场组合移动的方向，但不涉及企业目前产品与市场的态势。表6-1具体说明了企业可能的增长方向。

表6-1 **增长向量要素**

产品市场	现有产品	新产品
现有市场	市场渗透	产品开发
新市场	市场开发	多元化

市场渗透是通过现有产品与市场的份额增长达到企业成长的目的。市场开发是为企业现有产品寻找新的市场。产品开发是利用现有市场，创造新的产品。多元化则是以新产品进入全新的市场领域。

在前三种选择中，企业的共同经营主线比较明确和清晰，或是开发新的市场营销技能，或是开发新技术，或是两者同时进行。但是在多元化发展中，共同经营主线可能会受到影响，甚至出现偏离。增长向量不仅指明了企业在现有产业里的发展方向，而且指明了企业计划跨越产业界线的方向，以这种方式描述的共同经营主线是对以经营范围来描述企业经营的一种补充。通用电气、美国杜邦、泰国正大集团、中国的海尔集团都曾在多元化发展中遇到这种困难。

（3）竞争优势。竞争优势说明了企业组织所寻求的某产品与市场组合的特殊属性，凭借这种属性可以给企业带来强有力的竞争地位。一个企业要获得竞争优势，可以通过多种途径：或寻求兼并，谋求在新产业或原产业中获得重要地位；或选择具有专利保护地位的某经营领域；或进行产品开发生产出具有突破性的新产品，以代替旧产品等。近几十年企业的发展实践也证明，这些确实是企业组织确立竞争优势的有效途径。

（4）协同作用。它所体现的是一种联合作用的效果，即组织内部各经营单位联合起来所产生的效益大于各个经营单位各自努力所创造效益的总和，常常被描述为具有“1+1>2”的效果。协同作用涉及组织开发新产品和市场项目的配合。协同作用可进一步区分为生产协同作用（如企业生产的不同产品使用共同的生产技术和流水线等）、销售协同作用（即企业产品使用共同的销售渠道、仓库等）和管理协同作用等。

上述4种战略构成要素不是相互排斥的，而是相辅相成的。图6-1清晰地展示了企业4个战略构成要素之间的关系。

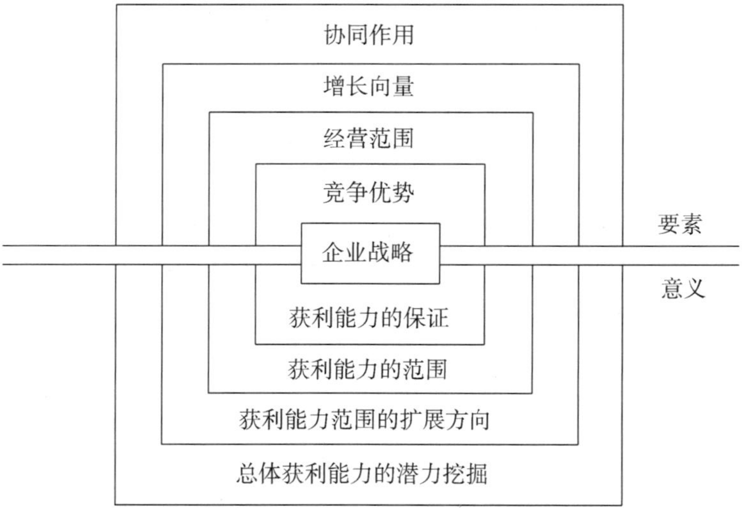

图6-1　战略构成要素

其中，经营范围是指企业寻求获利能力的范围；增长向量是指这种范围的扩展方向；竞争优势是指企业最佳机会的特征；协同作用有助于挖掘企业总体获利潜力。

6.1.2　战略管理

1）战略管理的定位

战略管理是指组织为实现战略目标，分析战略环境、制定战略决策、实施战略方案、控制战略绩效的一个动态管理过程。定位是指主体确定自己在某一状态中的具体位置。战略管理定位是指组织在竞争环境中，从全局和长远出发考虑组织的使命和目标以及组织战略实施中的位势。战略定位主要包括以下几个方面：

（1）战略性质定位。组织的战略性质定位是指确定组织在未来的发展中要成长为一个怎样特质的组织。战略管理涉及对有关组织未来方向做出决策以及决策的实施。其中战略谋划为组织未来发展指明方向，确定并整合资源，而战略实施保证组织规划的落实，在保证不偏离组织目标的前提下实现组织的效率，二者缺一不可。例如，高校的战略发展模式就分研究型大学和教学研究型大学；还可以分为以某些专业建设为重点的学院型大学或是拥有多学科的综合型大学。一旦发展定位确定之后，学校就应围绕性质组织相关资源，制定发展政策，出台管理措施。

（2）战略过程定位。组织战略过程定位是指在组织总体战略的形成以及组织运行时贯彻落实战略目标的过程。战略贯穿整个组织运营全过程，不是一朝一夕之事。不论是组织制定的决策还是采取的行动都要与组织战略性质行为相吻合。例如，企业战略实施过程可能会受到许多外界因素影响和诱惑，如新出现的市场机会、更好的利润领域等，进而出现偏离战略目标的行为，这就需要组织不断调整校正，以防止资源分散，降低效率。

（3）战略控制定位。战略管理是一系列决定公司长期绩效的管理决策和行动，包括战略的形成、实施、评价和控制。其中，控制过程要贯穿组织所有环节和实施的每一阶段，需要采取多种手段和方法。但在不同组织发展的不同时期，控制内容和方法是不同的，需要明确的定位，以确保这些手段与方法是适合并有效的。

（4）战略方法定位。战略管理是一整套决策和行动，旨在制定和实施有效的战略以助于完成公司的目标。强调战略是系统的决策活动。战略的每一步实施都是决策的体现。战略制定的分析方法有许多，如SWOT分析法、市场吸引力投资组合法和BCG模型法等，但最终都是为组织决策服务的。此外，战略实施手段也是需要仔细斟酌考虑的。许多企业特别重视战略方法的运用，如通用电气公司发明了通用矩阵法。

2）战略管理的边界

研究战略管理的边界具有重要的现实意义，主要基于以下几点：

（1）经营管理不同于战略管理。由于对战略管理内涵的误解，许多人都将战略管理与经营管理混为一谈。而且，这些认知误区或模糊认识都带有普遍意义。实际上，战略管理与经营管理是既相互联系又相互区别的不同范畴，二者具有不同的边界。

企业经营管理是在既定企业规模、组织结构和有关业务的战略计划框架内，确保资源的取得以及有效利用的全过程。通过经营管理尽力使战略目标转变为企业各个方面和全体成员间相互协调的具体的行动路线和任务。企业经营管理的决定权应掌握在中层管理人员手中，并由相应的职能部门去组织实施。显然，这与由企业高层管理人员决定的企业全局性的战略管理问题是不同的。图6-2可以很清楚地显示出战略管理与经营管理在边界上的差异。

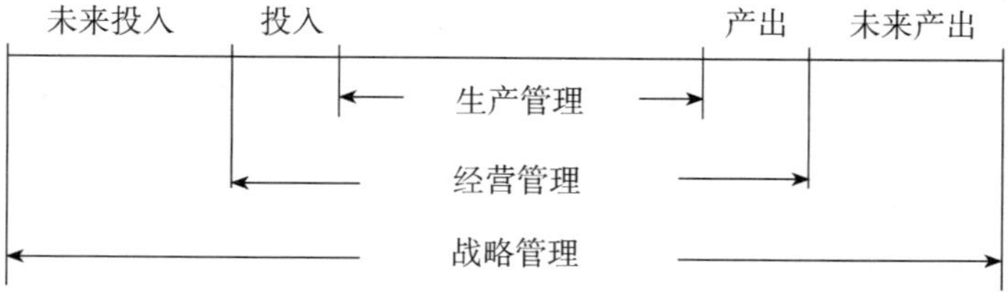

图6-2　战略管理与生产管理、经营管理的边界

资料来源　冯正虎. 企业战略［M］. 上海：上海交通大学出版社，1998.

（2）战略目标的实现和战略管理的实施具有多种途径，如组织间的购并、联盟等。战略联盟是20世纪80年代以来国际上流行的一种跨国组织经营的重要竞争战略，是组织之间为了资源共享、优势互补而形成的战略合作安排。战略联盟中的组织形式可分为三类：第一类是法人型的战略联盟，如合资企业；第二类是合伙型的战略联盟，联盟各方都要根据其所拥有的资产负有连带责任，这种类型比较少；第三类是协作型，这是最常见的，如联合进行R&D、许可生产、联合销售等。这三种联盟形式与产权关系完全一体化的组织相比，会产生许多合作中的问题，最为典型的就是管理的边界纠纷。合作方不论采取哪种管理模式，都会遇到管理边界问题，许多情况下，这一问题解决得好，联盟的合作就比较持久。

（3）战略边界形式不断衍化。进入20世纪90年代，虚拟联盟或虚拟经营又成为企业组织发展的代表，虚拟组织的出现是企业组织发展到高级阶段的产物。它是指组织在计算机网络通信的基础上，将自身难以胜任的或难以高效完成的业务分包给其他企业，组织本身不再具备这样的功能，甚至不负责任何实际的生产经营，只利用网络来联系和管理与其业务有关的企业组织。虚拟分两种形式，一种是采用下包制虚拟企业，一种是完全依赖互联网，自身没有经营实体的虚拟企业，如虚拟商店、虚拟银行等。虚拟组织与以前层级制组织不同，它是通过网络形式把资源和注意力集中在自身有绝对优势的方面，或核心竞争力上，与其他组织合作拓展战略性领域以适应环境的变化。在这种情况下，组织战略管理的边界也会产生争议，虚拟组织采用什么样的管理模式也是迄今组织理论研究中的热点问题。

6.2　战略管理过程

战略管理的实质不是战略而是动态的管理。战略管理的任务，在于通过战略制定、战略实施和战略控制，实现组织的战略目标。具体而言，战略管理过程包含五个环节：确定组织使命、战略分析、战略选择、战略实施和战略控制，如图6-3

所示。

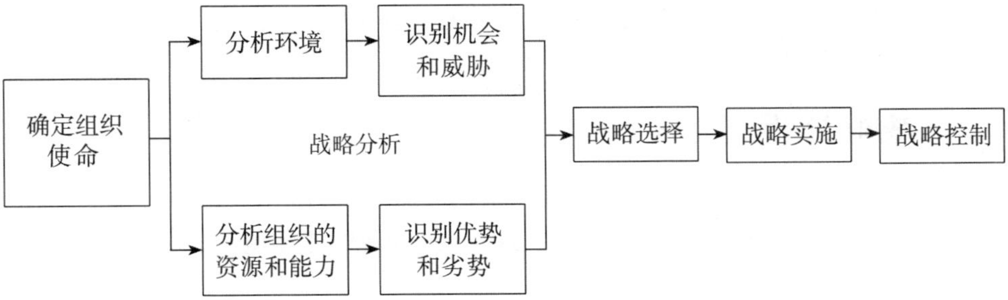

图6-3 战略管理过程

6.2.1 确定组织使命

战略管理的首要内容是确定组织使命。组织使命是组织存在的目的或原因，对于企业组织来讲，就是确定企业产品和服务的范围。一个组织，无论它所在的环境如何，都应有自己特定的使命，如设计和生产某一类产品的制造组织，安抚人类心灵的宗教组织，或出售建议信息的咨询组织等。事业使命的一致性不仅有助于整合组织资源，衔接组织各个有机部分，而且还能起到激发组织员工的动力，发挥组织功能的作用。任何一个组织，确定组织使命是其基本要求。因此明确组织的使命是进行战略管理的起点。

组织使命的确定，需要明确以下几点：

（1）组织使命必须是非常清晰和准确的。由于组织所在环境的复杂性和组织功能的类似，许多组织在确定其使命时往往陷入误区或难以辨析。例如，同是以提供服务产品为主体的组织，使命的确定却并不相同，但以怎样的形式和内容表现，却需要组织精心设计和考虑。而且许多情况下组织的使命并不那么容易设计，例如，我们知道IBM是一家计算机公司，但公司的使命确定为“IBM提供的是服务”，为什么企业不是一个计算机硬件制造商，而是服务提供者？这是由于其经营理念或组织的管理哲学，还是由于该公司主要利润或市场是来自于这方面的服务业务？实际上在确定组织使命时，这些因素都要综合考虑。

（2）组织使命的内涵需要不断完善或充实。组织开始设立的使命或目的即使很清晰，但由于环境和市场的多变，经过一段时间之后，使命的内容也需要提升或者调整。原因可能有：组织的高层管理者关注的业务领域发生变化；新情况或新变化使组织使命与环境变化相脱节；随着组织成长、新业务或新领域的出现使使命变得模糊不清等。这些问题听起来简单，但对某些组织来说却是相当难以回答的。成功的组织就是因为能不断地提出这些问题，并结合企业发展实际去寻求透彻的解答。

（3）要使组织的全体员工熟知并深刻领会组织使命的内涵。在许多组织中，确定组织使命是高层管理者的事情，一般员工不仅难以说清其来龙去脉，甚至也没有完全理解其基本含义，这就使组织使命失去了其战略意义。组织的成长来自于全体员工在使命激励下的努力奋斗。因此，组织管理层应将组织使命由口号变为现实，使其成为指导贯彻组织运营的精神纲领，让每个岗位的员工将其变为行动的动力。

综上所述，确定组织使命是组织战略管理过程的第一个环节。组织使命的确定，为组织下一步进行战略分析界定了范围。

6.2.2 战略分析

战略分析的目的在于通过对组织所面临的战略状况进行深入分析，为选择战略方案打下基础。战略分析包括两大方面的内容：一是外部环境分析；二是内部资源分析。

1）外部环境分析

企业的外部环境分析根据其层次可以分为宏观环境分析、产业环境分析和竞争对手分析。

（1）宏观环境分析。宏观环境包括政治法律环境、经济环境、科学技术环境和社会文化环境等宏观因素。宏观环境分析的意义在于评价这些因素对组织战略目标和战略制定的影响。常用的宏观环境分析工具是PEST分析模型。在具体分析时，既要考虑环境影响在过去对组织发展的重要意义，又要考虑这些影响在未来对组织及其竞争者的重要性发生的变化以及变化的程度。

（2）产业环境分析。产业环境是企业所面临的直接环境影响因素，因此，产业环境分析是企业战略分析活动中的一项十分重要的内容。哈佛大学战略管理大师迈克尔·波特所提出的五种竞争力量分析模型被广泛应用于产业环境的分析中。根据波特的观点，在任何产业里，无论是国内还是国际，无论是提供产品还是提供服务，竞争的规则都包括在五种竞争力量之内，它们共同决定了产业的吸引力和盈利能力。具体而言，这五种竞争力量分别是现有企业间的竞争、潜在的进入者、潜在替代品的开发、供应商的讨价还价能力、购买者的讨价还价能力。

产业内现有企业间的竞争分析主要分析产业内各个企业之间的竞争关系和竞争强度。不同产业竞争的激烈程度是不同的，主要有产业内的企业数量的多寡和竞争位势；市场增长幅度和市场份额；固定成本和库存成本影响导致的倾销；产品或服务的差异性、转换成本以及行业的退出壁垒等。

潜在进入者是指产业外随时可能进入本产业的企业和竞争者的企业。潜在进入者的加入会带来新的生产能力和物质资源，并对已有市场份额的格局提出重新分配的要求，从而对产业内的现有企业形成威胁。构成产业进入障碍的主要因素有：规模经济、产品差异化、商标专有、资本需求、分销渠道、绝对成本优势、政府政策、产业内企业的预期反击等。

替代品是指那些与本产业的产品具有同样功能的其他产品。在质量相等的情况下，替代品的价格一般比较低，由于投入市场后，会冲击原有的产品，进而影响产业收益。替代品的价格越有吸引力，价格限制作用就越大，对本产业构成的威胁也就越大。为了抵制替代品对产业的威胁，产业中各企业往往采取集体行动、进行持续的广告宣传、改进产品质量、改善市场营销等活动。

产业内的顾客是稀缺的，因此购买者是一个不可忽视的竞争力量。购买者所采取的手段主要有：压低价格、要求更好的质量或服务、转换购买对象等。相比之下，购买集团会有较高的讨价还价能力：该集团购买数量集中、比重大，以及产品标准化等。

供应商是企业从事生产经营活动所需的各种资源、配件等的供应单位。它们往往通过提高价格或降低质量及服务的手段，向产业链的下游企业施加压力，以此来榨取尽可能多的产业利润。供应商的讨价还价能力越强，现有产业的盈利空间越小，反之亦然。决定供应商讨价还价能力的因素主要有：供应商所在产业的集中度、交易量的大小、产品差异化程度、前向一体化的可能性等。

上述五种力量共同决定了产业竞争的强度和获利能力。但是，各种力量的作用是不同的，常常是最强的某个力量或某几个力量处于支配地位、起决定性作用。例如，一个企业在某产业中处于极为有利的市场地位时，潜在的进入者一般不会对它构成较大威胁。有时，即使没有替代品和大批的进入者，现有竞争者之间的激烈抗衡也会限制该企业的潜在收益。因此，企业在制定经营战略时，应分析每个竞争力量的来源，确定某个产业中决定和影响五种竞争力量的基本因素。

（3）竞争对手分析。根据波特的竞争对手分析模型，对竞争对手的分析有四个方面的主要内容，即竞争对手的未来目标、自我假设、现行战略和潜在能力。

①未来目标。对竞争对手未来目标的分析与了解，有利于预测竞争对手对其目前的市场地位以及财务状况的满意程度，从而推断其改变现行战略的可行性以及对其他企业战略行为的敏感性。分析竞争对手的未来目标，主要应包括以下内容：竞争对手发展的财务状况、扩张的目标市场、管理层的凝聚力以及核心领导人对组织未来发展的设想等。

②自我假设。自我假设包括竞争对手对自身企业的评价和对所处产业以及其他企业的评价。自我假设往往是企业各种行为取向的最根本动因，所以了解竞争对手的自我假设，有利于正确判断竞争对手的战略意图。分析竞争对手的自我假设，主要包括：竞争对手对自身优劣势的评价、对同产业中其他企业潜在竞争能力的评价、对产业的发展趋势评价预测以及这种评价对预测趋势的影响。

③现行战略。对竞争对手现行战略的分析，目的在于揭示竞争对手现行状况和未来发展能力。其主要包括：竞争对手的市场占有率、特定的销售渠道和促销策略、研发能力、产品价格以及竞争类型等。

④潜在能力。潜在能力决定了竞争对手对其他企业战略行为做出反应的可能性、时间选择、性质和强度。其主要包括：竞争对手在各个职能领域的潜在能力，在财务、生产和新产品开发等方面的拓展能力，退出的沉淀成本以及维持长期竞争的能力。

2）内部资源分析

组织采取战略模式，不仅取决于外部环境及所在的产业结构，而且还与企业的内部资源有非常密切的关系。组织的内部资源分析主要包括：

（1）重视研究组织的顾客资源。对大多数企业组织来讲，目标顾客群体是组织的最重要资源。确定和开发目标顾客群体是企业组织最重要的战略目标之一。但在顾客稀缺的时代，不仅要研究细分顾客群体的问题，还要研究顾客心理与行为特点，以实现顾客忠诚。实践证明，在顾客偏好、购买行为和价值取向及满足顾客需求的技术都处在迅速变化的超竞争时代，仅以外部环境为导向，并不能形成有效的、方向一致的长期战略，必须将顾客需要和特征作为组织最重要的资源，进行系统开发利用。

（2）开发利用组织的优势资源。组织资源主要是指组织所拥有的各种要素，它不仅包括设备、机器、厂房、人力、土地、资金等有形资源，还包括商标、公司形象、技术、专利、企业文化、商誉等无形资源。组织利用现有优势资源主要是指合理运用现有的资源（存量），优化资源结构，最大限度地实现资源的转换效率，如将原材料转换为产品实体、强化供应链管理流程、最大限度地节约生产成本等。

组织的价值活动可以分为两大类：基本活动和辅助活动。基本活动是涉及产品的物质创造及其销售、转移给买方和售后服务的各种活动；辅助活动是辅助基本活动并通过提供外购投入、技术、人力资源以及各种公司范围的职能以相互支持。价值链分析能有效帮助企业决策者认识竞争优势形成的基本准则：不同的战略要求不同的技能和资源支持。但战略的选择与实施，必须以价值活动为中心，以特有的资源优势为基础，以系统和整体的战略管理为内容，并以实现组织的战略目标为目的。

（3）激发和调动组织的人力资源。组织中的人力资本是最宝贵的资源，而且也是潜力无限、贡献最大的资源。组织内部资源分析，就是认真研究组织所拥有的人力资源优势，并将其转化为劳动生产力。具体说就是将组织中员工的体力与智力转换为组织的创造和行动能力，这些能力包括采购能力、研发能力、生产能力、分销能力、服务能力等。一个组织是否具有核心能力或战略优势是组织发展的根本，主要表现为组织中的管理者适应、协调、驾驭内外环境，有效地使用资源使其相互作用、组合从而产生新的资源和能力的过程。

6.2.3 战略选择

在分析了组织的外部环境与内部资源之后，管理者需要评估组织面临的各种影响要素，以便确定组织的战略选择。

1）采用科学方法评估组织资源与要素

组织可以采用各种方法与工具来评价和分析组织的相关资源和要素，比较常见的有SWOT分析法（SWOT analysis）、BCG模型法、产品生命周期分析法、市场吸引力投资组合模型以及其他一些定量分析方法。在此基础上得出分析结论，作为组织战略选择的主要判定标准。

2）战略确定或选择需要处理机会成本问题

许多情况下，组织发展战略可能存在着多种机会。例如，组织实施规模扩张，达到既定目标，既可以采取自我投资发展的模式，也可以实施战略联盟或虚拟经营，还可以采取网络组织结构，扩大销售市场。我国学者芮明杰将这种选择定义为确定战略基点。他认为从不同的战略政策基点出发会得出完全不同的战略。而战略基点主要决定了不同的战略方向。制定战略的政策基点主要有三种：市场（顾客）、产业（竞争）、能力（资源），由此形成了基于市场的战略、基于产业的战略和基于能力的战略。组织可以根据现有的状况，进行战略选择和判断。

3）构建组织战略

在进行战略选择的基础上，还要构建基本的战略框架。如确定了组织的战略使命后，还要对组织内外的战略要素进行分析，在可能考虑的战略模式中确定最适合组织发展的模式，然后制定一整套的战略目标体系和支撑部分，最后还要制定战略实施的政策和措施。

6.2.4　战略实施

战略实施是组织战略管理中最重要的环节。它是战略规划制定在组织运营中的真实检验，战略实施的成果是组织战略目标和机会选择以及战略措施是否得当的唯一判定标准。需要指出，在实践中存在一种误区，即组织的管理者在制定战略时，往往简单地假定组织能够有效地实施这一战略。组织战略制定与实施完全不同，但两者又密切相关。战略实施无效，一方面说明组织战略制定的质量有问题，另一方面也可能取决于组织战略实施中一些要素的处理。图6-4中列出了影响战略实施的六项因素。

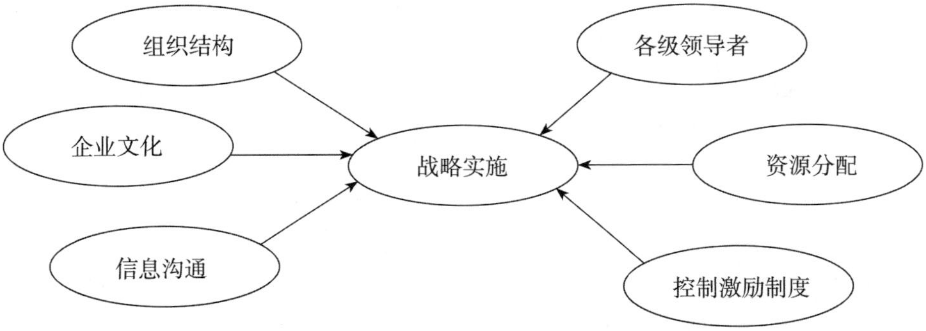

图6-4　战略实施的影响因素

组织可以围绕这六个方面，分析自身在战略实施方面存在的问题。企业组织可以考虑：组织机构及其运行机制与战略实施相适应的程度；在组织内各个事业部与各个职能部门之间的资源分配以及对实施战略支持的程度；组织各级管理者的素质和领导作风与战略实施要求其承担的角色的匹配程度；组织文化与战略实施的要求相互适应的程度；组织战略为组织成员所准确理解的程度；组织控制系统提供及时、准确的反馈信息或有效运行的程度；组织报酬制度激励员工推进战略实施的有效性等。

6.2.5 战略控制

由于战略实施过程的影响因素十分复杂，因此，有效监控战略实施就十分必要。所谓战略控制，是指将预定的战略目标与实际效果进行比较，检测偏差程度，评价其是否符合预期目标要求，发现问题并及时采取措施借以实现企业战略目标的动态调节过程。战略控制的目的主要是控制战略失效，确保战略目标的有效实现。具体体现在以下两个方面：一是保证战略方案的正确实施；二是检验、修订、优化原定战略方案。

不过，战略控制并非具体地进行计划执行情况的检查与控制，而是主要关心以下一些问题：①现行战略实施的有效性；②制订战略方案的前提（如战略环境的预测）的可靠性；③战略方案修正的必要性和优化的可能性；④是否出现需要对战略方案与战略规划进行重新评价的问题。

6.3 组织的战略类型

组织战略类型一般是根据组织内部的组织结构设计而划分的，对于有三级管理层次的公司而言，其战略也可以分为三个层次：公司层战略、事业部层战略和职能层战略，如图 6-5 所示。

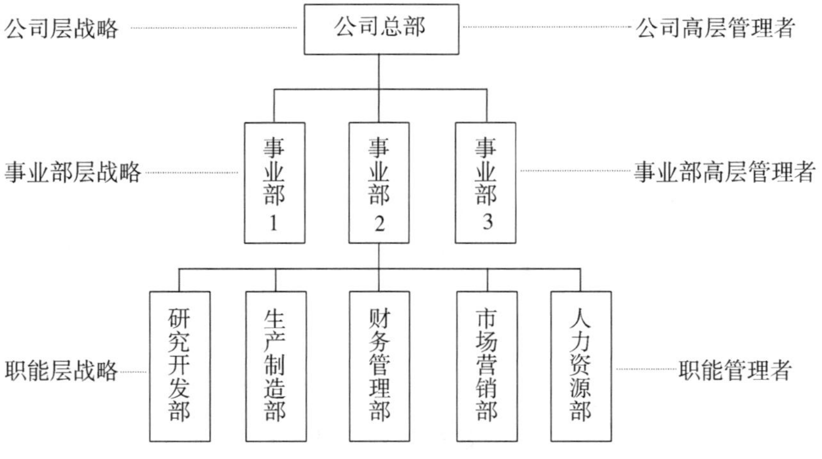

图 6-5 战略层次及类型

由于战略层次不同，其战略内容和战略重点也不同。所以，这种划分方法相对比较科学，但需要补充的是，跨国和全球战略也是组织战略的一种类型。

6.3.1 职能层战略

职能层战略是指组织根据不同职能需要（如营销、财务、人力资源等）制定的战略。职能层战略的作用一方面是提高组织资源的利用效率，从资源中获得最大的生产率；另一方面是为组织的更高层次，如事业部层和公司层战略服务。职能层战略主要包括市场营销战略、财务战略、研究与开发战略以及人力资源管理战略等。

1）市场营销战略

市场营销战略是组织最重要的职能战略，主要包括市场细分战略、市场选择战略、市场进入战略、市场营销组合战略等。战略设计的重点内容是，产品价格、营销渠道和促销以及组织结构与职权体系等。

企业生产的产品定价主要应考虑市场需求、成本费用和竞争情况等多种因素的影响和制约，因此，企业通常有两种战略可供选择：一是撇脂定价，即高定价，以求在最短时间回收成本；二是渗透定价，即以低定价吸引大量顾客，提高市场占有率。

产品的渠道设计也是不容忽视的战略要素。渠道设计主要包括两部分内容：一是选择分销渠道的层次。零层渠道通常叫直接分销渠道；一层渠道则含有一个销售中介机构，依此类推。二是分销渠道宽度的选择，主要确定渠道的每个层次使用同一种类型的中间商数目的多少。此外还有选择分销、独家分销等。

促销组合是企业根据促销需要，对广告、销售促进、宣传及人员推销等各种促销方式进行的适当选择和综合编配。主要考虑促销的投资和促销工具的组合。

2）财务战略

财务战略主要探讨公司层与事业部层战略对财务的要求，并寻求最佳财务行动方针。财务战略通过提供最低成本的资金，以及灵活的融资能力提供资金支持经营战略而带来竞争优势。财务战略通常力图使公司财务价值最大化。

财务战略中的一个关键问题是维持负债、权益、内部长期资金之间的合理比例。尽管做法不同，但目的却是一致的——节省费用开支。例如，有些公司特别是家族企业，尽力控制外部资金来源，以避免外部干涉的危险，达到把公司控制在家族手中的目的；另一些公司则尝试通过发行不同类型股票来扩大资金渠道和平衡风险。

财务战略的另一重要内容是对股东红利的管理。对此，组织可以根据战略需要进行不同的选择。例如，处于计算机与计算机软件等快速成长产业的公司，一般不分配红利，而是将其作为组织快速增长的资金。如果是上市公司，则将销售额和利润增长反映在股票价格上。而对于其他公司如家用电器公司，由于属于成熟产业，则更希望通过支付红利来维持股票价值。

3）研究与开发战略

研究与开发（R&D）战略是指技术发展比较快或产品和工艺的创新性强的组织根据需要而制定的基层战略。企业的研发战略有两种形式：技术领先（创新先锋）和技术跟随（模仿竞争者的产品）。两者都可以成为组织实现成本领先或差异化战略的有效形式，见表6-2。

表6-2 研发战略与竞争优势

技术特点／战略模式	技术领先	技术跟随
成本优势	率先推出最低成本的产品设计 学习曲线上最领先的公司 建立低成本完成价值活动的行为方式	通过学习领先者的经验，降低产品成本 通过模仿，逃避研发费用
差异化	率先推出增加购买者价值的独特产品 在其他活动中创新，以增加购买者价值	通过学习领先者的经验改进产品或分销系统，使之更接近购买者需求

4）人力资源管理战略

人力资源管理战略设计是解决人员与组织之间的最佳匹配。组织需要通过这一战略设计和谋划达到最大限度发挥人力资本的作用，实现组织的战略目标。人力资源管理规划是指为实现组织的战略目标，根据组织的人力资源现状，科学地规划组织在未来环境变化中的人力资源供求状况，并制定相应的政策和措施，使组织的人力资源供给和需求达到平衡，确保组织战略目标的实施。

6.3.2 事业部层战略

公司通常是由一些相对独立的业务组成的集合体，这些相对独立的业务被称为战略事业单位，即事业部。事业部层战略是在总体性的公司战略指导下，经营管理某一个特定业务的战略经营单位所制订的战略计划，它是公司层战略之下的子战略。它的重点是要改进一个战略经营单位在它所从事的产业中或在某一特定的细分市场中所提供的产品和服务的竞争地位。在实行事业部制的大中型企业中，企业的最高管理层往往将事业部视为企业内部具有高度自主权的战略经营单位。在企业总体目标和总体战略的范围内，允许各事业部发展自己的经营战略，允许它们对本事业部范围内产品与服务的生产、销售、成本控制、销售利润率等不同方面有较自由的安排处置权。因此，事业部层战略通常由事业部经理负责制定和实施。不过，对于一个从事单项经营的小型企业或没有实行事业部制的中型企业来说，它的公司战略和事业部战略则往往是合二为一的。

事业部层战略关注的是如何在所从事的产业中赢得竞争优势，通常有三种战略可供选择，即成本领先战略、差别化战略、集中化战略。

1）成本领先战略

成本领先战略是指企业通过在内部加强成本控制，在研究开发、生产、销售、服务和广告等领域内把成本降到最低限度，成为产业中的成本领先者的战略。企业凭借其成本优势，可以在激烈的市场竞争中获得有利的竞争优势。企业采用成本领先战略的动因在于有效应对产业中的五种竞争力量，以其低成本的优势获得高于产业平均水平的利润，具体而言体现在以下几个方面：一是形成进入障碍。企业的生产经营成本低，客观上为产业的潜在进入者设置了较高的进入障碍。二是增强企业的讨价还价能力，降低投入因素变化所产生的影响，并提高自己的议价能力。三是降低替代品的威胁，使自己处于有利的竞争地位。四是保持领先的竞争地位，扩大市场份额。沃尔玛自1962年创立以来，一致采用“为我们的顾客节省每一分钱”的低成本发展模式，以天天低价出售日用品闻名，其经营绩效一直远高于美国其他的百货公司，如塔吉特和凯马特。

当然，企业也要注意这一战略的弱点：防止竞争对手开发出更低成本的生产方法；防止竞争对手采用模仿跟进的办法；注意顾客需求的改变。

2）差别化战略

差别化战略是通过提供与众不同的产品和服务，满足顾客的特殊需求，形成竞争优势。企业采用这一战略形成的优势主要有：一是形成进入障碍。通过产品的特色，增加顾客的忠诚度。二是降低顾客对价格的敏感程度，减少顾客比较的可能性。三是增强议价能力。四是防止替代品的威胁。产品或服务的特色，可以使企业在与替代品的较量中处于更有利的地位。

需要指出的是企业在实施差别化战略时，会面临以下风险：一是产品差别化，容易形成高成本，降低企业盈利空间。二是竞争跟进模仿，降低了产品的差别化特色。三是竞争对手先行一步，产生竞争优势转移。四是购买者忠诚度降低。如宜家差异化的经营模式使其在全球市场上很难有竞争对手加以模仿和超越，产品独特的设计，与众不同的大卖场，高度信息化的物流配送中心、产品分拨中心和客户中心，所有环节紧密衔接，使其对手难以望其项背。即使在网络化高度发达的今天，宜家还是保持着不触网、高增长。

3）集中化战略

集中化战略是指把经营战略的重点放在一个特定的目标市场上，为特定的购买者集团提供特定的产品或服务。该战略与上述战略的不同之处在于：成本领先战略与差别化战略面向全产业，在整个产业的范围内进行活动；而集中化战略则是围绕一个特定的目标市场进行密集型的生产经营活动，要求能够比竞争对手提供更为有效的服务。与差别化战略不同的是，采用集中化战略的企业是在特定的目标市场中与实行差别化战略的企业进行竞争，而不在其他细分市场上与其竞争对手竞争。20世纪90年代，中国内地市场已经显示出巨大的消费潜力，麦当劳、通用汽车等外资企业蜂拥而入，获得的回报也持续再投入，目的就是培育和开发中国内地市场。20年后，中国企业如福耀、华为、中兴、恒大等开始突破美国、欧盟等国家和地区的贸易壁垒，进入这些国家和地区的市场。

集中化战略与上述战略的相同之处在于：同样可以有效防御产业中的各种竞争力量，使企业在本产业中获得高于一般水平的收益。应当指出，企业实施集中化战略，尽管能在其目标市场上保持一定的竞争优势，获得较高的市场份额。但由于其目标市场相对狭小，该企业的市场份额的总体水平较低。因此，企业选择集中化战略时，应该权衡考虑各种要素。

企业实施集中化战略的关键是选好战略目标，即竞争对手最薄弱和企业不易受替代产品冲击的目标。具体要考虑：在需求上存在差异的购买群体；没有其他竞争对手采用这种战略；目标市场在市场容量、成长速度、获利能力、竞争强度方面具有相对的吸引力；企业资源实力有限，不能追求更大的目标市场。

企业在实施集中化战略时对所面临的风险也要分析：一是竞争对手在原市场中找到了可以再细分的市场；二是由于技术进步、消费者偏好变化等原因，企业集中化战略基础丧失；三是产品本身因素造成生产费用增加，使集中化战略的成本优势减弱。

6.3.3 公司层战略

公司层战略是把组织当成一个整体来全盘考虑，并在此基础上确定组织的运营方案。公司层战略的选择涉及两个方面的问题：一是公司的总体发展方向；二是公司的各个事业单位之间的相互支持。一般来讲，有三种成熟的战略选择，即稳定型战略、增长型战略和紧缩型战略。

1）稳定型战略

稳定型战略是指组织准备在战略规划期使企业的资源分配和经营状况基本保持在目前状态和水平上的战略。主要基于以下原因：企业的经营状况保持良好，与环境相适应的组织目标无须改变，产业比较成熟，市场比较稳定，竞争产品不多，技术创新不显著。所以，实行稳定型战略的前提条件是企业过去的战略是成功的。

稳定型战略的优点和缺点都是相对的，企业在具体的执行过程中必须权衡利弊，准确估计风险和收益，并采取合适的风险防范措施。只有这样，才能保证稳定型战略优点的充分发挥。

2）增长型战略

从企业发展的角度来看，任何成功的企业都应当经历长短不一的增长型战略实施期，主要通过开发新产品、新市场、新工艺和旧产品的新用途，以把握更多的发展机会，谋求更大的风险回报。这里简要介绍几种常见类型。

（1）密集增长战略。密集增长战略是在现有的产品市场范围内实施的增长战略。具体而言，又包括以下三种类型：一是市场渗透战略，指通过各种措施，增加现有产品在现有市场上的销售量的战略，包括扩大产品使用者的数量和增加使用频率。例如，飞机货运服务公司发展陆路运输的用户；肉联厂将早餐火腿配在午餐中。二是市场开发战略，指为现有产品寻找新市场的战略，包括在当地发掘潜在顾客；在当地开辟新的营销渠道和开拓区域外部市场或国外市场。例如，计算机由组织使用到进入家庭；葡萄酒由烟酒公司销售到直销；电器由城市销售到农村等。三是产品开发战略，指在现有市场上通过改良现有产品或开发新产品来扩大销售量的战略。例如，洗衣机由单缸变双缸甚至是全自动；肉联厂将火腿肠做成了汉堡等。从某种意义上说，这一战略是企业发展战略的核心，原因是正在成长的新市场可能会比企业现有市场更加有利可图。

（2）一体化增长战略。一体化增长战略是指组织利用自己在产品、技术、市场上的优势，不断地向深度和广度发展的一种战略。主要有以下几种类型：一是纵向一体化，也称为垂直一体化，指生产或经营过程中相互衔接、紧密联系的企业之间实现一体化。其包括：前向一体化，指企业与用户企业之间的联合，如矿山收购钢铁生产企业等；后向一体化，指企业与供应企业之间的联合，如钢铁生产企业成立销售公司。二是横向一体化，也称为水平一体化，指与处于相同产业、生产同类产品或工艺相近的企业实现联合，如海尔集团收购风华电冰箱厂，扩大家电的生产规模。横向一体化战略可以通过契约式联合、合并同产业企业这两种形式实现。

（3）多元化增长战略。多元化增长战略是指在现有业务领域基础上增加新的产品或业务的经营战略，可分为相关多元化与非相关多元化两种类型。相关多元化，指企业在原有业务基础上发展起来的新的业务领域，与企业的现有业务具有战略上的适应性。它又分为同心多元化与水平多元化两种类型：同心多元化是指企业利用原有的技术、设备等开发的新产品，从同一圆心向外扩大业务经营范围。例如，汽车制造厂增加拖拉机生产。水平多元化是指企业利用现有市场，采用不同的技术来发展新产品。例如，生产化肥的企业又投资农药项目。非相关多元化，也称为集团多元化，即企业通过收购、兼并其他产业的业务，或者在其他产业投资，把业务领域拓展到新的产业中去。例如，美国通用电气公司20世纪80年代收购美国业主再保险公司和美国无线电公司，由单纯的工业生产领域进入金融服务业和电视广播领域。这通常是由实力雄厚的大企业集团采用的一种扩张战略。

移动互联网的普及，为企业多元化发展增添了新的内涵。在2014年世界互联网大会上，小米科技掌门人雷军要“连接一切”，宣布小米和美的合作，进军智能家电。但这不同于传统的多元化模式。雷军是要将小米打造成为一个平台，让尽可能多的产品和内容在这个平台上流动，让所有的产品都与小米手机相连，所有的数据都实现共享。在雷军看来，智能家居会是下一个千亿美元规模的市场。从2014年开始，雷军启用了小米生态链，以小米模式切入100个细分领域，带动整个智能硬件的发展。到2018年3月，其增长到90多家，包括华米、青米、智米等上市公司，也有紫米、纳恩博等超过10亿美元的独角兽企业。

3）紧缩型战略

所谓紧缩型战略，是指企业从目前的战略经营领域收缩和撤退。与稳定型战略和增长型战略相比，紧缩型战略是一种消极的发展战略。主要是企业处于危机或困难时的战略选择，有时也是为抵御竞争对手进攻的策略选择。从某种意义上说，紧缩型战略是一种以退为进的战略。

根据实施紧缩型战略的基本途径，紧缩型战略分为三种类型：

（1）抽资转向战略。抽资转向战略是指企业在现有的经营领域缩小经营规模或对原有业务压缩投资，控制成本，改善现金流为其他业务领域提供资金的战略方案。此外，企业在财务状况不良时，也可能采取抽资转向战略。

（2）放弃战略。放弃战略是指将企业的一个或几个主要部门转让、出售或停止经营的战略方案。这个部门可以是一个经营单位、一条生产线或者一个事业部。一般情况下，企业在采取抽资转向战略无效时，可以尝试这种做法。如2004年，IBM公司将PC电脑业务卖给联想集团，就是典型的放弃战略。

（3）清算战略。清算战略是指卖掉其资产或停止整个企业的运行而终止一个企业的存在的战略。显然，只有在其他战略都失败时才考虑使用清算战略。这可以使企业尽可能多地收回企业资产，或减少股东的损失。因此，清算战略在特定的情况下，也是一种明智的选择。如2012年1月3日，因平均收盘价连续30个交易日位于1美元以下，纽约证券交易所已向美国柯达发出退市警告。1月19日柯达提交了破产保护申请，宣告此前该公司筹集新资金进行业务转型的努力失败。2013年5月，伊士曼-柯达公司正式提交退出破产保护计划。

需要指出的是，对实施紧缩型战略所带来的一些严重后果也应予以充分考虑：一是实施这些战略不仅是企业规模在缩小，同时一些效益指标，如利润率和市场占有率等，都会明显下降。二是战略的实施过程往往会伴随着大量的裁员，人心浮动，管理问题频发等。三是紧缩型战略不仅具有短期性，也具有过渡性。如果处理好，是为企业今后发展积蓄力量；但如果处理不好，可能会进一步加速企业走向衰亡。

6.3.4 国际战略与全球战略

国际战略和全球战略是指企业超出国界范围发展的一种战略模式。但这两种战略还有不同。国际战略一般是指战略的主体单位以原有本土市场为主，兼向海外或国际市场发展的战略考虑，而全球化战略是指企业已经将全球市场作为主体市场，本土市场只是其中一个组成部分，其战略目标设计、战略实施安排和战略侧重点都不相同。

需要指出，国际战略与国内战略相比更加复杂，制定国内战略仅仅需要相对熟悉了解环境及其变化，且只需要适应一种体制、一种法律制度、一种货币体系，使用统一的政策、相同的会计系统和同一语言。但进入国际市场，情况则正好相反，这种“多元化”体现在各个方面。

在此基础上，国际企业中的管理者必须协调分布在世界上不同地区、不同时区、不同文化背景、不同经济条件下的战略制定与实施，实行有效的监控系统并采取措施挽救处于困境的企业。实行国际化战略主要有以下几种模式：

1）本土复制战略

本土复制战略是指公司将在本国发展的优势产业或产品推广到海外市场的战略选择，或者说公司将其在本国市场开展得极为出色的业务复制到海外市场。这种跨国发展的实例不胜枚举。例如，中国制造业龙头企业——海尔集团，目前在其最有竞争优势的家电产业实行“三个一”战略发展模式，即家电产品1/3国内生产国内销售、1/3国内生产国外销售、1/3国外生产国外销售。

本土复制战略是企业国际化发展风险较小、成本较低、成功率却很高的模式。它主要是企业利用自己的成熟产品在国际市场寻找潜在客户，或在成熟的市场利用自己的优势强行进入。在企业国际化初期主要采用这种形式。

2）多本国战略

实施多本国战略是将公司作为一组相对独立的运营分部加以管理，每一个分部专注于一个特定的本国市场。这种战略模式的突出特点是将产品和营销战略定制化以适应不同国家的需求。在今天的国际大背景下，多本国战略已发展成在经营业务国家里建立一整套价值的创造活动，包括制造、营销和研发。但同时也造成了边际效应曲线下降，成本居高不下，组织在各国的分部各自为战，管理失控，企业核心竞争力无法有效复制的问题。因此，必须严格限定多本国发展战略的应用或采取更有效的管理措施。

多本国战略有效实施的前提是：国家之间差异特征明显，产品标准化无法实施；企业制造、分销和营销的规模经济效应不显著，而市场又要求企业必须针对当地消费特点；公司总部和分部之间协调成本偏高，由于每一部分必须对本地市场做出反应，母公司通常采取授权的方式，由不同国家分部的经理自行决策。例如，20世纪70年代末，飞利浦公司与松下公司在录放像机VHS制式的竞争中，飞利浦NV公司试图将V2000制式确定为产业主导价格失败就是因为它的美国分部拒绝采用V2000制式。相反，该分部从松下公司购买VCR，贴上自己的标签出售，直接破坏了飞利浦公司将V2000制式的产品确立为全球标准的努力。

3）全球战略

全球战略是指企业组织将世界看成一个单一市场，它的主要目标是创造出能够满足全球顾客需要的标准的商品和服务。这种模式与多本国战略相反，多本国战略认为每个国家的顾客都是完全不同的，因此，应当区别对待。但全球战略的假设前提是，不同国家的顾客都是一样的，企业在组织生产、销售、研发等所有环节时，可将世界市场看成一个整体，这样就可以将企业制造活动集中在高效率的工厂并展开全球性的营销活动，以达到实现规模效益的目的。

与跨国战略不同的是，全球战略无法实现产品制造和营销战略的本地定制化，因为这意味着小批量、多品种和职能重复，结果会导致组织成本大幅上升。而全球战略模式通过实行世界范围内的标准化制造和营销来实现产品和服务的标准化和均质化，以期获得最大的规模效益。此外，它们也会利用自己的成本优势在全球市场上采取攻击性的定价，以占领更大的市场份额。

实施全球战略的组织模式通常是超事业部制，但权力和决策职能主要集中在公司总部，以便于组织协调世界范围的制造和营销，实现战略的基本目标。例如，全球著名的家用产品零售商宜家公司之所以成为世界上最大的家具零售店之一，得益于其在20世纪90年代之前的发展战略模式——全球发展战略。

4）跨国战略

研究表明，在今天激烈竞争的全球化环境下，企业生存面临的最大挑战来自于两个方面：降低成本以及快速响应市场。而国际市场中通行的各种战略模式表明，多本国战略在目前情况下已经很难获利；国际化战略增加了企业成本并且很难防范低成本竞争者的进入；全球战略能够获得成本优势，但会降低产品或服务的差异化特色以及无法提供特定顾客需要的定制化产品。在此基础上，跨国发展战略试图发展一种同时实现低成本和差异化优势的战略模式，即把全球战略的全球规模效率同本国企业的本地响应的优势结合起来。到2014年下半年，全球跨国公司总数已达5.3万家，年销售额超过14万亿美元，几乎控制了近一半的全球产出、60%的世界贸易、70%的技术转让和90%的国际直接投资。全球市场、全球人才、全球技术、全球生产、全球战略是跨国公司的基本特征。

需要指出，采取跨国战略企业的组织结构一般不是单纯的集权或分权的职能划分，而是根据需要为组织中的不同战略单位确定职权、划分责任，以最佳的方式实现效率和灵活性的双重目标。实施跨国战略的企业可能选择对某些管理职能实行总部集权，一般是设立研究和发展以及财务中心，由总部管辖；而另一些管理职能，如营销和人力资源部门则将权力下授，由分公司的经理根据本地国家的业务活动特点直接决策。

例如，在20世纪60年代末，惠普公司在亚洲的发展便是采用寻求低成本、差异化的跨国战略。1970年，该公司利用新加坡工人素质高、相对完善的基础设施以及当地政府十分优惠的政策等有利条件，在新加坡开设了第一个电子元件加工厂。起初，这家工厂只生产基础元件，后来又增加了手持计算器的生产，然后是整机、键盘、晶体管显示器和集成电路的生产。但所有这些产品的设计、开发和投产仍保留在美国。进入80年代，惠普公司开始在全球范围内实施提高产品质量、降低成本的战略，这进一步提升了新加坡公司的地位。惠普公司甚至授权由新加坡公司自行设计HP41C型手机，成功将这款手机的成本降低了50%。1983年公司将全部计算机生产业务转移到新加坡并由当地公司进行再设计，将产品成本降低了30%。进入90年代后，由新加坡公司设计的喷墨打印机又获得了成功。到2012年，惠普成为全球最大的电脑集成商。但自2013年开始，惠普的销售增长开始下滑，发展中国家的市场，特别是中国市场增长乏力，到2017年，公司营业收入为482.38亿美元，比2016年下降53.5%。

6.4 战略分析方法

战略分析方法也是战略研究的重要组成部分。随着战略管理理论的不断发展，其研究方法或工具也日益完善。这里我们介绍几种实用有效的分析方法。

6.4.1　SWOT分析法

SWOT（strengths，weaknesses，opportunities and threats）分析法是指通过对组织所处的外部环境的分析和组织内部优劣势的判断评估组织战略地位，确定组织未来发展思路的方法。这是一个简单有效、使用广泛的分析方法。具体分析如下：

机会是指外部环境中有利于组织的积极因素，如政府支持、高新技术的应用、庞大的潜在市场，以及与供应者良好的合作关系等。威胁是指环境中对企业不利的因素，如新竞争对手的出现、市场增长率缓慢、购买者和供应者讨价还价能力增强、技术老化等，这些因素可能影响企业当前或未来的竞争地位。组织擅长的活动或者专有的资源构成了组织的优势，如组织实力雄厚、具有规模优势、技术具有垄断性、品牌知名度高等；劣势则是指组织不擅长的活动或非专有的资源，如专业人才匮乏、资金短缺、产品老化等。组织内部的优势和劣势是相对于竞争对手而言的，判断组织内部的优劣势主要有两项标准，即某一方面的优劣势和综合判断的优劣势。通过对上述问题的分析，来评估组织的战略地位和确定组织未来发展方向，见表6-3。

表6-3　**SWOT分析法的战略模式**

内部资源 / 外部环境	组织优势S	组织劣势W
市场机会O	SO战略思路： 发挥优势并利用机会	WO战略思路： 克服弱点并利用机会
市场威胁T	ST战略思路： 利用优势来规避威胁	WT战略思路： 克服弱点来规避威胁

SWOT分析为组织提供了四种可供选择的战略：位于SO象限内的组织具有较强的内部优势和很好的外部机会，因而可采用增长战略，以开拓新产品和新市场以及增加产量等。位于WO象限内的组织拥有市场机会，但组织本身不具备优势，因而可采用扭转战略，以改变组织内部不利的条件。位于ST象限内的组织拥有内部优势，而外部存在威胁，则可采用多元化战略，以分散风险，寻找新的发展机会。而位于WT象限内的组织内外部情况都不好，只能采用防御战略，以避开外部威胁和内部劣势。

SWOT分析的主要目的在于对企业的综合情况进行客观公正的评价，并被普遍用来作为选择和制定战略的方法。通过SWOT分析，企业可以大体上确定未来的战略方向，如图6-6所示。

若企业处于第Ⅰ象限，说明外部机会好，内部优势强，宜采用增长型战略。若企业处于第Ⅱ象限，说明外部有机会，但内部条件弱，应想办法扭转内部劣势，可采取先稳定后增长的战略。若企业处于第Ⅲ象限，说明外部有威胁，内部状况也不佳，那么企业应设法避开威胁，采用紧缩型战略。若企业处于第Ⅳ象限，虽内部有

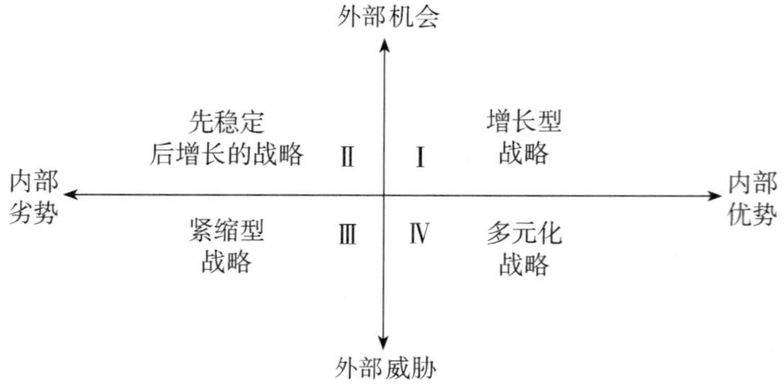

图6-6 SWOT战略选择图

优势，但外部威胁也不可小视，宜采用多元化战略分散风险，寻求新的机会。总之，SWOT方法的基本点就是企业战略的制定必须使其内部能力（优势和劣势）与外部环境（机会和威胁）相适应，以获取经营的成功。

组织进行SWOT分析并将分析结果用于战略决策时，应遵循以下原则：一是优势互补，在组织结构上建立一种耦合关系；二是放大优势，使系统功能更加完善，运转进入良性循环；三是抓住机会，绕开不利因素干扰，化解和防范风险；四是两害相遇取其轻。

6.4.2 市场吸引力投资组合模型

在20世纪70年代期间，美国通用电气公司（GE）与麦肯锡公司合作开发了市场吸引力-竞争地位投资组合模型，用于测定对公司业务发展有重要影响的决定性因素。该组合模型设定两个基本标准，即“市场吸引力”和“竞争地位”，每项标准确定为高、中、低或强、中、弱三个等级，进而确定了9个矩阵模型。通过对模型中要素的分析，判断每个模型战略组合中的问题，进而得出不同的战略选择，见表6-4。

表6-4 市场吸引力-竞争地位投资组合模型

竞争地位 / 市场吸引力	强	中	弱
高	增长性强，优先投资	为促进业务增长而投资	选择性投资或放弃
中	成长放缓，选择性投资	具体细分，选择性投资	高度控制或放弃
低	增加现金流，放弃投资	争取回报，不宜投资	机会性业务，不投资

表6-4中左上角的业务属于高市场吸引力，而且企业又具有很强竞争地位的业务，这是企业优先考虑投资的领域。处在左下角的业务是企业具有较强的竞争优势的业务，利润丰厚，但市场的成长性并不好，不要追加投资。处在中间的业务通常需要在谨慎的市场细分基础上有选择地进行投资，而处在右下角的业务状况没有任

何优势，则需要放弃或退出。

需要指出，在使用市场吸引力-竞争地位投资组合模型分析企业的市场环境和竞争地位时，要将两大类评价指标细化，主要是确定比例（比重）、分数（分值）和加权分数（值），然后逐项加总，最后得出竞争地位和市场引力的定义，通过打分的方法进行评定。一般1分代表弱或差，5分代表强或好。

6.4.3 波士顿矩阵法

1）矩阵模型

波士顿矩阵法，又称业务组合（business portfolio matrix，BCG）模型，是美国波士顿咨询集团于20世纪70年代开发的。该法将组织的每一个战略事业单位标在一种二维的矩阵图上，从而显示出哪个战略事业单位提供高额的潜在收益，以及哪个战略事业单位是组织资源的“漏斗”。其中，横轴表示相对市场占有率；纵轴表示市场增长率。波士顿矩阵法区分出4种业务类型，即现金牛、明星、问题和瘦狗，如图6-7所示。每项业务都根据其相对市场占有率和市场增长率在矩阵的相应位置标出。每项业务用一个圆表示，圆的大小代表其对公司销售额的贡献。

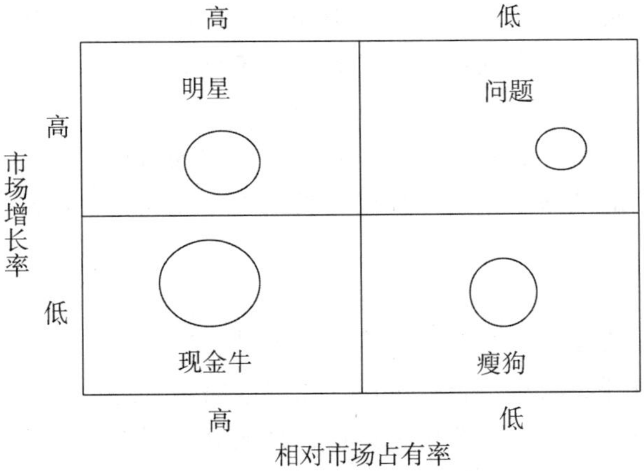

图6-7 业务组合矩阵

（1）问题业务是处于矩阵右上角的业务，这类业务由于市场增长迅速而具有吸引力，但在市场上的地位还比较低，因而是一项待开发的业务。企业需要做出的决策是在其中选出一部分业务，投入大量资金，提高它们的市场地位，促使其向明星业务转化。

（2）明星业务处于矩阵的左上角。由于它们所处的优越地位，能回收大量资金，但企业如果要在迅速增长的市场中保持其优势，也需对其投入大量资金。所以，明星业务的净现金流量也不是很多。

（3）现金牛业务处于矩阵左下角。这类业务表明企业具有强大的实力但处于一个走下坡路的市场。因此，这类业务主要是为企业回收资金，不宜再投资。

（4）瘦狗业务是处于矩阵右下角的业务。它们既没有吸引力又处于一个软弱的市场，往往需要不断地投入资金。所以，明智的决策是尽情利用，只回收而不投资，但可以转让。

2）矩阵应用价值

波士顿矩阵指出了企业每项经营业务在竞争中的地位。

（1）有助于企业明确各项业务的作用，从而有选择和集中地运用企业有限的资金。例如，企业要把“现金牛”业务作为重要的资金来源，并放在优先的位置上。同样，企业可以考虑把资金集中在将来有希望的“明星”业务或“问题”业务上，并根据情况有选择地抛弃“瘦狗”业务和无望的“问题”业务。

（2）帮助管理者筛选核心业务。这种综合分析简单明了，在其他战略没有发生变化的前提下，企业可以通过波士顿矩阵判定当前面临的主要战略问题和企业未来在竞争中的地位。比较理想的投资组合是企业有较多的“明星”和“现金牛”业务，少数的“问题”业务和极少数的“瘦狗”业务。

6.4.4 产品生命周期分析

产品的生命周期是指产品从投放市场开始到最终被市场淘汰为止所持续的时间，分为导入期、成长期、成熟期和衰退期四个阶段。产品处于生命周期的阶段不同，公司经营管理的出发点和侧重点就有很大不同。

1）导入期

产品形态单一，生产成本高，竞争对手少，市场增长缓慢，利润很少或呈亏损状态。企业可采用的战略模式是增加广告投入，改进和完善产品，培育市场，尽量缩短产品导入期的时间。

2）成长期

产品销售额增长较快，企业利润大幅度上升，产品知名度提高。随之，竞争对手进入，市场竞争开始激化。企业可以采用的战略是改进产品及包装，降低生产成本，完善售后服务，建立广泛的销售渠道，扩大分销网点，继续加大广告投入，提高市场占有率。

3）成熟期

销售额和利润达到饱和，并呈下降趋势。企业可选择的战略是努力开辟产品的新用途或应用于其他领域，进一步吸引新用户，促进销售量的扩大，寻求新的细分市场，开辟新的分销渠道，改进现有产品，主要是通过降低价格，扩大产品销量，减少可能的积压，巩固市场份额。

4）衰退期

产品市场明显缩小，销售额和利润大幅度下降，竞争者减少。企业选择的战略应该是考虑收缩战线，怎样全身而退，主要是争取尽可能的回收投资，减少沉没成本。

本章小结

首先，本章从资源控制论、环境影响论、组织控制论和产业决定论角度分析了什么是战略与战略管理，战略的特征、战略构成要素和战略管理定位问题，以期读者对战略基本问题有一个明确认识。

其次，详尽分析了战略管理过程，包括确定组织的使命、进行战略分析、确定组织的战略选择以及战略实施和战略控制。其中战略分析部分是重点，包括对组织内外环境分析、产业分析和竞争对手分析。

再次，组织的战略类型是本章研究的重点，主要介绍组织战略的四个层面：职能层战略，如市场营销战略、财务战略、人力资源管理战略等；事业部层战略，如成本领先战略、差别化战略和集中化战略等；公司层战略，主要有稳定型战略、增长型战略和紧缩型战略；国际战略与全球战略，包括本土复制战略、多本国战略、全球战略和跨国战略等。

最后，本章系统介绍了战略分析方法，包括SWOT分析法、市场吸引力投资组合模型、波士顿矩阵法（又称业务组合模型），以及产品的生命周期分析法等。

本章案例

万科的战略转型之路

万科成立于1984年，创始人是万科集团前任董事长王石。到2018年，万科仍然是市值最大的中国房地产上市公司。企业专注住宅产品开发，业务覆盖涉及53个城市，2017年实现销售额5 298.8亿元，同比增长45%，其销售规模位于全球同行业首位，在全国的市场占有率达到2.82%。30多年来，万科经历了多产品、多领域的无关多元化到住宅专业化再到相关多元化的发展历程，有两次战略转型。

1）阶段一：1984—1992年的多元化战略（加法）

在20世纪90年代中期，万科的主营业务包括工业生产、房地产、对外贸易、文化传播四大领域，实施的是多元化战略。当时的万科拥有24家子公司，经营的业务内容多种多样，包括饮料和食品加工、影视文化娱乐、商业咨询与贸易、广告印刷设计、物业管理、房地产开发与经营等。1991年，万科在深圳证券交易所上市。尽管万科业务不断扩大，但始终没找到合适的定位。唯一可以确定的是地产项目获得的利润是所有业务中最高的，地产的营业收入占当时万科营业收入的5%，贡献的利润占到20%。多元化在万科的发展过程中为企业带来了机会和利润，同时也产生了危机。在万科香港上市时专业人员曾评论说：万科进入了十多个领域，虽然看起来都赚钱，但没有核心业务，一旦遇到危机，很可能全军覆没，这让当时的王石第一次深刻反思公司的多元化战略模式。经过多方沟通，王石决定企业进行专业化战略转型。

2）阶段二：1993—2014年的专业化战略（减法）

1993年，万科决定放弃发展综合商社的目标，确立了以城市中产阶级住宅开发为主要业务的专业化经营战略。在随后的几年里，万科合并了贸易公司，并先后转卖了处于良好运营状态的供电厂和印刷厂，回笼大量资金。随后万科又将国内最大的怡宝蒸馏水生产厂转让给华润。万科通过一系列的整合，彻底退出了与房地产不相关的产业，由多元化战略向专业化战略转型。归结起来，万科的战略调整包括三个方面：一是多元化业务向房地产业务集中。二是由多品类的地产项目，如建厂房、卖商铺等向住宅产品集中。三是公司分散的市场资源向北京、上海、天津集中。与此同时，公司在1993年发行的股票和1997年、2000年增资配股的资金，为万科的转型提供了充足的资金，为万科的快速扩张打下基础。由于长期在住宅市场开发领域保持较高的专业化，万科在房地产市场上获得快速发展，到2014年，全年销售额达到2 151亿元，较2013年增长26%。万科住宅市场份额占整个公司业务的80%。

3）阶段三：2014年迄今的多元化战略

2008年，受全球金融危机影响，中国的房地产业第一次经历了下行空间，但随着城镇化率的进一步提高和国家4万亿元的投入，又掀起了一波房地产的热潮，各地地王频繁出现，地价不断创新高。北上广深房价大涨，三四线城市紧随其后。高房价带来的负面影响不断显现出来。这让万科管理层深思，高房价能否长期持续，如果不能，或者有其他要素影响，企业应该何去何从？尽管王石在公开场合还是坚持万科的专业化标签——住宅开发商，但是，万科从2012年起，就已经着手行动，在中国住宅市场开发的相关领域布局了。2014年，万科一方面在住宅领域继续领跑，开发更加智能化的住宅与物业服务；另一方面也在尝试进入其他领域，如养老地产、智能社区、商业地产、资本运营，开始加大对城市配套服务等方面的布局。业内外人士非常关注万科的发展走向，多次在公开场合向当时的总经理、现在的董事长郁亮提此类问题，但郁亮的回答却很含糊，公司需要考虑更多的发展空间，但是……

资料来源　根据以下资料整理：[1] 王石，缪川. 道路与梦想 [M]. 北京：中信出版社，2006; [2] 陆新之. 王石管理日志 [M]. 北京：中信出版社，2009; [3] 华生. 万科模式 [M]. 上海：东方出版社，2017.

思考题：

万科每一阶段战略转型的动因是什么？每一次转型都做了哪些突破？你认为万科现在的转型是在实施新的多元化战略吗？

思考与练习

1.本章开篇论述了哪几种有代表性的战略理论观？
2.怎样理解战略特征及构成要素？
3.战略管理过程以及关键点是什么？
4.怎样理解迈克尔·波特提出的行业竞争力的五种力量？
5.战略定位的现实意义是什么？
6.组织的战略层次有哪些？不同层次的战略重点是什么？
7.增长型战略有哪几种类型？
8.什么样的组织适用收缩型战略与差异化战略？
9.跨国战略与全球化战略有什么区别？
10.SWOT分析法中字母各代表什么？应用中应注意什么？
11.怎样运用波士顿矩阵法进行分析？

第7章

组织设计

学习目标

通过本章的学习，重点掌握组织设计的基本要素；熟悉和掌握组织设计中的基本要素以及要素之间的相互关系；把握和了解组织结构的基本类型及特点，以及不同组织结构的组织特征；了解组织变革及发展趋势以及这种趋势给组织未来发展带来的影响。

7.1 组织与组织设计

7.1.1 组织的定义

管理学大师巴纳德对组织的定义是“有意识地加以协调的两个或两个以上的人的活动或力量的协作系统”。正如管理学中其他一些基本概念的定义一样，人们对组织的理解也是见仁见智，但归纳起来主要有两个方面：一方面是组织作为名词和动词的内容差异。在管理领域，组织可以是一种实体，即组织是为实现某一共同目标，在分工和合作的基础上，由赋有不同权力和责任的人群集合的系统。如工厂、机关、学校、医院以及各个党派和政治团体等。而组织又可以理解为管理职能，是人与人之间或人与物之间资源配置的活动过程。另一方面人们还可以从有形与无形的角度来解释组织。上面我们所讲的实体组织也是有形组织，人们习惯将这类组织称作组织机构，而将无形的、作为网络或力量的协作系统的组织，称作组织活动。

1）实体组织

作为实体组织，主要应体现以下三层意义：

（1）组织应具有目标。这是组织存在的先决条件，任何组织都是为实现某些特定目标而存在的；同时，组织是人群的集合，为了使群体更好地发挥作用，具有效率，组织的共同目标是必不可少的。尽管不同组织的目标差异极大，如大学的组织目标是培养专业人才；医院的组织目标是治病救人；而企业的组织目标是提供产品和服务。在某种情况下组织的目标和目的是一致的。

（2）组织中应具有分工与协作。要实现组织的目标，组织中的成员必须进行分工与协作，才能使组织的资源得到整合，实现组织发展。这种分工与协作在组织形成初期比较简单，随着组织规模的扩大，组织层级的增加，对分工与协作的要求越来越高，衔接也越紧密。近年来出现的虚拟组织、网络组织，其分工与协作已经由企业内部转变为在企业之间进行。

（3）组织应有不同层级的权力与责任制度。这是由于组织在分工的基础上，要设置不同的管理层次和职能部门，因此，要赋予其成员相应的权力，明确相应责任，以便实现组织目标。所以，职权和责任是达成组织目标的必要保证。当然不同类型的组织，其职权体系和责任制度有较大差异，实施方式也不同，但最终目的都是实现组织目标或谋求最大利益。

2）组织职能

组织职能是指为了有效地实现共同目标和任务，合理地确定组织成员、任务及各项活动之间的关系，并对组织资源进行合理配置的过程。组织职能的内容包括以下六个方面：

（1）组织结构设计。组织结构设计是指组织横向管理部门的设置和纵向管理层次的划分。当组织目标确定以后，管理者首先应对为实现组织目标的工作内容进行划分和归类，把性质相近或联系紧密的工作进行归并，成立相应的职能部门进行专业化管理，并根据适当的管理幅度来确定组织的纵向管理层次，最后形成一个完整的系统。

（2）组织分权与授权。在确定了组织结构的形式后，要进行适度的分权和正确的授权。分权表示组织内管理的权力由高层管理者委派给各层次和各部门的程度，分权要讲求适度；授权则体现职权委任给各个管理层和各个部门的过程。分权适度、授权有效是组织内各层次、各部门协同工作，实现组织目标的基本保证。

（3）组织人力资源管理。这主要是指组织中各类职务人员的选择和配备，培养和提升。如组织成员的招聘、定岗、训练和考核；组织设立的奖惩制度以及管理者对组织成员的行为激励等。

（4）组织文化建设。组织文化建设对组织职能实施起保障作用。主要体现为在组织发展中提炼组织的纲领和管理哲学，为创造良好的组织气氛而进行团体精神的培育，为塑造员工对组织的忠诚而进行的一系列价值观教育等。

（5）组织运作与变革。组织运作是使设计好的组织系统围绕目标有效地运转起来，这包括制定和落实各种规章制度和建立组织内部的信息沟通模式。组织变革是对组织工作进行必要的调整、改革与再设计。

（6）组织内外部环境关系。组织存在于特定的社会环境之中，组织的形态、功能、结构以及管理活动都会受到组织所处的大环境影响。组织结构和组织行为与外部环境保持一致是实现组织职能的重要内容，也是组织发展的基本保证。

7.1.2 实体组织的类型

按不同的分类标准，组织具有不同的形态和模式。

1）按组织性质划分

（1）经济组织。这是人类社会最普遍、最有代表性的社会组织。这类组织主要通过向社会提供各种有形与无形的产品与服务，实现组织目标，履行社会经济职能。在现代社会中，经济组织已经形成庞大复杂的体系，比较典型的有生产组织、商业组织、金融组织和各类服务性的组织等。

（2）政治组织。政治组织包括政党组织和国家政权组织。政党代表各阶级的利益和意志，为各阶级提出奋斗目标，制定各项方针政策。而国家政权组织是国家管理社会的重要机器。

（3）文化组织。文化组织属于社会团体组织，这类组织是以满足人们各种文化需求为目标，以文化活动为基本内容的组织模式，如学校、图书馆、影剧院、艺术团体、科学研究单位等。

（4）群众组织。群众组织是社会团体组织形式。代表社会各类群体或阶层的利益，或者是为开展各种有益活动而形成的组织，如工会、共青团、妇女联合会、各类技术协会等。

（5）宗教组织。这是以某种宗教信仰为宗旨而形成的组织，代表宗教界的合法利益，组织正常的宗教活动和仪式等。

2）按组织形成方式划分

（1）正式组织。正式组织是为了实现组织目标，明确规定组织成员之间职责范围和相互关系的一种结构，其组织制度和规范对成员具有正式的约束力，如目前各类工商企业。

（2）非正式组织。非正式组织是指人们在共同工作或活动中，具有共同兴趣和爱好，以共同利益和需要为基础而自发形成的团体，如许多微信群、广场舞群体等。

3）按组织社会功能划分

（1）以经济生产为导向的组织。这类组织是以经济生产为核心，运用一切资源扩大组织的经济生产能力。这类组织是社会运行发展的基础，涉及的范围也十分广泛，主要有公司、工厂、银行和饭店等。

（2）以政治为导向的组织。这类组织的社会功能在于实现某种政治目的，因此，它的重点是权力和分配，如政府部门一类的组织。

（3）整合组织。这类组织的社会功能在于协调各种冲突，引导人群向某种固定的目标发展，以保持一定的社会秩序，如法院、政党等。

（4）模型维持组织。这类组织的功能在于维持固定的社会形式，以确保其平衡发展，如学校、社团、教会等。

4）按组织中成员控制状况划分

（1）强制型组织。这类组织通过高压和胁迫等强制手段控制其成员，以维持组织的运行，如监狱、精神病院、战俘营等。

（2）功利型组织。这类组织主要以金钱或物质等为媒介手段，控制其所属成员，如各种工商组织。

（3）正规组织。这类组织主要以荣誉鼓励的方式管理组织成员，其组织运作比较规范，如政党、机关、学校等。

5）按组织成员与社会群体互利方式划分

（1）互利组织。互利组织是指组织中的一般成员都能在组织运营中得到方便和实惠，如互助合作社、会员制俱乐部等。

（2）服务组织。这类组织为社会大众服务，使大众能得到益处，如医院、大学和各种福利机构等。

（3）实惠组织。实惠组织是指组织的所有者或经理等主要管理人员能得到较大收益的组织，如工厂、银行和各种公司等。

（4）公益组织。这类组织为社会所有人服务，如公安局、行政机关和军队组织等。

7.2 组织设计的基本要素

研究组织设计并具有较大影响的应该是古典管理理论的代表人物泰勒、法约尔和韦伯，他们为组织设计提供了可供遵循的一般原则。近一个世纪以来，这些组织设计原则和组织设计所涉及的基本要素仍是现代组织设计中的主要问题。

7.2.1 专业化

专业化是建立在劳动分工基础上的。亚当·斯密在19世纪后期提出了劳动分工的思想，列举了大量实例，证明劳动分工有助于提高员工的生产效率。今天，分工思想主要体现在各类组织中工作专门化的设计上。工作专门化是指组织中的任务被划分为各项专门工作的程度。一项完整的任务不再由一个人独立完成，而是被分割成几个步骤，由每个人单独完成其中的一个部分或一个步骤。

1）工作专门化

工作专门化是组织各种职务设计的基本原则。不仅生产工人每天在装配流水线上进行重复性的工作，办公室职员坐在计算机终端前执行各种指令性的任务，甚至医师、教师、会计、工程师等专业人员，他们的工作或作业任务也是工作专门化的劳动。

工作专门化也是组织运行高效率的必要条件，这不仅有利于提高人员的工作熟练程度，减少因工作变换而损失的时间，也有利于组织规范作业流程，使用专用设备和降低生产中的劳动成本。但职务设计过于专业化也可能带来负面影响，如造成工作之间的协调成本上升，每天单调、重复性工作使员工的积极性受到影响，增加员工的厌烦和不满情绪，进而影响工作的质量和总体效率。

2）工作扩大化

为了避免工作专门化在工作协调和人员激励方面的非经济性，从20世纪80年代起，许多组织开始采用工作扩大化的形式，通过工作扩大化和丰富化，克服工作专门化带来的非经济因素的影响，让员工独立完成一项完整的任务，或组成工作小组进行工作协助，以提高员工成就感，激发员工的工作热情。如在中餐馆，按分工原理，每个服务员都要专门从事某一餐饮的加工，前台后灶分工明确。但在麦当劳，你看不出谁是店长，因为大家都在为顾客忙碌，收款员在收费后可能立即转身为顾客配餐。

工作扩大化是与工作专业化相对立的一种理念。它不是将工作划分为细小的部分，使每个人单独承担其中某一部分的活动，相反，是把若干活动合并为一项工作，扩大工作的广度和范围。

工作扩大化是指在同一级别上的工作横向扩展。相应地，工作丰富化则是从纵向上充实和丰富工作内容，即从增加员工对工作的自主性和责任心的角度，使其体验工作的内在意义、挑战性和成就感。对工作进行扩大化和丰富化设计，就是要将部分管理权限下放给下级人员，使其在完成任务过程中具有一定的自主性，也有利于调动员工的积极性。

7.2.2 指挥链

1）指挥链的含义

指挥链是指从组织高层延伸到组织基层的一条持续的职权线。它界定了组织中各成员之间的隶属关系和职责权限。指挥链包含三个相关概念：职权、职责和统一指挥。职权是指管理者来自于职位权力的影响力；职责是由职权决定的承担责任的义务。职权与职责是相对应的，即有多大职权就应该承担多大职责。统一指挥是指每一个下属应当而且只能向一个上级主管直接报告工作，要避免多头指挥所造成的管理混乱的局面。此外，任何一个上级不能越级指挥和命令，但可以越级检查工作；任何一个下级不能越级请示，但可以反映情况，提出建议。统一指挥使企业内各个职位的权责明确，沟通渠道清晰，命令逐级下达，工作逐级上报，从而形成一个权威、有效的组织指挥系统。

2）指挥链的发展

指挥链的思想最早是在古典管理学中由法约尔提出来的，随后在组织的发展过程中不断系统化和制度化。其优点是使组织颁布的政策和执行有效一致，下属员工任务明确，责任清晰，减少信息传递失误造成的损失，有利于管理人员的控制。如今大多数组织依然沿袭这个原则。不过，在指挥链条中，信息沟通渠道主要通过自上而下命令与自下而上服从来完成，随着组织不断发展、层级不断增加，信息流通的行程及信息传递的时间逐渐加长，使信息失真或过滤现象愈发严重，也使企业对环境变化的反应日益迟钝，造成决策失误。法约尔针对这种情况提出了著名的“法约尔桥”或“跳板原则”，这种横向联系有利于组织内部的横向沟通以及迅速反应。现代组织理论在此基础上又提出了斜向联系，即处于不同指挥链上的不同层级部门之间的直接联系，目的也是加强组织内部的有效联系。但过于强调指挥链中统一指挥原则，则会造成组织运行的僵化，使员工缺乏热情与创造力。所以，许多组织开始采取其他指挥协调模式，如矩阵制结构就是对统一指挥原则的否定。目前大量出现的网络组织、平台组织，其组织边界由市场契约取代的同时，职权体系设计也颠覆了传统组织的统一指挥链。

7.2.3 直线与参谋

直线与参谋概念可以泛指部门的设置，也可以专指职权关系。在组织中，这两种形式可以直接影响指挥链系统与组织机构的设置。

1）直线部门与参谋部门的关系

直线部门是指为组织目标的实现做出直接贡献的单位，如公司中的生产、销售等部门；而企业中的采购、会计、人事以及设备维修或质量管理等部门都属于参谋部门。这是由于采购等部门是对生产和销售等主要部门起支持作用的。当然，采购部门内部也存在着直线关系（采购部经理对于其下属来说仍然是命令与服从的关系）。

在组织中，直线关系是一种指挥和命令关系，组织授予直线人员的是决策和行动的权力，这种命令形成一种等级链，链中每一个环节的管理人员都有指挥下级工作的权力，同时又必须接受上级管理人员的指挥。这种指挥和命令的关系越明确，即各管理层次直线主管的权限越清楚，就越能保证整个组织的统一指挥。直线关系是组织中管理人员的主要关系，组织设计的重要内容便是规定和规范这种关系。

参谋关系是伴随着直线关系而产生的，是一种服务和协助的关系，组织授予参谋人员的是思考、筹划和建议的权力。组织的规模越大，活动越复杂，参谋人员的作用就越大，参谋的数量就越多，从而参谋与直线的关系就越复杂。参谋的设置首先是为了方便直线主管的工作，减轻他们的负担。虽然随着组织规模的扩大，参谋人员的数量会不断增加，参谋机构会逐渐规范化，为了方便这些机构的工作，直线主管也许会授予他们部分职能权力，但是，他们的主要职责和特征，仍然是同层次直线主管的助手，主要任务仍然是提供某些专门服务，进行某些专项研究，以提供某些对策建议。

2）组织内的职权类型与关系

组织内的职权是与特定的职位相关的，包括直线职权、参谋职权和职能职权三种类型。

（1）直线职权。直线职权是一种完整的职权，拥有直线职权的人有权做出决策、进行指挥、发布命令。凡是主管人员对其部属都拥有直线职权。例如，在军队中，将官对校官、校官对尉官、尉官对士兵拥有的是直线职权。同理，在企业中董事长对总经理、总经理对部门经理拥有直线职权，依此类推。这种指挥命令关系从组织的最高层一直延伸到基层，形成一条“指挥链”，作为“指挥链”中一个环节的管理者有指挥下级的权力，同时又接受他的上级的指挥。

（2）参谋职权。参谋职权是一种有限度的、不完整的职权。从性质上说，参谋职权是一种顾问性的或服务性的职权，拥有参谋职权的管理者可以向直线管理者提出建议或提供服务，但其本身并不包括指挥权和决策权。所以，参谋职权实际上是一种辅助性的职权。一个组织机构在其规模扩大到一定程度，直线职权已不足以应付所面临的许多复杂问题时，就需要设置参谋职权。而参谋的形式有个人参谋和专业参谋两种。个人参谋是直线人员的参谋和助手，为直线人员提供咨询，协助直线人员执行职责，最典型的例子是管理者的个人助理。专业参谋常常是一个独立的机构或部门，它往往聚合了一些专家，为各级直线主管提供专业性的建议与服务。

（3）职能职权。职能职权是参谋人员或参谋部门所拥有的有限的对下属的行政指令权，这些职权原属于直线主管。直线主管为了改善和提高效率，把一部分原属于自己的直线职权授予参谋人员或参谋部门的主管人员，这便产生了职能职权。由此可以看出，职能职权是组织职权的一个特例，可以认为它介于直线职权与参谋职权之间。

在管理工作中，要正确处理好三种职权的关系。首先，确保直线职权的有效运用。直线职权是保证组织有效运行的首要职权，参谋职权和职能职权的运用要以不削弱直线职权的权威性和有效性为前提，其本身效用的大小取决于对直线职权的加强程度。确保直线职权的有效运用，直线主管必须保持独立的思考和决断能力，不能为参谋所左右。参谋应多谋、直线主管应善断，直线主管必须对计划的实施负主要责任。其次，注意发挥参谋职权的作用。参谋是为直线主管提供信息、出谋划策并配合其工作的。在发挥参谋的作用时，参谋应客观独立地提出建议，直线主管不应该左右他们的建议。最后，适当限制职能职权。职能职权的出现是为了更有效地实施管理，但往往会带来多头领导的弊端。所以，在使用职能职权时，要正确地衡量这种得与失。要限制职能职权的使用范围，使其限于解决“如何做”“何时做”等方面的问题，如果扩大到“在哪做”“谁来做”“做什么”等问题，就会削弱直线主管的工作。

7.2.4 管理幅度与管理层次

1）管理幅度

管理幅度（span of control）是指一名管理人员直接有效地指挥下级人员的数量。在任何组织中，都存在由于管理幅度的限制所形成的不同的管理层次。如公司的经理下辖的业务主任或部长，工厂中车间主任下属的作业工人等。由于管理者时间和精力的限制，特别是管理者的能力也因个人的知识、经验、年龄、个性等的不同而有所差异，组织中的管理如果要实现具体、高效和正确的领导，必须要考虑管理幅度的影响。

（1）工作能力。管理者的综合素质高，行政领导能力强，管理幅度可宽些。具体表现为管理者可以迅速地把握问题的关键，对下属的请示提出有效的指导建议，并使下属明确地理解，进而缩短与每一位下属在接触中所占用的时间。同样，如果下属具备符合要求的能力和很好的专业技能，对工作十分熟悉与尽责，可以在很多问题上妥善地处理，从而减少向上级请示的时间和频率，那么管理幅度可适当宽些。

（2）工作内容和性质。其主要包括以下方面：一是管理人员所处的管理层次。管理人员在组织系统中所处的管理层次越高，其决策的工作量越大，则用于指导和协调下属的时间就越少。所以，其管理跨度相对较小。而组织中层和基层管理人员则情况相反。二是下属工作的近似性。下属从事的工作内容和性质相近，则上级主管对每人工作的指导和建议大体相同，指挥和监督可以通过系统来完成，管理幅度可适当加宽。三是计划的完善程度。组织系统中各层级目标明确，实施计划的措施具体有效，更广泛的意义是下级能及时理解上级的意图与策略并胜任职务，则管理的幅度就更宽。四是非管理事务的多少。主管作为组织不同层次的代表，往往必须占用相当的时间去进行一些非管理性事务，这种现象会限制主管的管理幅度。例如，工厂的车间主任可以直接管理数百个作业员工，而职能部门经理的管理幅度却只能是几个人。

（3）工作条件。工作条件对管理幅度的影响主要表现为：一是助手的配备。如果下属的所有问题，都要由主管亲自处理，必然要花费大量的时间，他能直接领导的下属数量也会受到限制。比较有效的办法是给主管配备助手，由助手协助主管与下属进行联络，并直接处理职权范围内的事务，则可在一定程度上减少主管的工作量，增加其管理幅度。二是信息手段的使用。现代信息技术十分发达，管理工作在很大程度上是沟通信息，协作完成任务。组织系统中如果具有完善的信息传递系统或能够采用现代信息手段实施管理，则可以大大加强组织中相互协调的有效性，有助于管理者加大管理幅度。三是工作地点的近似性。不同下属的工作岗位在地理上的分散会增加下属与主管以及下属之间的沟通困难，从而影响主管直属部下的数量。

（4）组织制度。任何一个组织，在制定政策的程序和保持既定政策的稳定性以及组织变革的速度方面都将影响管理的幅度。一般情况下，组织正规化程度比较高，组织制度建设比较完善，组织的政策和规定比较透明和稳定，组织中的成员能够自主地完成相应任务，需要请示汇报的范围就越小；反之，就需要下级成员不断得到上级的指示，指挥的复杂程度越高，越难以实现有效的管理。此外，环境的变化程度、组织的变革措施等，都会影响管理幅度。

2）管理层次

管理层次的概念是建立在管理幅度的基础上的，因为管理幅度决定了组织的层次和管理人员的数目。

组织的管理层次没有严格的界定，但是，应该以有效协调指挥组织中的成员为目的。我们将作业人员为4 096名的三个组织进行比较，如果各层次的管理幅度统一按4、8和16对其进行组织设计，那么其相应的管理层次依次为6、4和3，所需的管理人员数为1 365、585和273，如图7-1所示。

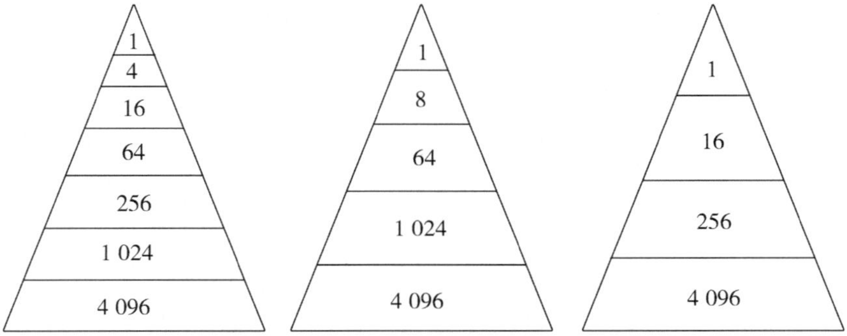

图7-1 管理层次对比

管理层次的多少与管理幅度的大小密切相关。在一个组织的人员数量一定的情况下，一个管理者能直接管理的下属人员的数量越多，那么该组织的管理层次就越少，所需要的管理人员也越少；反之，所需要的管理人员就越多，相应地，管理层次也越多。所以，管理幅度同管理层次成反比关系。

对二者之间的关系研究有较大影响的是法国管理家格拉丘纳斯，他认为确立管理幅度时，要考虑的一个重要因素是管理人员与下属间可能发生的潜在关系数。他提出一位管理者同下属的关系有三种类型：直接关系（管理者同下属的一对一关系）、交叉关系（下属相互间的关系）和群组关系（下属群组间的关系）。他把上下级之间的相互关系通过定量分析，归纳为：

$$C=n\left[2^{n-1}+(n-1)\right]$$

式中，n为下级人数，C为各类关系的总数。

按此分析，如果管理者只有2名下属，则存在6种潜在的相互关系；如果下属的数目增加到3名，则潜在的关系总数增加到18种；如果增加到5名的话，则潜在的关系数增加到100种。格拉丘纳斯的上下级关系理论指出，当下属数目以算术级数增加时，上下级需要协调的关系数呈几何级数增加。这一原则深刻说明了这样一个道理，即组织管理层次的设计不仅要考虑人员数量多少所导致的管理成本的增加，还要考虑增加人员所产生的协调关系的难度。所以，组织的各级管理层次，在保证有效协调的基础上，应该是人员越少越精干。

另一位管理学者戴维斯则提出了两种管理幅度类型，即基层管理者的运营管理幅度和中高层管理者的经理管理幅度。由于基本作业环节和内容都体现在基层管理层次，而这些内容多是规范和有序的操作，所以，管理幅度可以宽些，下属的数量可以达到30名以上。而中高层管理者主要负责决策和处理变化的事务，其管理幅度应该窄些，下属的数量应控制在3～9名。也有人认为经理的下属不应该超过6人。

3）扁平结构和高耸结构

研究管理幅度与管理层次问题，必然涉及组织结构的特定模式。扁平结构是指管理幅度大而管理层次少的结构。扁平结构的层次少，有利于缩短上下级之间的距离，密切上下级之间的关系，信息纵向流通速度快；被管理者有较大的自主性和创造性，也有利于选择和培训下属人员。其弊端是难以严密地监督下级，同时由于管理宽度加大，也增加了上级的行政管理责任和监督成本。国外的研究表明，如果这些额外的责任超出限度，组织会受到损害。

高耸结构就是管理层次多而管理幅度小的结构。高耸结构具有管理严密，分工细致明确，上下级易于协调的特点。但层次增多，需要的管理人员增多，协调工作急剧增加，互相扯皮的事会层出不穷；由于管理严密，影响了下级人员的积极性与创造性。因此，为了达到有效管理，应尽可能地减少管理层次。实际上，在知识经济大背景下，组织通信网络的改善会使组织结构模式由高耸式向扁平式发展。西尔斯公司早期的研究表明，扁平的组织结构会带来更高的员工士气和生产率；而高耸的组织结构不仅导致运营成本高昂，还会导致更多的沟通问题。由于互联网的普及，许多组织已经将网络完全纳入组织肌体，线上线下销售已成为常态，像思科、联想这样的技术性组织早在20年前已经开始尝试无纸化办公。在一般组织中，邮件、QQ、微信（群）等也已经成为主要交流途径。由此，网络已经成为职权管理的重要通道，判断一个人职位的高低的重要标志就是看他的网络权限。

7.2.5 集权与分权

集权是指决策权在组织系统中较高层次的一定程度的集中，与此相对应，分权则是指决策权在组织系统中较低层次的一定程度的分散。为保证组织的有效运行，必须处理好集权与分权的关系。集权管理是社会化生产保持统一性和协调性的内在需要。集权有利于统一指挥与管理，使组织内各部门、各方面的协调配合更紧密。但是集权的弊端也是不容忽视的，集权的组织缺乏必要的弹性，对市场反应迟钝，过度的集权甚至可以造成组织的窒息。因此，实行管理权限——决策权的分散，即分权也是十分必要的。分权是将组织的权力和职权沿着指挥链尽可能向下延伸。组织需正确处理好集权与分权的关系，才能保证组织的高效运行。

1）组织中影响集权与分权的因素

组织中的集权与分权是相对而言的，早期的组织中普遍采用的是集权模式，到了现代，在许多组织的发展中分权倾向明显，集权与分权主要受下列因素影响：

（1）经营环境与组织性质。如果组织所面临的经营环境具有较高的不确定性，处于经常变动之中，组织在业务活动过程中必须保持较高的灵活性和创新性，这种情况就要求实行较大程度的分权。反之，面临稳定的环境和按常规开展业务活动的组织，则实行较大程度的集权。例如，军队组织与企业组织相比，属于高度集权组织，这主要是受其特定目的或活动影响。

（2）组织规模与空间分布。组织规模较小时，实行集权化管理可以使组织的运行取得高效率。但随着组织规模的扩大，其经营领域范围甚至地理区域分布可能相应地扩大，这就要求组织向分权化的方向转变。例如，实行超事业部制的跨国公司，本身的组织模式就是采用分权制的形式。

（3）组织历史与成长模式。如果组织是在自身较小规模的基础上逐渐发展起来的，且发展过程中亦无其他组织的加入，那么集权倾向可能更为明显。因为组织规模较小时，大部分决策都是由高层直接制定和组织实施的，并且决策权的使用可能已成为习惯，一旦高层失去这些权力，便可能产生对组织失去控制的感觉。但如果组织规模扩大到一定程度、集权束缚组织发展时，分权就成为组织管理的主要模式。研究表明，由小到大成长的组织与大规模现代化的组织相比，集权的倾向比较明显。

（4）领导者个性与行为方式。权力是地位的象征，权力的运用可以证实、保证并提高其使用者在组织中的地位。组织中个性较强和自信的管理者往往喜欢其所辖部门完全按照自己的意志来运行，而集中控制权力则是保证个人意志绝对被服从的先决条件。许多管理者将权力作为个人能力的重要体现，甚至将二者合为一体。当然，也有许多管理者善于调动下属的积极性，将更多的权力分配给下级，将让更多的下属参与完成工作任务、提高业务的能力视为管理者个人的成就。

（5）组织政策一致性的要求。管理者认为集权有利于确保组织方针政策的一致性，所以在面临重大危机和挑战时，组织常常会采取集权的形式。这样既有利于统一步调，也有利于节省时间。此外，组织决策的重要性也对集权和分权有直接影响。

2）授权

所谓授权，就是上级把手中的权力部分委让给下级的过程。授权需要注意的问题是授权的合理性。授权在某种程度上会极大地锻炼、提高下属的管理能力。授权过程包括三个方面的内容。

（1）分配职责。职责是完成一项确定的任务所必须履行的义务。被委任者在接受任务时，必然要对接受的任务担负执行的责任，与职务及所进行的工作活动相联系的责任被称为职责。职责的分配可以是领导者吩咐下属准备一份报告，也可以是指派某人负责一个为时半年的任务小组。但这种分配职责与岗位职责不同的是随着任务的完成或结束，其职责也相应消失。

（2）授予职权。伴随着职责的分派，个人也应该得到从事该项工作所应有的合法权力，如负责起草报告的下属应该被应允从保密档案中调阅相关资料、任务小组负责人应该有权调配从各职能部门抽调来的工作人员等。职权是某一职位所固有的做出决策、采取行动和希望决策得到他人执行而发布命令的这样一种正式的合理合法的权力。上级在对下属授权过程中，必须遵循“职权与职责对等”的原则。职责是完成任务的义务，职权是完成任务的手段，权责对等是授权过程的必然要求。任何一个组织成员，如果没有完成任务的充分职权，就无法履行自己的职责；反之，若职权大于其承担的职责，又会造成权力滥用的现象。

（3）决定责任。责任是指下级在正确行使权力和履行职责时要对上级负责。职责是上级赋予下级的，责任则是下级对上级承担的义务。在授权的过程中同时规定下级要对上级负责，可以确保每一个被指派去执行某项工作的人能切实、不折不扣地完成工作任务，否则就要接受一定的惩罚。

与职权和职责可以下授不同，责任必须遵从“责任绝对性”原则，即任何上级管理者都不能因为已授权下属人员去执行某项工作，自己就不再承担该项工作的责任。从下级管理者或作业人员的角度来看，由于其职责是上级指派的，职权也是上级授予的，因而必须向其上级汇报完成工作的情况并接受相应的奖惩；从上级管理者的角度来看，他授权下级执行某些职责，并不意味着他对该项职责的落实情况就不再负有任何责任。实际上，授权的对象是他确定的，而且在授权下去的工作的执行过程中，他还负有检查、监督的义务。因此，上级管理者责无旁贷地要对下级的工作结果负最终责任。

需要指出，在组织的管理中，授权所带来的问题比较多，这不仅仅是由于授权的内容难以有效把握、应承担的责任和职权难以明确，还由于下属与上级的配合默契程度与组织原有的管理模式不同。如果管理者与下属有良好的合作关系，授权可以通过暗示而不是正式的表达来完成，因为从过去合作的经验中，下属会知道他将获得哪些职权和相应的职责，而授权者也会清楚地知道下属完成任务的结果是什么。

组织职权变革的趋势是向员工层面授权，这主要源于两个方面：一方面，由于基层管理者“更加接近行动”，因而比职权高的人更能了解实际情况并及时加以解决。另一方面，对组织有价值的人并不一定是高层管理者，而是关键岗位的人员。

7.2.6 部门化

部门是指组织中主管人员为完成规定的任务有权管辖的一个特定的领域。部门化是指将工作和人员组合成可以直接管理的单位的过程。划分部门的目的，是以此来明确职权和责任归属，以求分工合理、职责分明，并有利于各部门根据其工作性质的不同而采取不同的政策和对策，加强部门的内部协调。部门的划分一般依据工作职能、提供的产品或服务、顾客要求、地区分布或者生产流程等进行。具体采用划分部门的方法应从有利于组织单位和个人的目标实现出发。

1）职能部门化

这是最普遍的一种划分方法，它是以组织的主要经营职能为基础设立部门，凡属同一性质的工作都置于同一部门，由该部门全权负责该项职能的执行，如企业中设置的生产、营销、财务、人事等部门。职能部门化有利于提高管理的专业化程度，有利于提高管理人员的技术水平和管理水平。但是，它也易导致所谓的“隧道视野”现象，不利于综合管理人才的培养，如图7-2所示。

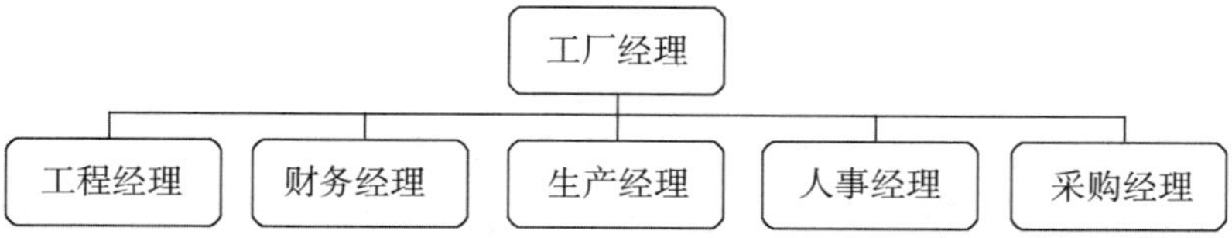

图7-2 职能部门化

2）产品部门化

产品部门化是指把某种产品或产品系列的设计、制造、销售等管理工作划归一个部门负责。这种划分常见于多品种生产经营的大中型企业，它有利于发挥管理者的专业知识和技能，有利于组织专业化生产和经营，有利于扩大销售和完善售后服务工作，如图7-3所示。

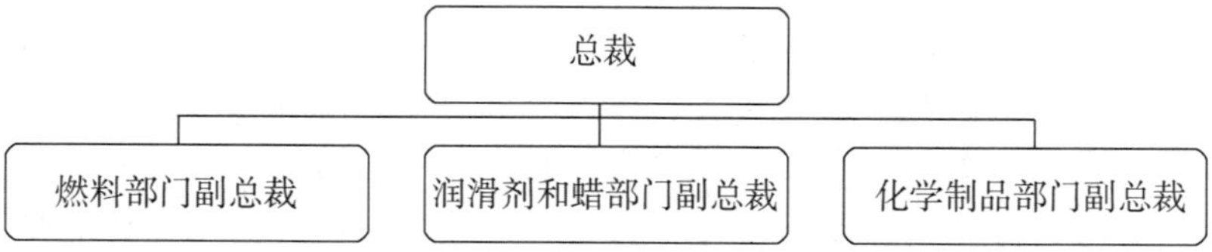

图7-3 产品部门化

3）区域部门化

区域部门化是根据地理因素来设立管辖的部门的。这种划分适合于地域分布较广或经营业务涉及区域较广的组织。因为不同国家或地区的政治经济、技术水平以及用户对产品的要求、购买习惯等差异较大，按地区划分部门，有利于组织因地制宜地制定政策、进行决策，有利于提高组织对市场的快速响应，也有利于组织中不同部门制定对策、培养独当一面的管理人才。一些大型组织的销售部门经常采用这样的划分标准，如图7-4所示。

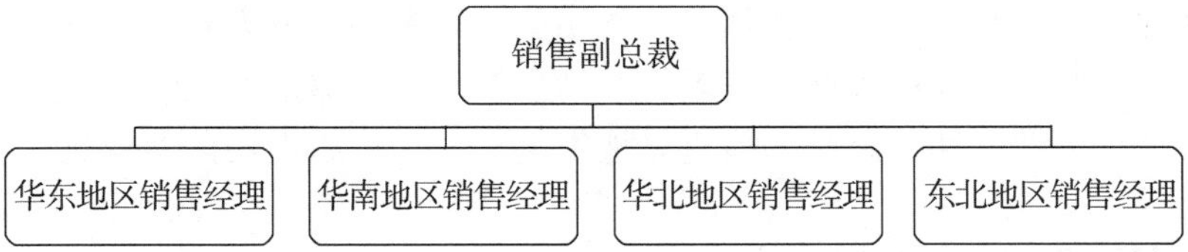

图7-4　区域部门化

4）顾客部门化

顾客部门化是以组织服务的顾客类型或群体来划分的部门。这种划分有利于组织对特定的客户或顾客进行系统研究，制定有效的服务对策或设计更适应顾客的服务流程，有利于组织将有经验的管理者或工作人员分配到特定的顾客群体的服务中。不利之处是采用这种方法的组织需要维持一支庞大的管理队伍来整合不同部门的活动。例如，银行需要大量的协调性工作以避免过于偏重某一业务并且需要处理十分棘手的顾客违约拖欠问题，如图7-5所示。

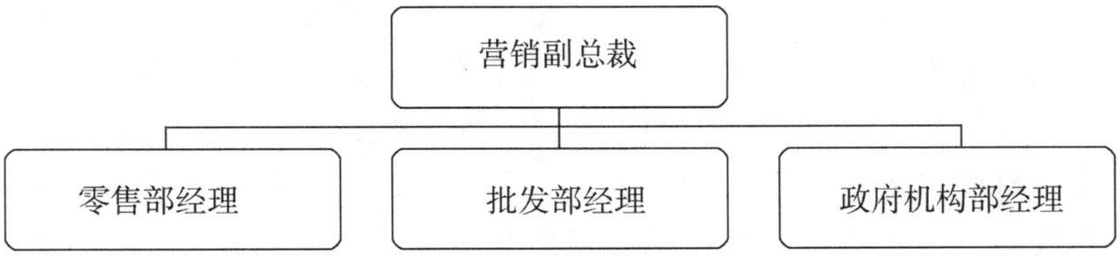

图7-5　顾客部门化

5）工艺部门化

工艺部门化是以组织的工艺流程为核心来组合各项业务的部门划分法。例如，在机械制造企业，通常按照毛坯、机械加工、装配的工艺顺序分别设立部门。这种划分适用于生产工艺复杂、工序要求严格的组织，有利于加强专业化管理、提高生产的工艺水平，如图7-6所示。

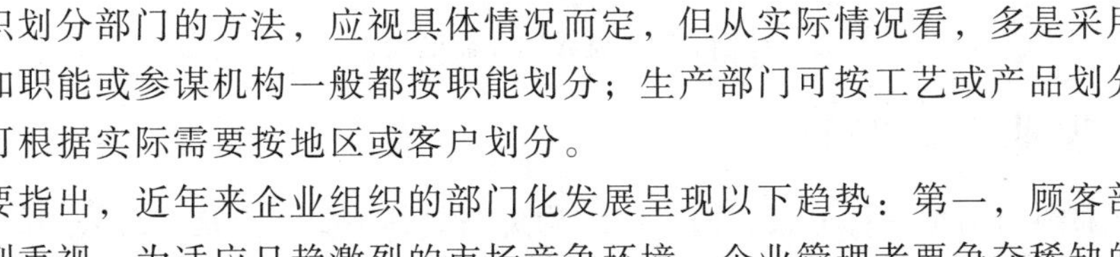

图7-6　工艺部门化

组织划分部门的方法，应视具体情况而定，但从实际情况看，多是采用结合的方法，如职能或参谋机构一般都按职能划分；生产部门可按工艺或产品划分；销售部门则可根据实际需要按地区或客户划分。

需要指出，近年来企业组织的部门化发展呈现以下趋势：第一，顾客部门化越来越受到重视。为适应日趋激烈的市场竞争环境，企业管理者要争夺稀缺的顾客资源，必须快速响应市场，及时对顾客需要的变化做出反应，按顾客来划分部门是对这种资源最直接的利用。第二，打破部门界限，组建项目团队。由于组织面临的任务越来越复杂，完成这些任务需要多样化的技能，以及不同专业的各类人员的共同协作，因此，组织越来越多地使用了工作团队和任务小组的方式。第三，互联网的发展使实体与网络之间的关联越发紧密，许多组织都采取了线上和线下相结合的部门组织设计，因此，两者之间如何更好地衔接也成为组织发展的新课题。

7.3 组织结构类型

组织结构的类型反映了组织结构设计要素的组合结果。对组织中决策权限的分配以及直线指挥和参谋辅助关系的确定，配之以组织的部门化设计，可以形成不同的组织结构形式。下面分别介绍各种常见的组织结构形式的优缺点及其适用条件。

7.3.1 直线职能制结构

这是在直线制和职能制两种类型组织的基础上形成的一种组织结构类型。其特点是以直线为基础，在各级主要负责人之下设置相应的职能部门，作为该级管理者的参谋，分别从事专业管理。但职能机构只是作为直线管理者的参谋和助手，不具有对下面直接进行指挥的权力。因此，这种组织结构既保持了直线制集中统一指挥的优点，又具有职能分工专业化的长处。但是，这种类型的组织存在着职能部门之间横向联系较差、信息传递路线较长、适应环境变化较差的缺陷。直线职能制结构是一种普遍适用的组织形式，我国大多数中小企业和一些非营利组织主要采用这种组织形式，如图 7-7 所示。

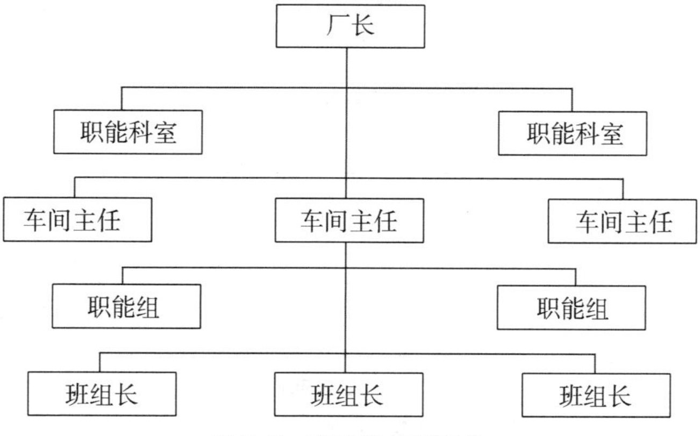

图 7-7　直线职能制结构

7.3.2 事业部制结构

事业部制结构是一种分权式的组织结构类型。其主要特点是在总公司的领导下，按产品或地区分别设立若干事业部，每个事业部在经营管理上拥有很大的自主权，总公司只保留预算、人事任免和重大问题的决策等权力，并运用利润等指标对事业部进行控制。由于各事业部具有独立经营的自主权，这样既有利于调动各事业部的积极性和主动性，又提高了管理的灵活性和适应性，还能为管理人才的成长创造良好的机会。这种组织结构的主要缺陷是资源重复配置，管理费用较高，且事业部之间协作性较差。因此，主要适用于产品多样化和从事多元化经营的组织，也适用于面临环境复杂多变或所处地理位置分散的大型企业和巨型企业，如图7-8所示。

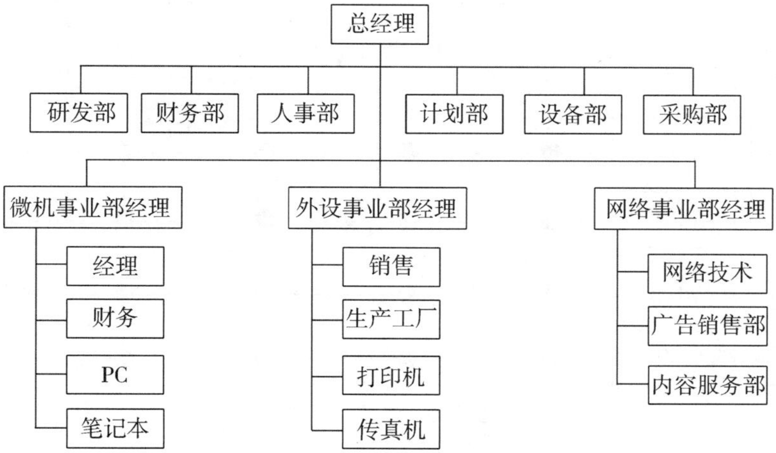

图7-8 事业部制结构

7.3.3 矩阵型结构

这是一种把按职能划分的部门同按产品、服务或工程项目划分的部门结合起来的组织结构类型。在这种结构中，每个成员既要接受垂直部门的领导，又要在执行某项任务时接受项目负责人的指挥。矩阵型结构创造了双重指挥链，可以说是对统一指挥原则的一种有意识的违背。其主要优点是灵活性和适应性较强，既有利于加强各职能部门之间的协作和配合，也有利于开发新技术、新产品和激发组织成员的创造性。其主要缺陷是组织结构稳定性较差，双重职权关系容易引起冲突，同时还可能导致项目经理过多、机构臃肿的弊端。这种结构主要适用于科研、设计、规划项目等创新性较强的工作或单位，如图7-9所示。

7.3.4 网络型结构

现代企业的经营已经超越了企业边界的范围，开始在企业与企业之间形成比较密切的长期联系。这种联系在组织结构上的表现是形成了超越企业法律边界范围的中间性组织形态。网络型和控股型结构是其中两种典型的组织形式，近几年出现的平台组织也属于这一范畴。

网络型结构是一种只有很精干的中心机构，以契约关系的建立和维持为基础，依靠外部机构进行制造、销售或其他重要业务经营活动的组织结构形式，如图7-10所示。被联结在这一结构中的两个或两个以上的单位之间并没有正式的资本所有关系和行政隶属关系，但却通过相对松散的契约纽带，通过一种互惠互利、相互协作、相互信任和支持的机制来进行密切的合作。

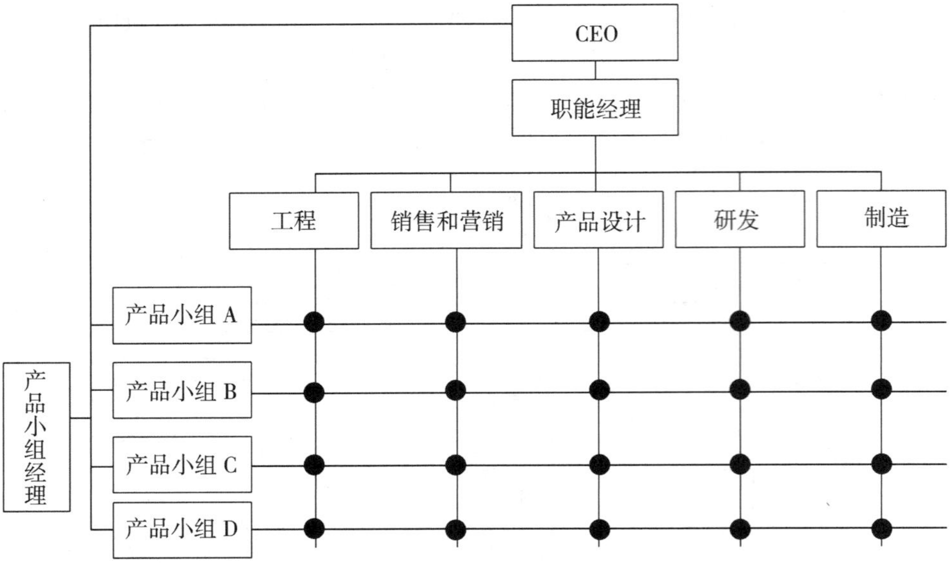

图 7-9 矩阵型结构

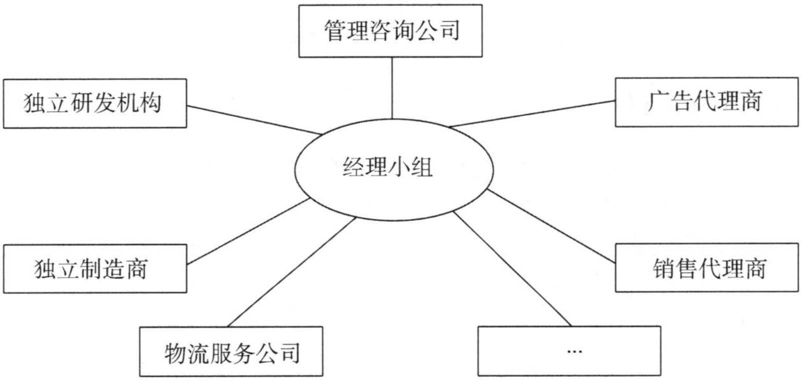

图 7-10 网络型结构

网络型结构既是小型组织的一种可行选择，也是大型企业在联结集团松散层单位时通常采用的一种组织结构形式。采用网络型结构的组织，它们所做的就是创设一个“关系”网络，与独立的制造商、销售代理商及其他机构达成长期协作协议，使它们按照契约要求执行相应的生产经营功能。由于网络型组织的大部分活动都是外包、外协的，因此，公司的管理机构就只是一个精干的经理班子，负责监管公司内部开展的活动，同时协调和控制与外部协作机构之间的关系。

此外，属于中间组织形态的平台组织，发展速度也很快。平台组织是指平台中的企业构建的合作网络，网络中不是传统组织中的链状协作关系，而是围绕核心平台展开的交易协作。如美国的思科、运通、花旗集团、英特尔、时代华纳等都是这类组织的典型代表。我国的海尔也正在演变为这类平台组织，而且更具互联网的特性。

平台组织具有以下基本特征：

（1）平台生态系统的形成。平台里的所有企业都是通过与其他企业的合作才显示价值的。如海尔平台上有超过600多个接口，仅一个日日顺物流接口，就有9万辆卡车、18万服务人员。平台上还有2 233家小微和创客企业。一个小微企业如雷神科技，年销售额超过5亿元，估值已经超过20亿元。

（2）平台的专属策略。公司开发的平台有专属和共享两个策略。用户一般通过一个通用平台进行交互。交互受制于网络效应，即每一个用户的价值依赖于网络中其他用户的数量。专属和分享平台具有各自优势。

（3）平台演进策略。平台演进有三个策略不可忽略，即互操作性、垂直一体化整合与捆绑。互操作性是指以前不兼容的平台由于技术更新可以互操作。垂直一体化整合是指平台企业可以购并或剥离第三方平台部件以及互补品。捆绑是指平台提供商进入周边的网络市场，利用重叠用户关系和公用的部件技术提供多平台捆绑业务。

需要指出，网络型组织是目前成长最快的组织类型，已经产生广泛的社会影响。由阿里巴巴2013年6月创建的余额宝，被誉为互联网金融的代表，半年时间吸收存款超过5 000亿元，人数超过1亿人。到2017年4季度末，余额宝资产总规模为15 798.32亿元，比3季度末增加了202.37亿元，再次创下史上最高水平。阿里巴巴2017财年（2016年3月—2017年3月）的交易额达到了3.767万亿元。

成立于1998年的京东，目前已是中国最大的自营式电商企业，自2015年开始在中国自营式B2C电商市场的占有率超过60%。京东集团旗下设有京东商城、京东金融、拍拍网、京东智能、O2O及海外事业部。京东创始人刘强东担任京东集团CEO。2014年5月22日，京东在美国纳斯达克上市，成为仅次于阿里巴巴、腾讯、百度的中国第四大互联网上市公司。2015年11月12日，京东商城入选MSCI中国指数。2016年6月8日，《2016年BrandZ全球最具价值品牌百强榜》公布，京东首次进入百强榜，排名第99位。2016年6月20日，京东与沃尔玛达成深度战略合作。京东2016年交易额是9 392亿元。2017年，中国电商交易额为6.536万亿元。

7.3.5 控股型结构

控股型结构是在非相关领域开展多元化经营的企业所常用的一种组织结构形式。由于经营、业务的非相关或弱相关，大公司不对这些业务经营单位进行直接的管理和控制，而代之以持股控制。这样，大公司便成为一个持股公司，受其持股的单位不但对具体业务有自主经营权，而且保留独立的法人地位。

控股型结构是建立在企业间资本参与关系的基础上。由于资本参与关系的存在，一个企业（通常是大公司）就对另一企业持有股权。这种股权可以是绝对控股（持股比例在50%以上）、相对控股（持股比例不足50%，但可对另一企业的经营决策发生实质性的影响）和一般参股（持股比例很低，且对另一企业的活动没有实质性的影响）。基于这种持股关系，对那些企业单位持有股权的大公司便成为了母公司，被母公司控制和影响的各企业单位则成为了子公司（指被绝对或相对控股的企业）或关联公司（指仅被一般参股的企业）。子公司、关联公司和母公司共同构成了以母公司为核心的企业集团，见图7-11。

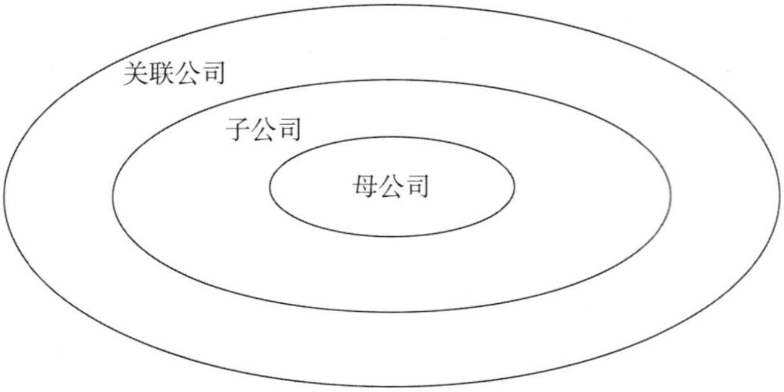

图7-11　控股型结构

如图7-11所示，母公司又称集团公司，由于处于企业集团的核心层，故称为集团的核心企业。相应地，各子公司、关联公司就是围绕该核心企业的集团紧密层和半紧密层组成的单位。此外，企业集团通常还有一些松散层的组成单位，即协作企业，它们通过基于长期契约的业务协作关系而被联结到企业集团中，这种契约关系在“网络型结构”中已予以介绍。集团公司或母公司与它所持股的企业单位之间不是上下级之间的行政管理关系，而是出资人对被持股企业的产权管理关系。母公司作为大股东，对持股单位进行产权管理控制的主要手段，就是凭借所掌握的股权向子公司派遣产权代表和董事、监事，通过这些人员在子公司股东会、董事会、监事会中发挥积极作用而影响子公司的经营决策。近十年来，由于追求组织发展速度，控股结构更多表现为兼并、重组、上市等资本运营形式。

7.4　组织变革与发展趋势

组织变革是指为了提高组织成效而对现有组织进行改造的过程。任何组织都处于一定的环境之中，当环境的变化对组织生存发展的威胁增强时，组织必须考虑进行变革，使之适应新的环境。

7.4.1　组织变革的两种模式——机械式组织与有机式组织

组织变革包括许多方面，如组织流程的变化、销售系统的调整甚至是新技术的采用形式等，这里我们主要研究由于组织所处大环境变化对组织产生的质的影响变革——组织模式的变革。

机械式组织是传统组织设计原理的产物，具有高度复杂性、高度正规化和高度集权化的特点，是一种层级分明、制度严谨和职权清晰的组织结构。这种组织结构模式机械地坚持指挥链中的统一原则，有正式的职权体系，每个人只能接受一个上级的控制和监督，具有“窄”管理幅度的特征，从而增加了组织的管理层次。由于组织层级的距离扩大，高层管理者难以对低层的活动进行直接的接触与监管，只能通过制定各类规则、条例的方法来控制各管理层，按标准的要求进行作业行为。此外，高度集权使组织实现了稳定性和高效率，但同时也导致了组织的僵化刻板，对市场反应迟钝，如图7-12所示。

严格的层级关系
固定的职责
高度的正规化
正式的沟通渠道
集权的决策

合作
不断调整的职责
低度的正规化
非正式的沟通渠道
分权的决策

图7-12　机械式组织与有机式组织

与机械式组织不同，有机式组织是低复杂性、低正规化和分权化的组织，由于不具有标准化的工作程序和规则条例，所以是一种组织结构弹性较大、管理灵活性好并具有高度适应性的组织模式。有机式组织打破了传统的分工模式，可以一个人承担多项任务与职责，并根据需要随时做出调整；组织中的管理不是通过高度的标准化程序和严格的规章制度，而是靠高素质员工的自觉性和主动性来实现的；取代层级控制的是员工之间的纵向和横向协调沟通，更注重人的创造性和自我价值的实现，员工被广泛授权处理工作中的各种问题。此外，由于组织中的员工以知识员工为主，具有非常好的专业技能与职业素养，所以这类组织经常使用工作团队和项目小组来完成组织任务，保持其竞争力。

7.4.2　组织变革的阻力

组织变革的阻力是指人们反对变革、阻挠变革甚至对抗变革的制约力。这种制约组织变革的力量可能来源于个体、群体，也可能来自于组织本身甚至外部环境。

（1）个体和群体方面的阻力。个体对组织变革的阻力，主要受个体固有的工作和行为习惯改变的困难性影响，其次是受个体就业压力、收入变化、对未知状态的恐惧以及对变革的认知偏差等影响。群体对变革的阻力，可能来自于群体规范的束缚，群体中原有的人际关系可能因变革而受到的改变和破坏，群体领导人与组织变革发动者之间的恩怨、群体之间的摩擦和利害冲突，以及组织利益相关群体对变革可能危害自身利益的顾虑等。

（2）组织的阻力。组织的阻力来自于现行组织结构的束缚，组织运行的惯性，变革对现有责权关系和资源分配格局所造成的破坏和威胁，以及追求稳定、安逸和确定性甚于革新和变化的保守型组织文化等。此外，对任何组织系统来说，其内部各部门之间以及系统与外部之间都存在着强弱程度不等的相互依赖和相互牵制的关系，在一定期间内进行的组织变革，只能针对有限的一些组织问题，这就难以避免系统内外尚未变革的要素对现有变革构成一种内在的牵制和影响。

（3）外部环境的阻力。组织的外部环境条件也往往是形成组织变革力量的一个不可忽视的来源。例如，与充分竞争的产品市场会推动组织变革相比，缺乏竞争的市场往往造成组织成员的安逸心态，束缚组织变革的进程。对经理人员经营业绩的考评重视不足或者考评方式不正确，会导致组织变革压力和驱动力的弱化。社会群体对变革发动者和推进者的支持态度及相关的舆论和行动，企业特定组织文化在形成和发展中所根植的整个社会或民族的文化特征，这些都是影响组织变革成败的重要力量。

组织变革过程是一个破旧立新的过程，自然会面临推动力与制约力相互交错和混合的状态。组织变革管理者的任务就是要在设计组织变革方案时事先予以周密的考虑，以便安排合适的变革广度、深度和进度，采取有效措施改变这两种力量的对比，促进变革顺利进行。

7.4.3 组织变革的趋势

1）组织变革的环境背景

（1）地缘政治经济对组织影响日益加大

20世纪70年代起开始了全球一体化进程。但近几年，全球一体化受到冲击，国际上贸易保护主义势力开始抬头，在这种大背景下，国际上企业之间的竞争日益激化，传统的组织管理模式、交易模式和运营模式受到挑战甚至崩塌。有效率，对市场响应及时，能满足消费者需要，让顾客有更好的体验，推出有技术含量的产品，都将成为企业生存的关键因素。而组织结构的变革，有助于企业实现既定目标。如果说21世纪初，许多企业触网是尝试，那么到今天，传统企业不触网就会被淘汰。网络组织是由多个独立个体、部门和企业为共同目标而组成的联合体。在网络状的组织结构中，水平合作与沟通，权力和信息不再集中于组织上层，而是分散于组织网络的各个节点。这种组织结构打破了垂直的等级关系，提高了组织对于复杂环境的适应能力。

（2）以人工智能为代表的高技术快速发展

供应链领域自动化技术、高速运算技术、计算机建模、模拟技术以及全新的工业设计软件等数字制造技术正在快速推广，工业设计理念和流程正在加速变化，中国企业快速升级到国际第一阵营，有100多家成为世界500强企业。人工智能在工业领域的快速应用，使得工业制造系统具备自决策、自维护、自学习甚至是自组织的能力。

（3）云计算、物联网和大数据已经主导社会生产、生活

互联网衍生出三大新兴的经济形式：个体经济、共享经济和零工经济。个体经济是指自由职业者大量兴起，人们根据自身兴趣和特长选择的职业。共享经济是指人们开始分享过去曾经闲置或浪费的资源，使社会运行更加有序。零工经济是指人

们主动上门为别人服务，或提供特别的定制服务。互联网的普及以及人工智能、云计算、区块链、生物科学、物联网等技术的快速发展，给组织的变革带来新的机遇和挑战。

（4）重构商业模式和商业生态

商业模式表现为产业链由链式转变为环式，或者说是闭环，甚至是逆袭。传统的是先生产再消费，生产者-经销商-消费者，而未来将是先消费再生产，消费者-设计者-生产者，经销商会被设计师取代。未来的经销商都将变成服务商，他们不再依靠帮助厂家售卖产品赚钱，而是依靠自己向消费者提供后继的增值服务赚钱。商家和消费的关系也由买卖关系向服务关系转变，最后发展为共生关系。由此，企业将处于一个全新的商业生态中，消费者具有更大的选择权和影响力，这也进一步促使企业从追求内在一体化转向合作制造、社会制造。企业内部对员工的多技能、团队协同的即时性要求也更高，节点间的连接和动态组网成为必然，员工对公平感和价值感的追求更高，雇佣关系已经不是企业和员工间关系的全部。

2）组织结构变革的特点

（1）组织结构扁平化

进入21世纪，随着经济全球化与一体化不断深入，组织结构扁平化的趋势愈加显著，这是为了适应日益复杂多变的组织环境所提出的挑战，这种变革需要两个重要条件：一是现代信息处理和传输技术的巨大进步，能够对大量复杂信息进行快捷而及时的处理和传输，使多数中间组织失去存在的必要，如经纪人、批发商甚至某些零售商的作用将逐步弱化，生产者与消费者之间的鸿沟缩小、界限模糊，他们可以直接联系和接触，相互掌握对方信息。二是组织成员的独立工作能力大大提高，管理者向员工大量授权，组建各种工作团队，员工承担较大的责任，普通员工与管理者、下级管理者和上级管理者之间的关系，由传统的被动执行者和发号施令者的关系转变为一种新型的团队成员之间的关系。以小米公司为例，该企业5 000多名员工只有三个层级：创始人组成高管团队，每人分管一个大部门，其中有若干个小团队，每个小团队5～10人，并设置一个小组长。根据项目需要，团队成员可以随时流动，进而实现以客户为中心的快速反应。还有一种比较典型的模式，就是在许多大组织中，由于实行内部创业模式，为了更好地创意研发，使用新技术，采用自下而上的驱动方式与扁平化的组织结构更为契合。如海尔将五六万员工变成2 000多个自组织，华为让"听得见炮声的人指挥战斗"，这种灵活的自组织模式很好地适应了市场的快速变化。

（2）组织运行柔性化

柔性的概念源于柔性制造系统，是指制造过程的可变性和可调整性，描述了生产系统对环境变化的适应能力。这里是指组织结构的可调整性，以及对环境变化、战略调整的适应能力。

柔性化的典型组织形式表现为临时团队、工作团队、项目小组等多种形式。临时团队，是指打破原有的部门界限组织员工，绕过不必要的中间层次直接面对顾客，并向公司总目标负责，以群体和协作优势赢得竞争主导地位。临时团队往往是为了解决某一特定问题而将有关部门的人员组织起来的“突击队”，问题解决后，团队即告解散。工作团队，是指通过改变传统组织中的集权模式，将部分职权下授给员工，把业务流程分解为更具体的环节，每个人只做其中一部分的工作。这种工作团队不设管理者，每个团队成员轮流担任组长，这样不仅能使成员亲自感受到工作成果，而且能培养其责任感和提高管理能力，相应地，员工的工作满足感和成就感也大大增强。项目小组是由项目经理与市场、财务、设计师和若干位不同岗位的员工组成的项目团队，根据需要还可以吸收公司外部一些专家加入。这种组织方式的优点是可以发挥团结合作优势，缩短产品研制与生产出货的时间，对市场需求迅速作出反应，提高企业的竞争力。

（3）组织边界模糊化

由于市场竞争的日益激化，组织的规模和机构设置对其竞争力的影响也越来越大。许多组织在裁员、精简机构或缩小经营范围的基础上，重点考虑对组织结构的调整，从而出现了一种由纵向一体化演变为以横向一体化为基础的网络化组织模式。

组织结构的网络化发展具有两个特点：

①用市场手段代替行政手段来联结各个经营单位之间及其与公司总部之间的关系。层级制组织形式的基本单元是在一定指挥链条上的层级，而网络制组织形式的基本单元是独立的经营单位。因此，这种市场关系与一般的市场关系不同，它是将不稳定的、单一的商品买卖关系，变成一种以资本联结为基础的包括产权转移、人员流动和稳定的商品买卖关系在内的全方位的市场关系。

②在组织结构网络化的基础上，形成了强大的虚拟功能。传统企业组织形式是高度实体化的，因此，企业管理是对实体企业的管理，这种管理要负责企业的各种实物的保存和管理。但虚拟管理却是将处于网络制组织中的每一个独立的经营实体，以各种方式借用外部的资源进行重新组合。通过虚拟管理，企业可以获得如设计、生产和营销等具体的功能，但并不一定拥有与上述功能相对应的实体组织，它通过外部的资源和力量去实现上述具体功能。

2014年3月，京东商城与全国15个城市万余家便利店（包括快客、好邻居、美宜佳等）达成联盟合作，以“携手万家便利店，共筑O2O”来实现线上线下两线之间的流程全打通。截至2016年6月30日，京东在中国范围内拥有7大物流中心，234个大型仓库，6 780个配送站和自提点，覆盖中国范围内的2 646个区县，仓储设施占地面积约550万平方米。在这种模式下，随着网络销售的增加，实体店还应该承担给网上交易做服务的角色。如做生鲜农产品的电子商务服务业务，为用户提供电子菜箱、智能菜柜等自取货箱等。这种模式并不是国内企业的首创。在2010年，日本的全家便利店就和日本物流巨头亚马逊合作，亚马逊将收货自提业务交给线下的全家便利店。这种流程是用户提交订单后，可以选择等待到店取货的邮件或短信通知，然后直接到便利店刷卡或现金结账。这种模式解决了亚马逊的“最后一公里”问题，全家便利店也增加了客流量，在卖货之外增加代缴费、充值等生活类服务，以吸引潜在消费者。

（4）组织发展网络化

互联网的出现不仅使人们相互之间的沟通方式有了根本性的改变，而且对人们的生活方式也产生了重大影响。这给企业的运营和管理带来了难以估量的机遇和挑战，组织未来发展的网络化趋势已经成为各界的共识。在这种理念下，20世纪90年代涌现出的虚拟组织、动态联盟、业务外包、敏捷制造和供应链管理等，实现了组织的多种创新，也为组织网络化提供了坚实基础。

组织发展的网络化表现出以下三个特点：

①灵活的动态调适机制。组织网络化不仅仅是把众多节点联结起来的分散管理网络，更重要的它是一个开放的系统，可以利用其灵活性来调节组织结构。相对于传统组织来说，网络组织的成员更具变化性。通过不断优化，网络组织即可逐渐完成动态创新与演化的过程。

②组织中的网络节点具有相对独立性和多角色性。它们之间是既合作又竞争的关系。构成网络组织的节点具有决策能力，它具有获取“网络利益”的强烈冲动。即使对于同样的市场需求，也存在多样的网络联结。这种网络成员的相对独立性和联结的不稳固性使得网络组织可以与外部企业进行各种交换，既可以获得有效的外部资源，也有助于形成组织间的网络。

③员工的知识和技能成为影响组织成长的重要因素。组织网络化发展打破了传统科层组织的管理模式，以项目团队和工作小组合作为主。团队成员来自不同岗位，知识和技能成为团队核心竞争力。

进入大数据时代，海量数据搜集、存储和处理变得轻而易举。企业能够迅速发现、管理多种数据源，这一方面大大降低了企业搜集处理信息以及内部组织协调成本；另一方面也使企业可以将产品和服务推广到更大范围和领域，增强了企业的生存能力。基于此，传统的科层组织管理模式正在向平台组织和网络组织发展，这已不是个别企业的行为，而是大趋。

本章小结

首先，本章对组织概念及相关问题作了系统介绍，包括组织的多重含义、组织的结构和组织职能，要求学生辨析组织设立中的一些基本问题，包括组织结构设计、组织分权与授权、组织人力资源管理、组织文化建设、组织运作与变革及组织内外部环境关系等。在实体组织标题下，重点介绍了各种类型的组织形式及特点。

其次，系统介绍了组织设计中的基本要素，包括工作专门化，重点介绍工作专门化与工作扩大化的关系。指挥链，是指从组织高层延伸到组织基层的一条持续的职权线。它界定了组织中各成员之间的隶属关系和职责权限，包含了职权、职责和统一指挥三个相关概念。直线与参谋概念可以泛指部门的设置，也可以专指职权关系。指出了直线与参谋在组织中的内涵与相互关系。在管理幅度与管理层次中，分析了由于管理幅度的限制在组织中形成的管理层次，指出了扁平与高耸组织结构对组织的影响，介绍了组织中集权与分权对组织发展的影响，最后，提出了组织中部门化的概念。

再次，本章系统介绍了组织设计类型，主要是直线职能制结构、事业部制结构、矩阵型结构、网络型结构和控股型结构。这些是组织结构的基本类型，具有一定的代表意义，众多中小企业基本上实行的是直线职能制组织结构，大型跨国公司多采用事业部制组织结构，而研究机构和类似组织采取的是矩阵型结构，网络型结构和控股型结构组织模式代表了新型组织发展趋势。要求学生清楚每种组织模式的特点，特别是网络组织与平台组织，了解各种组织模式对组织发展的作用。

最后，在组织变革与发展趋势中，介绍了机械式组织与有机式组织的特点及差异，简要分析了组织变革中的阻力，重点介绍了组织变革的发展背景、发展趋势的特点，如组织结构扁平化、组织运行柔性化、组织边界模糊化和组织发展网络化。要求学生学习这部分要与前面的内容结合起来理解。

本章案例

海尔的组织变革

海尔集团2018年1月6日发布数据显示，2017年海尔集团全球营业额实现2 419亿元，同比增长20%，利税总额突破300亿元，全球经营利润增幅达41%。海尔大型家用电器品牌零售量占全球的10.3%。从1984年的3.48亿元到2017年的2 419亿元，海尔为什么能实现这样的高速发展，许多人将其归功于“人单合一”的组织结构模式变革。

1）由职能制组织结构向事业部组织结构转变

1984年是海尔改革的元年。这时企业已经濒临破产，一年之内换了三任厂长，张瑞敏是第四个到企业任职的领导。这时企业已负债147万元。由于企业常年亏损，工厂无法给工人开工资，员工甚至合伙盗窃厂里的物资。海尔的最初管理是从“不准职工在车间大小便、不准在工作时间喝酒”的13条管理条例起步的。通过这种实用有效的手段在企业确立了管理基础，这就是OEC管理。被归结为“日事日毕、日清日高”的工作准则。

海尔的组织模式由简单的职能型结构发展成为事业部结构，管理决策权是以指挥链的形式体现，但为确保管理执行到位，在监督控制机制和体系方面不断健全完善，从组织文化建设的角度提升到战略层面，如“赛马相马理论”“海豚式升迁”等，旨在鼓励员工做出业绩。干部能不能干，不是领导说了算，而是制定规则，组织他们进行“赛马”竞赛，采取够分升级的形式。同时，干部不再是终身制，而是像海豚一样，能上能下。由此开始了海尔的大发展，1984年负债147万元，到1997年，销售额已经超过了100亿元，2002年已经超过700亿元，2005年已经超过1 000亿元。海尔由一个地区品牌、中国品牌发展成为国际品牌。

2）由事业部型组织结构向平台型组织模式转变

自2005年开始，海尔尝试进行组织结构的转型。组织变革的核心是要消除企业与客户的距离，进而使企业适应互联网时代的发展，同时还要最大程度地调动员工的积极性和自主精神，这一模式就是“人单合一”的管理模式。

《海尔转型》的作者曹仰锋认为：“人单合一”的“人”是具有自我管理、自我创业精神的员工，“单”即用户价值。“人单合一”模式的目标是每一位员工都在不同的自主经营体中为用户创造价值，从而实现自身价值，那么最终企业价值和股东价值都将得到体现。在“人单合一”中，“合”有三种形式：一是把每个员工与其用户所需要的价值匹配起来，消除员工与用户之间的距离，和用户的距离越近，就越能识别用户的需求，越能够创造出用户认可的价值；二是把“单”的大小，即目标大小与资源匹配起来，承接的“单”越大，所获得的资源和支持就越多；三是把每名员工所创造的价值与自己的利益匹配起来，完成“单”的价值越大，个人得到的报酬和利益就越多。

海尔的首席执行官张瑞敏认为：“人单合一”管理模式的实施需要实现三个转型：一是企业的转型。把原来金字塔的科层制变成一个网络性的组织，由自我为中心的封闭系统转变为互联网上的节点。二是员工的转型。员工由原来的雇佣者和执行者变成创业者和合伙人，鼓励员工自创业、自组织和自驱动。三是用户转型。把企业的顾客转变为客户。顾客是一次性交易的终结，而客户却是企业的长期甚至是终身服务的对象。企业从客户那里了解他们对产品的需求、使用习惯和体验感受，与客户一起设计产品、生产产品，为客户提供再服务。

组织层级的减少使企业开始了“人事地震”，海尔的中高层管理者职位级别从7级开始，7级管理者达到5 681人，8级是1 141人，9级为320人。由7级到9级，领导职位大幅度减少，大批的管理干部被扁平化到一线，直接面对用户，也有一些干部因不能适应组织变革而被淘汰。2012年年底，海尔共有2 233个自主经营体，员工原本是8万多人，一下子就裁减了1.6万人，其组织结构呈现倒三角形，成员在上，体长在下。体长的主要职责是为成员提供支持和指导。到2013年，在自主经营体的基础上又衍化成“小微”企业，有平台主、“小微”主和“小微”成员三类角色。“小微”是对用户负责的独立运营主体，拥有决策权、用人权和分配权。“小微”和平台之间是“市场结算”关系，平台报酬源自“小微”，平台的作用是为“小微”提供资源的支撑。相互之间以对赌机制为管理协作模式。在海尔创业平台上，其孵化的“小微”企业获得A轮融资的比例达到48%。

资料来源 根据以下资料整理：[1] 王钦．人单合一管理学 [M]．北京：经济管理出版社，2016；[2] 胡泳．张瑞敏如是说 [M]．杭州：浙江人民出版社，2004；[3] 曹仰锋．海尔转型 [M]．北京：中信出版社，2017.

思考题：

海尔组织变革每个阶段的特点是什么？其共性有哪些？海尔“人单合一”管理模式的本质是什么？对组织变革有哪些贡献？

思考与练习

1.怎样理解组织的概念？实体组织和组织职能区别的本质是什么？
2.组织结构设计的基本要素有哪些？怎样理解其相互关系？
3.组织分权模式越来越普遍，这是否违背了指挥链中的统一指挥原则？
4.组织中的直线与参谋职权的关系实质是什么？
5.组织的管理幅度与层次是什么关系？你怎样理解“宽”与“窄”的区别？
6.直线职能型结构和矩阵型结构的根本差异是什么？
7.网络组织与平台组织的特点是什么？
8.组织变革中产生的阻力来自于哪些方面？如何克服？
9.组织的发展趋势取决于哪些背景条件？变革趋势的特点是什么？

第8章

组织文化

学习目标

通过本章的学习，重点掌握组织文化的基本内涵、显性文化与隐性文化的差异，熟悉组织文化的特定功能与作用机制，了解具有代表性的组织文化类型，并能很好地把握组织文化建设的关键要点和基本方法。

8.1 组织文化内涵

8.1.1 组织文化的定义

1）何为组织文化

文化按《牛津现代辞典》的解释，是人类社会智力发展的证据、文明，如艺术、科学等。组织文化自然是建立在基本文化含义的基础上的，是指通过企业经营活动实践所形成的并为全体成员遵循的共同意识、价值观念、职业道德、行为规范和准则的总和。

组织文化研究起源于20世纪80年代，1981—1982年美国管理学界连续推出了四本有关组织文化的经典著作：《Z理论——美国企业如何迎接日本的挑战》《战略家的头脑——日本企业的经营艺术》《公司文化》《寻求优势——美国最成功公司的经验》，这四本著作掀起了组织文化研究的高潮，也标志着组织文化理论的诞生。由于文化内涵的丰富性，理论界对组织文化基本定义的解释分歧也较大，至今没有大家一致认可的权威表述。归纳起来，主要有以下几种代表性的观点：

（1）“总和说”。认为组织文化是物质文化和精神文化的总和。物质文化是指生产资料，生活资料，厂容厂貌和文、教、卫、体等基本设施及产品，是企业文化的物质基础，也是企业文化发达程度的外在标志。精神文化是指价值观念、道德规范、心理素质、精神面貌、行为准则、经营哲学、审美观念等，是企业文化的核心。“总和说”侧重研究了组织文化的范围。

（2）“同心圆说”。将组织文化解释为一个同心圆的三个层次，外层圆是物质文化，中层圆是制度文化，内层圆是精神文化。这种提法强调精神文化的核心位置，制度文化作为组织文化不可缺少的组成部分是由企业的法律形态、组织形态和管理形态构成的外显文化，它是企业文化的载体，把企业文化中的物质文化和精神文化有机地结合起来。企业的制度文化一般包括企业法规、企业的经营制度和企业的管理制度。

（3）“精神现象说”。认为组织文化是指一个组织以物质为载体的各种精神现象的总和。主要体现了以价值为核心内容的企业精神、思想方式和行为方式，是组织全体成员在生产经营活动过程中形成的共同的行为规范和价值观念。这种提法把组织文化提高到了一个新的层次，强调组织文化是一种精神现象。

（4）“群体意识说 ”。这种观点认为，组织文化是指企业员工群体在长期的实践中所形成的群体意识及行为方式。所谓群体意识是指员工所共有的认识、情绪、情感、意志及性格风貌。指出员工是组织文化的载体，组织文化的核心是群体意识。

（5）“五因素说”。其代表人物是美国的迪尔和肯尼迪，他们在《公司文化》一书中提出，组织文化是由五个因素组成的系统，其中，价值观、英雄人物、习俗仪式和文化网络，是它的四个必要的因素，而外部环境则是形成组织文化的一个最大的影响因素。“五因素说”从内外部角度阐释了组织文化的内涵。

（6）“七S框架说”。美国麦肯锡咨询公司的组织结构研究小组提出，任何一种明智的管理都涉及七个变量，它们分别是：结构、战略、体制、人员、作风、技巧和共有价值观。其中共有价值观不仅是企业文化的核心内容，也是组织文化与组织管理相契合的关键点。“七S框架说”阐述了组织文化与管理的相互关系。

综上所述，尽管不同观点强调组织文化的侧重点不同，在层次划分上也是各抒己见，但有一点是共同的，即组织文化的重要标志或者核心是价值观。

2）有关组织文化的基本问题

（1）组织文化的适应性。哈佛大学曾对207家美国公司进行过一项调查，证明了组织文化与外部环境之间的强相关关系。这项研究发现，仅靠企业文化，即便是十分优秀的文化，也并不能保证企业在经营中成功。因为如果企业文化不能根据所处环境的变化不断地进行变革，会严重制约企业的发展，甚至使企业走向衰败。适应性文化和稳定性文化不论在价值观还是在行为准则上，都存在差异。在适应性文化中，管理人员关注那些能够给公司带来有益变革的顾客和内部员工。而在稳定性文化中，管理人员所关心的只是他们自己和自己的价值观，他们倾向于反对冒险，也反对变革。这说明，仅有强有力的文化仍然是远远不够的，如果这种文化是非理性的，它对公司的发展可能会起到南辕北辙的作用。即便是充满理性的文化，也必须具有高度的环境适应性。

比较典型的是美国的麦当劳公司，2000年提供的麦香鸡是该公司15年前开发的产品，其经营利润无法弥补由于通货膨胀给公司带来的损失。公司陷入困境的主要原因就是公司多年形成的狭隘和偏执的文化。麦当劳公司大部分的高层管理人员早在尼克松时代就在公司任职，公司长期以来一直拒绝根据外部环境的变化，从外部引进人才参与管理，董事会也是由具有盘根错节关系的内部人组成的，他们没有变革的激情，更担心失去既得利益，一旦经营出现问题，管理人员便指责他人。一位资深的投资分析家曾评论麦当劳公司：“该是改变过去所形成的错误观念和认识的时候了。”

（2）组织文化的管理。组织文化既重要又无形，其管理就成为一个比较受关注的问题。组织文化管理主要着重以下几方面：

①管理者对所处行业的状况和组织的特征应该有很好的把握，能够清晰地了解在组织的不断成长中须建立什么样的组织文化。因为管理者能够影响组织内形成的价值观和规范的类型，而这些价值观和规范一旦形成，会成为员工的座右铭。例如，在高科技企业，组织提倡创新和冒险精神就十分重要。这不仅需要组织鼓励员工尝试新方法、不断创新进取、勇于承担风险，还需要组织形成宽松、和谐的人际环境。而在另一些企业，如核电站、炼油厂、化学工厂、金融机构和保险公司，严谨踏实、遵守规则、严肃纪律却应该是值得提倡的核心理念。在核电站这类组织

中，错误或疏忽可能导致灾难性的后果，必须有高水平的监督和控制。因此，不同类型组织的管理者，应该针对组织所处的任务环境、组织的战略目标和业务特点建设组织的价值观和规范。

②管理者要经常对现有的组织文化进行评估，注重由制度管理向文化约束发展。有句流行语是：小型企业靠管理、中型企业靠制度，大型企业靠文化。多项研究表明，强有力的组织文化的一个特定效果是降低组织员工的流动率。在强有力的组织文化中，组织成员对组织的立场有高度一致的看法。这种目标的一致性产生内聚力、忠诚感，而这些特征反过来又使员工离开组织的可能性降低。许多面向市场成长起来的500强中国公司都带有强烈的组织文化特征，如华为的狼性管理。

③组织文化管理的问题可能来自于跨文化和跨行业的兼并。自20世纪90年代开始，全球掀起了跨国兼并的浪潮，资本运营的模式确实给企业的快速发展带来了前所未有的契机。但组织整合带来的最棘手的问题不是机构调整、人员安排等，而是组织文化的整合和制度的设计。美国的克莱斯勒与德国的戴勒姆-奔驰公司合并后，长时期不同文化背景下组织雇员形成的各自具有民族性优势的特点却成了相互融合的障碍。如德国人的自律严谨在美国人看来是保守刻板，而美国人的热情洋溢、直率坦诚却让德国人觉得其傲慢自大，盛气凌人。合并中，甚至公司名称的设计都具有了更多的文化象征意义。联想于2004年收购了美国IBM公司的PC业务。两个公司管理文化的巨大差异，使公司最初合并的几年一直摩擦不断，导致高端客户不断流失，销售业绩大幅下滑，企业出现巨额亏损。2009年，65岁的柳传志再度出任联想集团董事长，杨元庆改任CEO。柳传志亲自负责董事会的沟通与协调，并主抓联想全球文化的重塑。两个季度后，联想扭亏，业绩有很大改观。

8.1.2 组织文化的结构与内容

1）组织文化结构

所谓结构就是事物各个部分的排列与组合。组织文化结构是组织中文化的各个组成部分的层次、顺序及相互关系。揭示组织文化的结构有助于我们认识组织文化作为一个有机整体和各个部分之间的关系，以便于对组织文化有整体的把握。

组织文化结构可以分为三个层次（如图8-1所示）：

（1）精神层。精神层又称为组织的精神文化。它是组织文化的最深层结构，也是组织文化的源泉，组织文化的核心。组织的精神文化是组织在运行过程中，在一定的社会背景情况下，长期形成的文化观和精神成果，包括组织精神、管理哲学、组织道德、组织价值观和组织风貌等，是组织意识形态的总和。它是组织制度文化和物质文化的升华，是组织的上层建筑。

（2）制度层。制度层是具有本组织文化特色的各种规章制度、道德规范和职工行为准则的总和，包括组织规定、组织纪律、员工服饰、组织标志，以及生产经营过程中的交往方式、行为准则等。制度层是组织文化的中间层，它构成了各个组织在管理上的文化个性特征。

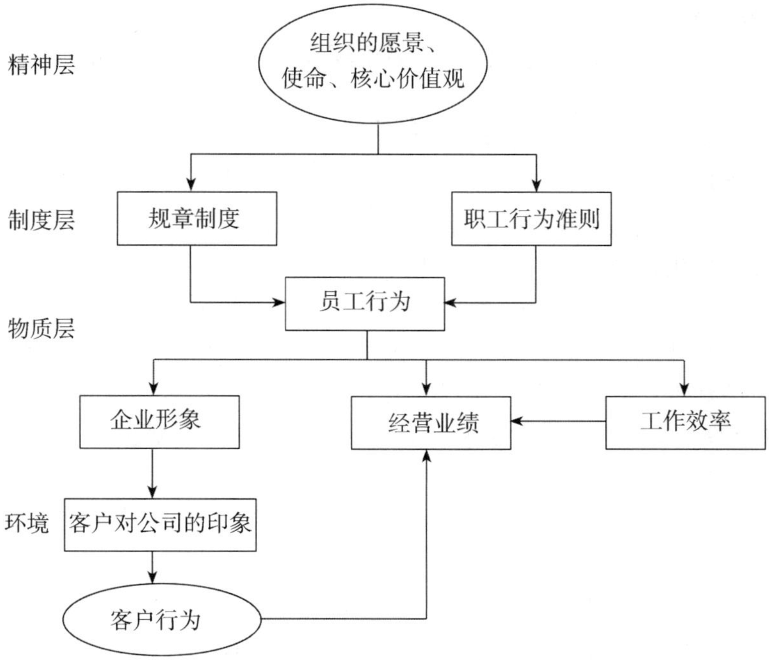

图8-1 组织文化结构与作用机制图

（3）物质层。它是凝聚着本组织精神文化的生产经营过程和产品的总和，还包括实体性的文化设施，如带有本组织文化色彩的生产环境、生产经营技巧以及保证组织发展的文化特定形式，如图书馆、俱乐部等。物质层是组织文化中最表层的部分，是人们可以直接感受到的，是从直观上把握不同组织文化的依据。

精神层、制度层和物质层由内到外的分布构成了组织文化的整体，三个层次之间是相互联系和相互作用的。其中，组织的精神层是最根本的，它决定着组织文化的其他两个方面，有什么样的精神层就有什么样的制度层和物质层；同时，制度层和物质层也是精神层的载体和表现。

比如，美国埃克森公司的价值观是高度尊重员工民主和平等的价值观，尊重个人的创造性，绝对相信个人的责任感，但同时，默认在作出一项重要决定前要达成一致。与此相适应，公司在制度层建设上倡导得体但不刻板的行为方式和衣着打扮，提倡非正式的沟通方式，部门和层次之间没有等级标志，讨论问题可以相互争论等等。而另一家总部设在欧洲的麦迪公司，它的价值观是尊重资历、学识和经验，注重通过服务时间的长短、整体工作情况和个人的教育背景来评价职工。因此，在制度层和物质层上就表现为：一切都是规范化的、正式的，大楼中各办公室都有正式标志，大厅中的气氛静默，人们在大厅中见面时有周全的礼节，有专门的经理人员餐厅，公司文件中使用正式的学术语，以及注重计划、程序和正式的会议文件等。埃克森公司和麦迪公司精神层的不同使它们的制度层和物质层表现为完全不同的内容。

2）组织文化的内容

组织文化内容分类有许多方法，我们比较赞同以显性和隐性的分类角度来描述组织文化内容。

（1）组织文化的显性内容。组织文化的显性内容是指那些以精神的物化产品和精神行为为表现形式，人们通过直观的视听器官就能感受到的组织文化部分。它主要包括组织的标志、工作环境、规章制度和经营管理行为等。组织文化的显性内容是组织精神的外化，属于组织隐性文化的载体。

组织标志是指以标志性的外化形态来表示本组织的组织文化特色，并且和其他组织明显地区别开来的形式，包括组织的标识、服饰、标徽、旗子、歌曲、产品商标以及组织的标志性建筑和车辆等。组织文化的建设，包括精心设计具有显著标识的一整套的组织标志性内容，这些组织标志的形成是为了彰显组织文化的独特色彩，是本组织与其他组织相区别的显著特征。可以说组织标志是组织文化最表层但又是不可缺少的重要组成部分。许多情况下，它已经成为组织的经典标志，如三个菱形组成的三菱公司的标志。

工作环境是指职工在组织中办公、经营和休息的场所，包括办公楼、生产经营场所、俱乐部、图书馆等。工作环境之所以是组织文化的重要组成部分，是由于这些场所构成了组织员工活动和工作的基本空间。良好的工作环境不仅是组织坚持贯彻以人为本，爱护员工、保障员工权利的具体表现，也是组织能有效激发员工热爱组织、努力工作的积极性的重要渠道。世界著名的500强企业之一的贝尔公司，在世界各地的分公司的建筑都是请最著名的设计师设计的，包括员工餐厅与会议室，因为公司的原则是最好的企业有最好的员工，配置最好的设施。

组织的规章制度是组织成员所必须遵循的行为规范的总和。它不仅体现了组织的特色、组织的精神面貌，也是组织哲学、价值观念、道德规范等的具体实施和直接体现。需要指出，组织的规章制度虽然对员工的生产经营活动起约束作用，但它属于硬约束，无助于员工积极性和自觉性的发挥。组织还应该注重发挥组织文化中软约束的作用，即通过强化组织核心价值观、组织的哲学信念激发员工对组织的向心力，通过确立员工对组织的忠诚来加强其自律行为。最著名的企业制度如华为公司的“华为宪章”，便成了华为发展的根本大法。

组织中员工的管理行为也是组织文化的内容，当然，优秀组织文化中的经营管理行为是指那些在以人为本的经营管理哲学指导下的领导行为，和以全体员工共同意志为基础的自觉的生产经营活动。组织应该提倡在生产中坚持以“质量第一”为核心的生产活动，在销售中坚持以“顾客至上”为宗旨的业务活动以及组织内部以“建立良好的人际关系”为目标的公共关系活动等等。通过组织中员工建立在组织基本道德和行为规范基础上的良好行为，确保组织的良性发展和有效运行，这些也进一步强化了组织的文化建设。海尔实现了最快速地响应市场，是与每一名员工都自觉贯彻“市场第一、顾客至上”的理念分不开的。

（2）组织文化的隐性内容。组织理论研究表明，组织的核心竞争力来源于组织的隐性知识，而以组织的隐性知识为主构成的文化就属于隐性文化。所谓隐性知识是指存在于员工个体和各级组织（团队、部门、层次等）中难以规范化、难以言明和模仿、不易交流与共享，也不易被复制或窃取、尚未编码和显性化的各种隐性知识，同时还包括通过流动与共享等方式从企业外部有效获取的隐性知识。

在此基础上我们将组织的隐性文化内涵解释为以组织哲学、价值观念、道德规范、组织精神为主的文化内涵，同时还包括组织的美学意识、组织心理、组织的管理思维方式等内容。这些内容都是在组织长期的生产经营活动中形成的，存在于人们的观念中，并通过特定的形式表现出来。尽管这些内容可能都是以文字、口号甚至是制度等形式表现出来的，但是隐性文化的建设是组织长期积淀形成的，它既不能通过购买来建立，也无法在短期内形成系统的文化整合，但它却直接影响组织的生产经营管理活动，是组织发展的核心竞争力。

组织哲学是一个组织全体职工所共有的对客观事物的一般看法，是对贯穿于组织各种活动的统一规律的认识，是组织理论化、系统化的世界观和方法论，用于统领组织的生产、经营、管理等活动。因此，组织哲学从一定意义上讲是组织最高层次的文化，它主导、制约着组织文化其他内容的发展方向。组织哲学不同，组织的建设和发展也必然不同，它是组织人格化的基础，是组织的灵魂和中枢。从组织管理角度看，组织哲学已经经历了从"以物为中心"到"以人为中心"的转变。泰勒提出的组织哲学就是以物为中心的，行为科学理论则使理性主义哲学开始向人本主义哲学转化。进入20世纪80年代，组织文化理论使组织哲学再次发生一场变革，形成了以人为本的人本主义管理哲学。美国明尼苏达采矿制造公司（以下简称3M公司）重视个人的首创精神和企业家精神，将尊重员工的创造性放在至高无上的地位，允许员工工作期间有15%的时间可以干"私活"，实际上是允许员工钻研自己感兴趣的事物，甚至任何人都不得干扰指责。该公司所有的新雇员都要参加关于风险行为的课程，在课堂上他们被告知，即使冒犯自己的上司，也要去追求实现自己的理念。

价值观念是人们对客观事物是非、好坏、善恶的评价标准，是对客观事物和人是否具有价值以及价值大小的总的看法和根本观点，包括组织存在的意义和目的，组织各项规章制度的价值和作用，组织中人的各种行为和组织利益的关系等等。组织哲学的不同，导致了组织价值观念的不同，以物为本的组织哲学会形成一切以有利于物的发展为标准的评价体系；而以人为本的组织哲学会形成一切以有利于人的自觉性发挥为标准的评价体系，这种评价体系的不同就是价值观念的不同。通用电气公司在杰克·韦尔奇的倡导下，奉行只有认同公司价值观的人，才能够在公司得到重用，即便你业绩不好，公司也愿意给你机会；但如果不认同公司价值观，即使你业绩很好，公司也会请你离开。2014年2月，微软宣布印裔美国人纳德拉将成为微软下一任CEO。纳德拉上任后，表现出与通用的明星总裁完全不同的管理风格，在短短的时间内，把自己塑造成"反鲍尔默"的新任CEO。敲桌子的虚张声势之举没有了，和善温厚的好奇心出现了，人们不再谈论抓住价值10亿美元的机遇或者实现财务业绩目标，转而强调把赚到的利润加以投资，用来赢得大批新的用户。

组织的道德规范是组织在长期的生产经营活动中形成的，人们自觉遵守的道德风气和习俗，包括是非的界限、善恶的标准和荣辱的观念等等。道德规范是调节人们行为的一种手段，它是和组织的规章制度相对应的，它们的区别就在于规章制度是显性的，是硬性的管理，是靠约束力来保证实施的，而道德规范是隐性的，是软性的约束，是靠人们的自觉性来保证实施的。道德规范是通过影响职工的思想观念，确立明确的是非观念，从而导致职工的自觉行为。因此，组织道德规范的作用是不容忽视的。组织文化以组织的道德规范为重要内容，是区别于其他管理理论的一个主要表现。同仁堂是一个具有340多年历史的中药企业，其创始人尊崇“可以养生、可以济世者，唯医药为最”，把行医卖药作为一种济世养生、服务社会的事业来做。这种诚信服务的理念，影响着同仁堂一代又一代人，并逐步升华为同仁堂的文化而代代相传。它所提倡的“修合无人晓，存心有天知”以及“品位虽贵必不敢减物力，炮制虽繁必不敢省人工”堂训，就是这种中华诚信道德的本质体现。

组织精神是指组织群体的共同心理定势和价值取向。它是组织的哲学、价值观念、道德观念的综合体现和高度概括，反映了全体职工的共同追求和共同认识。如大庆的“铁人精神”、鞍钢的“孟泰精神”、日立制作所的“和”字精神等等。这些组织精神虽然千差万别，但其核心内容都是激发职工的工作热情、发挥其自觉性、明确其责任感。现在许多组织都注意把本组织的组织文化加以总结和概括，挖掘出其中最有代表性的内核，并把它升华为一种精神，从而激励全体职工为之奋斗。组织精神的形成是比较容易的，而要真正使每个职工以组织精神为精神支柱却不是一两天所能实现的。

8.2 组织文化功能与形成机制

8.2.1 组织文化功能

组织文化在组织管理中发挥着重要功能，主要表现在：

1）导向功能

导向功能是指组织文化对组织中每个成员的价值及行为取向起引导作用，使之符合组织所确定的目标。因为一个组织的组织文化在逐步形成过程中，会建立起系统自身的价值和规范标准，并为组织大多数成员所自觉接受。当组织群体价值取向和行为取向与组织文化的系统标准产生悖逆现象时，组织文化将发挥导向作用。但这种导向作用是通过组织文化的塑造来引导员工的行为心理的，使人们在潜移默化中接受共同的价值观念，自觉地把组织目标作为自己追求的目标。

群体理论研究表明，群体在形成过程中需要不断的磨合与相互碰撞，最后群体结构趋于稳定是源于群体成员接受已经形成的群体规范。这在组织中表现为组织文化的引导和约束。王石在创建万科之后，起初要建立怎样的公司文化，他还没有考虑，但在一次业务交往过程中，一个负责审批车皮的官员给了他启发。他给人家送两条烟，希望对方批给车皮，但几次都没有送出去。最后对方告诉他，我看中的是你做事的决心和能力，就想帮帮你，别想太多啦。这让王石深受感动，也下定决心，做企业绝不行贿。在万科已经成为中国房地产公司的标杆企业时，他还经常高调宣布这一理念。同时，在公司内部他大力倡导不行贿、不投机、不贪意外之财，这也成为万科发展的文化基石。

2）凝聚功能

组织文化的凝聚功能是指在组织文化中被员工所接受的价值观等会表现出强烈的“群体意识”，成为一种黏合剂，把组织中个人的目标和追求与组织的整体目标和发展有机结合起来，并从组织的各个方面把其成员团结起来，从而产生巨大的组织向心力和凝聚力。组织文化是组织全体员工共同创造的群体意识，它所包含的价值观、组织精神、组织目标、道德规范、行为准则等内容，均寄托了组织成员的理想、希望和要求，关系到他们的命运和前途。组织成员由此产生了“认同感”，使他们愿意将个人融入组织这个集体中来，将组织利益当作大家共存共荣的根本利益，并将个人发展与组织的成长融为一体，愿意与组织同甘共苦。

组织文化的凝聚功能还反映在组织文化的排外性上。对外排斥可以使个体凝聚在群体之中形成命运共同体。成立于2003年的淘宝网，创业之初的办公室就在杭州市湖畔花园的住宅小区。在一个150平方米的住宅里，云集了阿里巴巴的十八罗汉，而这些人在公司成立之初，就按照马云的提议，每个人都有一个花名。如群的负责人是花名“财神”的孙彤宇，马云的花名是“风清扬”，淘宝技术团队负责人师昱锋的花名是“虚竹”，淘宝网前CEO姜鹏的花名是“三丰”，阿里云飞天八部专家蔡景现的花名是“多隆”。这表明他们做好公司的决心，同时，在公司内部，不管职位多高，员工之间都直呼花名，真诚相待，淡化了员工之间的等级观念，有助于相互团结，激发斗志。

3）约束功能

组织文化的约束功能主要是指组织文化对每个组织成员的思想、心理和行为具有约束和规范的作用。组织是由众多个人构成的“群体”，虽然组织有正式的规章制度和纪律要求，但并不能保证组织的成员在任何时候、任何情况下都能够自觉遵守，特别是当服从组织纪律要损失个人利益时，更是如此。这时，组织文化的软约束作用便突显出来，这种软约束是组织中形成的特定的人际氛围、群体行为准则和道德规范，它会使组织成员感受到一种压力，甚至是遭受群体成员唾弃的危机感。这种组织内形成的文化氛围，会使个体将从众化的群体心理压力放大，使组织成员产生心理共鸣，继而产生行为的自我控制。组织成员试图通过与组织中的多数个体保持一致，以寻求安全感和归属感。

中国电器业巨头海尔集团在企业发展初期实施的是惩罚式为主的管理模式，虽然效果显著，但长此以往负面作用凸现。从20世纪90年代中期开始，海尔公司注重加强组织文化建设，经过20多年的发展，形成了独具特色的海尔文化，它起到了具体制度约束起不到的作用，提升了海尔人的自律意识和综合素质。在海尔不论是在什么岗位，哪一管理层次的管理者都承认，海尔文化使员工懂得了什么是对组织有利的，什么是不利的，甚至是有害的，海尔文化教育了海尔人怎样思考、处理问题和保持行为操守。

4）激励功能

组织文化的激励功能是指组织文化具有使组织成员从内心产生一种高昂情绪和发奋进取精神的效应。组织文化强调以人为中心的管理方法。它对人的激励不是一种外在的推动，而是一种内在的引导；它不是被动消极地满足人们对实现自身价值的心理需求，而是通过组织文化的塑造，使每个组织成员从内心深处产生为组织拼搏的献身精神。

积极向上的组织精神及文化传统本身就是一把员工自我激励的标尺，员工通过它对照自己的行为，找出差距，可以产生改进工作的驱动力。同时，组织和团体内共同的价值观、信念及行为准则又是一种强大的精神支柱，它能使人产生认同感、归属感及安全感，起到相互激励的作用。美国3M公司之所以能涌现出许多革新能手和“地下”革新小组，正是因为这些员工深信，不仅公司领导支持他们这样做，其他员工也在这么做。该公司20世纪70年代末已有产品5万多种，每年还有100多种新产品问世。到2012年，3M公司已经开发了超过7万种的产品，世界上约有50%的人每天间接和直接地接触到3M公司产品，产品的设计和制造分布在全球200多个国家，每年销售额超过300亿美元。3M公司是世界上创新程度最高、制度体系最完整、以创新文化为主导的跨国公司。

5）辐射功能

组织文化的辐射功能是指组织文化一旦形成较为固定的模式，它不仅会在组织内发挥作用，对本组织员工产生影响，而且也会通过各种渠道对社会产生影响。组织文化向社会辐射的渠道是很多的，但主要可分为利用各种宣传手段和个人交往两种途径。一方面，组织文化的辐射功能可以树立组织在公众中的形象。这主要体现在组织文化建设中视觉识别系统的建设，如公司标识、标准字和标准色以及精心设计采用的办公设施和办公用品等，公司员工所展示的精神风貌也有助于传播组织的特定形象。另一方面，组织文化是社会文化的重要组成部分，对社会文化发展有直接的影响。例如，美国以“S”为标志的喜来登管理集团在全世界有500多家饭店，不仅该集团旗下精美的建筑物成为世界各大城市的一道风景，而且其“一切从小处着眼，对顾客服务无微不至”的组织精神也辐射到全世界，成为许多组织学习的榜样。

8.2.2 组织文化形成机制

组织文化是伴随着组织成长不断积累形成的，但如果分析成功企业的组织文化，其发展路径具有一定的规律性，也就是说组织文化通常是在一定的生产经营环境中，为适应组织生存发展的需要，首先由少数人倡导和实践，经过较长时间的传播和规范管理而逐步形成的。

1）组织文化是在一定环境中形成的

组织的存在和发展离不开所处的环境，组织文化的建设也同样如此。存在决定意识，组织文化的核心价值观就是在企业图生存、求发展的环境中形成的。例如，中国企业在计划经济时代是通过发展工业立国强国的，产业高于一切。商业、企业和终端顾客是工业的附属。而中国发展市场经济，使企业逐渐树立了“用户第一、顾客至上”的经营观念，随着买方市场的形成，企业间竞争不断激化，这些经营观念已成为企业核心价值观的主要内容。20世纪50至60年代我国处于国外封锁、国内经济困难时期，大庆企业的“为国分忧、艰苦创业、自力更生”精神，不仅鼓舞了中国整个工人阶级，甚至成为国家提倡的主导精神，带动了社会文化进步。组织作为社会有机体，要生存、要发展，但是客观条件又存在某些制约和困难，为了适应和改变客观环境，就必然产生相应的价值观和行为模式。同时，也只有反映组织生存发展需要的文化，才能被多数员工所接受，才有强大的生命力。

2）组织文化发端于少数人的倡导与示范

文化是人们意识的能动产物，不是客观环境的消极反映。在客观上出现对某种文化的需要往往交织在各种相互矛盾的利益之中和羁绊于根深蒂固的传统习俗之内，因而一开始总是只有少数人首先觉悟，他们提出反映客观需要的文化主张，倡导改变旧的观念及行为方式，成为组织文化的先驱者。正是由于少数领袖人物和先进分子的示范，启发和带动了企业的其他人，形成了企业新的文化模式。横店集团的缔造者，现任集团董事长的徐文荣倡导中国的儒家文化，他公开在企业的各种场合宣讲儒家文化的核心理念——中庸平和的纲常伦理，并将其融入企业的经营哲学和管理制度，用中国文化的精髓治理现代的家族企业。

3）组织文化是不断实践与规范管理的结果

组织文化的形成实质上是一个以新的思想观念及行为方式战胜旧的思想观念及行为方式的过程。因此，新的思想观念必须经过广泛宣传、反复灌输才能逐步被员工所接受。首先，组织创建者作为精神领袖的作用十分重要，组织文化创建初期，主要是组织缔造者的文化。其次，组织中树立或推崇的英雄人物，也具有很好的示范作用，组织成员模仿这些人的行为也就推广并弘扬了组织文化。最后，对于跨国公司而言，组织文化的拓展一定带有本民族基本文化的烙印。例如，日本的企业文化的核心价值观几乎是各有千秋的，丰田公司的“超越时代，力戒华美，追求质朴、刚健”，松下公司的“光明正大，公平竞争，和亲一致，奋力向上”，日立公司的“节约精神、技术和人”等都各具独特之处，但企业的危机意识和员工以企为家的精神却是高度一致的。

4）组织文化建设是需要不断巩固和完善的系统工程

组织文化建设一般都要经历一个逐步完善、定型和深化的过程。一种新的思想观念需要不断实践，在长期实践中，通过吸收集体的智慧，不断补充、修正，逐步趋向明确和完善。但文化的自然演进是相当缓慢的，因此，组织文化一般都是规范管理的结果。企业领导者一旦确认了新文化的合理性和必要性，在宣传教育的同时，便应制定相应的行为规范和管理制度，在实践中不断强化，努力转变员工的思想观念及行为模式，建立起新的企业文化。其中CIS（corporate identity system）即企业形象系统最为企业所推崇。CIS是指对内运用视觉设计与行为的展现，将企业的经营理念和特质视觉化、规格化、系统化，在此基础上实施有效的管理；对外则是企业的形象战略，使企业的经营理念形成一个鲜明的概念，经由具体的展现来提升企业在市场竞争中的形象识别。下大力气建设CIS会使组织的精神面貌和运行发展都独具特色，有助于强化企业的竞争力。

8.3 组织文化类型

组织文化类型是研究组织文化的重要内容，不同组织的成长、发展背景和过程不同，但组织文化却都具有个性化的特征。找出文化的共性特征可以对组织的文化建设提供更多的借鉴。这里，我们主要介绍几种比较有代表性的观点。

8.3.1 杰弗里·索南菲尔德的文化类型

美国学者杰弗里·索南菲尔德通过对不同组织结构的研究，提出了组织文化的标签理论，将组织文化之间的差异类型用学院型、俱乐部型、棒球队型和堡垒型四种类型来概括。

1）学院型文化

这类组织喜欢雇用刚毕业的大学生，公司为其提供大量的专门培训，然后指导他们在特定的职能领域从事各种专业化的工作，这样进入具体职位的员工会很快掌握专长，而这又是他们获得奖励和晋升的基础，但组织中的员工很少在部门间调动。可以说，专业化为员工提供了工作的安全保障，但同时又限制了部门间的合作和个人的发展。很多历史悠久的组织，如可口可乐、福特和国际商用机器公司等都具有这种文化的特征。

2）俱乐部型文化

这类组织非常重视员工的忠诚感、承诺和奉献。员工年轻时进入公司工作，随着资历的增加，工作经验和专业技能不断丰富，这是他们晋升的主要条件。这种组织文化模式提倡员工的自我发展，在每一级别上证明自己的能力。因此，员工表现出明显的对组织的依赖并愿意融入到组织中。日本企业的组织文化都表现出这种特点，如核心员工的终身雇用，实行家族式的管理方式，员工从不举行罢工、抗议等示威性的活动。

3）棒球队型文化

这种组织文化提倡创新和冒险精神。这主要源于组织发展两个方面的特点：高风险的决策环境和对环境快速反馈的要求。它表现为组织从各种年龄和不同工作阅历的人群中寻求合适的人选，公司根据员工的实际产出状况支付报酬。由于组织推崇才干、创造性、革新与绩效并据此奖励员工，因此，这类组织中员工的积极性能够得到有效的激发，工作自由度也比较好，员工专业技能和经验都能得到很好的锻炼与积累。这类企业员工跳槽现象也比较普遍，员工对企业的忠诚度较低。现在许多高科技企业，如亚马逊、微软、思科等公司的企业文化就属于这种类型。

4）堡垒型文化

这类公司管理的重心是企业的生存与发展。在企业发展的初期，公司可能是前面三种类型中的某一种，但企业处于成熟期向衰退期转变的阶段时，就会表现出许多“求生存”的典型特征。组织文化表现为定期裁人或重组，公司几乎不给员工提供工作保障、成长和职业发展的机会，但也可能为喜欢挑战的管理者提供施展才能的空间。这类组织不是追求工作稳定、希望平稳发展的员工的理想组织模式，但对于喜欢挑战的人，却是一个令人兴奋的工作环境。一般来讲，一些夕阳产业中处于困境的企业均属此类，如矿山、纺织等行业中的公司。

8.3.2　迪尔与肯尼迪的文化类型

1982年，美国两位研究组织文化的著名学者特雷斯·E.迪尔与阿伦·A.肯尼迪在《企业文化》一书中，提出了另外四种不同的文化分类模型：硬汉型文化、玩命工作与享受型文化、赌徒型文化和过程型文化。他们选取的关键性的分类指标有两个：与公司活动相联系的风险程度、公司和员工获得判断企业决策或战略成果的反馈信息的速度。

1）硬汉型文化

硬汉型文化的特征是风险大、信息反馈快。这种高压的文化可能使组织超高速成长，也可能使之迅速衰败，甚至夭折。具有这类文化的组织发展所面临的风险较大，但利润也较高，如广告、娱乐、建筑、咨询和外科医疗等行业的组织。处在这种文化中的员工的特点表现为对信息反馈迅速，能及时调整自己的行为，组织可以快速造就成功者，当然失败的概率也极高。这种文化推崇个人英雄，员工信奉的是只要能成功，可以使用一切手段。这种文化强化了员工不惜冒险取得成功的信念，也在客观上促进了企业的快速发展。但这种文化的弱点却导致了人们忽视长期持久的努力，相互之间缺乏协作精神。取得成功的人的示范效应并不都是正面的，有些示范效应甚至会对组织长期维持的一种强有力的文化产生破坏作用。

2）玩命工作与享受型文化

这类组织文化的特征是风险小、信息反馈快。销售组织、房地产公司、连锁店、保险公司等常常具有这类文化的特征。对组织中的员工来说，风险较小，业务的发展就比较顺利，他们成功的几率也大，这种组织特别能吸引喜欢挑战的员工。此外，对信息反馈十分迅速，市场成熟度高，顾客群体特征鲜明，客观上也比较有利于企业发展。需要指出，在这类文化中生存的关键是具备高度的互动性。这种组织的文化特色就是企业的英雄主要是由“销售奇才”来担当的，他们工作出色，业绩惊人，是众多员工追求的榜样。所以，这种文化表现为，经常举行大规模、隆重的庆典和礼仪，以达到凝聚员工、激励员工的目的。但是过分注重短期效果容易使员工追求短期利益，草率行事。该文化能吸引那些失意的年轻人重新开始，但也会给老员工带来巨大的冲击，造成企业内部竞争激烈。

3）赌徒型文化

赌徒型文化的决策风险大、信息反馈慢。石油、航空、证券等行业一般具有这类文化的特征。由于重大决策可能影响公司的未来，因此，组织中的管理者常把注意力放在对日常琐事的处理上。该文化崇尚技术能力、专业能力，这些人会在组织的决策中发挥重要的影响作用。该文化有利于产生许多可能带来长期潜在收益的突破性发明，但是所需要的时间很长，难以适应急剧变化的经济环境。

4）过程型文化

过程型文化的特征是风险小、信息反馈少。政府机构和受严格管制的行业属于这一类型。员工工作过程辛苦，但工作成效却很难显现，他们对大环境的作用也很少被认识到。这类文化进一步强化了组织的特性，约束组织成员循规蹈矩、严守纪律，以避免出错，违纪行为在这类文化中是绝对不允许的。因而，人们要学会处理各种具体事务，保护这种体制不受外界的政治干预。官职和头衔对构成过程型文化的“等级制度”至关重要。过程型文化为人们的工作环境提供了秩序和可预见性，并且也界定了其他文化发挥作用的范围。出现异常情形时，过程型文化只能用其相互矛盾的条例处理互不相干的情况。

8.3.3 丹尼森-达夫特的文化类型

达夫特教授认为，组织的战略和外部环境对组织的文化影响很大。组织的文化应该体现出组织在其环境中有效运作所需要的一切。组织的文化与组织战略以及环境之间适宜的关系，能够提高组织的绩效。因此，他是依据文化与战略和环境之间的匹配，来进行组织文化分类研究的。

1）适应型文化

这种文化强调通过灵活性和变革以适应顾客需求，将管理的重点集中于组织的外部环境上。这种文化类型的公司并不只是快速地对环境变化作出反应，而是积极地创造变化。革新、创造性和风险行为被高度评价并得到奖励，其中，在外部环境要素中，最重要的是组织服务的顾客。例如，市场营销、电子、化妆品公司可以采用这种类型的文化，因为它们都必须迅速地行动以满足顾客的需要。通用电气公司在韦尔奇执掌帅印时，组织变革的指导思想就是将僵化的文化转变为适应性文化，一个拥有17级管理层，员工超过37万人的巨型企业要像小企业那样对市场反应灵活，首先必须使管理人员在思想上转变，其次才是组织结构上的调整，最后是坚持以绩效考核为主的管理模式。

2）使命型文化

使命型文化集中关注组织目标的清晰，愿景、特定目标的达成。使命型文化的特征是着重于对组织目标的一种清晰认知和组织目标的完成。在这类组织中，销售额、利润率、成本费用和市场份额等主要指标的制定和实施与组织的整体目标紧密相联，企业成长的压力和紧迫感是企业发展的动力源泉。管理者通过建立愿景和传达一种组织的期望来塑造雇员行为和激励员工。当环境稳定时，组织可以把愿景转换成为可度量的目标，并且评价雇员达到这些设定目标的业绩。在环境变化时，愿景的激励作用更为直接。在某些情况下，使命型文化反映了一种高水平的竞争力和一种利润导向的方针确定模式。2014年的大事件之一，就是阿里巴巴在美国上市，创造了IPO神话，使阿里巴巴成为全球市值最大的公司。其中，在纽交所上市敲钟的8个人都是阿里巴巴的客户、合作伙伴和员工，却没有一个高管。马云曾经就此问题回答过记者：我们幸运地走过15年，我们到底希望什么，我们到底希望谁成功，这么努力的目的是让那批小的卖家、小的商家、消费者、快递人员成功，只有他们成功了，我们才有成功的意义。我们可以认为，马云的这些话代表了阿里巴巴成长的神圣使命。

3）小团体式文化

小团体式文化主要强调组织成员的参与、共享和外部环境所传达的快速变化的期望。这种文化中最重要的价值观是关心员工。只有这样做组织才可以适应竞争和不断改变的市场。时装业、零售业和许多高科技公司可以运用这种文化类型，因为这种文化可以发挥雇员的创造力，以便对市场作出及时的反应。

4）官僚制文化

官僚制文化以内向式的关注、一致性的导向来应对稳定的环境。在这种文化中，个人参与在某种程度上有所降低，但这被员工间高水平的一致性、简洁性、合作性所弥补。这种组织依赖高度整合性和高效率而获得成功。此类公司内部等级制度森严，纪律严明，不仅员工职位、职责和薪酬等级明确，甚至公司的建筑物都在某种程度上显示了组织的威严，就连公司内部的停车场也分出等级。具有悠久历史传统的英格兰银行是英国银行业的翘楚，一直以其信誉卓著而著称，其组织的发展和管理模式很有特点。银行的建筑恢宏大气，显示的是这个公司悠久的历史和卓越的信誉，员工着装一丝不苟，举止谦谦有礼。总之，这里的一切都是规规矩矩的，体现着秩序和规则。

8.3.4 威廉·大内的文化类型

1980年，美籍日裔教授威廉·大内出版了《Z理论——美国企业界怎样迎接日本的挑战》一书。在该书中，他把美国、日本企业绩效的差异归结为文化的差异，他认为美国企业的文化是A型文化，日本企业的文化是J型文化，而把美国少数几个企业（如IBM公司、P&G公司等）自然发展起来的与J型文化具有许多相似特点的企业文化，称为Z型文化，进而得出研究结论，美国企业要提高绩效，必须将其A型文化转变成Z型文化。

1）A型文化

A型文化的组织特征主要表现为实行短期雇用制，组织实行迅速的评价和快速晋升，即绩效考核期短，员工得到回报快，所以，员工稳定性差；公司提倡专业化的发展道路，组织员工只关注自己的专业范围和领域，但对企业的全面工作并不了解；公司还实行明确的控制，赏罚严明，但员工多表现为照章办事；强化组织中的个人决策，决策速度快，但不利于调动其他参与决策者的积极性；实行个人负责制，任何事情都有明确的负责人，管理者只需要对顶头上司负责，协调关系有限。

2）J型文化

J型文化的组织特征主要表现为实行长期或终身雇佣制度，使员工与企业同甘苦、共命运；组织对员工实行长期考核和逐步提升制度，员工不关心个人晋升，只要努力工作，迟早会有回报；公司推崇非专业化的发展道路，培养适应各种工作环境的多专多能人才；管理过程既强调运用统计报表、数字信息等清晰鲜明的控制手段，也注重对人的经验和潜能进行细致而积极的启发诱导；组织采取集体研究的决策过程，涉及决策执行的所有人都可发表个人意见，所以，决策时间较长；对工作采取集体负责制，避免突出个人；树立牢固的整体观念，员工之间平等相待，每个人对事物均可作出判断，并能独立工作，以自我指挥代替等级指挥。

3）Z型文化

针对上述两种文化各自特点以及一些利弊要素，作者提出要建立Z型文化。这种组织文化的特征是实行长期雇佣制，鼓励员工对企业忠诚，以增强组织凝聚力；制定一种缓慢的评价和提升制度，目的是要培育职工的长期观念与协作态度；扩大职业发展道路，有计划地实行横向职务轮换，以培养人的多种专业技能；主张在企业内部建设高度一致的文化，用自我指挥取代等级指挥，强化员工的内在控制，将硬管理向软管理转化；找出可以让基层雇员参与的领域，实行参与管理；提倡强化共同目标，使每个人都能自觉地对集体作出的决策负责，从而避免紧张状态；建立员工个人和组织的全面整体关系。

8.4 组织文化建设

通过调查组织的文化现状，分析组织文化建设的要求，诊断出组织现有文化存在的关键问题，为文化核心理念的定位奠定基础，完成组织文化精神层面的建设。在此基础上，组织要树立并宣传与管理哲学相适应的英雄人物和典型案例，确立组织的机制与策略，并结合公司战略与目标，形成公司的管理制度体系，实现组织文化制度层面的建设。最后，着手建立组织文化物质层面，这需要借助CIS营销手段。

8.4.1 组织文化建设的基本程序

（1）在组织文化的现状分析中，主要应发现并分析现存组织文化的关键问题，这些问题包括员工对本组织的文化认识在哪一层面，组织的领导者推崇的哲学是什么，员工信奉什么，在本组织中哪些要素对提高企业的竞争力、凝聚力有重要作用，企业现有的文化是否符合企业的需要，组织文化与组织的战略匹配程度如何，现存的管理制度是否与组织文化相配套，等等。

（2）要对现有组织文化的核心价值观和管理哲学进行系统研究，评价的标准应在“组织文化定位的七大要素”上，见表8-1。

表8-1 **组织文化定位的七大要素**

定位要素	要素内容
创新与冒险	公司鼓励员工创新和冒险的程度
注意细节	公司是否期望员工做事缜密，善于分析，注意小节
结果导向	管理人员将注意力放在结果上，还是手段和过程上
团队导向	公司是否以团队而不是个人的工作来组织活动的
人际导向	管理决策层是否会考虑决策对公司成员的影响
进取心	组织员工的进取心和竞争性如何
稳定性	组织活动重视维持现状还是重视成长

资料来源 罗宾斯. 管理学［M］. 孙健敏，译. 北京：中国人民大学出版社，2004.

（3）在完成了对组织文化的再定位后，要对组织核心价值观进行提炼。核心价值观实质是组织文化定位的凝练表述，是组织所有制度设计、政策制定和员工行动的前提。当然，组织核心价值观能够真正发挥统领作用，要有两点保证：一是核心价值观必须是组织自身需要并使员工真正相信的，不能简单地购买或借鉴其他公司的核心理念；二是对核心价值观的陈述必须简洁、清楚而有力，应具有煽动力量和号召精神。表8-2是一些著名大公司的核心价值观，可以作为组织提炼核心价值观的参考。

（4）组织文化建设要围绕着核心价值观和管理哲学开始制度层面和物质层面的建设。构建“理念-典型案例-管理机制”的完整的文化建设流程。通过将组织文化建设策略化、制度化来确保制度文化建设的成功。例如，青岛海尔集团的企业文化建设流程“海尔三部曲”就很值得借鉴，其内容一是提出理念与价值观；二是推出典型人物与事件；三是在核心价值观的指导下建立保证人物与事件不断涌现的制度与机制。

此外，用公司的核心价值观来指导公司各项管理制度的修订与完善，同时要按照公司的核心价值观的要求，花时间来培训公司的管理人员，从而在管理方式上作出相应改进。通过机制与制度建设以及管理改进，新的价值观的群体意识逐步形成，企业文化建设的目标就会得以实现。

在公司的绩效与激励管理体系内要将公司的价值观的内容作为考评与激励内容的一部分，其具体做法是将公司核心价值观用各种职业化的行为标准来具体描述，通过鼓励或反对某种行为，达到诠释公司核心价值观的目的。

表8-2　　中外著名公司的核心价值观

公　司	核心价值观	备　注
中石油	• 爱国、创业、求实、奉献	
中石化	• 爱我中华，振兴石化	
中海油	• 讲理想，有作为，献身海洋石油；讲责任，重协作，营造和谐环境；讲道德，树形象，争创一流业绩	
IBM	• 给予每个员工充分的考虑 • 花更多的时间使顾客满意 • 坚持到底把事情做好，所作所为追求完美	不同时期排序不同
通用电气（GE）	• 以科技与创新改善生活 • 在对顾客、员工、社会、股东的责任之间求取平衡 • 个人责任与机会 • 诚实与正直	
惠普（HP）	• 为我们从事的领域贡献技术（公司存在的目的是要作出贡献） • 尊重惠普人并给予他们机会 • 为所在的社区奉献和负责 • 提供顾客负担得起的高品质产品 • 利润与成长是使所有其他价值和目标可能实现的手段	

资料来源　根据柯林斯，波特勒．基业长青［M］．真如，译．北京：中信出版社，2002和中国石油公司相关资料整理。

8.4.2　组织文化建设的强化要素

1）精神领袖

具有优秀组织文化的公司大都有精神领袖的作用。美国苹果公司的创始人乔布斯、海尔集团的张瑞敏、阿里巴巴的马云、华为的任正非、新东方的俞敏洪等不仅是企业的精神领袖，甚至是行业或国际跨国公司的精神领袖。精神领袖之所以能发挥巨大的影响力，主要原因是公司内部管理人员的行为常常在员工的视野中，通过对管理人员的重视、鼓励以及管理人员对公司危机的处理，员工们可以清晰地观察到管理人员是如何将组织文化所提倡的理念和核心价值观在组织生产经营实际中贯彻执行的，这有助于员工准确把握公司重视、提倡、弘扬以及惩治的内涵，使员工追随榜样一起成长。不可否认，组织中精神领袖作用的放大效应十分显著，可以极大地激发员工对组织的忠诚，有效地调动员工的积极性和自主性，是组织文化凝聚力的集中展现。1985年，苹果公司的首席执行官乔布斯在与董事会的斗争中失利，公司董事会聘请了著名的扭亏专家、美国国家半导体公司原总裁阿梅·利奥博士担任总裁。然而，乔布斯离开公司的消息传出后，员工们议论纷纷，管理层也精神涣散，加之利奥的措施并不得当，不但没有将苹果公司带出困境，反而使其在亏损的泥潭中越陷越深。公司的股票跌至12年来的最低点。公司又出面邀请乔布斯出山，因为任何人也无法取代他精神领袖的地位。被誉为教育领域的教父——新东方的创始人俞敏洪，也曾经在企业内部斗争中被拉下董事长的位置，但失去俞敏洪董事长的合伙人在这期间认识到了一个问题，新东方不能没有俞敏洪的掌舵，他所具有的宽容大气和分享精神与某些人的才华相比更能凝聚人心。俞敏洪重新执掌了新东方之后，该公司才开始了快速扩张，开始了上市的坦途，才有了今天在多元领域发展的教育集团。

2）故事

每一个组织内都有自己的故事，故事的内容大都是与组织的创业者、组织的重大事件联系在一起的。适当的故事表达可以起到空洞的思想和枯燥的说教所无法取代的作用，同时也可以为组织的有关措施贯彻提供很好的支持和解释。但组织内流传的故事应该是符合公司提倡的文化理念、价值观榜样化、偶像式英雄任务或精神领袖的。有些故事被称为传奇故事，是因为这些历史事件久远，而且在公司的流传中增加了一些虚构的成分。故事有助于公司的价值观保持长久活力，并且为全体员工提供了一种共享的理念。

玛氏公司曾经有这样一个“办公桌的故事”，在组织文化建设中起到了画龙点睛的作用。一天，玛氏公司的创始人Mars来到生产车间的三楼，车间里热浪滚滚，让人难以忍受。这是公司最大的巧克力生产车间，Mars问工厂的经理这儿为什么不安装空调，经理回答说他没有这笔资金，生产中预算的安排已经让他很伤脑筋了。Mars先生似有所悟，他拿起电话通知设备部门的人员立即过来，并指示他们，今后工厂经理要在生产车间现场办公，他的办公桌和用具全部要安置到那台最大的巧克力加工机器旁边，什么时候空调安好了，经理才可以回到自己的办公室，时间和经费由经理自己决定。

3）礼仪和仪式

礼仪和仪式是组织文化的重要表征，是构成特别事件并以有益于观众的形式运作的活动。一般这种活动都是组织精心设计、周详计划并系统组织实施的。组织的文化礼仪活动一方面体现了组织对于员工的期望和要求，另一方面又以生动形象的形式向员工传输组织的价值理念和经营哲学。实践证明，与组织特征相适应的礼仪和仪式对组织文化建设十分有益，同时也有助于对外树立企业良好的形象。

例如，平安保险公司是中国第一家股份制保险公司。公司成立之初就确立了“靠文化起家、靠文化发展、靠文化展业、靠文化腾飞”的模式，也创造了令人瞩目的发展速度。在组织文化建设中，平安保险公司很注重礼仪内容的创造，甚至细微到公司员工上班报到的细节。每天早上8点30分，保险公司在全国300个城市中超过22万名员工都以合唱公司的司歌开始他们一天的工作。歌毕，每个行动小组向带队的老师行45度的鞠躬礼。而后，员工们陈述公司的服务宗旨，管理者进行讲评。所有仪式结束后，员工们出去走访客户。通过晨会，诵读公司训导，使“平安精神”时刻铭记在每个员工心中。更重要的是晨会强化了员工的社会责任感，使其多了一份感恩的心，公司也达到了团结奋斗、振奋士气、增强凝聚力的目的。

4）出版物及网站

许多系统建设组织文化的大公司都要组织出版内部的期刊、报纸和各种书籍，向其股东、员工、客户、合作伙伴、政府部门和相关组织宣传和弘扬公司文化，并进行很好的互动。随着电子媒介的普及，公司的网站建设也成为组织文化的重要内容。例如，中国著名的房地产开发商深圳万科公司早在1999年就曾公开出版了一整套名为《白领》的书籍，内容主要是这些年万科人在《万科》周刊上发表文章的精选。阅读此书，你会感到万科文化的温馨，万科组织中优秀员工的素质，奋发向上的企业精神。如果是万科人看到这些，会比局外人还要增加一层感受，就是熟悉的人和熟悉的事。这些不仅记录了公司的发展历史和员工的心路历程，也激励了一代又一代的万科人。

8.4.3 组织文化建设的一般性方法

组织文化的建设，还需要选择恰当的塑造方法。而组织文化建设的实践证明，方法手段越多样，文化的影响越潜移默化，越容易被广大员工所接受。一般而言，成效显著的方法主要有：

1）示范法

示范法即组织通过总结和宣传本单位先进模范人物的事迹，发挥核心骨干员工的模范带头作用，以弘扬英雄事迹等方法给组织员工提供示范的模式和学习的榜样。这些榜样的事迹和行为，就是组织文化中关于道德规范与行为准则的具体样板。开展这方面的工作，就是把组织所要建立的文化意识传播给组织员工。全球著名的直销组织安利公司，管理模式采用的是极其松散的架构，员工对组织的承诺和认同完全取决于员工个人，组织对其没有什么制度约束，但该公司却表现出惊人的凝聚力。示范法在许多类型的组织中被广泛采用，如保险公司、销售公司以及一些高技术公司等，因为这类公司需要普通岗位的员工贡献自己的隐性知识，而这种隐性知识对组织的发展具有巨大的推动作用。如全球著名的美国大都会保险公司，进入中国市场仅几年时间，却创造了数百亿美元的销售业绩。公司对员工激励和管理最有效的办法就是通过选拔工作业绩和团队管理俱佳的员工，树立榜样，介绍经验，传播信息，这种方法起到了巨大的带动作用。公司几乎每个星期都开展这样的宣讲活动，收到了极好的成效。

2）激励法

激励法即运用精神的与物质的鼓励，包括开展竞赛活动、攻业务技术难关活动，提口号、提目标、提要求、评先进等，使职工感到自己的事业进取心将有得到满足的机会，从而主动地努力工作，并把自己工作能否有成绩的基础，认定是自己的工作岗位、自己的组织。与此同时，还必须从生活方面关心职工，通过不断改革分配制度去满足员工物质利益上的合理要求。通用电气公司的杰克·韦尔奇激励下属的方法很简单，就是将他手写的便条转交给他的下属，给他们一个意外惊喜——公司的最高层领导在百忙之中还在关注着他们个人。这是一个几乎无成本的有效方法，但需要有一个畅通的沟通渠道。否则，公司的首席执行官无法了解下属，特别是低层管理者的特定情况和感觉情绪，也就没有了便条里的内容。

3）感染法

感染法即组织设计和开展一系列的文艺活动、体育活动、读书活动和社会活动，培养员工的组织自豪感和向心力，使之在潜移默化的过程中形成集体凝聚力。华为的老板任正非推崇“贤人治理”模式。他自喻为“尖刀排排长”，在打造独特的华为文化时，他身体力行地将“贤人治理”贯彻在组织中。在华为，任正非以身作则，每月必做的一件事，就是将手机话费明细单上的私人电话逐一划出；他还不设专车，工作用车赶上什么车就是什么车，没车就打的士。所以，华为文化很大程度上就是老板行为的示范和感染的结果。这也是人们更愿意将华为文化看作是任正非文化的原因。不可否认的是，这种文化在华为初期的发展中起到了至关重要的作用。

4）自我教育法

自我教育法即运用谈心活动、演讲比赛、达标活动、征文活动等形式让员工对照组织的要求找差距，进行自我教育，转变价值观念和行为。有一个比较著名的事例，我们不能不提，就是海尔集团在企业发展的成长阶段，当市场需求迅猛增长时，员工产生了松懈心理，一些投入到市场上的电器产品有了质量上的问题，于是海尔在张瑞敏的大力主张下，采取了砸冰箱的行动。当时的冰箱是“千金难求”，只有凭票才能买到。但张瑞敏却把所有企业员工召集到一起，将有问题的冰箱都砸掉了。其实许多冰箱的问题也仅仅是磕磕碰碰的小毛病。砸冰箱的现场，一些员工流着眼泪要求将有问题的冰箱自己买回去，用自己的工资来补偿。但张瑞敏认为，公司大张旗鼓地将砸冰箱作为一个事件来处理，就是要强化员工头脑中的质量意识，而不是要弥补公司的损失。一定要将冰箱砸掉，才能将这一事件牢牢地记在员工的心中，给员工带来思想上的震撼。现在看，正是当年张瑞敏将企业的危机意识及时上升为企业的生存意识，才有了海尔今天的辉煌。

5）灌输法

灌输法即通过讲课、报告会、研讨会等宣传手段进行宣传教育活动，把组织想要建立的文化目标与内容直接灌输给员工。例如，中国电信交换设备代理商——华为公司从一个注册资本2万元的小企业起家发展成为一个总资产上百亿元的民族企业，组织文化建设功不可没。其中不能不提的就是华为创始人——任正非个人擅长的灌输法，并被上升为组织文化建设的重要形式。华为建设和维护自身文化的重要方式就是“文化洗脑”。华为在高速发展时，每年都要招聘大量的大学毕业生。当他们进入华为时，要过的第一关就是“文化洗脑”。这是基于任老板的坚定认识：华为的大部分员工都受过高等教育，容易形成自己的思想和见解。如果认识不统一，就可能产生许多错误的导向，产生管理上的矛盾，所以，他坚持并不断完善公司的“洗脑法”，以此来实现他的“文化同化”目的。在他看来，既然文化可以灌输，个性就可以改造。而他在公司文化建设中也一直是这样做的。

6）定向引导法

定向引导法即有目的地举行各种活动引导组织员工树立新的价值观念，并创造出新价值观念的氛围。杰克·韦尔奇在刚接任通用电气董事长时，发现这一组织已经患上“大企业病”，管理层思想僵化，组织运行缓慢，对市场反应迟钝。他下决心要改变这种现状，于是花费巨资装修公司的培训中心，他希望通过大量管理人员在培训中的“洗脑”，使他们领会自己的变革思想，重新焕发公司的活力。事实证明他这一招比较有效。在克伦顿维尔，“数一数二”战略思想、“工作外露”计划、6西格玛管理等不断为公司管理者所接受并产生了巨大的市场效应。但15年后，正是在培训中心，公司的骨干员工发现了“数一数二”战略思想的局限性。公司的下属管理层已经将所辖业务范围界定得十分狭窄，以满足韦尔奇的标准，因为不做第一或第二，老板就会将这一公司卖掉。于是，公司又推出了新的战略观——公司在不同领域业务额不能超过10%，但每年的增长速度不能低于10%，于是经理们的市场视野又无限扩大了。

本章小结

首先，在组织文化内涵中，重点介绍了各种流派的组织文化概念，以期读者对文化，特别是组织文化概念有深入的了解。在此基础上介绍了文化的适应性和组织文化管理，这是影响组织文化作用发挥的两个方面。组织文化的结构内容也是本章探讨的主要问题，理解组织文化主要分三个层次，即精神层、物质层和制度层。组织文化的内容包括显性内容和隐性内容两大部分。其中隐形内容更为重要。

其次，本章重点介绍了组织文化功能与形成机制。它决定了组织文化在组织成长中的作用。组织文化通常是首先由少数人倡导和实践，经过较长时间的传播和规范管理而逐步形成的。组织文化是不断实践与规范管理的结果，组织文化建设是需要不断巩固和完善的系统工程。学生需要对这些知识有基本的了解和掌握。

再次，本章重点介绍了组织文化类型，主要有杰弗里·索南菲尔德的文化类型、迪尔与肯尼迪的文化类型、丹尼森-达夫特的文化类型和威廉·大内的文化类型，学生需要掌握不同文化类型的特点和影响。

最后，本章对组织文化建设问题进行了阐述，主要分三个层面：一是提出组织文化建设的基本程序，包括发现并分析现存组织文化的关键问题，对现有组织文化的核心价值观和管理哲学进行系统研究；二是分析组织文化建设的强化要素，具体包括树立组织的精神领袖，讲故事，礼仪和仪式教育，建立出版物及网站等；三是介绍组织文化建设的一般性方法，包括示范法、激励法、感染法和自我教育法。

本章案例

格力的企业文化

珠海格力电器股份有限公司成立于1991年，是一家集技术研发、生产、销售、服务于一体的国际化家电企业，凭借卓越的产品品质、领先的技术研发、独特的营销模式引领中国制造，旗下拥有格力、TOSOT、晶弘三大品牌，其中“格力”空调，是中国空调业唯一的“世界品牌”产品，产品遍及全球100多个国家和地区，成为从“中国制造”走向“中国创造”的典范。2016年格力电器实现营业总收入1 101.13亿元，净利润154.21亿元，纳税130.75亿元，连续15年位居中国家电行业纳税第一，累计纳税达814.13亿元，连续9年上榜美国《财富》杂志“中国上市公司100强”。

1）格力的理念文化

格力公司以“实、信、廉、新、礼”为核心价值观，以“忠诚、友善、勤奋、进取”为企业精神，以“少说空话、多干实事”为务实的工作态度。“实”体现在公司战略层面是实事求是，求真务实，心无旁骛地坚持走专业化和稳健发展之路；“信”体现在公司精心打造优质产品，为人类提供舒适生活环境，遵从诚信经营，服务奉献全球客户；“廉”体现在廉洁奉公、严于律己，形成良好的企业精神风貌；“新”体现在公司鼓励技术创新、管理创新、文化创新；“礼”体现在公司以人为本，互相尊重，平等、友善、团结、协作。

（1）经营理念：一个没有创新的企业是没有灵魂的企业；一个没有核心技术的企业是没有脊梁的企业；一个没有精品的企业是没有未来的企业。

（2）服务理念：您的每一件小事都是格力的大事。

（3）企业使命：弘扬工业精神，追求完美质量，提供专业服务，创造舒适环境。

（4）企业愿景：缔造全球领先的空调企业，成就格力百年的世界品牌。

（5）社会责任：责任让爱同行，多年来，格力视社会民生为己任，积极参与社会公益活动。

2）制度文化

（1）以人为本。格力始终坚持在公平、公正的原则下，建立了一套行之有效的“选、育、用、留”的人才培养体系。它强调人在持续创新中是最基本的要素，激发人的主观能动性。制造业的转型必然要求人才队伍的升级。格力以“全员学习、支持变革、智造传承、助力发展”为核心思路推动各项业务的发展与创新。

董事长兼总裁董明珠表达了格力对人才的重视与渴望，“只有忠诚企业的人才，才能保证企业的发展，才能保证技术创新、管理创新”。格力除了注重人才的培养以外，更重视员工实际工作和生活问题。比如，公共微信平台对职工进行民主管理，一方面提高工会工作效率，另一方面为员工提供更便捷的沟通渠道；公司开展““工人先锋号”评选活动，充分发挥工人先锋号标兵在生产攻坚中的模范带头作用，“表彰一个，带动一片”；开展员工激励和生活保障活动，如员工阳光互助基金、困难员工救助、节假日慰问、满意度调查等。

（2）学习是第一动力。格力坚持以自主创新为核心，“顺应市场需求、引领市场需求”去做产品，不断学习，提高自身的竞争力。公司建立了数十个研发中心，每年投入技术方面的资金占销售额的比例超过3%。到2017年，公司累计总授权专利超过1.5万项，位居全国发明专利排行榜第七位，家电行业第一。格力的研发水平始终处于行业领先地位。

（3）追求卓越，追求企业持续发展。企业的持续发展是格力追求的首要目标。只有持续发展才是企业谋求长期、持续生存的可靠保证。格力在企业发展的认知经历了注重销售、注重生产、注重技术、坚定自主创新信念的过程，并将关注重点放在自主创新上。

3）营销文化

（1）格力注重品牌优先策略，以高品质的产品、实实在在的服务赢得顾客，不拿消费者当实验品。

（2）格力以市场为导向，适应市场需要，同时又根据未来发展潮流创造市场。格力先后开发出：“空调王”——制冷效果最好的空调器；“冷静王”——噪声最低的空调器；三匹窗机——最便宜的空调器。在创造市场方面，格力开发出：灯箱柜式空调，适用于酒吧、饭店广告兼制冷；家用灯箱柜机，适用于三室一厅的家庭；三匹壁挂机、分体吊顶式空调、分体式天井空调等，适用于黄金地段的商店。

（3）诚信经营获得消费者和社会的尊重和信任，不盲目参与价格战。董明珠曾自信地说：“中国只有一个格力，世界也只有一个格力。一个好产品是不需要售后服务的，一个好企业是不依靠售后服务的，人要有这种精神和气魄。”格力向消费者承诺6年免费维修，当年买的空调如果坏了可以换新产品。

4）安全文化

格力十分重视产品生产过程的节能减排和产品性能的绿色环保。格力每年在节能减排改造项目上投入巨资，确保实现降低生产空调能耗量、减少二氧化碳排放，并取得好的效果。2017年，珠海格力电器股份有限公司被评为广东省清洁生产标杆企业。

资料来源　根据以下资料整理：[1] 文茜．格力女王董明珠［M］．北京：华文出版社，2018；[2] 金永年．以优秀文化塑造品牌［N］．中国质量报，2006-03-15；[3] 韩笑．董明珠传［M］．武汉：华中科技大学出版社，2018.

思考题：

1.格力集团核心文化的内涵是什么？

2.格力文化给其他中国企业的文化建设带来何种启示？

思考与练习

1.请比较组织文化定义学说的差异性。
2.从组织文化的隐性特征理解的文化内涵是什么？
3.组织文化的导向功能源自于组织文化的哪种特性？为什么？
4.杰弗里·索南菲尔德的组织文化划分法有什么特点？
5.怎样理解迪尔和肯尼迪分类的组织文化类型？
6.威廉·大内是从什么角度对组织文化进行分类的？
7.组织文化建设的强化要素有哪些？实施的特点是什么？
8.组织文化建设的一般性方法各有什么特点？怎样实施更有成效？

第9章 人力资源管理

学习目标

通过本章的学习，重点掌握有关人力资源管理的过程和人力资源管理的规划内容；了解组织人员配备中的工作分析内容及方法；熟悉组织人员招聘的基本形式和甄选手段；明确组织对员工培养的方式、内容以及职业发展理论；掌握绩效考核的基本形式，了解薪酬构成和薪酬体系。

9.1 人力资源管理基础

9.1.1 人力资源管理的概念

人力资源管理是组织为了实现既定的战略目标，运用现代管理方法和手段，对组织中人力资源的获取、开发、利用和保持等开展一系列管理活动的过程。组织的人力资源管理不同于其他管理活动，人是组织中最活跃、最有潜质的资源，也是不能简单通过制度来管理和有效发挥潜能的资源，所以说，组织中的人力资源管理具有极大的挑战性。

人力资源管理的核心任务，一是激发员工的奉献精神，二是培养员工的能力。第一方面解决员工愿不愿意去做事的问题，第二方面解决员工能不能做事的问题。它会创造一种环境，将员工所有的潜能都激发出来，并且通过在组织中工作来满足自己的发展和自我实现的需要。同时，这种管理活动通过特有的方式将个人与组织牢固地联结在一起，增加个人对组织的忠诚感，使个人在工作中表现出高度的能动性、创造性和责任感，使组织高效运行。

9.1.2 人力资源管理的发展

尽管人力资本是组织中最特殊和最宝贵的资源，但人力资源的管理到了20世纪80年代才受到组织中各级管理者的重视，成为组织中最重要的战略资源。追溯人力资源管理发展的历史进程，现代人力资源管理源于组织传统的人事管理，而人事管理又源自福利人事和科学管理的发展。18世纪后期，工厂主为了解决工人厌恶高强度、无保障的工作状况，被迫采取各种福利措施来招募和留住员工。这便促进了科学管理和福利人事管理的发展。而20世纪30年代发生在美国霍桑工厂的实验，又证明工人的劳动积极性来自于非经济的原因，即社会和心理要素的影响。员工不仅仅是“经济人”，还是“社会人”，由此促进了工业社会学、人际关系学和管理心理学的发展，大量的研究成果在人事管理领域得到了广泛的应用，并推动了各类组织的人事管理的迅速发展。

人事管理为组织对员工的管理提供了系统的支持体系，使组织在员工招聘、挑选、培养、薪酬、绩效评估、任命和奖励等方面有机结合，保证组织对员工的需要。人事管理把人看作与其他物质要素相同的资源。进入20世纪80年代，人事管理向人力资源管理转变，提出了“人本管理”的理念。与人事管理仅单方面地关注组织目标的实现不同，人力资源管理则力图将组织的目标与员工个人的目标结合起来，注重员工的能动性和他们内在潜能的开发，认为人不仅仅是一种为企业提供劳动力的“手段”，而且还应是管理工作“目的”的本身，并将人力资源管理部门纳入组织的战略决策层，把人员的配备利用和潜能的开发作为重要内容，鼓励成员参与管理，管理模式也由“垂直”模式过渡到“主体”模式。同时，人力资源管理更加强调管理的系统化、规范化以及管理手段的现代化，突出了管理诸要素之间以及管理活动与内外环境间的互动关系。

进入21世纪，随着经济全球化和一体化，公司对于人才的争夺进入白热化阶段，有关人力资源的研究已经成为管理领域的热点问题。一项调查了全球2 000多家公司的“人力资本指数”表明，以人为导向的人力资源管理通过创造超额股东价值来为组织提供优势。另一项研究表明，人力资源管理实践的重大改善会使公司的市场价值提升超过30%。

9.1.3 人力资源管理过程

人力资源管理是组织在特定环境中进行的一种以人为对象的、包括一系列活动步骤的专项或专业管理过程，其主要包括：

1）招聘和选择组织需要的员工

组织在人力资源规划、招聘或解聘以及人员甄选的基础上，通过特定程序招募组织需要的员工。正如其他管理工作一样，人力资源管理工作也是始于计划的制订与实施。人力资源规划是人员选聘工作的依据，它是在人员选聘工作开始前必须事先予以明确制定的。根据人力资源规划所确定的员工队伍规模和结构的要求，管理者要采取各种增补人员的招聘手段以及解聘或减少人员的手段，并通过对空缺职位候选人的合理甄别和挑选，为组织选配到足够数量的有能力的员工。

2）提升及考核员工与组织要求相适应的专业技能

在选聘了能胜任工作的员工以后，管理者需要采取措施帮助这些员工尽快地适应组织及工作，并确保他们的技能和知识能在工作中不断地得到更新和提高，这需要通过岗前培训、在岗培训乃至脱产培训等来实现。培训是人力资源开发的主要途径之一，但培训是从组织的角度安排员工发展的，这可能会忽略员工的个人需要。员工职业生涯规划则试图将组织需要与员工的需要结合起来考虑员工的发展。管理者对员工在组织中的工作情况要定期和不定期地进行绩效考评，以便制定客观公正的人事决策。同时，它还可以用作检验前期人员选聘和培训发展方案是否合理的一个标准，对员工工作的绩效考评、公平合理的报酬，辅以职业发展历程的管理和劳资关系的妥善协调。

3）培养和塑造员工对组织的忠诚与奉献精神

任何一个高效运转的组织都需要一支能力超群、专业精干、对组织忠诚的员工队伍，而这支队伍的塑造，不仅仅依赖组织文化和严格的规章制度，人力资源管理的贡献也是非常重要的。组织对员工的尊重与培养、岗位晋升与提拔、各种形式的奖酬和福利，都是任何一个组织成员不能不考虑的问题。而组织对这些方面措施的落实将使组织获得和保有一支高绩效水平的、杰出的、能干的，并富有奉献精神的员工队伍。

9.1.4 人力资源规划

人力资源规划就是根据组织的发展战略要求，分析组织内外环境的变化，运用科学的方法对组织人力资源的供应和需求进行预测，并制定相应的政策和措施，为确保组织人力资源供需平衡，对组织的人力资源进行全面的规划与安排。而人力资源规划的落实就是组织实现上述目的的过程。组织制定人力资源规划主要应考虑以下几个方面：

1）人力资源规划的基本要求

（1）分析组织动态环境与内部资源。组织需要认真分析所面临的环境要素和组织内部的资源状况，并对这些动态变化进行科学的预测与分析，以降低组织环境的不确定性，以确保组织在不同时期均能获得与此相适应的人力资源保证。

（2）人力资源规划与组织发展目标相吻合。人力资源规划属于组织职能规划，是为组织发展战略目标服务的。因此，组织专项部门在制定人力资源规划时必须对组织的发展战略有清晰的理解与把握，了解并测评组织发展对人力资源需求的特点，才能制定使组织的发展能够获得有效的人力资源支撑的规划。

（3）规划的措施要详实具体，具有可操作性。人力资源规划是组织战略规划中不可或缺的重要组成部分，是组织整体规划实施的保证。但这种规划具有很强的专业性，不仅涉及组织运行的人员招募、选拔、培训与开发、报酬和绩效管理各个方面，同时要根据组织战略要求对所需人力资源的数量、种类、专业能力和素质进行比较分析与预测，对组织的各个岗位进行全面的考察与设计，实现人员与职位的匹配，确保组织发展的各项规划和目标能够有效实现。

2）人力资源规划的主要内容

（1）通过任务目标分析，确定人力资源需求计划。人力资源需求计划是预估组织未来对人和职务的需求。任何企业对人力资源的需要，从根本上说都是由企业落实其未来发展目标和战略的需要决定的，战略规划确定了组织的方向和所需的人员数量、质量、结构方面的变化。人力资源需求计划是对企业未来经营状况的一种反映，基于对企业发展目标和经营规模的估计，管理者就可以估算出为达到预定的目标和经营规模所需配备的人力资源的规模和素质状况。

（2）通过职位分析，确定人员选拔和配备计划。职位分析旨在确定某项工作的任务和性质是什么，以及应寻找具备何种资格条件的人来承担这一工作。职位空缺计划反映了企业未来需要补充的人力资源的类别和结构。

（3）制订满足组织未来人力资源需要的行动方案。根据组织任务目标和职位分析的要求，确定了组织在未来某一时刻需要填补空缺的职位后，下一步工作就是要针对当前人力资源供应情况制订人力资源增补的计划与方案。通过调查对未来人员需求和组织现有人力资源情况作了以上评估以后，管理者可以测算出未来人力资源短缺的情况和组织中可能出现超员配置的领域，然后决定是采取增补、选拔员工的行动方案，还是采取减员的行动方案。

3）人力资源规划的方法

经验判断预测法，是人力资源规划方法中最有效的一种。预测的方式是由不同层次的管理者决定各个岗位需要的人选和类型，可以由下至上，也可以由上至下，但要将不同部门需要员工的预测汇总到组织的人力资源管理部门，形成人力资源综合规划。同时由该部门负责对规划的实施进行监督和考核。这种方法简捷实用，成本也较低。

（1）马尔可夫法。又称转换矩阵法，主要用来进行组织内部人力资源的供给预测。原理是利用移动转移概率矩阵来分析，即通常所说的马尔可夫链。马尔可夫链描述的是组织中员工流入、流出和内部流动的整体形式，运用统计技术找出过去人力资源供给变动的规律，以此来预测组织未来的人力变动趋势。

（2）描述法。是指人力资源规划人员通过对某一段时间内影响该组织人力资源供需方面因素的变化进行描述和假设，并运用分析综合法进行预测规划的方法。这种方法虽然简便易行，但最好与其他预测方法结合起来，因为这种假设或描述具有未来的不确定性，时间跨度越长，变化越大。所以，最好用于组织的中短期预测。

（3）回归分析法。是通过构建回归模型来预测人力资源供需状况的方法。前提是假定组织的人员需求与产出或产值等可量化的指标相关，进而通过对这些变量的分析来预测人力资源供需数量的变化趋势。这种预测法可依变量的多少分为一元回归法、二元回归法和多元回归法。

（4）趋势分析法。是通过对组织在过去较长一段时期内员工雇用的变化情况进行分析，并以此作为组织预测未来人力资源需求依据的技术方法。这种预测方法操作简便，但考虑变量要素比较少，变化性也较大，所以，要与其他方法结合使用。

9.2 组织的人员配备

9.2.1 工作分析

工作分析是人力资源管理前期最基本的工作内容之一。工作分析是对组织中各工作职务的特征、规范、要求以及该工作的流程和对完成此项工作的员工的素质、专业和技能要求进行描述的过程。

1）工作分析的内容

工作分析包括两个方面的内容，即职务说明和工作规范。职务说明具体描述工作的物质特性和环境特点，主要解决工作内容与特征、工作责任与权力、工作目的与结果、工作标准与要求、工作时间与地点、工作岗位与条件、工作流程与规范等方面的问题。工作规范用来说明担任某项职务的人员必须符合的身体要求和智力要求，主要包括年龄、性别、学历、工作经验、健康状况等身体自然状况和力量与体力、运动的灵活性、感觉器官的灵敏度等生理特点，以及观察、记忆、理解和学习能力等智力结构特点。

在工作分析中，常常会用到一些术语，清晰、准确地理解和把握这些术语是工作分析能够顺利进行的保证。

（1）工作要素。工作要素是指工作中不能继续再分解的最小动作单位。例如，电话接线员接听电话就包括接起电话、应答、挂断电话、记录电话内容等工作要素。

（2）任务。任务是一系列为了达到某一工作目的的工作要素的集合。例如，打字员打印一份文件是一项任务，它包括打字、校对、修改、打印等工作要素。

（3）职责。职责是指任职者为实现一定的组织职能或完成工作使命而承担的一项或多项相互联系的任务的集合。例如，营销部经理的主要职责之一是对新产品进行推广，包括市场调研、制定新产品推广策略、组织推广活动等。

（4）职位。职位也叫岗位，是一名任职者在某一时期内所担负的一项或多项职责的集合。通常职位与任职者一一对应，即有多少个职位就有多少个任职者。例如，销售部经理、办公室主任、总经理秘书等都是职位。

（5）职务。职务是主要职责在重要性与数量上相当的一组职位的集合或统称。例如，人力资源部经理、财务部经理、营销部经理是三个不同的职位，虽然他们的工作职责不尽相同，但是从整个公司的发展来看，他们的职责重要性相当，所以他们是同一职务，统称为“经理”。

（6）职业。职业是指在不同时期、不同组织中，工作要求相似、职责相近或相当的职位集合。例如，会计、教师、司机、工程师等都是职业。

（7）职系。职系也称职种，是指一些工作性质相同而责任、难易程度等不同的一系列职位集合。例如，营销专员、营销经理、营销副总裁属于一个职系。每一个职系都是一个职位升迁的系统。

（8）职级。职级是指同一职系中，职责大小、难易程度和任职资格要求十分相似的职位的集合。例如，小户型住宅营销专员和大户型住宅营销专员同属于一个职级。

（9）职等。职等是指不同职系之间，职责大小、难易程度和任职资格要求十分相似的职位的集合。例如，质检专员、营销专员、人力资源专员分别属于不同的职系，但都是初级职称，属于同一职等。

2）工作分析方法

组织在工作分析阶段通常采用以下方法来观察、考核和聘用员工。

（1）观察法。观察法是指直接观察作业人员的活动并用文字和图表记录工作的过程、行为、时间、特点、工具和环境等相关信息的方法，具有应用广泛，客观公正的优点，但缺点也十分明显，该方法耗费人力和财力，被观察对象往往具有抵触情绪，紧急作业和周期长的工作以及脑力劳动工作者都不适宜此方法，例如，以非实际活动为主的工作，像设计师、律师、决策者等都不适用。同样，如果重要的工作活动或任务的执行在时空上并无规律，因观察的困难此方法也不适用。

（2）访谈法。访谈法也称面谈法，是指询问相关人员对某一工作岗位行为特征或个人特点的信息的方法。它是一种应用较为广泛的方法，具有操作简单、信息收集迅速、成本低的特点。它有三种形式，即个人访谈、群体访谈和主管访谈。个人访谈适用于员工工作内容有显著差别，工作分析时间又比较充分的情况；群体访谈适用于多名员工做同样工作的情况；主管访谈适用于主管负责，又了解工作任务的情况。许多情况下，访谈中的员工常常是自己工作的观察者，例如，飞行员和设计师等，他们可以自行介绍许多其他人不能观察或及时了解的工作活动和工作行为。

（3）问卷法。问卷法是工作分析中最常用的方法。它是组织借助于一种结构固定的问卷表，让员工通过填写问卷来描述自己在工作中的职务和职责，进而综合分析的方法。此法适合于脑力劳动工作者和工作中不确定因素较大的员工，如软件开发人员或行政主管等。问卷法比观察法更便于统计分析，同时也更准确、科学和便于定量化分析。其基本过程是先设计问卷，然后分发给调查对象，要求他们在一定的时间内填写，最后将获取的有关信息进行系统分析。

（4）关键事件法。关键事件法是一种管理者积极参与并使用任务导向的工作分析方法，即由管理者对员工在工作中最终影响工作表现的行为进行记录。这一方法主要用于工作周期较长、员工的行为对组织任务的完成具有重要影响的工作。在使用关键事件法时，管理者必须认识到他们积极参与的必要性，以及这项研究的成败对达成组织目标的意义。这是有关工作分析活动成功的关键。

（5）工作日志法。工作日志法是由员工通过填写每天的工作日志，自行进行工作分析的方法，比较适用于性质较为特殊的工作。此种方法的优点是可以长期对工作进行忠实记录，提供完整的工作图景，观察工作的细节，而且成本低，持续时间长。不足之处主要是工作日志内容的真实性很大程度上要受现场观察者的主观影响，要增加监控管理有较大难度。

9.2.2 组织员工的招聘

招聘是指组织为了发展的需要，向外吸收具有劳动能力人员的全过程。这是组织根据人力资源规划的要求确定是通过内部提升还是外部招聘来满足人员的需求。此外，还要确定招聘人员的数量、结构和类型。

1）组织招聘的形式

（1）外部招聘。外部招聘是根据一定的标准和程序，从组织外部的申请人中选拔符合组织空缺职位要求的人员。外部招聘的优点主要表现在：①招聘者具有“外部优势”。组织中一般存在着“近亲繁殖”的现象，如果定期采用一定的外部招聘，会很好地解决这一问题，而且会给组织带来新鲜的血液。②外部招聘一定程度上有利于缓和内部候选人之间的竞争关系，防止由于内部不满情绪而导致的懈怠工作，甚至员工间相互拆台的情况。③从外部选聘可以较好地缓解甚至是冲击僵化的组织制度与文化，为组织带来新鲜的管理方法与经验，打破“内部人”无法突破的人际关系网，在一定程度上可以激发组织活力。

外部招聘也有许多局限性，主要表现为：①外聘者不熟悉组织的内部情况，短期内难以有效地完成组织给予的任务，特别是组织需要的核心员工，组织可能要为此付出长期的培养成本。②组织选聘员工时，被聘者的实际工作能力与选聘时的评估能力可能存在较大差距，因此组织可能聘用一些不符合实际工作要求的人，这种错误的选聘可能给组织造成一定的危害。③较高的职位外聘可能对内部员工产生较大的打击。在现代组织中，员工对组织的忠诚和认可在很大程度上要考虑在组织发展中的个人的晋升机会。大多数员工都希望在组织发展中，有机会任职某个特定岗位。外部招聘则会影响内部员工的晋升，从而会挫伤其工作的积极性，影响组织的士气。

（2）内部提升。内部提升是指组织提拔和调动成员到空缺的管理岗位，被委以更高职务。内部提升制度的优点主要包括三个方面：①有利于鼓舞士气，调动组织成员的积极性。内部提升制度会给组织中有能力的员工带来期盼，而这种期盼本身就是工作的动力。因此，内部提升制度能更好地维持成员对组织的忠诚，使那些有发展潜力的员工能自觉地积极工作，以促进组织的发展，从而为自己创造更多的职务提升的机会。华为技术有限公司就是针对组织员工的特点，设计了很好的晋升模式，激发员工的拼命精神。②有利于被聘者迅速展开工作。管理人员能力的发挥要受到他们对组织文化、组织结构及其运行特点的了解的制约。在内部成长提升上来的管理者，由于熟悉组织机构和人事关系，了解组织运行的特点，所以，可以迅速地适应新的管理工作，工作起来要比外聘者更加得心应手，从而能迅速打开局面。③有利于保证选聘工作的正确性。已经在组织中工作若干时间的候选人，组织对其的了解程度必然要高于外聘者。候选人在组织中工作的经历越长，组织越有可能对其作全面深入的考察和评估，从而选聘工作的正确程度可能越高。

同外部招聘一样，内部提升制度的弊端也较为明显：①容易造成“近亲繁殖”。内部晋升主要领导的意见和观点往往起决定作用，而得到提拔的人选基本是领导欣赏和认可的，这虽然可使前辈的优秀经验得到继承，但也有可能使不良作风得以发展。而且组织中缺少“新鲜血液”的输入，容易形成思维和形式定势。联想集团为防止这种情况，规定一个部门即使是最好的重点大学毕业生也不得超过5人。②容易出现操作上的不公平，近而引起内部员工的不满。即便是公正、公开和公平，也可能产生一个“胜利者”和几个“失败者”，没有如愿晋升的员工会产生不同程度的消极情绪。通用电气公司首席执行官的内部选拔制度，使得每一次总裁遴选后，落选者都会离开企业，所以，公司培养出自己的CEO的同时，也给世界500强企业造就了160～170个首席执行官。

2）组织招聘的渠道和方法

（1）内部招募的渠道与方法。组织内部招聘岗位候选人的渠道主要有：公开招聘、晋升、平级调动、岗位轮换、重新雇用和召回员工等。其中，公开招聘面向企业全体员工；而晋升、平级调动和岗位轮换则局限于部分员工，重新雇用或召回以前的员工限于特定情况和人员。

内部招募的方法主要有职业生涯开发系统和公告征召两种。职业生涯开发系统是指针对特定的工作岗位，在组织内部筛选人选，针对其职业生涯发展方向，进行系统培训和训练。它有助于确保组织中某个重要岗位空缺时，有适合的人选。但这需要对组织中特定岗位和储备人员进行科学的测算，而且要在组织中形成一种文化，受训最多的员工是组织中最有发展潜力和希望的员工。公告征召是一种向组织内部员工公开空缺岗位，进行内部招聘的方法。公告中一般要介绍与工作职位相关的各种标准、要求以及招聘的程序等信息。

（2）外部招募的渠道和方法。这是组织面向社会招聘员工的形式，主要有以下几种：①广告。比较常见的有报纸、杂志、广播电视、一般印刷品等使用面比较广泛，成本也比较低的广告媒体。当然在刊登人才招聘信息时要注意一些广告媒体的特殊受众者，做到尽量有针对性。②人才招聘会，包括专场招聘会和非专场招聘会两种。这是目前我国组织招聘比较常见的形式，但时间上受到了较大地限制。③员工推荐。这种方法是小范围的使用，针对性比较好，但容易受人为主观认识的影响。④就业服务机构介绍，如人才交流中心、职业介绍机构等，这种形式各类组织喜欢采用，实现人才专业对口，而且比较规范，有组织制度保障。⑤网络招募。世界500强企业90%以上的人才招聘都是通过网络实现的。网络招募主要有两种形式：半网络化招募、全网络化招募。⑥校园招聘，主要是基于高校每年大量毕业生情况，由专门机构和组织在校园直接招聘。⑦猎头公司推荐。这是指专门为组织招聘中高级管理人员或重要的专门人员的私人就业机构推荐。其特点是招聘的专业人才可直接使用，但组织支付的成本也比较高。

9.2.3 组织员工的甄选

组织需要招聘员工的信息发布后，组织人力资源管理部门就要确定组织职位适合的人选和数量，这一步骤称为甄选。甄选是对申请者进行甄别和筛选，以确保最合适的候选人得到这一职务。

1）效度和信度

效度和信度是组织员工甄选工作中对测评方法的基本要求，只有效度和信度达到一定水平的测验，其结果才适于作为录用员工的依据。

效度是指管理者所使用的甄选手段与有关工作标准之间存在确实的相关关系，即测评的有效性。一个测评工具可能会可靠和稳定，但不一定有效，进而也不能被采用。效度是保证该项测试的得分与后来的工作绩效表现具有正相关的关系。

信度指明一种手段是否能对同一事物做出持续一致的测量。它是指使用该种测评工具，不论被测评对象或时间、地点怎样变化，结果都基本一致。任何一种甄选手段，如果其信度很低，那么就不可能是有效的。因此，要使甄选手段成为有效的预测器，就必须保证可接受范围的一致性。

信度和效度是测评质量的重要指标，两者既相互区别，又相互联系。测评结果的稳定性与一致性用信度来反映，其正确性与可靠性由效度来表示。信度是效度的必要非充分条件，既正确又可靠，则必然稳定与一致，反之则不成立。所以，在测评中，如果效度指标较高，则信度指标也一定较高，但如果信度指标较高，则还需要对效度指标进行检验。

2）甄选手段

管理者可以使用各种甄选手段对申请者进行甄别。常用的手段包括应聘者申请表分析、笔试和绩效模拟测试、面谈、履历调查，以及某些情况下的体格检查等。下面简要介绍各种甄选手段，特别把注意力放在每种手段对预测工作绩效的效度上，并讨论其各自适用的场合。

（1）简历分析。几乎所有的组织都要求应聘者填写一份求职申请表，提交自己的个人资料。这些申请表会提供一些组织比较关注的重要信息，如工作经历、教育背景、专业技能、个人爱好以及职业进展等。人力资源管理部门可根据简历和求职申请表提供的资料，对求职者进行初选，再决定是否使用另外一些甄选手段。

（2）笔试。笔试是指应试者以纸质的形式回答应试问题的方法。笔试内容和形式比较广泛，包括智商、受挫能力、性格和兴趣等方面的内容。有充分的证据证明，对智商能力、空间和机械能力、认知准确性和运动能力的测试，对工业组织中许多半熟练和非熟练的操作工作具有中等程度的效度。不过，更多的笔试内容主要是满足组织了解应试者一些基本能力和专业知识的需要。一些特定的笔试内容要与专家测试相结合。

（3）面试。面试是指组织相关人员面对面与应试者谈话的甄选测评方法。面试可以成为既有效度又有信度的甄选工具。但面试方式利弊鲜明。面试时组织管理部门可以和申请人直接交流，了解笔试和其他方式不容易发现的问题和信息，有助于对面试者做全面的综合判断。但面谈对申请者的评价会带有一定的主观性，甚至偏见。所以，面试前的准备、设计的问题以及面试过程中要牢牢把握面试的目的都是面试需要注意的关键环节。

（4）心理测验。心理测验是指组织在控制的情境下，向测试对象实施某种刺激，以观察对方的反应，进而判断行为的过程。心理测验分为认知测验和个性测验两大类。认知测验的形式主要有智力测验（也称智商测试）。智力测验是对测试者观察力、注意力、记忆力、想象力和思维能力的一组能力的测试。智商指数高与学习能力强呈正相关的关系。另一个是性向测验。性向是指学习能力，是个体获得某种知识和技能的能力，主要包括语言理解能力、数量关系能力、逻辑推理能力、综合分析能力等。这种测试对于组织确定不同岗位的人员还是十分必要的。还有一些特定能力，如美术欣赏能力、空间感受能力等也能反映出来。成就测验是指鉴定个体经过学习训练后实际能力的状况，如操作测验、书写测验等。

（5）绩效模拟测试。绩效模拟测试是指设计应聘者可能的工作流程或基于应聘者原有的工作经历分析，推测未来职业岗位工作绩效的方法，可分为工作抽样和测评中心两种。前一种方法适用于常规的职务，后一种更适用于挑选从事管理工作的人员。

（6）工作抽样法。工作抽样法是给申请者提供一项职务的复制情景，让他们承担完成该项职务的一项或多项任务。申请者执行这些任务的结果，将展示他们是否拥有相应的能力。前提是组织管理部门借助于职务分析得来的资料对工作样本进行了仔细设计后，可以确定该项职务需要哪些知识、技术和能力，并将这些工作样本因素与相应的职务绩效因素匹配起来。

（7）测评中心技术。测评中心技术是由组织管理者、监督人员及心理学家组成一个测评小组，根据设计的模拟实际工作中的问题，让应聘者经受一定的测试练习，从中评价其管理能力，包括面谈、解决问题思路与能力、小组讨论和经营决策博弈等方面。这种方法比较适用于评价应聘者的管理潜能，但使用成本较高。

9.2.4 组织裁员管理

组织也会发生精简机构，裁减员工的情况。但与招聘不同的是，组织裁员管理在主流管理学中鲜有描述，只有斯蒂芬的管理学有简要的介绍。其实，组织采取有效方式，解决裁员中的问题，是确保组织在快速变化环境中保持活力的重要方面。

1） 组织裁员的方式

组织裁员不论对于组织还是各级员工都是一个复杂、影响较大的事情，对于员工来讲，还可能带来心里创伤或产生其他负面效应。组织裁减员工形式越多越好，表9-1介绍的几种形式都是一般组织常用的手段。

表9-1 **裁员的备选方式**

方式	描述
解雇	永久性、非自愿地终止合同
临时解雇	非自愿地终止合同；可能持续一段时间
自然减员	不再填补因自愿辞职或正常退休而腾出的职位空缺
调换岗位	横向或向下调换员工岗位；不会降低成本，但可以弥补组织内缺员
缩短每周工作时数	让员工每周少工作一些时间；分担工作或以兼职方式工作
提前退休	为年龄大、资历深的员工提供激励，令其自愿提前退休
工作分享	一项全职工作由两位兼职人员分时完成

资料来源 罗宾斯. 管理学［M］. 毛蕴诗，译. 北京：机械工业出版社，2016.

这几种方式特点不同，效果也差别较大。其中：临时解雇没有解雇直接，缓冲期会产生其他问题；调换岗位可能引发调换者的不满，出工不出力，影响组织其他成员；提前退休和工作分享是目前许多组织乐于采取的形式。

2）组织裁员须注意的问题

（1）引导和教育员工转变观念。随着组织外界环境的剧烈变化，组织紧缩也同组织扩大一样，成为组织发展的常态，也是一种组织满足动态环境要求的有效手段。海尔在两年期间，削减员工2.6万人，但没有引起大的社会震动，就是采取了企业组织变革的方式，不是要员工直接下岗，在社会上自谋生路，而是通过企业向平台型组织转换，引导员工在平台创业，并为员工创业提供发展条件。现在许多组织采取业务外包模式，不养冗员。一些网络化的组织也在不断嬗变，许多员工已经适应了这种来去简单的管理模式。

（2）培养员工的多种技能。研究表明，组织变革的趋势就是组织边界模糊化、网络化和弹性化，这就需要大量的复合型人才。员工掌握的技能越多，越能适应组织变化的需要，即使被裁员，也能很快自主就业。所以，现在越来越多的员工在求职时更看重组织成长空间和发展机遇。组织也将员工的技能培养作为组织福利或薪酬的一部分。

（3）进行组织变革创新。员工越被固定在某一岗位，越容易形成“习惯定向”，长此以往，对变化和变动的事物很抵触，也会千方百计在行动上规避，在这种情况下，一旦被裁员，可能会引起剧烈的反响。

（4）采取末位淘汰的管理机制。组织吐故纳新是正常现象，组织裁员一旦制度化，就比较容易推行，也减少了许多“节外生枝”问题。

9.3 员工培训与开发

员工培训与开发是指组织根据发展和业务需要，以集中学习和训练等手段进行员工价值观、组织制度、专业技能等方面系统训练和培养提高的过程。培训与开发相互补充，但各有侧重。培训是为了提高组织员工的理论素质、知识水平和业务操作技能，在特定的情况下，组织改变员工的价值观、端正其工作态度和转变其工作行为，使人力资源的潜能更好地发挥出来。而开发是指为组织员工未来发展开展的教育、工作实践，侧重于员工潜能的培养和测评，以提高员工的综合素质。

培训有两种基本形式，即培养和训练。培养也称为管理能力的开发，目的是使培养对象获得做好未来工作所需要的知识和能力，目标比较长远。所以，培养不一定与现有的工作有关，它的着眼点是员工的成长，即开发员工未来担任更高层次工作的能力。训练，即工作技能的训练，目的是使培训对象获得做好目前工作所需要的知识和能力，它着眼于传授专门的具体工作技能。从另一个角度看，培养的对象通常是组织中较高层的管理及专业技术人员，训练的对象则是较低层次的人员。当然，在实际工作中，培养与训练的界限并不那么明显，由于两者的主要功能相同，所使用的方法也大致相同，因此，常把两者合称为培训。

9.3.1 员工培训的形式

培训应根据组织的培训目标、培训对象和培训类型等具体情况而采取多种组织形式。

1）岗前培训、岗位培训与转岗培训

岗前培训是对组织新聘用的员工在任职上岗前进行的培训，主要是使新员工对组织文化、工作环境、组织制度和岗位技能有基本的了解和掌握。岗前培训主要包括两大方面的内容：一是进行组织文化教育，如组织目标、使命、经营理念、组织历史、组织各项规章制度、工作职责和工作关系等的教育；二是进行业务知识与技能教育训练，经过必要的考核，新员工便可以到适合的岗位上工作。

岗位培训也是在岗培训。大量的培训是在工作岗位上进行的，这是一种将学习和应用直接结合起来的培训方法，主要是进行基础理论知识和专业知识培训，重点是对员工的业务能力进行培养和训练，使员工熟练掌握操作技能。在岗培训一般由经验丰富的管理人员或员工骨干实地示范工作，它可以是在工作过程中也可以利用业余时间或节假日进行。

转岗培训是针对员工工作岗位调动及新岗位工作需要进行的培训。转岗培训主要是面向转岗员工进行新岗位所必需的新知识、新技术和新能力的培训。目前，许多组织把这种培训作为培养大批掌握多种知识和技能的复合型人才的重要途径。

上述三种形式的培训是各种组织普遍采用的形式，也是受训员工最多的培训形式。

2）初级培训、中级培训和高级培训

这是根据组织培训的层次来划分的培训形式。组织内部对管理员工主要分为初级、中级和高级三种形式，针对组织不同层级员工进行更有针对性的培训也是十分必要的。一般初级培训多侧重于专业知识和专业技能的训练。中级培训则侧重理论与实际操作并重。而高级培训主要是针对高级管理层员工，因此，培训的重点是系统理论知识和执行能力的培训。这种培训形式有利于培养组织的核心员工——不同层级的管理者。通用电气公司在杰克·韦尔奇的领导下，就是坚持实行对不同层级管理者培训的形式，这使杰克治理企业的战略思路能够有效地实施，并最终收到了巨大的成效。通用电气公司在世界500强的排名不断前进，目前，仍是实力最强大的巨人企业。

3）全脱产培训、半脱产培训与业余培训

这是根据受训者是否脱离工作岗位划分的培训。全脱产的受训者在培训时间内完全脱离工作岗位，接受专门培训后再继续工作。半脱产培训是受训者每天或每周抽出一部分时间接受培训。业余培训是受训者完全利用业余时间接受培训。这主要是根据组织生产经营对组织员工需求的不同程度设计的培训形式，在受训人员安排上比较灵活。组织也可以采用这几种形式交叉进行的方式。

4）长期培训与短期培训

长期培训是指根据组织未来的发展需要及员工未来的职业定向而进行的时间较长的培训。这种培训具有综合性和未来导向性，培训的内容涵盖也比较广泛。培训的形式多是到大学或研究机构深造、出国研修等，主要是提高受训者的综合素质、学历水平、领导才能或业务技能，但成本比较高。短期培训是指根据工作岗位急需或因其他原因而对员工进行的短时培训。其特点是针对问题、针对组织实际、急用现学、立竿见影、近期效益突出。

9.3.2 员工培训的方法

员工培训的方法多种多样，不同的培训目的和培训类型需要采取不同的培训方法，这里我们介绍几种比较常用并且收效较好的方法。

1）课堂讲授

这是一种传统的培训方法，系统规范、集中灌输的效果显著。主要是由教师在课堂中讲解培训课程的基本内容。在较短的时间内向较多的培训对象传递大量的信息，需要快速了解和掌握基本内容的培训适用于此种方法，而且该方法平均培训成本也比较低。以这种方法为主，还有一些其他的相关培训形式在这里我们也一并介绍。

视听教学形式。在课堂培训中，教师可以使用录像带、光盘、幻灯片等电化教学手段，对培训对象进行内容传递。主要是解决单纯讲授内容枯燥，受训对象接受效果差的问题，通过视听的感官刺激，可以使受训人员留下深刻的印象。

角色扮演。在讲授中，指导教师可以指定或由受训者自行选择扮演指定工作情景中的特定人物或角色进行现场表演。其余受训者观看表演，并观察与模仿培训对象有关的行为，培训师则予以现场指导和评价。此法较适用于具体技能的培训。

案例分析。培训师围绕组织的培训目的，把实际工作中面临的问题加以典型化并形成案例提供给培训对象，让他们通过个人的阅读、思考、分析，在课堂上提出自己的观点与见解，大家讨论，共同提出分析问题并解决问题的办法。这种培训方法对培养分析和解决实际问题的能力很有帮助。

2）研讨会

研讨会也称为讨论会。这种方式培训主要是采取举办专题或综合讨论会的形式，经过与会者的共同讨论、争论，认识和解决问题的方法。这可以使受训者了解事件发展的关键脉络，掌握有关知识和技能，启发分析问题的思路。使用此种方法对管理人员的培训效果明显。

3）商业游戏

商业游戏是通过把培训内容制作成模拟仿真游戏，让受训者通过游戏进行训练的一种方法。具体做法是将参加培训的人员分为若干小组，每个小组代表一家组织，他们需根据组织目标对各项经营策略做出决策，并通过计算机和网络在模拟的市场中与其他公司竞争。这种培训方法可以用来开发领导决策能力、培养团队合作精神，特别适合各级管理人员的培训。

4）岗位轮换

岗位轮换也称职务轮换，是指通过定期和不定期的将管理人员在横向的岗位之间进行轮换，变换工作内容与岗位职责。它使员工在逐步学会多种工作技能的同时，增强了其对工作间相互依赖关系的认识，并产生了对组织活动的更广阔的视角。这种系统地换岗安排，使员工通过参与不同工作活动而发挥自身的灵活性，增长和丰富了个人的才干和经验，并使不同部门之间建立更紧密的联系。岗位轮换的主要缺点是由于时间限制，每种工作的时间都不会很长，使受训者可能没有机会完整地运用某些技能。日本的大公司普遍对企业中比较重要的中层管理者实行岗位轮换，以培养公司未来的高管人员。

5）学徒培训

这是一种兼有在职培训和课堂教学、兼顾工作和学习的一种培训方法。具体做法是选择一名有经验的员工对受训者进行行为示范、实践、反馈和强化，以达到培训目的。受训者先观摩演示者的工作示范，然后自己逐渐动手练习。而对于新员工而言，跟随经验丰富的老师傅学会如何工作，这在作业活动领域通常称作师徒关系。这种方法的优点是学习的内容与工作直接相关、针对性强；缺点是可能会由于演示者自身的不足而造成失误。要避免失误的发生，应在示范之后进入辅导教育阶段，建立受训者与培训者之间的互动关系，以促使受训者尽快地掌握操作技能。

6）网络培训

这是通过互联网进行的以自我学习为中心的一种培训方式，即在组织的网站上设立虚拟课堂，所有的培训活动都在网上进行。其特点是培训不受时空限制，员工可以随时随地上网学习所需的知识。开展网上培训要求企业投资建立良好的网络培训系统，如各种培训软件和网络技术及资源。这种培训节省成本，效果显著。目前，开发比较成型的是航空领域的专业人员培训，如使用计算机模拟来培训飞行员、巡航员和空中交通管制员。现在各大高校在经济管理专业普遍采用了企业经营模拟训练，该方式已经被大企业在培训中广泛使用。

以上各种脱岗培训方式适用于不同情况。课堂讲授特别适用于传播具体的信息，因此可以用来有效地提高员工的技术及解决问题技能。视听教学法可以用来清晰地展示技术方面的技能，而这些可能不易采取其他方法得到充分的说明。人际关系和解决问题方面的技能可以通过模拟练习更好地学到，诸如案例分析、角色扮演和商业游戏等等。此外，还有仿真培训，这些方法不仅提供了对学习过程的严格控制——使受训者学会如何处理各种可能出现的问题，同时也避免了对实际进行中作业的干扰和妨碍。

9.3.3 职业计划

职业生涯是指一个人一生在职业岗位上所度过的、与工作活动相关的连续经历。职业生涯规划是指员工对于职业选择、发展的设计和计划安排。职业计划是指组织从人力资源开发需要出发，制订有益于员工成长和发展的综合性的职业管理计划。研究表明，一个人的一生总是要经历若干职业生涯阶段而最终退出其职业生活，而任何个人都需要在相对稳定的职业生涯中发展自己的技能，并取得比较稳定的收入。

1）职业选择理论

（1）帕森斯的职业匹配论

美国学者帕森斯在《选择一个职业》一书中，提出人与职业相匹配是职业选择的基点的理论。他认为每个人都有自己独特的人格模式，每种人格模式都有与其相适应的职业类型，所以，人们应寻求与个人特性相一致的职业。他主要从三个要素方面分析了对职业选择的影响。一是个人的能力倾向、兴趣爱好、气质特点和身体状况等个人特征的影响，组织可以通过人员素质测评和自我分析方法获得相关信息和资料。二是从职业或岗位的角度出发研究其特征，进而提出对岗位聘用者的要求，如工作性质、专业技能和特定要求等。三是上述两个要素的平衡，即在了解个人特征和职业要求的基础上，确定一种适合个人特点又可获得的职业。

（2）霍兰德的职业互动论

由职业指导专家约翰·霍兰德提出的员工与岗位相互选择的理论也比较有代表性。他认为职业的选择是个人人格的反映和延伸，职业的选择取决于人格与职业的相互作用。他将人格分为六种类型，每一种类型的人都具有鲜明的个性特点，有不同的职业兴趣，因此，可能更适合某种职业发展。例如，现实型的人，注重实际、真诚坦率，其职业兴趣适合于电子技术、手工技巧或机械，这种类型的人从事机械操作、飞行员、工程技术或木工等职业都会有较好的发展或成长潜力。而艺术型的人则情感丰富、靠直觉行事、易于冲动，职业兴趣则是艺术音乐等，那么这些人多是小说家、音乐家、剧作家、导演和画家等。此外，还有企业型、常规型、社会型和调研型等。按照这一理论，最理想的职业选择是招聘具有与其相匹配的人格类型的员工，而且员工在这样的环境和岗位上工作会产生很大的满足感与成就感，能充分发挥其才能。

（3）职业锚理论

职业锚理论是由美国著名职业指导专家埃德加·H.施恩教授提出的，是一种职业选择理论。他认为随着职业生涯的演进，每个人都在根据自己的资质、动机、价值观、能力等逐渐形成明晰的与职业有关的自我概念。在这个过程中，个体越来越了解自己，进而形成一个占主导地位的职业锚。施恩又提出了5种基本职业锚：技术/职能型职业锚，这类人在选择职业时，倾向于那些能够保证自己在既定的技术或者职能领域不断发展的职业；管理型职业锚，这类人表现出要成为管理者的强烈动机；创造型职业锚，这类人一般都有创设某种完全属于自己东西的需求，通过要求自主权来施展自己的特殊才能；独立/自主型职业锚，这类人在选择职业时，往往被一种自己决定自己命运的需要所驱使，不愿意受别人的摆布，追求自由；安全/稳定型职业锚，这类人极为重视职业稳定和工作的保障性，愿意选择具有丰厚的薪酬收入、体面的工作职位及可靠的未来生活保障的职业。

（4）萨帕的职业生涯阶段论

萨帕的职业生涯阶段论主要依据社会学和心理学对各种职业行为的分析，将职业生涯以年龄来划分阶段，分析每个阶段的独特发展任务。如成长阶段：从出生到

14岁，属于认知阶段。个体开始了解、探索自我并建立自我概念。对职业产生好奇、幻想和兴趣，并意识到需要培养职业能力等。试探阶段：15~24岁，属于择业、初就业阶段，主要涉及学校和工作前期，探索可能的职业选择，较为现实地评价个人知识、技能、能力并与职业选择相匹配。立业阶段：25~44岁，属于建立稳定职业阶段。发展期，31~44岁，个体将最终确定职业并致力于职业目标的实现，是最具有创造性的时期。维持阶段：45岁至退休前，属于升迁和专精阶段，个体已经具备了较高的技能和较丰富经验，有一定的工作地位。衰退阶段：退休阶段。

2）员工自我职业生涯管理

员工自我职业生涯管理是指在组织的支持和帮助下，员工确立自己的职业目标和职业发展路径，并制定行动计划以实现职业目标的过程。它包括以下几个方面：

（1）自我分析

有效的职业生涯管理必须从认识自我开始。自我分析是指员工运用各种手段，全面、深入、客观地剖析自己，以便了解自己的优势和不足。它包括三个方面：个人基本情况，如生理特征、健康状况、家庭状况、受教育程度、社会资源等；个人的能力和心理特征，包括知识、技能、能力、性格、气质以及个人的人生理想、职业价值观等主观因素方面的特征。根据心理学的研究，一个人与职业是否匹配的要素，如能力、兴趣、性格、价值观等超过知识和技能的要素。

（2）环境与机会分析

环境为每个人的职业生涯不仅提供机会还设置了一定的制约因素。在制定个人的职业生涯规划时，要分析环境条件的特点、环境的发展变化情况、自己在环境中的地位、环境对自己的要求以及环境对自己的有利与不利条件等。

（3）职业定位

个体需要将各种主客观条件进行可能的组合，最终进行职业定位。在职业定位过程中需要重点考虑性格与职业的匹配、兴趣与职业的匹配、特长与职业的匹配等。当然也需要根据具体状况进行调整。

（4）职业生涯目标和路线设计

职业生涯目标通常分为人生目标、长期目标、中期目标和短期目标。人生目标是个体终生为之奋斗的长远目标，一般为5~10年，中期目标一般为3~5年，短期目标为1~2年。职业目标确定后，还需要选择达到目标的职业生涯路线。职业生涯路线设计是指一个人需要在技术路线、管理路线以及不同的职业发展通道中做出选择。不仅要考虑职业发展需求，还要考虑人生各阶段的个人和家庭需求。

（5）制订与实施行动计划

职业目标以及职业生涯路线制定后，如果没有具体的、可行性较强的行动计划和有效实施，也只能是空中楼阁。行动计划是对这些措施在时间和空间上做出的具体安排，实施行动是落实目标的具体措施，主要包括工作、训练、教育、轮岗等。

（6）监控与调整

任何人职业生涯目标的实现都是在实施过程中坚持的结果，与此同时，需要不断的监控与调整。它可以纠正职业生涯规划中出现的偏差，使其职业发展中少走弯路，少受挫折，增加目标实现的可能性。

3）组织职业生涯管理

组织职业生涯管理涵盖个体从进入组织开始，直至流向组织外部或因退休而离开组织的全过程，是指组织协助员工规划其职业生涯，并为员工提供教育、培训、轮岗、升职等机会，从而促进员工职业目标的实现。

（1）组织发展与员工职业发展的匹配模型

施恩教授根据多年的研究，提出了组织发展与员工职业发展的匹配模型，如图9-1所示。

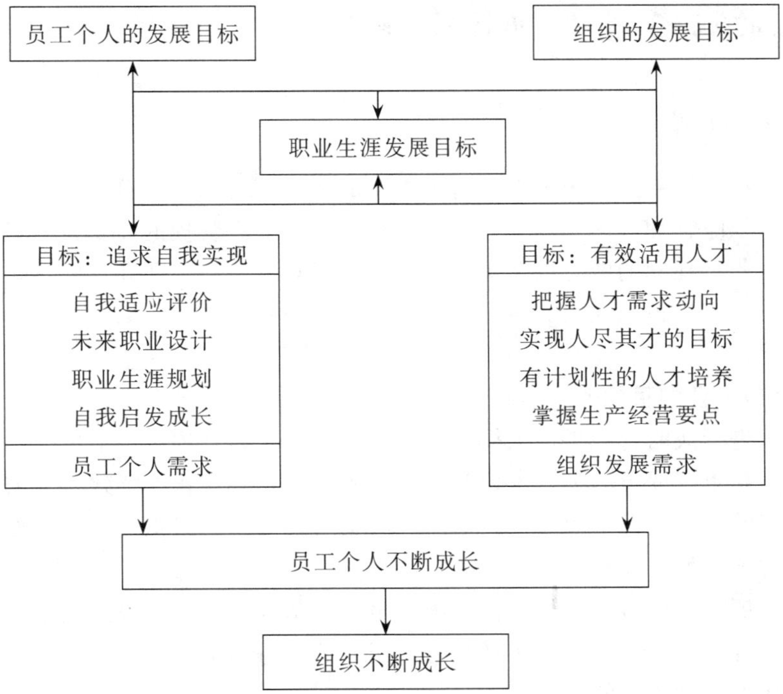

图9-1 组织发展与员工职业发展的匹配模型

资料来源 陈胜军. 人力资源管理概论［M］. 北京：对外经济贸易大学出版社，2009：240.

该模型强调组织与员工应该积极互动，最终实现双赢——组织目标的实现和个人职业发展的成功。组织职业生涯管理应侧重于确定组织未来的人员需求、安排职业生涯发展通道、评估员工的潜能、实施相关的培训与开发，进而构建组织人员结构。

（2）职业发展阶段管理

在员工职业生涯的不同阶段，组织职业生涯管理的重点是不同的。员工在组织中的职业生涯大致可分为初期阶段、中期阶段和后期阶段，每个阶段员工的职业行为、心理特征等都有所不同，因而组织职业生涯管理的具体任务也不同。

①组织职业生涯早期管理。个体进入组织成为新员工，就开始了个体在组织中的职业生涯。在该阶段，组织的主要管理任务包括：了解员工的兴趣、技能、能力等，将新员工放在最合适的职业轨道上；对新员工进行定向，减少焦虑感，增强归属感。

②组织职业生涯中期管理。职业生涯中期是人生最复杂和任务最繁重的时期，组织要通过各种方法帮助员工解决诸多问题，如提供职业咨询，进行工作再设计，实施岗位轮换，开展培训课程，协助员工解决工作、家庭冲突等。

③组织职业生涯后期管理。到职业生涯的后期，员工要面临退休等问题。组织要有计划地分期分批安排人员退休，及早进行接替人员的选拔和培训工作。

9.4 绩效考评与薪酬体系

9.4.1 绩效考评

本章介绍的绩效考评主要是针对组织中的成员进行的，而对组织整体绩效的评估则是组织战略管理的内容。绩效考评是组织根据人力管理的需要，对组织员工的工作结果、履行现职的能力以及工作业绩进行客观考核和全面评价的过程。绩效考评易于形成客观公正的人事决策过程。组织根据绩效评估的结果做出许多有关人力资源的决策。

1）绩效考评的目的

为组织进行战略管理提供依据。在组织的人力资源管理中，最重要、最有说服力的内容就是组织成员的绩效考评和在此基础上的薪酬体系。绩效考评的合理与否决定了组织的薪酬设计是否正确，而薪酬激励直接关系到组织员工积极性的发挥以及对组织的忠诚度。

绩效考评是组织对其成员进行奖励和报酬的基础，奖励和报酬是组织进行绩效考评的主要目的之一。工作报酬必须与工作者的能力和贡献结合起来，这主要是通过绩效考评来提供依据的。

绩效考评为组织中员工的升迁调遣提供了依据。组织中的成员是经常变动和调整的，如轮岗锻炼、晋升和淘汰等。绩效考评则可以为组织制订降职、提升或维持现状等人事调整计划提供科学依据。

绩效考评为组织成员的培训提供依据。组织的人力成本之所以能成为组织的人力资源，是因为组织成员可以随着组织发展不断提升自己的能力，组织可以通过培训等系统学习和训练的方式来消除或改善员工的缺陷。绩效考评可以帮助组织了解每个管理人员的优势、局限和内在潜力，因而能够指导组织针对管理队伍的状况和特点，制定相应的培训和发展规划。

绩效考评是组织成员提高工作绩效的重要途径。绩效评估可以使员工明确自己工作的优点和缺点。由绩效考评而带来的直接结果就是，促进组织成员对组织目标与任务的理解，融洽组织成员相互之间的关系，提高组织的相应能力。

2）绩效考评的内容

一般来说，为确定工作报酬提供的考评着重管理人员的当前表现，而为人事调整或组织培训而进行的考评则偏向技能和潜力的分析。然而，组织中具体进行的绩效评估，往往不是与一种目的有关，而是为一系列目的服务的。因此，考评的内容不能只侧重于某一方面，而应尽可能地全面。

（1）工作业绩考评。工作业绩考评就是对组织中员工的行为结果的评价和认定，也是组织考核员工在某一定期间内对组织的贡献和价值。一般主要包括四个方面，即工作结果的数量、工作结果的质量、员工掌握技能的程度和员工的工作态度与责任感。

（2）能力考评。这是指对组织员工从事工作能力的考核，包括基础能力、业务能力和素质能力。其中，素质能力主要是通过适应性考察来评价的。

（3）工作态度考评。研究表明，员工工作绩效与工作态度呈正相关关系。工作态度包括价值观、积极性、热情、责任感、自我开发等方面。

（4）工作潜力评价。主要是考察员工的潜在能力，关注员工未来发展空间。这不仅关系到员工个人职业生涯发展，也关系到组织聘用的员工是否有成长潜力，对组织未来发展是否有更大贡献。

（5）适应性考评。岗位能力匹配是组织选用员工很重要的一个标准。所以，适应性考评是指员工所从事的工作与其能力、性格、兴趣、志向等相吻合的程度。主要反映人与工作之间的相称性和员工之间合作的适应性等。

考核中需要注意以下问题：一是尽可能把管理人员的个人努力和部门的成就区别开来。这项工作比较困难，但非常重要。组织应尽可能保证考核的公正与合理。二是考评既是对下属的考评，也是对上级的考评。考评是考核和评价具体管理人员及其部门对组织目标实现的贡献程度，因此，组织应对每个部门和管理岗位的工作规定具体的目标和要求，这样考评才可以公正地进行。三是在工作态度以及相关能力考评中，尽量少用一些比较抽象的描述管理者素质特征或能力的概念，如“决策能力”“用人能力”等。

3）绩效考评的方法

（1）书面鉴定法。书面鉴定法比较简单，操作灵活，成本也较低，即评估人员通过撰写记叙材料，描述岗位员工的工作状况、作业特点、考核绩效和发展潜能等，提出相应的改进和提高建议。书面描述不需要采取某种复杂的格式，也不需要经过多少培训就能完成，但由于不设考评的量化指标，评定的结果有较强的主观性，一般应与其他方法配合使用。

（2）评分量表法。这种方法指标具体，省时省力，而且分类科学，评级依据客观，在各类组织中被广泛使用。它是借助于事先设计的等级量表，通过列出一系列绩效因素，如工作的数量与质量，职务知识，协作与出勤，以及忠诚、诚实和首创精神等，评估者逐一对表中的每一项给出评分，最后计算总分，得出考评结果。评分尺度通常采用5分制。但这种方法提供的信息较少，由于是通用格式，因此一些员工特定的内容无法反映出来。

（3）关键事件法。关键事件法是指组织将评估的主要内容集中在区分有效的和无效的工作绩效的关键行为方面。关键事件是指员工在工作中做出的对其所在部门和组织有重大影响的行为，包括积极与消极行为。评估者通过记录这些关键事件，来评价其工作绩效和贡献。一般评估时需描述具体的行为，而非笼统地评价某个员工的个性特征。这种员工工作中的关键事件的记录，为组织评价员工绩效提供带有证明性质的具体实例，既提供了组织对员工评价的依据，也为员工指明哪些是组织要求的行为，哪些是规避的行为。优点是根据员工工作绩效为组织带来的影响考评，排除了近因效应的主观偏差，但如果考核人员因素质和责任心问题漏记关键事件或夸大近期效应，也会带来考核不公的问题。

（4）360度绩效考核法。该方法是指由员工自己、直接上级、间接上级、下属、同级同事甚至是外部客户等多角度、全方位地评价员工个人绩效的方法。360度绩效考核法体现了一种全面考评的思想。直接上级最了解下属的情况，但往往不够全面；间接上级的考评比较客观、公正，但准确性较差；自我考评有利于员工进行自我管理，熟悉考评标准，但员工往往高估自己的绩效；下属的考评比较准确，但有时会影响上下级之间的关系；同级和协作部门的考评容易失之过严。360度绩效考核法的优点是弥补上述的不足，全方位、多角度、匿名考评，但由于它涉及的数据和信息量较大，增加了企业数据收集和数据处理的难度。缺点是难以保证每个考评主体都具有客观公正性。

（5）平衡记分卡法。该方法是通过财务、客户、内部运营、学习和成长4个指标之间相互驱动的因果关系，展现组织的战略轨迹，寻找影响组织战略目标实现的深层原因，在此基础上建立系统的绩效评价指标体系，从而促进组织的可持续发展。平衡记分卡法在传统财务指标的基础上，兼顾了客户、内部运营、学习和成长三个重要的维度。为了取得较好的财务绩效，组织必须得到市场的认同；为了获得客户的满意，组织必须持续改善内部运营；有效的内部运营，则要依靠具备较强学习和创新能力的员工队伍。平衡记分卡示意图如图9-2所示。

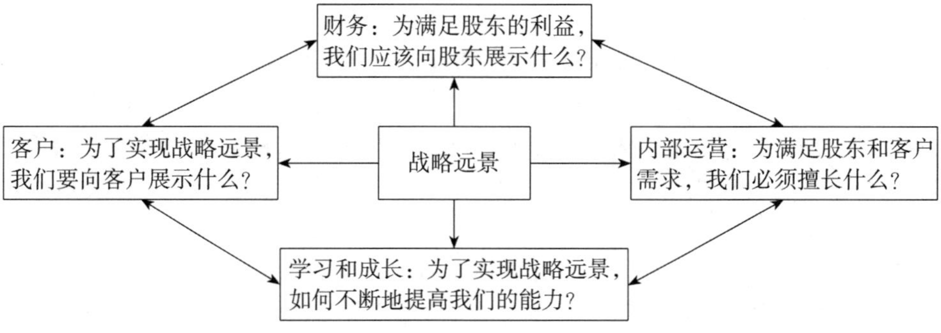

图9-2　平衡记分卡示意图

应用平衡记分卡法设计绩效考评指标具有一定的优势：兼顾财务指标和非财务指标，既重视结果，也关注了过程；取得短期和长期之间的平衡，既关注短期绩效指标，又关注长期战略目标；不仅包括能够反映组织过去绩效水平的滞后性指标，还包括能够预测组织未来绩效的前瞻性指标；既着眼于组织内部，又关注组织外部，使组织内外部相协调。该种方法虽然是一个有效的绩效考评方法，但不适用于以追求短期利润和以消减成本为目标的组织。

（6）强制分布法。强制分布法是利用事物正态分布的原理，将组织中的员工按优秀、一般和较差进行统计分类的方法。正态分布规律是最好与最差都占事物的少数，而大多数人处于中间级别。这种方法适用于被考核人员较多的组织中，操作简便，并有时间和成本的优势。但不足的是有些组织和部门人员状况并不表现出这种正态分布结构，硬性划分可能会挫伤员工的积极性。

（7）行为定位评分法。行为定位评分法是近年来流行的绩效评估方法。它综合了评分量表法和关键事件法的主要长处，考评者按某一序数值尺度对某人从事某项职务的具体行为事例打分，而不是一般的个人特质描述。行为定位评分法侧重于具体而可衡量的工作行为，它将职务的关键要素分解为若干绩效因素，然后为每一绩效因素确定有效果或无效果行为的一些具体示例。

（8）比较分析法。比较分析法是将某个员工的工作绩效与一个或多个其他员工进行比较的考评方法。它采用相对的而不是绝对的衡量方法。最常用的三种形式即分组排序、个体排序和配对比较。

①分组排序法，要求评价者按特定的分组将员工编入诸如“前1/5”“次1/5”之类的次序中。管理者可以使用这种方法将其所有的下属做一个排列，假定有20名下属，那么只能有4人可排在前1/5，同样，当然也只有4人被排在末1/5的范围内。

②个体排序法，要求评估者将员工绩效按从高到低的顺序加以排列，因此只有1人可以是“最优的”。如果要对30个下属做出评价，第1名和第2名之间的差别就被假定为与第21名和第22名之间的差别是一样的。尽管某些员工的水平可能非常接近，以致可以将他们编入同一个组中，但个体排序法并不考虑这种关系。

③配对比较法，是把每个员工与比较组中的其他员工结对进行比较，评出其中的“好者”和“差者”。在所有比较完成后，将得到的“好者”数累加起来，排出总顺序。这种方法确保每一位员工都与其他的所有人作对比，但当要评估的员工人数相当多时，这种方法不易使用。此外，民意测验法、目标管理法也常用于组织对岗位员工的考评。

9.4.2 薪酬体系

组织的绩效考评是为了确定合理的薪酬制度体系。科学的薪酬制度体系不仅有助于吸引人才、留住人才，而且能在合理成本的基础上激励员工取得良好的绩效。

1）薪酬的概念

薪酬是报酬的组成部分。报酬是指员工为组织工作而获得的他认为所有有价值的回报，分为内在报酬和外在报酬。内在报酬是指员工由工作本身所获得的心理满足，如工作成就感、参与决策、个人的成长、工作挑战性等。外在报酬是指以物质形态存在的各种类型的报酬。它可分为两种类型：一种是货币性报酬，又可分为直接报酬（如工资、奖金、股权等）和间接报酬（如保险、公积金、带薪休假等）；另外一种是非货币性报酬，如宽大的办公室、宽裕的午餐时间、私人秘书、特定的停车位等。报酬的构成如图 9-3 所示。

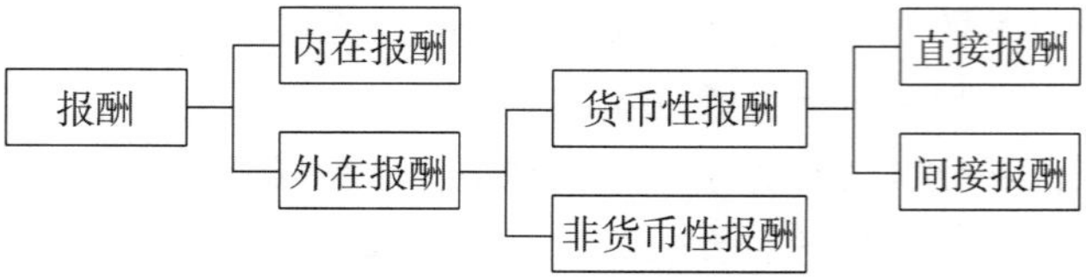

图 9-3 报酬的构成

薪酬是指组织因使用员工的劳动而付给员工的货币以及各种特定的服务和福利之和。在人力资源管理中，一般把外在报酬称为薪酬。薪酬主要包括工资、奖金、津贴、股权、福利等。

2）薪酬结构

薪酬包括直接薪酬和间接薪酬两类。

直接薪酬一般分为基本薪酬、奖金薪酬和附加薪酬（津贴和股权）形式。

（1）基本薪酬。基本薪酬是组织按期付给员工的薪酬，其数量相对比较固定，除晋级以外很少变动。其中职员（白领）的基本薪酬称为薪水或薪金，工人（蓝领）的称为工资。我国国内习惯上对薪水和工资不加区分，统称为工资。工资通常定有薪级表，员工工资的数目是根据薪级表决定的。

（2）奖金薪酬。奖励是对员工超额劳动绩效所支付的报酬，其具体的货币支付形式即为奖金。组织发放奖金的目的是激励员工努力工作，为组织多作贡献。奖金的形式多种多样，按时间分有月份奖、季度奖、年终奖等；按奖励对象分有个人奖和集体奖；按奖励内容分有超产奖、节约奖、建议奖、综合奖和特殊贡献奖等。

（3）附加薪酬，包括津贴和股权。津贴由企业津贴和特殊补贴构成。前者是对员工在特殊工作条件或环境下工作给予的经济补偿，如加班津贴、夜班津贴、交通津贴和出差津贴；后者是在因一些外部因素的影响而导致员工实际收入下降时，企业给予员工的特殊生活补助，如房屋补贴、物价补贴和助学补贴等。股权是企业以股权或期权等作为对员工的薪酬，是一种长期激励手段，目的是增强企业的凝聚力。

间接薪酬，包括各种福利保障、带薪假期、优惠服务和延期支付等。这些都属于组织的长期激励，有关资料显示，美国资产在100亿美元以上的大公司，其首席执行官的薪酬是：基本年薪占17%，奖金占11%，福利占7%，长期激励占65%。间接薪酬对于组织的高端人才吸纳和激励作用显著。

(1) 社会保障计划，是指组织为员工提供的包括失业、养老、伤残和医疗等社会保险计划中由组织负担的部分。这其中有两个方面的强制性福利，一是组织必须按政府规定的标准执行的，如上述保险内容；二是企业自行设计的福利保障项目，如人身意外险、健康检查等。

(2) 组织福利，是指员工从组织中获得的各种优惠待遇或补偿。一是金钱性福利，诸如奖学金、生日礼金、物价补贴、小费、购买津贴、解雇费以及外地津贴等；二是实物性福利，包括单身宿舍、工作餐、文体娱乐设施、阅览室或各种演出的门票等；三是服务性福利，包括组织提供的通勤服务、餐饮服务、咨询服务、保护性服务、幼儿保育服务、免费的休闲服务项目等。

(3) 延期支付，是指各种员工储蓄计划、持股计划和年金等。其特点是它们给员工带来的实际收益要在一定时期以后甚至要等到退休后才能够兑现，以此来加强对组织员工的长期激励。

3) 薪酬体系

(1) 职位薪酬体系，也称岗位薪酬体系，是指组织依据工作说明书以及其他相关因素对职位本身的价值做出客观的评价，然后根据评价结果确定该职位的薪酬，无论哪位员工承担这一职位，都将得到规定的薪酬。职位薪酬体系是一种传统的薪酬体系，也是目前被广泛使用的一种薪酬体系。它的最大特点是对岗不对人，即每个职位的工资水平完全由工作本身的价值决定，不受员工个人技能和绩效水平的影响。这种做法的好处是：真正实现了同岗同酬，有利于内部公正性的建立，而且可以按照职位系列进行薪酬管理，操作比较容易，管理成本也比较低；晋升和工资水平具有较强的连带性，可以激励员工努力工作以取得更高的职位。缺点是：无法反映员工个人的绩效差异；导致组织的人员流动，采用该种薪酬体系的组织一般等级结构森严，容易形成管理独木桥。

(2) 技能薪酬体系，是指组织根据员工所掌握的与工作有关的技能，以及知识的深度和广度来支付薪酬的一种薪酬体系。其优点是：员工获得薪酬的主要依据是与工作相关的技能而不是其所在职位的价值；能够使优秀的专业人才安心本职工作，而不是为了获得更高的薪酬去谋求自身可能并不擅长的管理岗位；有助于提高组织在员工配置方面的灵活性。缺点是：组织难以控制成本，一旦员工技能有所提升，工资将随之上涨；技能可能与绩效不匹配；设计和管理难度加大，需要对员工技能进行设计、评价等。技能薪酬体系更适用于从事的工作比较具体的操作人员、研发人员等。

(3) 绩效薪酬体系，是指员工的薪酬随个人、团队或者组织绩效的某些衡量指标的变化而变化的一种薪酬体系。其特点是以工作成果为中心确定薪酬。优点是：有利于激励员工提高工作绩效，减少组织固定成本开支；能够将组织目标和员工绩效紧密结合。缺点是：容易导致员工之间或部门之间过度竞争；导致员工的短期行为。在实践中，绩效薪酬体系往往与其他付酬要素相结合，形成复合型薪酬体系。

（4）宽带薪酬。宽带薪酬是在20世纪90年代提出的，一种与组织扁平化、团队导向、能力导向等新的管理理念相配套的新型薪酬体系。它是对传统的由大量工资等级层次组成的垂直型薪酬结构的改进和替代。宽带薪酬是指对多个薪酬等级以及薪酬变动范围进行重新组合，从而变成只有较少的薪酬等级以及相应的较宽薪酬变动范围。一种典型的宽带薪酬可能只有不超过4个等级的薪酬级别，每个薪酬级别的变动比率可以达到200%～300%。宽带薪酬的特点是注重职位工资和技能工资的结合。它的重要作用是有助于组织向扁平化发展，使员工不必把职位晋升作为薪酬提高的唯一路径，可以把注意力集中在发展组织所需要的技能和能力上。但是，宽带薪酬大大增加了绩效管理的难度。

本章小结

首先，本章介绍了人力资源管理的基本概念、人力资源管理与传统的人事管理的差别，对人力资源管理的过程也进行了简单的描述。在这一部分重点介绍人力资源规划，对人力资源规划的基本要求、规划的主要内容和规划的方法进行了系统的阐述，要求学生一般性了解。

其次，本章从组织人员配备的角度研究了工作分析、组织员工招聘和甄选等问题。在工作分析中，介绍了工作分析的内容、岗位分类以及职务说明和工作规范，系统介绍了工作分析的各种方法和组织招聘的渠道与方法等内容。组织员工招聘主要包括外部招聘和内部提升两种招聘形式。在甄选部分，重点介绍了信度和效度的内涵与关系以及在招聘中的作用。在甄选手段上强调简历分析、笔试、面试、心理测验和绩效模拟测试这些比较常用的测试方法，要求学生熟悉并领会。

再次，在员工培训和职业生涯管理部分，介绍了岗前、岗位和转岗培训，脱产培训与非脱产培训，长期培训与短期培训，初级、中级和高级培训等各种培训形式以及员工培训的方法。重点介绍了职业生涯规划，包括具有代表性的职业规划理论、个人与组织的职业生涯管理。

最后，本章重点描述了绩效考评和薪酬管理两大部分。在绩效考评中，对绩效考评的意义、绩效考评的内容和绩效考评的方法进行了系统的分析，要求学生重点理解绩效考评内容，深入理解业绩、态度、能力考评及发展潜力考评、适应性考评以及相互之间的关系。在薪酬管理方面主要介绍了薪酬的概念，薪酬由直接薪酬和间接薪酬两种形式构成以及薪酬考评体系等。

本章案例

V物业公司的绩效管理

V公司于1996年在大连市注册成立，注册资本为500万元，主营业务为物业管理服务。截至2017年6月，公司在册职工人数962人，共计服务住宅社区项目16个，商业写字楼项目1个，总管理面积近300万平方米。

V公司的母公司K集团公司于19世纪80年代成立于深圳，属房地产开发行业，目前已经是中国最大的专业住宅开发企业。作为K集团公司物业管理业务的第一批独立运营公司——V公司自成立起即负责K集团公司在大连开发楼盘项目的后期物业管理工作。

该公司在经过几年运营后，发现绩效考评体系问题较多，管理成本居高不下，员工积极性不高，流动性也比较大。鉴于此，经请示后，公司决定运用平衡记分卡对大连公司的绩效考评体系进行改革，成为集团改革的先行试点下属企业。

在企业绩效管理指标的建立过程中，形成如图9-4所示的改革设计思路。

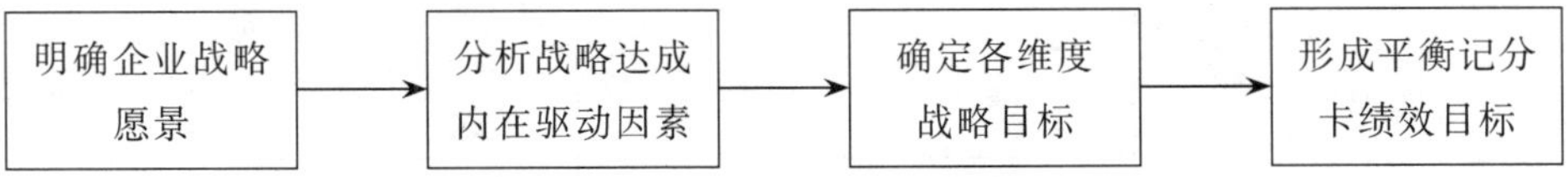

图9-4 绩效目标设置流程图

1）财务维度分析

一是实现公司价值持续增长。首先，要提升BU1传统物业服务物业费收缴率，保障收入底线。其次，以BU2资产经营业务为核心的多种业务迅速发展，打开物业费收入饱和的“天花板”。最后，大力拓展增量市场，扩大市场占有率，寻求各项收入的高水平增长。二是利润最大化。降低人力成本、能耗成本、行政费用等，通过优化流程、提升资产利用率，加强预算管控。三是保障现金流。

2）客户维度分析

一是保证基础服务。降低客户有效投诉率。同时，针对房地产开发的大客户，BU3业务单元保障服务品质，以大客户满意的评价为依据。二是提升增值服务。一方面体现在BU1/2/3对客服务的精细化，如优化社区文化活动、提升品牌知名度，细化行业服务标准；另一方面在与BU4协同的基础上拓展新业务，提升物业服务内涵。三是客户量的增长。

3）内部运营维度分析

一是加强风险管控。减少质量事故，保证公司运营的合规性。二是流程优化，改变现在的请示、报备、维修和检控体系。三是效率提升。通过各业务口自身的进步与提升，刺激人均效能提高，使企业运营呈现健康、高效的状态。

4）学习成长维度分析

一是员工稳定。保留公司传统的员工满意度、员工流动率两大指标，进行衡量与约束。二是员工匹配。通过岗位测试调整、内部培养和外部招聘，满足不断变化的岗位需求

将V公司战略目标及影响战略目标实现的相关因素进行整理，确定V公司平衡记分卡绩效目标，见表9-2。

表9-2 **V公司战略绩效目标**

维度	战略目标	绩效目标
财务维度	经营收入	主营业务收入饱和
		多种经营收入增加
	经营利润	成本管控
	经营支持	现金流充沛
客户维度	客户关系维护	基础服务保质
		多元服务提升
	品牌影响力	品牌建设
内部运营维度	风险管控	质量事故减少
		运营合规
	流程优化	流程标准化
		创新管理
	效率提升	业务质量提升
学习成长维度	员工稳定	员工流动管控
		员工满意度提升
	员工匹配	人才培养输出
		人才引进

在此基础上确定关键业绩指标。制定关键业绩指标可以使企业战略愿景、绩效目标转化为可进行管控的内部过程和活动。制定关键业绩指标需要围绕绩效目标，通过部门职能、岗位职责的划分，将公司级业绩指标分解至各部门，再由各部门落实到各员工。关键业绩指标设置流程图如图9-5所示。

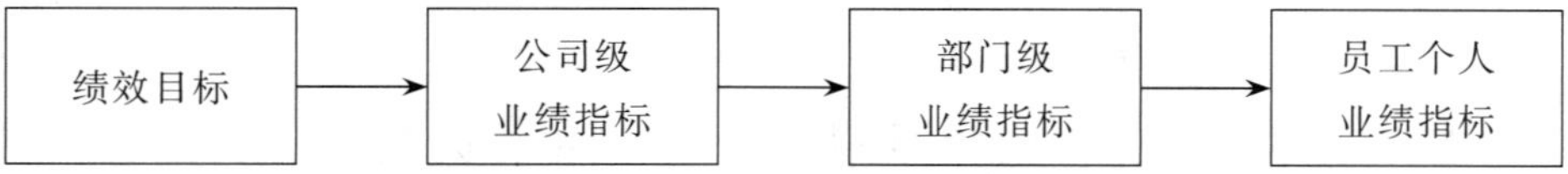

图9-5 关键业绩指标设置流程图

综上所述，围绕平衡记分卡四大维度分解出的绩效目标，经过分析，制定V公司关键业绩指标，为战略的实施提供可量化的标准，见表9-3。

表9-3 V公司级关键业绩指标

维度	绩效目标	关键业绩指标	指标形式
财务维度	主营业务收入饱和	物业费收缴率	核算值
	多种经营收入增加	累计收入	金额
	成本管控	成本增长率	核算值
	现金流充沛	经营性现金流	金额
客户维度	基础服务保质	客户满意度	评分
		客户有效投诉率	核算值
		客户投诉处理率	核算值
	多元服务提升	精细服务活动	完成情况
		新业务满意度	评分
	品牌建设	企业文化活动	完成情况
		外部评优表彰	单数,加分项
内部运营维度	质量事故减少	品质巡查	评分
		质量事故	单数
	运营合规	内控检查	评分
	流程标准化	标准操作指引制定	完成情况
	创新管理	海豚行动	单数
	业务提升	体系制度优化	完成情况
学习成长维度	员工流动管控	骨干离职率	核算值
		缺编率	核算值
	员工满意度提升	员工满意度调查	评分
		自我提升	完成情况
	人才培养输出	梯度完备率	核算值
		培训项目完成率	核算值
	人才引进	核心人才引进达成率	核算值

部门层面关键业绩指标也可理解为公司的二级绩效指标，其主要作用在于公司整体战略指标与员工个人指标的关联。部门业绩指标在制定时需要围绕公司指标进行展开，员工指标的确定需要在部门指标基础上分解进行。

资料来源　根据东北财经大学2015级秋季脱产MBA康绍桐论文改编。

思考题：

公司运用平衡记分卡进行绩效考评改革设计的主要思路是什么？请根据V公司的关键指标设计评价主要指标之间的关系。

思考与练习

1.组织中的人事管理与人力资源管理的本质差别是什么？

2.何谓工作分析？为什么说它是人力资源管理的基础？

3.组织招聘中外部招聘和内部提升各有什么特点？怎样将两者很好地结合？

4.组织如果甄选员工，怎样坚持信度和效度的统一性？

5.组织实施的岗前、岗位和转岗培训有哪些不同？

6.在员工职业选择和规划方面有哪些理论？职业匹配论强调哪些要素？

7.在绩效考评中，五大考核方面是什么关系？怎样有机结合？

8.管理者如何评估员工的绩效？哪些要素应重点考虑？哪些要素应综合考虑？

9.薪酬体系包括哪些方面？宽带薪酬制产生的背景是什么？

第10章

领导行为

学习目标

通过本章的学习，重点了解领导概念的基本内涵、领导者权力的来源以及领导者权力获取的方式；了解从领导者自身角度提出的领导特质理论的主要观点；重点掌握研究领导行为过程理论的核心观点；熟悉领导权变理论的基本内涵，并了解领导理论的最新研究成果。

10.1 领导的概念

10.1.1 领导的含义

一个组织绩效的高低与领导行为有很大关系，主要是指领导如何激励和鼓舞下属，以实现组织目标。关于领导的内涵，表述各有不同。美国管理学家孔茨、奥唐纳等把领导概括为一种影响力。著名管理学家斯蒂芬·罗宾斯将领导者定义为能够影响他人并拥有管理职权的人。而人际关系和行为科学理论则认为，领导是一个动态的行为过程，领导者通过其领导艺术对被领导者产生影响力，从而引导组织成员提高行为效率，达到实现组织目标的目的。

据此，我们认为领导是指影响群体和个体朝向组织目标实现过程中的影响力。这里领导应包含以下内容：一是领导应有领导者和被领导者，没有被领导对象，就无所谓领导；二是领导者对被领导者能够施加影响，领导是由被领导者表现出某种所期望的行为所组成的；三是领导者的目的是影响被领导者实现组织的目标。所以，领导实质是领导者和被领导者个人作用和与特定环境相互作用的动态过程。

任何一个群体都有某些善于领导的人作为群体的首领。这种人在群体或组织中，能够把其他成员吸引到自己的周围，是别人所追随的人，是能够得到别人信任的人，他们善于利用自己的威望引导和影响组织成员来完成组织目标。领导者有效地并以负责的态度运用权力的能力是实施领导职能的关键。

此外，领导是一种稀缺资源。在中国，各种组织和公司的负责人人数众多，但称得上能发挥领导艺术和才能的人寥寥无几。2002年，翰威特公司的“领导人才最佳雇主”调研开始自美国启动，其目的是找出成功企业能不断培养出优秀领导人才的各项因素，结果印度公司在这次评选中大出风头，在前10名企业中占了半壁江山，而中国和韩国则无一家公司入围。许多大企业在上一代领导人领导下蓬勃发展，但却没有很好地解决创始人与接班人的问题，其中不乏像海尔、华为这样的行业领军企业。

10.1.2 领导者的权力

领导者的权力主要来自两个方面：一是来自于职位的权力。这种权力是由于领导者在组织中所处的职位是由上级和组织赋予的，并由法律、制度明文规定的，属于正式的权力，这样的权力随职务变动而变动。二是来自于领导者个人的权力。这种影响力是由于领导者自身的某些特殊条件决定的。例如，领导者具有高尚的品德、丰富的经验、卓越的工作能力、良好的人际关系等。这种影响力与职位没有直接的关系，主要是来自于下属对领导者公信力的认可。但也有人认为，领导者个人魅力发挥与其职位有一定的联系，如领导表示出对下属的体贴、关心。如果是普通员工间这样做，被关心的对象只会感受到一种友情。但如果是领导，特别是较高位置的领导表示对下属的体贴时，则被关心对象的心理感受会有很大的不同。

从领导者的权力基础来讲，主要分为五种形式：

1）惩罚权

它来自下级的恐惧感，即下级感到领导者有能力惩罚他，使他产生“痛苦”或不愉快。惩罚权虽然可以使下级基于恐惧而顺从，但这种顺从是表面的、暂时的，而其内心则不一定受到影响。为了维持这种顺从，领导者必须时常监督下级是否按照他的指示在工作。如果发现下级不遵循行为规范，为了维持恐惧一定要加以惩罚。而监督与惩罚的成本都很高。

2）奖赏权

它来自下级追求满足的欲望，即下级感到领导者有能力奖赏他，使他觉得愉快或满足。奖赏权是采取奖励的办法来引导人们做出所需要的行为。其效果要比惩罚好，可以增加领导者对下级的吸引力，也能引起满意并提高工作效率，但这种办法的激励作用要视奖励值的大小和公平性如何而定。奖赏权不利的一面是容易引起本位主义，使下级缺乏整体和长远观念，过分使用这种权力还容易形成人们对金钱等的依赖心理。

3）合法权

它来自下级传统的习惯观念，即下级认为领导者处于组织机构中的特定地位，因而具有合法的权力影响他，他必须接受领导者的影响。合法权是下级基于习惯、社会意识和某种责任感所引起的服从，但这种服从不能导致较高的工作效率和个人满意度，下级接受这种权力还因为只有这样才会得到领导者的赞扬、大家的接纳和认可，满足安全和亲和的要求。

4）模范权

它来自下级对上级的信任，即下级相信领导者具有他所需要的智慧和品质，具有共同的愿望和利益，从而对他钦佩，愿意模仿和跟从他。

5）专长权

它来自下级的尊敬，即下级感到领导者具有某种专门的知识、技能和专长，能帮助他，为他指明方向，排除障碍，达到组织目标和个人目标。模范权和专长权一般都能引起公开和私下的顺从，内心的信服，特别是专长权能使下级感到满意，由此而来的影响力也比较持久。

此外，还有人认为领导者的背景权和感情权也十分重要。背景权是指个人由于以往经历或一些特殊的资历而形成的影响力。例如，美国总统肯尼迪出身政治世家，这样的家庭背景为他罩了一个光环，使许多人相信他具有一定的政治经验和管理能力。而感情权是指个体与被影响者感情融洽或关系密切而形成的权力。例如，一些管理者在多年的创业中会有一些忠心耿耿的部下为其效力，如阿里巴巴的马云，在北京创业十年，由于政策变化，不得已返回杭州重新创业，但当初一起干的十几人没有一人离弃，许多人据此赞赏马云的人格魅力。惩罚权、奖赏权、合法权属于职位权力，模范权、专长权以及背景权和感情权属于个人权力。不同的权力来源对下级产生的影响效果和个人的满意程度是不同的。

10.1.3 领导者权力获取的方式

在组织中，领导者要发挥其影响力，带领组织实现既定目标，必须运用一定的政治手段与策略来实现组织目标和个人目标。所以，成功的领导者也应该是一位具有远见卓识的、谙熟获取权力之道的政治家。研究表明，以下几种获取权力的策略方式对于增强领导能力具有较大影响。

1）与权力核心层结盟

美国管理学家罗宾斯通过研究发现，成功的管理者将主要的精力投入到对上沟通和对外交往中，以获得更大的资源。结论是社交和施展政治技巧对于管理者在组织中的晋升起着非常重要的作用。进入或接近权力中心不仅可以使其获得必要、及时的信息，争取主动，更重要的是与他们的联系可以使你有机会展示自己，这是一个人晋升的基本条件。权力核心层的人也可能是权力者身边的人物，如秘书、顾问等。

2）施恩施惠

领导者的影响力也需要领导者经常在特定场合与情况下有意识地发挥。而且这种影响力的特点是越经常施用，效力越大。领导者具有的奖赏权和惩罚权在许多情境下如果能很好地运用，会取得事半功倍的效果。但如果只施加后者，没有前者，领导者的威信就会下降。当然这种施加需要很好的技巧。许多情况下，难以分清是领导者个人抉择还是组织特有的资源分配。

3）熟谙人际沟通的技巧

领导者要善于沟通，领导者能有效地激发下属的工作热情是对下沟通的结果，领导者也要善于对上沟通，以及处理各种横向关系。但人际沟通更多地表现在人际交往的处理技巧和体态语言上，如果不善于领悟其中的信号，就难以把握在人际交往中的各种复杂关系和不同心态，指挥协调能力也会大大降低。

4）善于利用各种资源

资源的含义十分广泛，既可以是自身的优势，如良好的出身、较高的学历，也可以是社会资源、独家消息、权势者的支持，还可以是一切有价值并可以利用的东西。一个善于驾驭权势的领导者并不是自己亲力亲为，而是利用别人做事。如酒店总经理并不需要知晓烹饪的技巧，但需要知道招聘哪种专业人士为他管理餐厅。

5）从危机中寻找机会

领导者迅速获得权力并不是正常情况下的晋升，但如果出现危机，就给了有才能并善于捕捉机遇的人很好的机会。日本的日产公司在2000年出现企业危机，后被法国雷诺公司收购。卡洛斯作为雷诺公司的代表担任日产公司的首席技术官，这是日产被雷诺兼并的条件之一，不允许法国人担任日本公司的首席执行官。但卡洛斯“主政”后，他对日产公司多年形成的“关系文化”进行了大刀阔斧的改革，一位日产管理员工由于表现优异，被卡洛斯在一日之内连升五级，创造了日本企业界管理层晋升的神话。日产公司的裙带供货商如果不降低成本，就会立刻出局。结果不到任职期满，卡洛斯率领的团队就扭亏为盈。由于卡洛斯在整顿日产公司的出色表现，被高傲的日本人主动提名，成为日产公司的总经理。

6）不断提升自己

管理学上有一个名词叫“帕金森现象”，意指每一个员工都有可能会晋升到超出个人能力的管理岗位上。管理理论研究表明，每一个职位都要由专业和技能相匹配的员工来担任，如果能力达不到，需要尽快提升自己，一个优秀的管理者不仅能力要适应岗位技能要求，还要做好提升到更高层次上的能力储备。

7）寻求关键岗位

组织岗位的责任和重要程度是有差别的。重要岗位上的领导者，不仅个人的能力得到锻炼提高，而且其上司也更为关注，一旦做出成就，会很快得到提拔。组织理论最新研究成果表明，对组织重要的人不一定是董事长或CEO，也可能是关键岗位的管理者。

10.2 领导特质理论

10.2.1 特异特质理论

许多领导者理论研究的出发点是领导者个人自身的特质。比较有影响的是斯托格迪尔的领导者特征的研究。

1）特质理论的内容

斯托格迪尔认为领导者应该具有以下几个方面的特征或品质：一是5种身体特征，即精力、外貌、身高、年龄、体重等。二是2种社会性特征，即社会经济地位、学历等。三是4种智力与才干有关的特征，即果断性、说话流利、知识广博、分析判断能力等。四是16种个性特征，即适应性、进取性、自信、热心、独立性、外向、机警、支配、有主见、急性、慢性、见解独到、情绪稳定、作风民主、不随波逐流、智慧等。五是6种与工作有关的特征，即责任感、事业心、毅力、首创性、追求成功的干劲、对人的关心等。六是9种社交特征，即能力、合作、声誉、人际关系、老练程度、正直、诚实、权力的需要、与人共事的技巧等。

2）特质理论的发展

20世纪30年代，理论界对于领导科学的研究重点之一是领导者个人品质特征，并把它作为描述和预测领导成效的关键因素。认为领导者的品质与生俱来，领导者是天生的“伟人”。不具有领导才能的人，不能成为有效的领导者。卡尔·西尼尔博士在英国阿斯顿大学进行了两次实验，研究结果均表明，一个人的领导素养高低与外表对称与否存在很强的相关性。该项研究发表在美国期刊《哈佛大学商业评论》上。作者认为其实反而是那些外表不对称的人更能够成为杰出的领袖。典型的例子包括美国前总统林肯、英国前首相丘吉尔以及英国皇家海军上将霍雷肖-纳尔逊。因而，他们的研究着眼于领导品质与领导性格特征，着重于探索有效领导者与无效领导者之间、高层领导者与基层领导者之间个人品质的差异。

10.2.2 德鲁克的素质论

著名管理大师彼得·德鲁克在《有效的管理者》一书中提出了五种有效管理者的特性，并指出这些特性是可以通过学习掌握的。他认为，一个有效的领导者应具有以下几种特点：

（1）要善于处理和利用自己的时间。时间永远是短缺的，领导者支配时间常处于被动地位。因此，必须善于管理自己的时间。

（2）注重贡献，确定自己的努力方向。他们并非为工作而工作，而是为成果而工作。

（3）善于发现和用人之所长，包括自己、上级和下级的长处。

（4）分清工作的主次，集中精力于关键领域，做好最重要、最基本的工作。

（5）能做出有效的决策，坚持决策“从贤不从众”的原则。

德鲁克的领导者理论更多的是从管理的层面提出来的，他忽略了作为领导者个人所具有的魅力特质。

10.2.3 鲍莫尔的十大条件论

美国普林斯顿大学的教授鲍莫尔认为企业领导人应具备十大条件：一是合作精神。愿意与他人共事，能赢得别人的合作；二是决策能力：能根据实际情况做出决策，具有高瞻远瞩的能力；三是组织能力：善于发掘下级才智，调动下属积极性；四是精于授权：对下属充分信任；五是善于应变：机智灵活，不墨守成规；六是敢于求新：对新事物、新环境和新观念有敏锐的感受能力；七是敢于负责：对上级、下级和用户及整个社会，都有高度的责任心；八是敢担风险：对企业发展风险有正确的认识，在困难面前有开创新局面的雄心和信心；九是尊重他人：善于吸收他人的意见，礼贤下士，不盛气凌人；十是品德高尚：为人正直，心胸坦荡。

十大条件论是领导者要素涵盖内容最为广泛的理论流派，具有一定的代表性，尤其适用于不同文化背景的领导者的研究。

10.2.4 彼得的领导特质论

美国管理学家彼得从相反的角度进行领导的特质研究，他认为有充分的证据证明某些特征是不成功的领导者的品质，主要有：一是对别人麻木不仁，吹毛求疵，举止狂妄；二是冷漠、孤僻、骄傲自大；三是背信弃义；四是野心过大，玩弄权术；五是独断专行；六是缺乏建立一支同心协力队伍的能力；七是心胸狭窄，挑选无能之辈担任下属；八是目光短浅，缺乏战略头脑；九是倔头倔脑，无法适应不同的上司；十是偏听偏信，过分依赖一个顾问；十一是懦弱无能，不敢行动；十二是犹豫不决，无法决断。

需要指出，近几十年来管理学界对领导特质论批评较多，不仅仅是由于特质论的解释忽视了情境因素，而且具备恰当的特质只能使个人更有可能成为有效的领导者，他还必须采取正确的行为，且在一种情境下的正确行为在另一种情境下未必正确。

10.3 领导行为理论

领导行为理论从工作行为的特点来说明领导的有效性。

10.3.1 领导科学论

心理学家勒温的研究表明，不同领导方式对下属群体行为会产生不同的影响，下面主要介绍三种领导方式，即专制方式、民主方式和放任自流方式。

1）专制方式

采用专制方式的领导者是以力服人，靠权力和强制命令让下属服从。具体表现为：一是独断专行。从不考虑别人的意见，所有的决策都是由领导者自己决定的。二是封锁消息。从不把任何消息告诉下级，下级只能察言观色，奉命行事。三是依靠命令指挥。包括纪律约束、训斥和惩罚，很少奖励下属。采用专制方式的领导者和别人谈话时有60%左右采取命令和指示口吻。四是“能人”治理。领导者预先安排一切工作的程序和方法，下级只能服从。五是与下属关系紧张。领导者很少参加群体的社会活动，与下级保持相当的心理距离。

2）民主方式

采用民主方式的领导者，是以理服人、以身作则的领导者。其特点是：第一，决策民主。主要的政策是在领导者的鼓励和协作下由群体讨论而决定的，而不是由领导者单独决定的。政策是领导者和其下属共同智慧的结晶。第二，充分发挥下属的潜能。分配工作时，尽量照顾到下属的能力、兴趣和爱好。第三，善于授权。对下属的工作，不安排得那么具体，使下属有相当大的工作自由、较多的选择性与灵活性。第四，拥有个人威信。主要应用个人权力和威信，而不是靠职位权力和命令使人服从。谈话时多使用商量、建议和请求的口气，下命令仅占5%左右。第五，与下属关系协调。领导者积极参加团体活动，与下级没有心理上的距离。

3）放任自流方式

所谓放任自流方式，是指工作事先无布置，事后无检查，权力完全给予个人，一切悉听自便，毫无规章制度的领导方式。

勒温经过反复的试验，发现两种不同领导风格的群体，绩效和行为差异很大，主要有以下特点，如表10-1所示。

表 10-1　　两种不同领导风格的群体效应

类型 特点	专制型群体	民主型群体
成员关系	成员之间多攻击性言论	彼此关系友善
工作表现	表现自我，引人注目	以工作为中心进行接触
组织核心	团体成员以“我”为中心	团体成员以“我们”为中心
受挫时	推卸责任，人身攻击	团结一致，解决问题
员工动机	对团体活动没有满足感	对团体活动有较高的满足感
领导行为	无人组织，工作动机降低	自动组织，工作不受影响

勒温认为放任自流的领导方式工作效率最低，只达到社交目标，完不成工作目标；专制作风的领导方式虽然通过严格的管理达到了工作目标，但群体成员没有责任感，情绪消极，士气低落，纷争较多；民主型领导工作效率最高，不但完成工作目标，而且群体成员关系融洽，工作积极主动，有创造性。

10.3.2　领导行为连续统一体论

该理论是组织行为学家坦南鲍姆与施密特于1958年提出来的，他们指出，领导包含多种多样的作风，从以领导者为中心到以下属为中心的各种作风，民主与独裁仅是两个极端的情况，如图10-1所示。

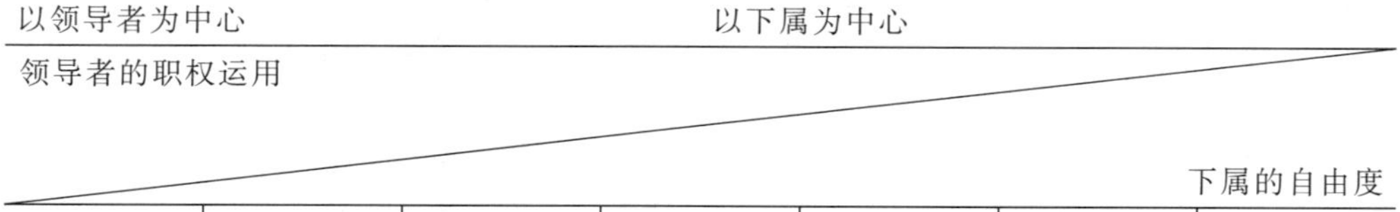

领导者自行决策并予以宣布	领导者对下属“推销”其决策	领导者发表他的意见并征求有无疑问	领导者提出临时决策接受修改意见	领导者提出问题并接受下属建议再作决策	领导者提出限制条件要求集体共同决策	领导者允许下属在允许的范围内自由活动

图 10-1　领导行为连续统一体

领导行为连续统一体从左至右，领导者运用职权逐渐减少，下属的自由度逐渐加大，从以工作为重逐渐变为以关系为重。图10-1的下方依据领导者把权力授予下属的程度不同，决策的方式不同，形成了一系列领导方式。因此，可供选择的领导方式不是民主与独裁两种，而是多种。作者认为没有绝对正确或是错误的领导方式，领导应当根据具体情况，考虑各种因素选择图中某种领导行为。在这个意义上，领导行为连续统一体也是一种情境理论。何种领导作风合适，取决于领导者、被领导者和情境。影响领导者选择领导作风的因素有：一是主管的个性因素，如价值观念、对下属的信赖、个人偏好以及在不确定情境中持有的安全感等；二是下属的个性因素，如乐意承担责任的程度、下属的知识和经验、他们对模糊的容忍等；

三是情境因素，如组织的价值准则和传统下属人员作为整体如何有效地工作，问题的性质和是否能把处理问题的权限稳妥地授予下级，以及时间的压力等。

10.3.3 管理方格论

管理学家罗伯特·布莱克和简·穆顿于1964年提出了管理方格图。这是一张9等份的方格图，表示领导者对生产、对人的关心程度。每项标准分为9等份。在评价领导者时，可根据其对生产的关心程度和对职工的关心程度，在图上寻找交叉点，这个交叉点的方格就是他的领导倾向类型，如图10-2所示。

1.9 乡村俱乐部型管理：对员工的需要关怀备至，创造一种舒适、友好的氛围和工作基调		9.9 团队型管理：工作的完成来自于员工的奉献，共同利益关系形成相互依赖，创造信任和尊重的关系
	5.5 中间型管理：通过保持必须完成的工作和维持令人满意的士气之间的平衡，使组织绩效有实现的可能	
1.1 贫乏型管理：以最小的努力完成必须做的工作，以维持组织成员的身份		9.1 任务型管理：由于工作条件的安排达到高效率的运作，使人的因素的影响降到最低程度

图10-2 管理方格图

“关心生产”是指一名监督管理人员对各类事项所抱的态度，诸如政策决议的质量、程序与过程，研究工作的创造性，职能人员的服务质量，工作效率和产量的态度等等。同样，“关心人”也有广泛的解释，包含了诸如个人对实现目标的承诺程度、工人对自尊的维护、基于信任而非基于服从来授予职责、提供良好的工作条件和保持令人满意的人际关系等内容。

布莱克和穆顿的五种典型的领导方式特点如下：

1.1方式为贫乏型管理。对员工和生产几乎都漠不关心，只以最小的付出来完成必须做的工作。这是实际中很少见的极端情况。

9.1方式为任务型管理。领导作风是非常专制的，领导者集中注意对生产任务和作业效率的要求，注重计划、指导和控制职工的工作活动，以完成组织的目标，但不关心人的因素，不注重以激发员工士气来完成组织的目标。

1.9方式为乡村俱乐部型管理。在这类管理中，主管人员很少甚至不关心生产，而只关心人。他们促成一种人人得以放松，感受友谊与快乐的环境，但没有将员工的热情引导到努力实现组织目标上来。

5.5方式为中间型管理。这种领导方式对人的关心度和对生产的关心度，虽然都不算高，但是能保持平衡。管理者既考虑到在计划、指挥和控制上的职责，也比较重视对职工的引导鼓励，使其士气保持在满意的水平上。但这种领导方式缺乏创新精神，只追求正常的效率和满意的士气。

9.9方式为团队型管理，即对生产和人的关心都达到相当的高度，努力使员工个人的需要和组织的目标最有效地结合，注意使员工了解组织的目标，关心工作的成果。因而，员工之间关系协调，士气旺盛，能进行很好的自我控制，最大限度地实现组织目标。

布莱克和穆顿认为9.9型的领导方式是最有效的，领导者应该客观地分析组织内外的各种情况，努力创造条件，将自己的领导方式转化为9.9型，以求得最高的效率。

10.4 领导权变理论

领导权变理论是近年来国外行为科学家重点研究的领导理论，这个理论所关注的是领导者与被领导者的行为和环境的相互影响，该理论认为，某一具体领导方式并不是到处都适用的，领导者的行为若想有效，就必须随着被领导者的特点和环境的变化而变化，而不能是一成不变的。比较有代表性的理论有：

10.4.1 菲德勒的权变模型

菲德勒从1951年起，经过15年的调查研究，提出了一种因地制宜的领导理论。这个理论认为，人们之所以成为领导者不仅在于他们的个性，而且也在于各种不同的情境因素和领导者同群体成员之间的交互作用。菲德勒提出对领导者的工作最起影响作用的是职位权力、任务结构、领导者与被领导者之间的关系。法国皇帝、著名的军事统帅拿破仑就是一个典型权变式的领导者。他说："我有时是狐狸，有时是狮子。进行统治的全部秘密在于，要知道什么时候是前者，什么时候是后者。"

1）模型的变量要素

（1）职位权力，指的是与领导者职位相关联的正式职权，以及领导者从上级和整个组织各方面所取得的支持程度。这一职位权力是由领导者对下属的实有权力所决定的。正如菲德勒指出的，有了明确和相当大职位权力的领导者，比没有此种权力的领导者更易博得他人真诚的追随。

（2）任务结构，是指任务的明确程度和人们对这些任务的负责程度。当任务明确，每个人都能对任务负责时，则领导者对工作质量更易于控制；群体成员也有可能比在任务不明确的情况下，更明确地担负起他们的工作职责。

（3）领导者与被领导者之间的关系。菲德勒认为，上下级关系对领导者来说是最重要的，因为职位权力与任务结构大多置于组织的控制之下，而上下级关系可影响下级对领导者信任和爱戴的程度，以及是否愿意追随其共同工作。

2）模型的结论

菲德勒认为：领导者的个性或动机构成，是靠个人在领导情境方面的量度来确定的。有一种类型的领导者，是"以关系为动因"的，他们和群体成员之间有良好的人际关系，并得到自我尊重。还有一类是“以任务为动因”的领导者，他们从证明自己才干的较明确的证据中得到满足和尊重。菲德勒利用一种被称为“最不喜欢的同事（L.P.C）”的问卷调查来测定这两种动因系统，以此为根据确定评分。他发现以任务为动机的领导者用一种非常消极的、否定的字眼描述他最不喜欢的同事。以关系为动机的领导者能够把一个工作不好的同事看作友好的或有帮助的，他们在工作方面的情感纠缠不太强烈，用一种较积极的方式看待在工作中难以相处的人。

菲德勒将影响领导工作的三方面因素任意组合成八种情况，对1 200个团体进行了观察，得出在不同的情况下，领导方式有效性的差异，其结果如表10-2所示。

表10-2 **不同环境下的有效领导类型**

环境的有利程度	最有利				最不利			
上下关系	好				差			
任务结构	明　确		不明确		明　确		不明确	
职位权力	强	弱	强	弱	强	弱	强	弱
环境类型	1	2	3	4	5	6	7	8
有效的领导风格	任务导向型			关系导向型				任务导向型

研究发现关心任务的领导者在“不利的”或“有利的”情况下，将是最有成效的领导者。也就是说，当领导者在职位权力不足，任务结构不明确，领导者与其成员的关系恶劣，领导者的处境不利时，关心任务的领导者将是最有成效的。同样在另一极端情况下，职位权力很高，任务结构明确，领导者与其成员关系良好，领导者的处境有利，菲德勒发现关心任务的领导者是最有成效的。但当情况仅是有些不利或是有利时，注重人际关系的领导者是最有成效的。

3）模型的意义

这个模型的意义主要在于：一是从领导方式的有效性出发，而不是从领导者的素质出发，考虑采取什么样的领导行为。二是将领导者与情境和被领导者之间关系的影响联系起来，说明并不存在着一种绝对的最好的领导形态，组织的领导者必须具有适应能力，自行适应变化的情况。三是菲德勒还提出有必要对环境进行改造以符合领导者的风格。他提出了一些改善领导关系、任务结构和职位权力的建议。如对领导者与下属之间的关系可以通过改变下属的组成加以改善，使下属的经历、文化水平和技术专长更加合适；对任务结构可以通过详细布置工作内容而使其更加定型化，也可以对工作只作一般指示而使其非程序化；对领导职位权力可以通过变更职位、充分授权或明确宣布职权而增加其权威性。

10.4.2 “途径-目标”理论

“途径-目标”理论是加拿大多伦多大学教授罗伯特·豪斯提出的一种领导权

变模型。他认为，领导者的效率是以能激励下级达成组织目标，并在其工作中使下级得到满足的能力来衡量的。“途径-目标”的概念来自这样一种观念：有效的领导者通过明确下属实现工作目标的路径，减少各种障碍和危险，从而顺利实现组织目标。

“途径-目标”理论认为，有四种领导方式可供同一领导者在不同环境下选择使用。这四种领导方式是：

1）支持型领导方式

这种领导方式对下级友善、关心，从各方面给予支持。领导者的责任和作用就在于改善下级的心理状态，激励他们去完成工作任务或对工作感到满意，帮助下级达到目标。

2）参与型领导方式

领导者在作决策时与下属商讨，征求并采纳下级的建议。

3）指导型领导方式

让下属知道对他们的期望是什么，并给予下级以相当具体的指导；支持下级为实现目标所作的努力；为其完成任务扫清障碍；增加下级获得个人满意感的机会等。

4）绩效导向型领导方式

领导者给下级提出挑战性的目标，并相信他们能高水平地达到目标。领导要向下级讲清工作任务，承认并刺激下级对奖励的要求，奖励达到目的的成就。领导者的这种作用越大，对下级的激励程度越高，就越能帮助下级达到目标。

这种理论认为下级的特点和任务的性质这两个变量决定着领导的方式。下级接受领导方式的程度，取决于这种领导方式能否满足下级的需要。如果下级觉得有能力完成任务，很需要荣誉和交往，他们不喜欢指令性领导方式，就应选择支持性领导方式。如果工作任务是常规性的，目标和达到目标的途径都是一目了然的，在这种环境下，领导者还去发号施令就会引起下级的不满。但是如果工作任务变化性很大，下级经常干些自己不熟悉或没把握的事，这时领导者如能及时告诉他们目标和达到目标的途径，而采用指令性的领导方式，下级会高兴，因而也是适宜的。

10.4.3 领导者-参与者模式

领导者-参与者模式是一种新的权变模式，是在弗鲁姆和耶顿合著的《领导和决策》一书中提出的。这种理论认为，主管人员可以通过改变下属参与决策过程的不同程度，来表明领导者的行为采取什么样的方式才是正确的。不存在对所有情况均适用的领导行为，领导行为应该根据环境的需要而变化。

弗鲁姆和耶顿提出的模型是规范的，它提供了在不同类型的情境下，决定参与决策制定的形式和程度应遵循的一系列规则。这一模型是一个决策树，包括了七个权变变量和五种可供选择的决策模式。

1）不同的决策模式

五种不同的决策模式，如表10-3所示。

表10-3 弗鲁姆和耶顿的五种决策模式

领导方式	定　义
独裁方式Ⅰ	领导者独自作决定
独裁方式Ⅱ	领导者向下获取信息,然后独自作出决定
协商方式Ⅰ	领导者以个别方式接触,让下属了解情况,征求下属意见,再自行作出决定
协商方式Ⅱ	领导者和下属一起讨论问题,征求集体的意见和建议,但决定仍由领导者作出
集体决策方式	领导者和下属共同讨论问题,一起提出并评估各备选方案,最后由集体作决定

此模型建议领导者根据不同的处境，在五种决策方式中选择一种。

2）领导决策模式选择的原则

弗鲁姆和耶顿提出了选择领导方式的七个原则，其中前三个是决策质量原则，后四个是决策可接受原则，依据这些原则领导者就能发现最迅速和最能接受的选择领导方式的方法。

（1）信息的原则。如果决策的质量是重要的，而你又没有足够的信息或单独解决问题的专业知识，那么，就要排除第一种专制决策的领导方式。否则你作出的决策质量不高。

（2）目标合适的原则。如果决策质量是重要的，而下属又不具备为组织作出合适决策的能力，那么就排除采用集体决策的领导方式。

（3）非结构性的原则。如果决策的质量是重要的，但你却缺乏充分的信息和专业知识，并且问题又是非结构性的，那么就排除独裁Ⅰ与独裁Ⅱ和协商Ⅰ的领导方式。

（4）接受性原则。如果下属对决策的接受性是有效贯彻决策的关键，那么就排除独裁Ⅰ与独裁Ⅱ的领导方式。

（5）冲突的原则。如果决策的接受性是很重要的，那么下属将不会接受独裁Ⅰ与独裁Ⅱ的领导方式。下属也不赞成过于正确的决定，通过采用协商Ⅰ与协商Ⅱ参与决策的领导方式能最好地消除冲突。

（6）合理的原则。如果决策的质量并不重要，而决策的接受性却很重要，那么最好采用集体参与决策的领导方式。

（7）接受最优的原则。如果接受性是主要的，而且不一定是由于专制决策所引起的，并且，如果要激励下属实现组织的目标，为了更好地解决问题，采用高参与的领导方式为好。

10.4.4 领导的生命周期理论

科曼于1966年首先提出领导的生命周期理论，后由赫西和布兰查德进一步予以发展。该理论认为有效的领导者应根据下属的成熟程度以及情景的需要采取不同的领导风格。

1）模型的变量关系

它是以领导行为分为工作行为和关系行为为标准，又加入下属的成熟程度要素。成熟度是指心理和工作的成熟度，既有取得成就的向往，乐于承担责任，又有独立工作的能力，有教育背景以及相应的技术技能，能适合具体工作。

进一步分析，双高（高工作、高关系）的领导者不一定经常有效；双低（低工作、低关系）的领导者也不一定经常无效。这都要由组织成员的成熟度而定。随着组织成员由不成熟趋于成熟，领导行为应按以下四个步骤推移：高工作、低关系-高工作、高关系-低工作、高关系-低工作、低关系，如图 10-3 所示。

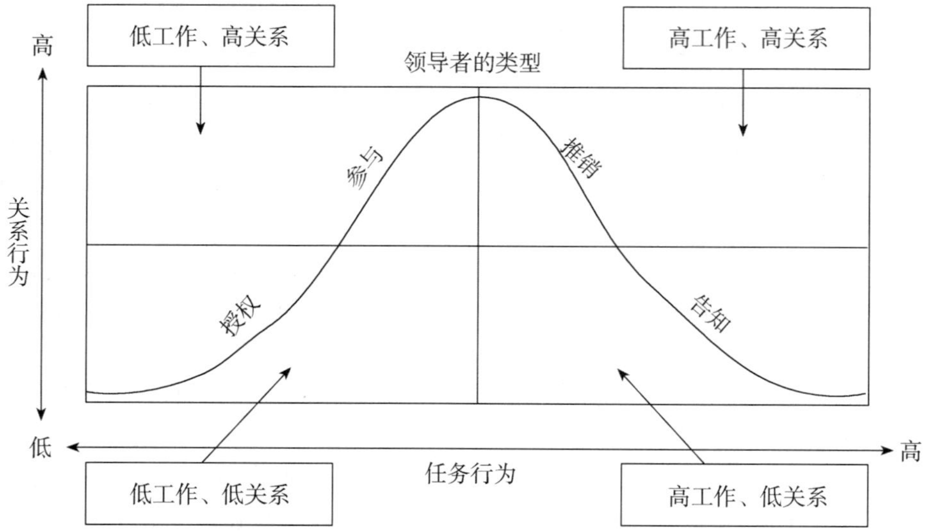

图 10-3　赫西和布兰查德的情境领导模型

2）与成熟度相关的四种领导方式

与其相适应的四种领导方式依次是：

命令型⟶说服型⟶参与型⟶授权型

命令型——高工作、低关系。适用于下属非常不成熟的情况。组织成员对工作和目标缺乏技能和信心时，领导者可采取单向沟通的形式，明确地布置任务、制定工作规程，告诉下属做什么和怎样做。这可能是有效的领导方式。例如，组织中的新员工，可视为低成熟度的，领导者应给予具体、明确的指导。同时，他们也需要这种命令式的指导。因此，这种领导方式可能是最有效的。

说服型——高工作、高关系。适用于下属不成熟的情况。组织成员对工作和目标有较高的愿望和信心，但下属缺乏足够的能力胜任，领导者可采取双向沟通的形式，既要给予直接指导，又要鼓励他们的热情和信心。这种方式之所以称为“说服型”，是因为领导者通过双向沟通的形式，获得组织成员心理上的支持和满足。鼓舞下属按照既定方向和目标努力，从而发挥超出一般的能力。

参与型——低工作、高关系。适用于下属比较成熟的情况。组织成员能够胜任工作，不喜欢领导者过多地命令和约束时，领导者通过双向沟通的形式和他们平等地交流、协商，尊重、信任他们的工作和能力。由于领导者采取这种态度同组织成员共同决策，所以，这种领导方式被称为“参与型”。在这种情况下，领导者不用做具体的指导工作。

授权型——低工作、低关系。适用于下属高成熟度的情况。当组织成员有足够的能力和信心承担起工作的责任和目标的实现时，领导者可以授权组织成员，让下属“自行其是”，领导起“宏观调控”的作用。例如，与受过高度训练，同时具有高度成就感的高科技人员、专家等员工共事时，领导者可以扮演引导的角色。

10.5 领导理论的新发展

10.5.1 魅力型领导

魅力型领导理论是在归因理论的基础上发展起来的，是指领导者对下属的影响力非凡，领导者会对下属产生类似英雄式或超常的领导能力。而这一理论研究的重点就是试图确定魅力型领导者与非魅力型领导者之间的行为差异。在魅力型领导的研究者中，罗伯特·豪斯的研究结论是魅力型领导者需要具备三项因素：极高的自信、支配力以及坚定的信念。沃纳·本尼斯则提出魅力型领导者具有四种共同能力：令人钦佩的愿景和目标意识，能用下属易于理解的措辞清楚地表达自己的愿景，坚持不懈、全身心地追求愿景的实现，了解自己的优势并以此为资本。而麦吉尔大学的杰伊·康吉尔和拉宾德拉·克鲁格的研究结论是：魅力型领导者有一个他们希望实现的理想目标，并对这一目标有着极强的个人使命感；反对传统；固执而自信；是激进变革的代言人，而不是现状的卫道士。

归纳起来魅力型领导者主要有以下特征：

（1）自信。他们对自己的判断及能力十分自信。

（2）愿景。他们有理想化的目标。而且这种理想与现实的差距越大，下属越可能将其归因为领导者的远见卓识。

（3）阐述愿景的能力。他们能用下属容易理解的词汇表明自己的意愿并能有效地激励下属为之奋斗。

（4）对目标的坚定信念。他们被认为具有极强的使命感和意愿去冒极大的个人风险，承受高代价做出自我牺牲。

（5）行为异常。他们的行动往往被认为是新奇、叛逆、反常规的，但成功之时，会赢得大家极大的尊敬和仰慕。

（6）以变革推动者的形象出现。由于上述特征，他们往往处于变革的风口浪尖，有很好的示范效应。

（7）对环境敏感。他们能准确地对需要进行变革的环境约束和资源进行客观的评价。

研究表明，魅力型领导者是通过四个步骤实现对下属的领导的。首先，领导者描绘具有吸引力的愿景，使员工产生认同感；其次，领导者提出高期望，并全力表达对下属能够实现愿望的自信，进而影响员工；再次，领导者通过语言和行动传达一系列的价值观，并通过自己的行为为下属树立一个模仿的榜样；最后，魅力型领导者通过自我牺牲和做出非常规举措以展现实现愿景的能力和信念。通用电气公司的前首席执行官杰克·韦尔奇就是这样一个魅力型的领导者。他对通用电气公司的改革，首先提出了他的战略思路和理念，为员工描绘出企业未来发展的前景，为了能让30万人的大企业步调一致地行动，他将企业的培训中心克伦顿维尔作为他的思想库，坚持每月给中高层管理人员授课，阐述他的变革思想，大家充分交流，以便能更好地领会并在企业实践中由这些员工带领大家有效推行。结果他成功了。

10.5.2 愿景型领导

这是指以谋划未来一个现实的、可信的、有吸引力的前景的一种能力为特点的领导者。这里“愿景”是核心，但从不同的角度，对愿景的解释和了解却有多种形式：一是愿景是清楚的、令人注目的想象，它提供了一种革新的方式去改进；二是它承认传统，但超越传统，并能推陈出新；三是愿景是对未来的设想，但是与行动紧密相联；四是愿景通过恰当的表述，能激发追随者的热情，并将这种精神和责任感带到工作中。

如果将愿景的这些特征与领导类型联系起来，这些领导者应具有与愿景角色效率有关的几个特点。

（1）领导者要具备向他人解释愿景的能力，领导者必须通过清楚的口头和书面沟通，按照所要求的行为和目标使愿景清晰化。

（2）要有通过领导者行为表达愿景的能力。

（3）将愿景扩展至不同领导背景的能力。这是一种合理安排活动以使愿景能适应多种情境的能力。

1999年，马云创办了阿里巴巴网站，到2014年9月，阿里巴巴正式在纽交所挂牌交易。当天收盘显示，阿里巴巴股价涨25.89美元，报93.89美元，较发行价68美元上涨38.07%，市值达2 314.39亿美元，超越FaceBook成为仅次于谷歌的第二大互联网公司。回顾阿里巴巴成长的历程，处处体现着其领导者马云的愿景与理想。哈佛大学在2002年引用了马云对阿里巴巴的核心价值的阐述，“马云认为阿里巴巴的价值不在于每天的浏览量是多少，而在于能否给客户带来价值” 。阿里巴巴正是在这样的管理哲学指引下不断前行的。

马云是最早在中国开拓电子商务应用并坚守互联网领域的企业家，他和他的团队创造了中国互联网商务众多第一：开办中国第一个互联网商业网站——“中国黄页”，提出并实践面向中小企业的B2B电子商务模式，为互联网商务应用播下最初的火种；他在中国网站全面推行“诚信通”计划，开创全球首个企业间网上信用商务平台；他发起并策划了著名的“西湖论剑”大会，并使之成为中国互联网最大的盛会。

马云率领他的阿里巴巴运营团队汇聚了来自全球220个国家和地区的1 000多万注册网商，每天提供超过810万条商业信息，成为全球国际贸易领域最大、最活跃的网上市场和商人社区。马云创立的阿里巴巴被国内外媒体、硅谷和国外风险投资家誉为与 Yahoo 、 Amazon 、 eBay 、 AOL 比肩的五大互联网商务流派代表之一。它的成立推动了中国商业信用的建立，在激烈的国际竞争中为中小企业创造了无限机会，“让天下没有难做的生意”。哈佛大学两次将他和阿里巴巴经营管理的实践收录为MBA案例。

10.5.3 团队领导

目前，在知识经济的大背景下，团队合作的形式越来越多，团队领导的作用也日益重要，这种类型的领导特征的研究也成为管理科学的热点问题。研究发现，团队领导应主要具有下列特征：

（1）这种领导要培养分享信息的耐心，相信他人并学会充分授权。工作团队和项目小组是这种组织的典型模式，其成员作用的发挥不同于传统的科层式组织，不是采取严格管理出绩效，而更多的是依赖团队成员的自我管理，因此，这种团队领导要善于授权。

（2）团队领导还需要具有很好的平衡能力或协调能力，团队成员是为了特定目标组合而成的，每一个人都是某一方面的专家或人才，每个人在团队中作用的发挥都十分重要，但团队之间很好的配合、协同效应又是这种组织最大的优点，许多情况下，协作和配合是建立在团队领导很好的平衡或协调基础上的。

（3）团队领导也要善于承担责任，这些责任包括指导小组成员、推动项目进展、处理关键问题、考查团队与个人绩效、实施控制和有效沟通。就是说团队领导者更重要的应是一个引导者，而不是说教者，更不是高高在上的“圣人”。

管理学家斯蒂芬·罗宾斯将团队领导者定义为四种特定的角色。一是他们是与外部相关者进行联系的沟通者，这些外部相关者主要是上级管理者、其他内部团队、消费者和供应商。团队领导代表了团队，获取必要的资源，确认他人对团队的期望，从外界获取信息并与团队成员分享。二是他们是困难解决者。团队领导者针对项目进行中的问题提出战略性的意见，从外部相关者处获得必需的资源。三是他们是冲突管理者，当团队成员之间出现争议，甚至冲突时他们负责调停解决，以削弱团队内部冲突的干扰。四是他们是教练，其责任是明确期望和角色、教导员工、提供支持、做一切可以帮助团队成员提高工作绩效的事情。

本章小结

首先，本章介绍了领导的基本含义，系统分析了领导影响力的来源，主要从职位和个人两个方面理解，具体包括领导者的惩罚权、奖赏权、合法权、模范权和专长权；重点介绍了领导者权力的获取方式，包括与权力核心层结盟、施恩施惠、谙熟人际沟通的技巧、善于利用各种资源、从危机中寻找机会、不断提升自己、寻求关键岗位。

其次，在领导者特质理论方面，介绍了特异特质理论、素质论、十大条件论和领导特质研究。其中前三位研究者主要是从领导者应该具有什么样的特质角度研究的，而彼得则是从领导者不应该具有的特质角度研究的。引导学生注重理论联系实际学习。

再次，本章重点介绍了领导行为理论、勒温的领导科学论、管理学家罗伯特·布莱克和简·穆顿的管理方格论、菲德勒的权变模型、罗伯特·豪斯的“途径-目标”理论、弗鲁姆和耶顿的领导者-参与者模式等。上述领导理论需要学生在学习中认真领会和掌握

最后，在领导理论的新发展标题下，主要介绍了近年来领导管理理论发展的新观点，包括魅力领导、愿景型领导和团队型领导，这是随着时代变化、组织变化和员工变化出现的新式领导者，代表了领导理论研究发展的新趋势。

本章案例

娃哈哈掌门人宗庆后的“一言堂”

“现任娃哈哈集团董事长兼总经理的宗庆后是中国企业界的标志性人物之一，被称为“营销教父” “饮料大王”。他从 1987 年白手起家，每一举动总能引发业界震动。

1987年，42岁的宗庆后靠借款，创办了娃哈哈公司的前身——杭州市上城区校办企业经销部，2017 年是娃哈哈创建30周年，当年靠着3个员工、14万元贷款起步的娃哈哈，开始进入而立之年。娃哈哈现已发展成为一家集产品研发、生产、销售为一体的大型食品饮料企业集团，为中国最大的饮料生产企业，产量位居世界前列。在中国29个省市自治区建有80个生产基地、180多家子公司，拥有3万名员工，是国务院520家重点企业和中国500强企业。娃哈哈创始人宗庆后的领导方式也引起了业内外人士的广泛关注。

宗庆后出身贫苦，没有接受过系统教育，他对娃哈哈的管理完全出于他的商业直觉和对市场敏锐的判断。同时，宗庆后十分崇拜毛泽东，他将毛泽东的军事战略思想和治人理念都应用于企业管理及发展战略中。外界评论他在企业强势而霸道，因而，宗庆后的领导方式也被冠名为“一言堂”。

宗庆后曾说：“你去看看中国成功的大企业，都有一个强势的领导，都是大权独揽，而且是专制的。我认为在中国现阶段要搞好企业，你必须专制而且开明。”公开场合，宗庆后从不忌讳专制思维。“一个卓越的领导者，必须是一个‘开明的独裁者’”。强势和开明的界限在哪里呢？宗庆后认为领导要下属执行的就必须执行，这是他的强势之处。开明则体现在领导者需要多思考，要求下属做的事情，领导者首先要能做到，自己都做不到怎么要求别人来做？同时，宗庆后认为做什么事情都要考虑对方的感受，领导者要关心、爱护员工，不要根据个人的好恶，而应该从整体利益出发。

事实上，宗庆后也是一直这样做的。企业集团只设一个董事长和一个总经理，而且都由他一人担任。总经理之下直接就是“中层干部”，而且下属多为女将。其任用理由是：“女将听话，执行力比较强。”宗庆后对企业管理层也实行集权管理，除了自己外，其他任何人都可上可下。他可以一夜之间撤换人事部长、生产部长，中间没有组织考核程序，也可以一夜之间免掉几个省区销售经理的职务，且事先不与销售公司的总经理打招呼。

宗庆后的“一言堂”还体现为娃哈哈的“一支笔”。创业初期，办公室买个扫把都要他点头，他规定50元以上的开支都要他签字。虽然现在娃哈哈实施了分级授权制度，但各类采购合同、广告费、交际费等都由宗庆后亲自签批。

宗庆后的“独裁”来源于他的勤奋。从创业至今，宗庆后从来没有离开过一线市场。企业主要业务的任何决策都是宗庆后拍板，包括设备引进、生产线安装、厂房设计等。如果他出差在外，办公室每天也要给他发送关于营销、生产、采购等方面的几十份传真，然后他再用电话遥控。

他平均每年有200多天在市场一线调查，保持对市场的高度敏感性，然后让人把自己对全国市场的营销状况、销售政策、市场活动意见或感悟写成“销售通报”，下发企业管理层，成为娃哈哈的销售指导文件。

宗庆后还亲力亲为，重视生产环节的细节管理，要求员工每天记录主要的工作——清水账。这种台账记录，从娃哈哈创立之日就开始实行，后来从公司部长、分公司经理延伸至各级员工，形成了娃哈哈特有的细节管理。这种制度已经成为“日清日毕”的管理模式，他的每一个指令下发给某些分公司或部门，总经办做一份跟踪执行表，考核每个部门每天、每周、每月的工作完成情况。通过严格考核，持续完善，令公司各部门员工形成“今日事，今日毕”的习惯。

资料来源 根据以下资料整理：[1] 迟宇宙. 宗庆后：万有引力原理 [M]. 北京：红旗出版社，2015；[2] 谭凌波等. 宗庆后超越人本 [M]. 北京：中国友谊出版公司，2017；[3] 钟鸣. 宗庆后的坎 [M]. 北京：中华工商联合出版社，2013.

思考题：

请你总结娃哈哈掌门人宗庆后的人格特点和领导者特质。运用领导理论分析宗庆后的领导风格是历史的产物还是具有广泛的代表性。

思考与练习

1. 领导者的职权体系来自于哪些方面？相互之间有什么关系？

2. 托格迪尔的领导者特质理论的核心内容是什么？为什么说领导特质论被现代的领导行为研究所取代？

3. 彼得的领导特质理论研究有什么特点？带给我们的启示是什么？

4. 勒温的领导方式论中，民主式和独裁式领导方式各有哪些特点？

5. 布莱克和莫顿提出的管理方格论中哪种领导方式最有效？怎样实现这样的领导方式？

6. 菲德勒提出对一个领导者的工作有影响作用的是哪些方面？该模式有何现实意义？

7. “途径-目标”理论认为，有几种领导方式可供同一领导者在不同环境下选择使用？

8. 弗鲁姆和耶顿提出了选择领导方式的原则有哪些？

9. 领导理论最新提出了哪几种领导模式？具有什么特征？

第11章

激励管理

学习目标

通过本章的学习，重点掌握激励的本质与激励作用的过程，并在此基础上进一步了解激励理论的基本内容。通过对内容型激励、过程型激励和行为改造型激励理论系统的学习，了解不同激励理论的作用机理、激发过程与特点，以及提高激励的有效手段。

11.1 激励的概念

11.1.1 激励的本质

“激励”一词源自于英文motivation，意指激发和鼓励。激发是对人的动机而言，鼓励是指对人的行为趋势加以控制。对于激励，学术界存在着诸多的解释和定义。

一种是行为论观点。将激励看作内在动机对行为的影响。例如，阿特金森认为激励是“此时此刻对行动的方向、强度与持续性的（直接）影响”。琼斯将激励看作“行为是怎样发端、怎样被赋予活力而激发、怎样延续、怎样导向、怎样终止，以及在所有一切进行过程中，该有机体呈现出何种主观反应”。

一种是过程论观点。将激励对行为的引发看作一个过程。例如，弗鲁姆认为激励是“一个过程，这个过程主宰着人们……在多种自愿活动的被选形式中所做出的抉择”。

一种是条件论观点。强调激励通过某种诱因激发行为。例如，斯蒂芬·罗宾斯将激励认定为是通过高水平的努力实现组织目标的意愿，而这种努力以能够满足个体的某些需要为条件。

综合上述观点，我们认为激励是激发人的动机，使人产生一种内在动力，朝向所期望的目标努力的心理过程。激励是与人们的行为紧密相关的，它回答了人的行为是由什么激发的；人们自身由什么需求驱动，其以某种方式表现出来；是什么因素把人的行为引导到一定方向上去以及这些行为是如何矫正、保持和延续的。

在组织中，研究员工由激励引发的行为十分重要。美国哈佛大学的心理学家威廉·詹姆士在对员工的激励的研究中发现，按时计酬的员工仅能发挥其能力的20%~30%，而受到充分激励的员工其能力可发挥至80%~90%。

11.1.2 激励的过程

心理学的研究表明人的行为是由动机支配的，动机是由需要引起的，行为的方向是寻求目标、满足需要。激励过程如图11-1所示。

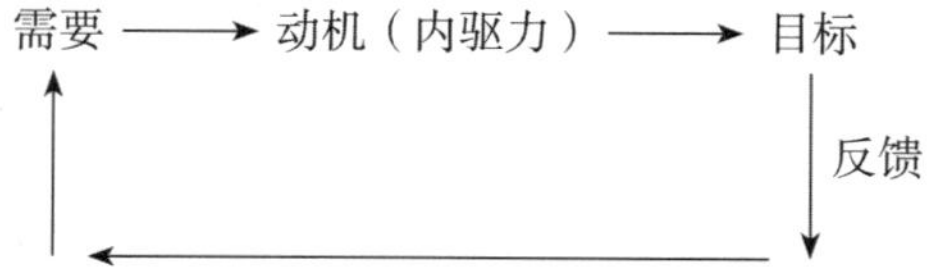

图11-1 基本的动机激发模式

1）需要

需要是指个体由于缺乏某种生理或心理的因素而产生的与周围环境的某种不平

衡状态，也即个体对某种目标的渴求和欲望。人的需要，既可以是生理或物质上的（如对食物、水分、空气等的需要），也可以是心理或精神上的（如追求社会地位或事业成功等）。许多情况下，人的多种需要同时存在。而且需要的强弱也不同。一个人的行为动机总是由其全部需要结构中最重要、最强烈的需要所支配、决定的，我们称之为优势需要。

2）动机

动机是引起和维持个体行为，并将此行为导向某一目标的愿望或意念。动机是人们行为产生的直接原因，它引起行为、维持行为并指引行为去满足某种需要。动机是由需要产生的，当人们产生的某种优势需要未能得到满足时，会产生一种紧张不安的心理状态，在遇到能够满足需要的目标时，这种紧张不安就成为一种内在的驱动力，促使个体采取某种行动。

3）行为

行为是指个体在环境影响下所引起的内在生理和心理变化的外在反应。人的行为是人的内在因素和外在因素相互作用的函数。一般情况下，内在因素是根本，起着决定性作用；外在因素是条件，通过内因起作用。当人们通过某种行为实现了目标，获得了生理或心理的满足后，紧张的心理状态就会消除。这时又会产生新的需要，引起新的动机，指向新的目标。这是一个循环往复、连续不断的过程。

11.2 内容型激励理论

内容型激励理论则是着重研究激励对象需要的内容和结构，及其如何推动人们行为的理论。有代表性的理论有：需要层次论、双因素理论、X理论和Y理论、成就需要理论等。

11.2.1 需要层次论

需要层次论是由美国著名的心理学家和行为学家马斯洛提出来的。在1943年，马斯洛在《人的动机理论》一文中，首次提出了需要层次论，并于在1954年出版的《动机与人格》中作了进一步阐述。

1）需要层次论的内容

生理的需要。这是人类维持自身生命的最基本需要。它包括吃、穿、住及休息等需要。马斯洛认为，只有这些最基本的需要达到维持生命所必需的程度后，才会出现另外的、更高级的需要。生理需要不是无止境的，当达到一定程度后，其对行为的始发导向、强化作用就会减少。

安全的需要，即安全需求。它包括安全感、稳定感、秩序和在自己环境中的人身安全等。它表现为要求保障自身安全、摆脱失业和丧失财产等威胁。这是生理需要满足后的需要。例如，为担心失业、生病及退休而保险，要求工作安全并免除职业病的危害，希望解除严格的监督以及不公正的待遇，希望稳定的秩序等。

爱与归属的需要。这是社会交往的需要。它包括与别人交往的社会需求，如感情、交际、得到别人的友爱等。当生理及安全的需要得到相当的满足后，爱和归属的需要便占据主导地位。人们希望与别人交往，避免孤独，希望与同事之间和睦相处，关系融洽。人们希望归属于一个团体以得到关心、爱护、支持、友谊和忠诚，并为达到这个目的而做出努力。

尊重的需要。它包括自尊和受人尊重两个方面。自尊意味着"在现实环境中希望有实力、有成就、能胜任和有信心，以及要求独立和自由"；受人尊重是指"要求有名誉或威望，可看成别人对自己的尊重、赏识、关心、重视或高度评价"。"自尊需要的满足使人产生一种自信的感觉，觉得自己在这个世界上有价值、有实力、有能力、有用处。而这种需要一旦受挫，就会使人产生自卑感、软弱感、无能感。"

自我实现的需要。这是最高层次的需要，指的是一种使人能最大限度地发挥自己的潜能并完成某项工作或某项事业的欲望。马斯洛对此有过描述：即使以上所有的需要都得到满足，我们往往（如果不是经常的话）仍会产生新的不满，除非本人正在干着合适的工作。音乐家必须演奏音乐，画家必须绘画，诗人必须写诗，这样才能使他们感到最大的快乐。人们能做什么，就应该做什么。我们把这种需要称为自我实现。自我实现的需要，指的就是使人的潜能得以实现的向往。这种向往可以说成是希望自己越来越成为所期望的人物，完成与自己能力相称的一切事情。

2）需要层次之间的关系

一般而言，生存和安全需要属于较低层次的物质方面的需要；社交、尊重和自我实现的需要，则属于较高层次的、精神方面的需要。马斯洛认为，人的需要遵循递进规律，在较低层次的需要得到满足之前，较高层次的需要的强度不会很大，更不会成为主导的需要。当低层次的需要获得相对的满足后，下一个较高层次的需要就占据了主导地位，成了驱动行为的主要动力。但在现实中，不同人的需要是处于不同层次的，区分人的动机层次对于了解人的行为原因十分重要，如图11-2所示。

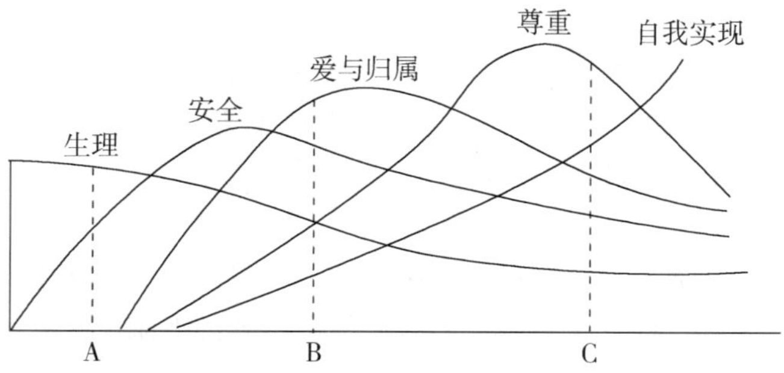

图11-2 心理的发展

我们通过对图11-2中A、B、C三点的分析可以看出，在人的心理的不同发展阶段对需要有不同的要求。

在A点上，个体的生理需要表现最为迫切，安全需要已经产生和发展，而其他的需要则根本谈不上。在B点上，个体的低层次需要已经退居次要地位，爱与归属的需要迅速上升，占据主要地位，对行为产生重要影响。在C点上，个体的行为主要由尊重的需要所决定，自我实现的需要已具有相当大的影响力。这就是说人的精神需要已上升到支配地位。管理活动中必须要考虑不同层次员工的不同需求心理，从而采取不同的激励办法。

3）需要层次论与组织管理

马斯洛需要层次论在组织中的各个层面上体现出来，表11-1是将其不同需要层次与管理制度和措施的结合。

表11-1　**需要层次与组织管理**

需要的层次	诱因（追求的目标）	管理制度与措施
生理需要	薪水、良好的工作环境、各种福利	身体保健、有规律的作息时间、福利设施
安全需要	各种保险、稳定的职业、意外的防止	雇佣保证、退休金制度、保险制度、安全保护措施
社交需要	友谊、团体的接纳、与组织的一致	利润分配、团体活动、互助金、娱乐、教育训练制度等
尊重需要	社会地位、重要岗位、他人赞赏、名誉	人事考核、晋升、表彰、奖金、选拔进修和委员会参与制度
自我实现需要	具有挑战性的工作、能发挥个人专长的组织环境	决策参与、提案制度、研究发展计划、劳资会议制度等

资料来源　关培兰. 组织行为学［M］. 北京：中国人民大学出版社，2003.

由表11-1可见，马斯洛提出的人的需要不同层次，在组织管理的制度建设中，都可以体现出来，管理者要了解、掌握职工的需要及其变化发展规律，根据不同层次的需要，采取相应的组织措施，以引导和控制人的行为。尤其注意强化或者改造最高需要，使之与组织的或社会的需要相一致。比如当个体需要处在自我实现层次时，成长、成就和提升就成为一般激励因素，就应该采取诸如挑战性的工作、在组织中提升、工作的成就等激励措施。

11.2.2　双因素理论

双因素理论是由美国心理学家赫兹伯格提出的。他在1959年出版的《工作的激励》一书中，将员工的激励动因归结于内部，并指出在组织内部，有两种要素起着不同的作用。在其随后发表的一系列文章中，充分阐释了这一观点。

1）双因素理论的内容

赫兹伯格认为企业中影响人的积极性的因素可按其激励功能不同，分为激励因素和保健因素两个方面。

（1）激励因素。出自工作本身的一些因素，可以给员工带来很大程度的激励和工作的满足感。这类因素的改善，能够激励员工的积极性和热情，从而推动生产率的增长，而且具有较长期的激励效能。赫兹伯格将这类因素称为激励因素。其内容主要有六点，即工作上的成就感，工作中得到的认可和嘉奖，工作本身具有的挑战性，工作职务上的责任感，工作的发展前途，在工作中得到发展和成长的机会。

（2）保健因素。有些来自工作环境的缺陷或问题，会引起员工的不满意，改善这些因素，只能消除员工的不满，却不能使员工受到激励。赫兹伯格将这类因素称为保健因素。组织中这类因素主要包括公司政策和行政管理、技术监督系统、与监督者个人之间的关系、与上下级的关系、工资、工作安全性、个人的生活、工作环境、地位等。

赫兹伯格认为，传统的满意-不满意的观点（认为满意的对立面是不满意）是不正确的。满意的对立面应该是没有满意，不满意的对立面是没有不满意，如图11-3所示。

传统观点

满意……………………不满意

赫兹伯格的观点

满意……………………没有满意

（激励因素）

不满意……………………没有不满意

（保健因素）

图11-3 满意-不满意因素的比较

2）双因素理论的评价

赫兹伯格的双因素论强调内在激励，在现代工作激励理论中有着重要的地位。他的研究提醒人们必须充分注意工作本身的满足对激励的重要意义，使得人们对工作激励的内容有了新的认识，丰富和发展了激励理论。但双因素理论也受到了一定的质疑。

（1）作者调查取样的数量和对象缺乏代表性。样本仅有203人，数量较少。而且对象是工程师、会计师，他们在工资、安全、工作环境等方面的条件都比较好，因此，这些因素对他们自然不会起激励作用，但这不能代表一般职工的情况。

（2）设计问卷的方法和题目有缺陷。一方面，作者把好的结果归结于自己的努力，而把不好的结果归罪于客观的条件或他人身上是人们一般的心理状态，人们的这种心理特征在双因素论中无法反映出来。另一方面，作者没有使用满意尺度的概念。人们对任何事物总不是那么绝对的，要么满意，要么不满意。一个人很可能对自己的工作一部分满意，一部分不满意，或者比较满意。这在双因素论中也是无法反映的。

（3）作者认为，满意和生产率的提高有必然的联系，而实际上满意并不等于劳动生产率的提高，这两者并没有必然的联系。

（4）作者将保健因素和激励因素截然分开是不妥的。实际上这些因素是相互联系并可能相互转化的。例如，奖金既可以成为保健因素，也可以成为激励因素，工作成绩得不到承认也可以使人闹情绪，以致消极怠工。

11.2.3 X理论和Y理论

麦格雷戈的X理论和Y理论是两组关于人性的假设。X理论“代表的是人之初，性本恶”的观点，认为人们有消极的工作原动力，而Y理论则是基于“人之初，性本善”，认为人们有积极的工作原动力。

1）X理论和Y理论的假设内容

（1）X理论的假设

X理论认为，一般人的本性是懒惰的，工作越少越好，人们会尽可能地逃避工作；大部分人对集体的目标不关心，因此管理者需要以强迫、威胁、处罚、指导、金钱利益等激发人们的工作原动力；有的人缺少进取心，只有在指导下才愿意接受工作，因此管理者需要给他们施加压力。基于以上假设，持X理论的管理者会趋向于设定严格的规章制度，以降低员工对工作的消极性。

（2）Y理论的假设

Y理论认为，大部分人并不抗拒工作，人们在工作上体力和脑力的投入就跟在娱乐和休闲上的投入一样，是很自然的事；人们具有自我调节和自我监督的能力，即使没有外界压力和处罚的威胁，人们一样会努力工作以期达到目的；人们愿意为集体的目标而努力，在工作上会尽最大努力，以发挥聪明才智和创造力，希望在工作上得到认同，会自觉遵守规定；在适当的条件下，人们不仅愿意承担工作上的责任，并会寻求更大的责任；许多人具有相当高的创新能力；在大多数机构，人们的才智并没有充分发挥。基于以上假设，持Y理论的管理者会趋向于向员工授予更大的权力，让员工有更大的发挥机会，以激发员工对工作的积极性。麦格雷戈希望管理者采用Y理论，认为它将改善和提高现有的工作业绩。

2）X理论和Y理论的发展

1970年，美国管理心理学家约翰·莫尔斯和杰伊·洛希提出了超Y理论。该理论认为没有一成不变的、普遍适用的最佳管理方式，必须根据组织内外环境自变量和管理思想及管理技术等因变量之间的函数关系，灵活地采取相应的管理措施，管理方式要适合于工作性质、成员素质等。超Y理论在对X理论和Y理论进行实验分析比较后，提出一种既结合X理论和Y理论，又不同于X理论和Y理论，主张权宜应变的经营管理理论，实质是要求将工作、组织、个人、环境等因素做最佳的组合。中国企业的管理在运用泰勒科学管理和XY理论方面有很多成果，如海尔在早期管理上采用的是X理论，随着企业的不断发展，员工的素质也在不断提升，惩罚性管理的负面效应逐渐增大。企业管理者转向Y理论，以激发员工的工作热情。

11.2.4 成就需要理论

成就需要理论是美国哈佛大学教授麦克利兰在20世纪60年代提出来的。他对成就需要这一因素做了大量研究，认为成就需要具有挑战性，引发人的快感，增加奋斗精神，对行为起主要影响作用。

1）成就需要理论的主要内容

成就需要理论主要研究在人的生理需要基本得到满足的条件下，人还有哪些需要。麦克利兰认为，人们在生理需要得到满足以后，还有以下三种基本的激励需要：

（1）对成就的需要。有成就需要的人对胜任和成功有强烈的要求，他们愿意甚至热衷于接受挑战，往往为自己树立有一定难度而又不是高不可攀的目标。他们对风险一般采取现实主义的态度，愿意承担所做工作的个人责任，希望得到上司明确而又迅速的反馈。他们一般喜欢表现自己。

（2）对权力的需要。具有较高权力欲的人，对施加影响和控制表现出很大的兴趣。这样的人一般寻求领导者的地位。他们常常表现出喜欢争辩、健谈、强有力、直率和头脑冷静，并且善于提出问题和要求，也常常喜欢教训别人，并乐于讲演。

（3）对归属的需要。具有这方面需要的人，通常从友爱、情谊、人与人之间的社会交往中得到快乐和满足，并总是设法避免因被某个组织或社会团体拒之门外而带来的痛苦。他们喜欢保持一种融洽的社会关系，享受亲密无间和相互谅解的乐趣，并随时准备安慰和帮助困境中的同事。

2）研究成就需要理论的意义

麦克利兰认为，具有高度成就需要的人对于组织和国家都有重要的作用。企业拥有这样的人越多，发展就越快，优势也就越明显。国家拥有这样的人越多，就越兴旺发达。据他的调查，英国在1925年时拥有高成就需要的人数在25个国家中名列第5位，当时英国确实是一个兴旺发达的国家。1950年再做调查时，英国拥有高成就需要的人数，在39个国家中名列第25位，事实上第二次世界大战以后的英国也确实在走下坡路。他还认为，可以通过教育和培养造就出高成就需要的人。所以，无论是企业还是国家都要注意发现、培训有成就需要的人。

后来的研究表明，那些对成就有着高度需求的人可能会成长为企业家，他们喜欢超越竞争对手并采取一些商业投机行为。另外，有强烈归属需求的人是成功的“人际关系调节者”，他们的工作就是将一个组织内部几个不同部门的人团结在一起，发挥集体的力量。对权力的强烈需求是与在组织内获得高地位联系在一起的，他们能获得较快的提升。而且作者发现，晋升速度慢的经理，是由于他们对业绩有强烈需求，但对权力需求较低。需要指出，业绩需要可以在工作本身中得到满足，但权力需要只能通过取得对他人有控制权力的地位而获得。

11.3 过程型激励理论

过程型激励理论着重研究人们选择其所要进行的行为的过程，其主要代表理论有期望理论、公平理论等。

11.3.1 期望理论

期望理论是由美国耶鲁大学教授、心理学家弗罗姆首先提出的，他于1964年在《工作与激励》一书中提出了这个理论。这个理论一出现，就受到国外管理学家和实际管理工作者的普遍重视。目前，人们已经把期望理论看作最主要的激励理论之一。

1）期望理论的内容

期望理论是一种通过考察人们的努力行为与其所获得的最终奖酬之间的因果关系来说明激励过程，并选择合适的行为达到最终的奖酬目标的理论。这种理论认为，当人们有需要，又有达到这个需要的可能时，其积极性就会高。激励程度取决于效价和期望值的乘积。其公式是：

激励程度=效价×期望值　（$M=V\cdot E$）

式中：M表示激励程度，是指动机的强度，即调动一个人的积极性，激发其内在潜力的强度。它表明人们为达到设置的目标而努力的程度。V（$-1\leqslant V\leqslant 1$）表示效价，是指目标对于满足个人需要的价值，即一个人对某一结果偏爱的程度。E（$0\leqslant E\leqslant 1$）表示期望值，是指采取某种行为可能导致的绩效和满足需要的概率，即采取某种行为实现目标可能性的大小。

这个公式实际上提出了在进行激励时要处理好三个方面的关系，这也是调动人们积极性的三个条件。

（1）努力与绩效的关系。人总是希望通过一定的努力能够达到预期的目标，如果个人主观认为通过自己的努力达到预期目标的概率较高时，就会有信心，就可能激发出很强的工作动力。但是如果个人主观认为目标太高，通过努力也不会有很好的绩效时，其较容易就失去了内在的动力，导致工作消极。

（2）绩效与奖励的关系。人总是希望取得成绩后能够得到奖励，这种奖励是广义的，既包括提高工资、多发奖金等物质方面的奖励，也包括表扬、自我成就感、得到同事们的信赖、提高个人威望等精神方面的奖励。如果他认为取得绩效后能够获得合理的奖励，会产生更大的工作热情。

（3）奖励与满足个人需要的关系。人们希望所获得的奖励能满足个人的需要。然而不同个体由于主客观条件的差异，对各种需要得到满足的程度就不同。因而对于不同的人，采用同一种办法给予奖励能满足的需要程度就不同，所激发出来的工作动力也就不同。

2）期望理论的启示

期望理论超越了激励的内容范围，不同的员工具有不同需要，他们将以不同的方式满足这些需要，对于高成就需要及低亲和需要的员工，加薪和提升作为高绩效成果具有正效价，表扬和不满具有零效价，压力则具有负效价。而对低成就需要及高亲和需要的员工，加薪、提升和表扬具有正效价，而不满和压力则具有负效价。

此外，激励行为发生也需要三个条件：首先，努力-绩效期望必须大于零；其次，绩效-成果期望必须大于零；最后，成果的总效价必须大于零。

组织中的管理者不要注重一般的激励措施的效果，而应当关注被多数组织成员认为效价最大的激励措施。

设置某一激励目标时应尽可能加大其效价的综合值，适当加大不同人实际所得效价的差值，加大组织希望行为和非希望行为之间的效价差值。如只奖不罚与奖罚分明，其激励效果大不一样。

适当控制期望概率和实际概率。期望概率既不是越大越好，也不是越小越好，关键要适当。当一个期望概率远高于实际概率时可能产生挫折，而期望概率太小时又会减少某一目标的激发力量。实际概率最好大于平均的个人期望概率，使大多数人受益。但实际概率应与效价相适应，效价大，实际概率可以小些；效价小，实际概率可以大些。

对于激励要素关系的研究，心理学和社会学贡献巨大，“皮格马利翁”效应就是一例。皮格马利翁是古希腊神话中的塞浦路斯国王。他性情非常孤僻，用象牙雕刻了一座寄托他全部热情和希望的美女像，后来雕像被他的痴情所感动变成了真人，皮格马利翁娶她为妻。心理学借用这个寓言上揭示了人们的一种期望状态，就是皮格马利翁效应，即自我实现管理预言的现象。其道理是：“说你行，你就行，不行也行；说你不行，你就不行，行也不行。”当管理者对员工期望很高时，皮格马利翁效应就会出现，员工给予管理者积极的反馈，按照领导的期望行事并取得成功。其负面作用是当管理者对某个员工的表扬和鼓励少于其他员工时，可能起反作用。

11.3.2 公平理论

公平理论又称社会比较理论，最早是由美国心理学家亚当斯于1956年提出的，后又经过其他学者的不断完善，成为当今最有影响的激励理论之一。

1）公平理论的内容

公平理论认为：人们的工作动机，不仅受其所得报酬的绝对值影响，而且要受到报酬的相对值的影响，即每个人都把个人所得的报酬与贡献的比率同他人的作比较，如比率相等，则认为公平合理而感到满意，从而心情舒畅、努力工作；否则就会感到不公平、不合理而影响工作情绪。这种比较过程还包括同本人的历史的贡献报酬比率作比较。可用公式表示如下：

$$\frac{\text{个人所得的报酬}}{\text{个人的贡献}}=\frac{\text{(用作比较的)另一个人所得的报酬}}{\text{(用作比较的)另一个人的贡献}}$$

公平理论把贡献与报酬看成一种投入与产出的交换关系，这里的贡献包括体力和脑力的消耗，包括技术水平、智慧、经验和工作态度，具体则体现为工作数量与质量。而报酬则包括物质和精神的奖酬，如工资、奖金、津贴、晋升、名誉、地位等。

在一个组织里，多数员工喜欢横向比较，并据此对公平与否的程度作出判断。从某种意义上说，工作动机激发的过程，实际上就是人与人之间进行比较、作出判断，并用以指导行动的过程。

需要指出，人们在进行比较时，对贡献与报酬的评价主要是凭个体的主观感觉，只有当个体主观上感到“不公平”时，才会产生一种力图恢复“公平”的愿望。不公平感对大多数人来说，是一种令人不安甚至厌恶的刺激，为消除这种刺激产生的紧张状态，个体则会产生一种内在的驱动力，这就形成了一种激励，其强度与个体所感受到的不公平程度成正比。研究表明，这种激励表现为几种形式，如试图改变其所得报酬，有意或无意地曲解自己或他人的报酬与贡献，或竭力改变他人的贡献或报酬等。

亚当斯及后来的研究者在研究关于工资报酬方面的不公平感对人们的劳动态度的影响后，得出如下结论：

（1）在计时工资制下，当人们感到报酬过高时，他会以提高产量、改进质量来增加自己对工作的“贡献”，来消除他人的不公平感；当感到报酬过低时，就会降低产量、质量，即减少自己的“贡献”，来求得心理平衡。

（2）在计件工资制下，当职工感到报酬过高时，为了“保护”现有定额标准，防止企业降低单件工资及避免职工间可能出现的矛盾，他会降低产量，但力图提高质量，即降低自己的“报酬”、增加“贡献”来消除他人的不公平感；当感到报酬过低时，就会力图增加产量，但可能会不太注意质量，即增加自己的“报酬”，但并不增加自己的“贡献”，以取得公平。

2）公平理论在管理上的应用

公平理论揭示了报酬与激励作用的关系，在很大程度上取决于人们的横向比较后的心理感受，而且着重研究了当出现不公平时人们的行为表现。作为管理者应从这里得到一些有益的启示：

（1）公平奖励职工。要求公平是任何社会普遍存在的一种社会现象。管理者要注重研究员工的公平心理现象及表现，在工作任务的分配、工作绩效的考核、工资奖金的评定以及待人处事等方面，尽可能做到公正合理，这既是衡量工作水平高低的重要因素，又是保证组织安定、人际关系良好、职工积极性充分发挥的重要因素。

（2）加强管理，建立平等竞争机制。人的工作动机不仅受绝对报酬的影响，而且更重要的是受相对报酬的影响。人们在主观上感到公平合理时，心情就会舒畅，人的潜力就会充分发挥出来，从而使组织充满生机和活力。组织还要科学地建立系统的评价指标体系，以公正地评价职工的劳动，建立平等的竞争机制。

（3）教育职工正确选择比较对象和认识不公平现象。公平理论表明公平与否都源于个人感觉，个人判别报酬与贡献的标准往往都会偏向于对自己有利的一方，也就是说，员工在心理上会自觉不自觉地产生过低估计别人的工作绩效，过高估计别人的工资收入的倾向，而且也常常选择一些比较性不强的比较对象，这些情况都会使他们产生不公平感，这对组织是不利的。因此，管理者应能以敏锐的目光察觉个人认识上可能存在的偏差，适时做好引导工作，确保个人工作积极性的发挥。

11.3.3 波特-劳勒的期望模型

波特-劳勒以期望理论为基础，结合了需要理论、公平理论要素，构建了一个更加全面、本质上更为完备的激励模型，用于对管理人员的研究。

1）波特-劳勒期望模型的内容

波特-劳勒模型认为，工作绩效是一个多维变量，它除了受个人努力程度决定外，还受下列四大要素的影响，即个人能力与素质、外在的工作条件与环境、个人对组织期望目标的理解和认知、对奖酬公平性的感知等，如图 11-4 所示。

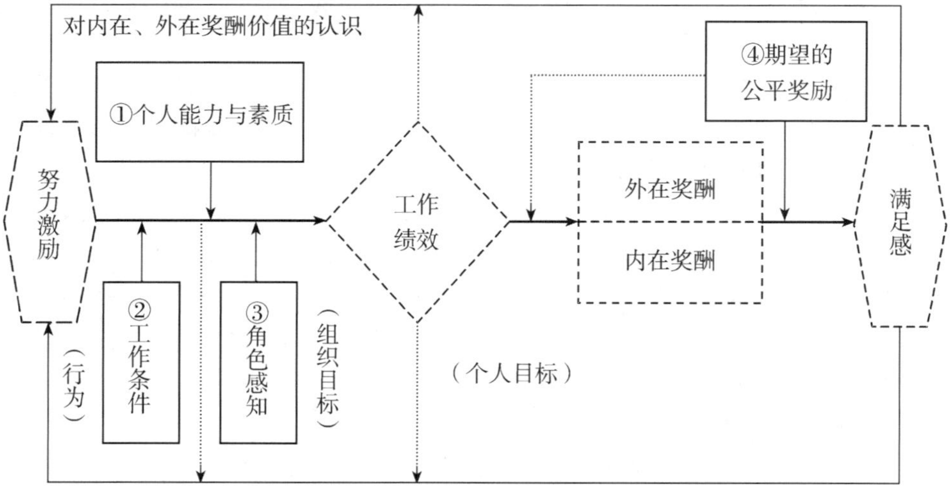

图 11-4 波特-劳勒期望模型

（1）努力激励。它是指个人所受到的激励强度和所发挥出来的能力。它和弗罗姆模式中所使用的动机“激发程度”一词相当。个人所作努力的程度综合取决于个人对某项奖酬（如工资、奖金、提升、认可、友谊、某种荣誉等）效价的主观看法及个人对努力后将获取这一奖酬的概率的主观估计。奖酬对个人的效价因人而异，取决于它对个人的吸引力。而个人每次行为最终得到的满足，又会以反馈的形式影响个人对这种奖酬的估价。同时，个人对努力可能获取奖酬的期望值的主观估计，和个人的经历或经验密切相关。每一次的工作绩效也会以反馈形式影响个人对成功期望值的估计。努力和绩效有一定的关系，但不一定导致高绩效，因为绩效还受其他更多因素的影响。

（2）工作绩效。它是指工作表现和实际成果。绩效不仅取决于个人的努力程度，而且也受个人能力与素质（如必要的业务知识、技能等）以及环境的影响。而工作绩效取得与否或难易程度又会影响未来个人对该类工作期望值的认识，进而会提高或降低对此项目标的期望概率，最终会影响到该任务目标对个人的激励程度。

（3）奖酬。它是指通过绩效考核所获取的奖励的报酬。其包括内在奖酬和外在奖酬，这两种奖酬和个人对奖酬所感受到的公平感糅合在一起，影响着个人的满足感。波特和劳勒认为，内在性奖酬更能带来真正的满足，并与工作绩效密切相关。此外，公平感也会受到个人对工作绩效自我评价的影响。个人最终的满意程度取决于所得到的报酬以及个人对公平程度的认识，而这又会影响到下一轮工作中对效价的认识。

（4）满足感。它是指个人实现某项预期目标时所体验到的满意感觉。一般人都认为，有了满意才能有绩效，而波特和劳勒却认为，先有绩效才能获得满足。当个人从实现目标和报酬中得到了满足时，就会使其对此项目标所得报酬的评价提高，进而又会提高此项目标对个人的激励，促使其更加努力。

2）波特-劳勒期望模型的启示

（1）激励不是一种简单的因果关系，而是一个涉及内外部多种因素互动的、复杂的综合作用过程。因此，管理者要使激励产生预期效果，必须综合考虑员工的需要内容、组织的内容和奖励制度、组织分工、目标设置、绩效考核标准以及组织的控制体系。

（2）模型充分考虑了组织中员工心理和主观感受的要素。这在员工激励中是比较模糊并为主管所忽略的，但却是十分重要的影响因素。从组织角度出发设计的奖励制度再合理，再符合公司的政策要求，但如果在执行时员工不认可，产生主观评价上的问题，特别是“结果公平”而“过程公平”存在问题时，更会失去激励的效用。这是管理方今后需要重点关注的。

（3）加强从活动中比较不同的岗位员工满足水平的认知。组织为了激励个体的积极性，有些情况下并不需要提高满足程度，而只要加强满足与工作结果之间的联系便有明显的效果。此外，要使员工对自己工作的期望更有力，就要设法使其通过自己的努力来获得激励。最后，如果这些期望不够有力，组织就需要重新考虑刺激是否恰当，反思员工是如何看待这些刺激的，并采取更有效的应对措施。

11.4 行为改造型激励理论

行为改造型激励理论是研究如何改造和转化人的行为，使其朝着组织所希望的方向发展。这方面研究比较有代表性的理论有强化理论、归因理论和挫折理论等。

11.4.1 强化理论

强化理论是由美国哈佛大学心理学教授斯金纳提出的。强化是心理学术语，是指通过不断改变环境的刺激因素来达到增强、减弱或消除某种行为的过程。该理论强调环境对行为的影响，认为人的行为是对外部环境刺激的反应，只要创造和改变外部的环境，行为就会随之改变。

1）强化的类型

强化是指对一种行为肯定或否定的后果。根据强化的性质和目的可将其分为四种类型：

（1）正强化。在行为发生以后，立即用某种有吸引力结果，即物质的、精神的鼓励来肯定这种行为，在这种刺激的作用下，个体感到对他有利，从而增强以后行为反应的频率，这就是正强化。通常正强化的因素是奖酬，如表扬、赞赏、增加工资、奖金和奖品、分配其做有意义的工作等。

（2）负强化（逃避性学习）。这种强化方式是指预先告知某种不符合要求的行为或不良绩效可能引起的后果，允许人们通过按所要求的方式行事或避免不符合要求的行为，来回避一种令人不愉快的处境。如果人们能按所要求的方式行事，即可减少或消除这种令人不愉快的处境，从而使人们增加积极行为出现的可能性。负强化与正强化的目的是一致的，但两者采用的手段不同。

（3）自然消退（衰减），是指撤销对原来可以接受的行为的正强化，即对这种行为不予理睬，以表示对该行为的轻视或某种程度的否定。研究表明，一种行为长期得不到正强化，便会逐渐消失。

（4）惩罚。当某一不合要求的行为发生以后，即以某种带有强制性和威胁性的方式，如批评、降薪、降职、罚款、开除等来创造一种令人不快乃至痛苦的环境，或取消现有的令人愉快和令人满意的条件，以示对这种不合要求的行为的否定。从而达到减少消极行为或消除消极行为的目的。

2）强化的时间性

大量实证研究表明，实施强化的时间对学习速度和行为改变有直接的影响。管理方在运用强化手段时，不仅要考虑采用的方式，而且要认真考虑时间性。

持续强化，是指对每次发生的正确行为都给予强化。这种方式对于学习某种新行为十分有效，因为每一次尝试都会带来令人愉快的结果。

固定间隔，是指在某一特定时间段奖励员工。如果该员工每天的行为都是管理方提倡的，那么组织可能采取每周奖励一次的办法，通过奖励鼓励其坚持该行为。固定间隔是非连续的强化，不是对每次发生的行为都进行强化。

固定频率，是指在特定良好行为累积到一定数量后的奖励。例如，岗位作业员工每装配20机件可获得30元酬劳。许多组织的按件计价奖酬体系属于这一范畴。

变动间隔，是指在任意的时间对员工的行为进行强调。如临时检查卫生、学生的抽查考试等。这些措施主要便于督促人们的努力。口头表扬或临时性奖励也属此类。

变动频率，是指建立在完成任意数量的正确行为基础上的强化。这种对行为的强化带有较大的随机性。例如，组织实行的分等综合奖等。

3）强化理论在管理中的应用

对于管理者来说，这种理论的意义在于用改造环境（包括改变目标和完成工作任务后的奖惩）的办法来保持和发挥积极行为，减少或消除消极行为，把消极行为转化为积极行为。大多数组织都喜欢采取强化的模式激励员工。据统计，美国有94%的公司以物质刺激的方式对员工的业绩或优点进行奖励。但管理方需要针对不同组织的具体情况设计更加灵活有效的奖惩措施。

（1）要注重因人制宜的强化模式。现代组织中的员工越来越个性化了，特别是组织中知识员工的大量增加，使原本简单、单一的激励模式越来越难以调动和激励员工，而在跨国公司里，不同国籍员工之间的差异更加明显，采取什么样的激励模式甚至已成为组织中最核心的问题。这也是管理者面对的最新挑战。

（2）要在组织中建立一些与核心系统（目标管理、绩效考评、薪酬体系）相配合的、可以灵活调整的辅助系统或方法。例如，欧美组织中流行的“行为矫正技术（OB mod）”。当组织需要增加生产的数量或减少迟到的行为时，会将这些目标行为与具体的强化类型联系起来。这种强化效果极佳，如美国艾默瑞空运公司发现，该公司用来装运零散货物的大型货柜的使用率很低，公司于是采取了一个自我监督的反馈和奖励体系，结果货柜的使用率由45%上升到95%，3年里节省了300万美元。

（3）要将及时反馈与及时强化紧密联系起来。所谓及时反馈，就是通过某种形式或途径，迅速将工作结果反映给行动者并针对结果给予相应的奖酬。无论结果好与差，对行为都具有强化的作用。中国海尔集团制定的“日事日毕、日事日清”就是遵循这一原理的。

（4）注意保持连续强化的效果。强化理论揭示了一种行为长期得不到强化，就会逐渐消退。这就需要组织注意保持强化手段的持续性，许多组织多是开始时实行得比较认真，但虎头蛇尾，难以坚持。要做到这一点，坚持制度建设是十分必要的。

11.4.2　归因理论

归因理论是基于人的行为是由人的内在的思想认识进行指导和推动的结果，通过改变人的思想认识就可以达到改变人的行为目的的出发点。该理论最早是由美国心理学家海德提出的，后由美国斯坦福大学的罗斯等人加以发展。

归因是指人们对他人或自己行为原因的推论过程。归因理论就是观察者对他人的行动过程或自己的行为过程所进行的因果解释和推论。这种解释和推论归结于四个方面的因素，即努力、能力、任务难度和机遇。这四种因素又可按内外因、稳定性和可控性进一步分类：从内外因方面来看，努力和能力属于内因，而任务难度和机遇则属外部原因；从稳定性来看，能力和任务难度属于稳定因素，努力与机遇则属不稳定因素；从可控性来看，努力是可以控制的因素，而任务难度和机遇则超出个人控制范围。

如果一个人把失败归之于天生能力低、智力不够等自己难以控制的内因，他在失败后再从事同样行为的概率就比较低，主要是基于能力是难以改变的认知。如果一个人把失败归之于不够努力这种可以由个体主动控制的内因，失败后会加倍努力的可能性就比较大，因为他确信，可以通过重复类似的行为，付出更多的努力而获得成功。

如果一个人把失败归之于偶然的不可控制的外因，例如，个体认为没有完成任务是因为机遇不好，失败后一般能坚持同样行为，争取在下次获得成功，因为"天公不作美"的因素不可能每次都会出现。如果一个人把失败归之于必然的不可控制的外因，例如，认为领导总是和自己作对，阻碍自己，他失败后就会减少可能引起失败的行为。因为他认为只要领导不下台，自己就难逃失败的命运。另外，如果一个人把成功归于内部原因，会使人感到满意和自豪；归于外部原因，会使人感到幸运和感激。

总之，如果一个人把自己的失败看成必然的，个人无能为力，就会降低动机强度；反之，如果将失败看成偶然的或自己可以主动控制的，就可能保持甚至是增强动机强度，以获取成功。

归因理论给管理者的启示是当下属在工作中遭受失败后，如何帮助他寻找原因(归因)，引导他继续保持努力行为，争取下一次行为的成功。心理学介绍的许多归因训练方法应在管理中积极推广，如团体发展法、强化矫正法和观察学习法等。这对增强组织员工的积极性，提高组织绩效有很好效果。

11.4.3 挫折理论

挫折理论是建立在将外部环境刺激与内部认识改变相结合，达到改变人的行为目的的基础上的。挫折理论主要研究人们遇到挫折后的行为反应，以及管理者应如何针对员工遇到的挫折采取相应的措施，引导员工行为，实现组织目标。

1）什么是挫折

心理学上将挫折解释为人在实现目标的过程中遇到自感无法克服的阻碍、干扰，而产生的焦虑、紧张、愤懑、沮丧或失意的情绪性心理状态。

挫折是人的一种主观感受，有别于实际上的行动挫折。人们的行为活动，在客观上遭受挫折是经常的。但是，并不是一遇到了挫折，人就会产生挫折感。而且面对同一挫折，人们的感觉反应也不相同。有的人感觉遇到了困难，反而可能会激起他更大的决心，要全力以赴把这一问题处理好，而有的人则感到沮丧、失望乃至丧失信心。

人们行动挫折的产生有主观、客观两方面的原因。其主观原因在于人的知识、经验、能力水平、智商等方面，而客观原因则是活动对象、环境条件的复杂、困难程度。在人的行为活动遇到挫折时，人们的主观心态由于各种原因会产生不同的反应。如对行为挫折的情境的主观判断、遭受挫折目标的重要性、抱负水平及对挫折的忍受力，都会影响人们遭受挫折后的心理反应。

2）挫折的行为反应

心理挫折是人的内心活动，它是通过人的行为表现和摆脱挫折困扰的方式反映出来的。

攻击。人在受挫时，生气、愤怒是最常见心理状态。这在行动上可能表现为攻击。诸如，语言过火、激烈，情绪冲动，易发脾气，并伴有挑衅、煽动的动作。攻击是在人产生心理挫折感时可能出现的行为，但攻击的程度却因人而异。此外，受挫目标的期望程度、动机范围等因素都可能影响人的攻击性。

倒退。这是指人遭受挫折后，可能发生的幼稚的、儿童化的行为。如像孩子一样的哭闹、暴怒、耍脾气等。目的是威胁对方或唤起别人的同情。

畏缩。这是指人受挫后发生的失去自信、消极悲观、孤僻离群、盲目顺从、易受暗示等行为表现。这时其敏感性、判断力都相应地降低。

固执。这是指顽固地坚持某种不合理的意见或态度，盲目地重复某种无效的动作，不能像正常情况下那样正确合理地做出判断。表现为心胸狭窄、意志薄弱、性格不开朗。这会直接影响人们对具体事物的判断分析，导致行动失误。此外，不安、冷漠等都是心理挫折的表现。

3）摆脱挫折困扰的心理防卫机制

出现挫折时的情绪状态是人的应激状态，无论对谁，都是一种不适的困扰，甚至是苦恼的折磨。人人都会自觉地采取措施来消除心理挫折，摆脱困扰。比较常见的有：

（1）理喻作用。这是指人在受挫时，通过寻找理由和事实来解释或减轻焦虑、困扰的方式。如员工没有完成销售任务，会拿今年指标太高的理由来安慰自己。理喻作用有积极与消极之分，不合逻辑的“自我理喻”被称为文饰，即寻找不符合客观实际的理由推卸个人的责任，其作用是消极的。

（2）替代作用。这是指以调查目标来取代遭受挫折目标。主要采取升华、补偿、抵消等形式。消极意义的替代是将自己的不当、失误转嫁到别人身上，以减轻自己的不安。如自己憎恨某人，却大谈某人憎恨自己，以小人之心，度君子之腹。

（3）转移作用。这是指将注意的中心转移到受挫事件之外的事情中，以减轻和消除心理困扰。消极的转移称为逃避，例如，有些人现在失意，却大谈自己过去的辉煌，这便是逃避。

（4）压抑作用。这是指人有意控制自己的挫折感，不在行动上表露出来。通常所讲的临危不乱，具有大将风度，就是压抑作用的结果。

4）挫折理论对管理的启示

管理活动中，员工出现挫折是经常的事情，除了上述的个人心理问题外，很大程度上与组织中的其他要素相关。如个人目标的适宜性、员工自身能力的因素、员工工作难易程度、个人价值观念与组织目标的矛盾等，都会导致员工的挫折感。而员工行为受挫后所产生的防卫行为，其效果可能是积极的、建设性的，也可能是消极的、破坏性的，对组织发展有一定影响。

组织管理者要充分利用挫折的积极一面，即引导员工在挫折中振奋起来，使员工变得更聪明；利用挫折，认识错误，接受教训；利用挫折激励人的意志，使之更加成熟、坚强，从逆境中奋起。之所以把挫折理论归于激励范畴，是因为成功与挫折是个体行为的两种可能的结果。目标达成，要积极引导以保持激励的效果；遭受挫折，更应保护员工的积极性，使其不产生消极和对抗的行为。

此外，优秀的主管人员，还要努力做好下属的心理辅导，从而增加员工积极的建设性行为，消除消极的破坏性行为。国外组织的经验是：及时了解、排除形成挫折的根源；提高下属和员工的挫折忍受力；采用“精神发泄”疗法等。

11.5 有效激励方法

激励手段和方法有多种形式，主要包括以薪资为代表的物质激励，以表彰为代表的精神激励，以管理授权为代表的成长激励等。

11.5.1 企业收益与员工共享

1）收益分享计划

收益分享计划，又叫生产率奖励、小组奖励和业绩奖励，是一种把一个部门或一个群体的生产率提高作为收益评价指标并在雇员与企业之间分享生产率提高带来的收益的计划。鼓励员工努力达到组织的生产率目标，包括提高既定时间的产量或是减少单位产品的生产时间，或节约完成全部工作的总体时间等。收益分享计划的设计和实施的成功与否很大程度上取决于员工的参与程度。近年来，伴随着组织变革和薪酬实践的发展，收益分享成为一种典型的团队绩效薪酬形式，互联网组织、平台组织、游戏开发、新技术研发等多以项目团队运营的组织基本上都是采取这种激励形式。

收益分享计划主要包括以下三种形式：

（1）斯坎伦计划。该计划由约瑟夫·斯坎伦提出，主旨是在不影响员工积极性的基础上降低公司的劳动成本，主要采用劳动成本标准和产品销售价值的比率来计算工资，就是销售提成。这是早期的收益分享形式。

（2）拉克计划。该计划由经济学家艾伦·拉克提出，此计划的计算方式更为复杂，纳入了更多的影响要素，需要计算反映总工资中每一美元生产的价值的比率。在此基础上，员工分享收益成果。

（3）分享生产率计划。该计划由工业工程师米歇尔·费恩提出，是指开发一个标准来鉴别生产过程中可接受水平产出所必要的预期时间。在实际工作中，任何来自少于预期时间的节余转换的劳动成果将被公司和工人共同分享。

2）利润分享计划

利润分享计划是指员工根据工作绩效而获得一部分公司利润的组织整体计划。其思路是报酬的支付是建立在对利润这一组织绩效指标评价的基础上的。利润分享计划是一次性支付的奖励，它不会计入雇员的基本工资，因而不会增加组织的固定工资成本。利润分享计划的优点是将员工的利益在同一计划中体现，使全体员工都关注公司的利润，公司利润的大小直接影响员工的收益。缺点是该计划通常与员工的基本薪资挂钩，即利润分享计划没有考虑员工个人的业绩，仅关注企业的经营目标。

利润分享计划的形式主要有以下两种。

（1）现金计划。现金计划是最流行的利润分享计划形式，即每隔一定时间，把一定比例（通常为15%～20%）的利润作为利润分享额。

（2）延期利润分享计划。延期利润分享计划是在监督委托管理的情形下，企业按预定比例把一部分利润存入员工账户，在一定时期后（雇员退休后）支付。这类计划可以使员工享受税收优惠，这是因为个人收入所得税的支付要延期到员工退休后，这样，他或她只需以较低的税率纳税。

3）员工持股

员工持股计划是目前通行于国外企业的内部产权制度，它是指由公司内部员工出资认购本公司内部股份，并委托公司进行集中管理的产权组织模式。员工持股计划为企业员工参与企业所有权分配提供了制度条件，其作用在于通过员工持股，使员工得以分享企业的利润，从而将员工的利益与企业前途紧密联系在一起。通常情况下员工持股的股份一般通过4种方式形成：一是员工以现金认购的方式认购所在企业的股份；二是员工通过员工持股专项贷款资金贷款认购本企业股份；三是将企业的奖励或红利转换成员工持股；四是企业将历年累积的公益金转为员工股份。

员工持股计划按照员工持股的原因划分为福利型、风险型和集资型3种类型。

（1）福利型员工持股计划侧重于把员工持股同养老和社会保险结合起来，为员工增加收益，从而解除员工的后顾之忧，起到激励员工长期为企业尽心尽力工作的作用。

（2）风险型员工持股计划主要通过员工出资购买或降薪等方式换取企业股份，并规定较长期限内不能转让兑现来建立风险共担、利益共享的机制。只有企业效率增长，员工才能得到收益。

（3）集资型员工持股计划是企业通过员工出资来缓解因生产经营、技术开发、项目投资所产生的资金不足的矛盾，实现个人利益与企业发展的结合。缺乏资金、一时又难以通过贷款解决的中小企业采用较多。

4）股票期权

股票期权是较为常见的股权激励模式，是指公司赋予激励对象（如经理人员）购买本公司股票的选择权，具有这种选择权的人，可以在规定的时期内以事先确定的价格（行权价）购买一定数量的股票（此过程称为行权），也可以放弃购买股票的权利。股票期权是将高级管理人员的薪酬与公司长期利益联系起来，鼓励他们更多地关注公司长远发展，而不是仅仅将注意力集中到短期财务指标上。这是一种有效的长期激励机制。

期权激励最早源于美国，目前有一半以上的美国上市公司运用股票期权激励制度。随着20世纪90年代美国股市出现牛市，股票期权给高级管理人员带来了丰厚的收益。目前我国也有很多上市公司采用这种激励制度。

11.5.2 员工参与管理

1）员工参与管理的含义

所谓员工参与管理，是指员工不同程度地参与组织决策及各级管理工作的研究和讨论。让员工参与管理，有助于企业基层人员了解公司决策过程和程序，开拓视野，使员工树立主人翁精神，将个人利益与组织利益更紧密结合，增强责任感，也可以使员工感受到上级主管的信任、重视和赏识。事实证明，参与管理会使多数人受到激励。参与管理既是对个人的激励，又为组织目标的实现提供了保证。

2）员工参与管理的形式

（1）目标管理。目标管理鼓励下属参与目标的制定工作，是一种在组织政策或有关规定的限度内，由员工自己决定所要达到目标的最佳方法。

（2）合理化建议。鼓励员工积极提出改进工作方法的建议，并形成制度，这也能起到激励作用。

（3）员工管理委员会。跨国公司员工参与管理的形式很多，德国一些企业专门设有员工管理委员会，与公司董事会、工会等一样都享有某些方面的决策和表决权。韩国一家企业为激励员工参与管理，推行了“一日厂长制”。在每周的星期三，挑选一名员工做一天该厂的厂长，每周轮换一次。一年时间里，已有40人做过“一日厂长”，占员工总数的10%。这一制度的实施，大大改善了劳资关系。

（4）管理者授权。随着组织扁平化的发展与员工专业水平的提升，管理层授权员工的行为也在增多，一方面是由执行任务的员工直接处理，会减少时间延误，解决问题效果更好，另一方面能有效激发员工的责任感和积极性。所以，许多组织以工作团队、项目小组的形式给员工授权。

11.5.3 工作设计激励

工作设计激励是指通过分配恰当的工作，满足职工自我实现的需要，从而激发职工内在工作热情的方法。

1）工作特征模型

这是由哈佛大学教授理查德·哈德曼和伊利诺依大学教授格雷格·奥尔德汉姆提出的，该模型由3个部分组成：工作核心维度、关键心理状态、个人成果及工作成果。工作核心维度包括技能多样性、任务同一性、任务重要性、工作自主性和任务反馈；关键心理状态包括体验工作的意义、感受对工作结果的责任和对工作活动所产生结果的认知等；个人成果及工作成果，即内在工作动力、绩效水平、工作满足感、缺勤率和离职率等，从而给员工以内在激励，使员工以自我奖励为基础的自我激励产生积极循环。工作特征模型强调的是员工与工作岗位之间心理上的相互作用，并且强调最好的岗位设计应该给员工以内在的激励。当员工迫切需要成长和发展时，该模型是极为有效的。

工作特征模型也为管理者从事职务设计提供了具体的指导，如管理者可以将分工过细的任务组合，形成一项新的、具有挑战性的工作。这将使技能多样性和任务同一性得到提高；可以纵向扩展职务，使员工产生责任感，并掌握以往保留在管理者手中的控制权，增加员工的自主性；开通反馈渠道，通过增进反馈，员工不仅能了解他们工作结果，还能知道他们的绩效状况。

2）灵活的工作安排

当今组织在工作安排方面进行了许多新的尝试，其目的是通过增加工作的灵活性来提高员工的积极性。

（1）压缩工作日

压缩工作日是指员工每天工作时间延长，一周内的工作日减少。最普遍的做法是每周工作4天，每天工作10小时。当然组织也可设计各种方案以适应员工的需要。

（2）实行弹性工作时间

工作日被分割成两部分：弹性时间和核心时间。在核心时间，所有的员工都必须在岗，但在弹性时间，他们可以自行安排。弹性时间让员工对自己的工作时间有更多的控制。

（3）工作分担

工作分担是指由2~3人分享一份全职工作。如一人负责上午，另一人负责下午。这种形式适合兼职人员或人手紧缺的时期。组织方面可以获得更广泛的员工来源，增加竞争力，也使更多的员工受益。

（4）远程工作

远程工作允许员工在一定时间里不在办公室上班，通常是在家上班。利用E-mail、微信、QQ、MSN、互联网和其他的信息技术，许多员工可以在家里同公司保持密切接触并且完成和办公室里同样多的工作。

本章小结

首先，阐述激励的基本概念，介绍了激励产生的过程模型。学生在学习中需要辨析需要与动机的差异以及它们与人的行为之间的关系。

其次，本章对激励理论的介绍是从激励作用的不同内涵出发的。在内容型激励理论中，主要分析了马斯洛的需要层次论；美国心理学家赫兹伯格的双因素理论，他提出在组织中不同的因素对员工具有激励和保健的作用。此外，麦格雷戈的XY理论、麦克利兰的成就需要理论也具有代表性。

再次，在过程型激励理论中，介绍了弗罗姆提出的期望理论，该理论认为激发力量主要取决于目标对于激励者的重要程度和实现目标的概率；亚当斯的公平理论，强调人们的工作动机，不仅受所得报酬的绝对值影响，还受到报酬相对值的影响。此外，波特-劳勒综合激励模型也很有代表性，该模型认为工作绩效是一个多维变量，它除了受个人努力程度的决定外，还受个人能力和素质、外在的工作条件与环境、个人对组织期望目标的理解和认知以及对奖酬公平性的感知等因素的影响。

最后，在行为改造型激励理论中介绍了比较有代表性的强化理论。该理论研究正负强化的要素及关系等。归因理论是通过研究观察者对他人的行动过程或自己的行为过程，进行因果解释和推论。其归结于4个方面的因素：努力、能力、任务难度和机遇。这4种因素又可按内外因、稳定性和可控性进一步分类。挫折理论主要研究人们遇到挫折后的行为反应，指出人受到挫折后，会产生攻击、倒退、畏缩、固执等行为表现。管理者应针对员工遇到的挫折采取相应措施，引导员工行为，以实现组织目标。

此外，本章还介绍了提高激励的手段和策略，包括收益和利益分享计划、员工持股、参与管理、工作设计等。

本章案例

中龙公司的人才流失

2010年3月31日，品保部的唐工辞职回家了，他负责S市中龙公司仪器仪表检测、维修、校准以及质量体系检测工作，走之前虽然工作已做了移交，但接替员工要达到唐工的技术水平，短期内显然是不可能的事情。四车间的车间主任张萍也打过辞职申请，她工作到2010年6月30日。她以前是中龙公司花了很大的代价从日资企业挖过来的，有非常丰富的日资企业生产、管理方面的工作经验，她所在的车间尽管技术难度高、质量要求高、品种多、生产管理难度大，但在她的管理下，四车间的产品质量水平一直保持在较高的水平，很少有客户投诉。她的辞职，无疑是在中龙公司的大厦中拆掉了一根柱子。一系列中坚力量的辞职，是中龙公司的硬伤，也是中龙公司的无奈。

1）中龙公司人才流失问题

S市的中龙轴承有限公司隶属于长兴集团，是一家专业生产中小型、微型、特微型及非标深沟球轴承，集工业、贸易、投资为一体的中外合资公司，位于S市奉贤区某工业区内。公司的组织结构为：总经理1名，总经理下设管理生产的副总经理和负责产品品质的副总经理各1名，再往下有财务部、销售部、管理部、品保部、工程部、生产部共6个部门，其中生产部辖有5个车间。

公司拥有员工725人，其中干部及科室人员97人，车间员工628人。2006—2009年以来，公司每年员工流失人数超过450人，特别是2009年由于全球性经济危机等多重因素影响，辞职人数达到了482人。车间流失员工占总流失人员的9成左右。由于每月都有员工辞职，公司不得不每月向外招聘新员工，有时甚至每个星期都招新员工。老员工留不住，招聘进来的新员工也待不长。去年公司从洛阳科技大学招聘了8名轴承专业的大学生，不到半年时间全部辞职走了。从表11-2和图11-5中可以看出2009年中龙公司的人员流失情况。

表11-2 **2009年中龙公司人员流失数量**

序号	部　门	部门总人数	流失人数	流失率(%)
1	总经理办公室	3	0	0
2	财务部	8	3	37.5
3	销售部	12	2	16.7
4	管理部	10	5	50.0
5	工程部	10	4	40.0
6	品保部	36	15	41.7
7	生产部办公室	18	3	16.7
8	一车间	98	57	58.2
9	二车间	105	25	23.8
10	三车间	113	77	68.1
11	四车间	185	166	89.7
12	五车间	127	125	98.4
合计		725	482	66.5

从辞职人员数量看，四车间、五车间流失人员人数较多。四车间生产特点是样品多，而每批数量少。五车间是新产品多，同样是数量少，两车间产量不高，而车间员工工资均是计件制，数量与工资挂钩。工作时间长，工资低，是其辞职的主要原因。二车间由于产品品种单一且产品数量大，工人工资较高，所以辞职员工较少，但由于长期加班，有的员工也很烦，还是有员工辞职。品保部要负责进货检验，车间过程产品和完成品检测，车间的仪表检测、校准，任务重，工作烦，在公司管理部门中辞职员工最多。

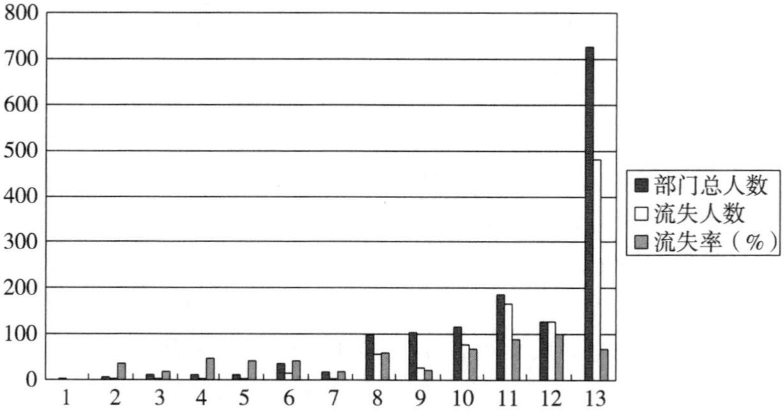

图11-5　2009年中龙公司人员流失数量柱状图

2）公司员工不断流失的原因

（1）管理层的看法

公司的产品是高精度的，集团要求公司的员工具有较高的素质和技能，并要求从技校招收新员工。公司最初从浙江、江苏两省招收技校学生，由于浙江、江苏两省的经济发展很快，中龙公司的工资待遇已无优势。所以，公司只能到经济欠发达的安徽、江西招技校毕业生。提起外出招工，管理部人事负责人大倒苦水，来回奔波还是小事，公司里辞职人员多，岗位缺口大，只能先把人招回来应急再说。公司还从社会上职业介绍所里招工，对招工是想尽了办法，无休止的招工不仅影响了企业的生产，也使主管部门人员十分头痛。

员工流动大的主要原因还是工资低、待遇差、加班时间长和现在青年不愿吃苦。现在员工大多数是80后、90后，他们大多数人追求较为现代的生活方式，比较关注个人兴趣和发展，心理承受力有限，不愿意受委屈，有不开心的事就辞职了事。企业的生产车间任务重，作业环境差，要完成任务必须加班。现在每天工作12小时，每两周休息一天，或者一个月休息两天。如果任务急，有时连着一个月也不能休息。员工流动大，这让管理层十分无奈。

（2）员工的看法

张小东——这位来自四川的生产线一线骨干、生产技术标兵表示："公司里的大小领导对我们从来没有一丝笑容，只知道要产量。要产量就不由分说地要求员工加班，并且不允许请假。有时一个月也没有几天休息，人都变成了机器，无休止的上班加班，心里非常烦。特别是晚上下班后，食堂也没有饭吃，公司还规定了不允许员工叫外卖的制度，这是最不合理的规定。"随后，这名员工辞职回到了四川老家，捎来口信说，他已经到表哥的公司里工作，工资比在中龙还要高，工作也很开心，且生活成本比在S市要低很多，这些消息又在员工中引起了一些震动。

李应龙、梁爱梅夫妻来自浙江湖州，他们从技校毕业就直接进入中龙公司工作，是公司的老员工。李应龙负责一车间外圆磨床的加工，他在车间每月加班，工资只有2 500元左右，而梁爱梅在品保部做报表、体系文件、废品仓库管理及部门内勤工作，每月工资也只有1 500元左右。在S市房价高、消费高、生活成本高、工作压力高，但他们所获得的工资并不高。就他们的工资，在S市根本不可能买房，小孩在S市上学也成问题。公司也没有给他们缴纳养老保险，只缴纳了外来人员的综合保险，这使得他们看不到未来的方向。而他们家乡现在发展得很快，最后他们选择了回家就业。

（3）客观因素

王礼杰是毛坯仓库管理员，一个月基础工资只有1 100元，多次申请加工资无果，只好辞职走人。他的工作后来由王总经理的舅舅接手，同样的工作岗位，一个月的基础工资一下就变成1 500元。公司内没有一个透明的工作岗位素质描述和公平的绩效考核制度。工作职位的晋升、工资待遇的调整不是完全依据工作的绩效，这就形成了不公平的氛围。企业中有的员工与某集团领导有关系，有的员工是公司某领导的亲戚，有的员工是公司某领导的亲信，他们在公司里自然有了一些无形的地位。以上种种，在公司普通员工中形成了一道不可逾越的坎，也挫伤了他们的工作热情。

公司中还存在一些无形的团体势力，员工若能融入，则一切顺利；若不能融入，无论多么努力、多么有能力，在领导眼里也是看不到的。这样一来，有能力的员工感到自己头上有一块无形的天花板，自然也不会长久待下去。例如，中龙公司为了进入一个新的轴承领域，从其他企业挖了一个杨师傅过来。杨师傅技术很好，但无法融入公司内部这种无形的圈子，最后杨师傅也只能辞职，一走了之。现在通信发达，信息量大，信息交流快捷，也促进了人员流动加快。同行企业的挖人，也是企业人员流动原因之一。例如，一位车间主任跳槽后，把他原来所在车间的7个关键岗位的技术骨干全部带走。这对中龙公司来说，无疑是一个巨大损失。

每次新招来的员工或大学生，公司只对其进行简单的进厂培训后就分配到车间或部门。公司没有对新员工或新进公司的大学生进行必要的职业发展规划和必要的职业引导，没有制定长远的员工招聘规划和职业发展规划，没有把公司的人力资源上升到系统层面来管理，干部和员工在员工流动的问题上没有面对面的交流，没有及时采取措施对不符合实际的条款进行修改，这些都是造成公司员工大量流失的原因所在。

近年来公司员工流失的情况愈演愈烈，对中龙公司的正常生产经营产生了极大的负面影响，公司领导层也曾对2009年人才流失的原因从10个方面展开过调查，调查结果如图11-6所示。

通过调查发现，造成员工流失的原因主要集中在工资待遇差（占18%），加班时间长（占15%），公司缺乏公平公正的环境（占15%），S市生活成本高（占15%），公司管理制度缺乏人性化（占12%）等5个方面。面对调查结果，公司的管理层意识到应该立即解决这些问题，但是，应该从哪些方面着手呢？仅仅是提高待遇、增加工资就能完全解决问题了吗？

资料来源　根据中央电大上海分校岳伟所撰写的案例修改而成。

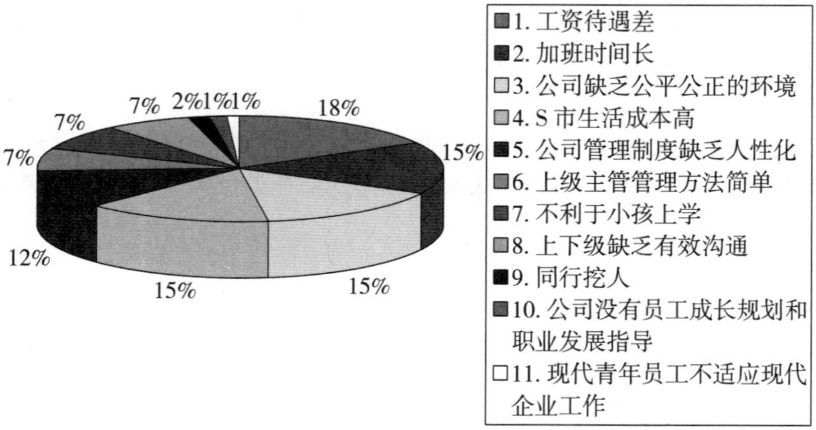

图 11-6　员工流失原因占比图

思考题：

员工的频繁流失对中龙公司产生哪些影响？人员流失的深层原因是什么？如果你负责中龙公司的人力资源管理，你将采取什么措施解决公司的人才流失问题？

思考与练习

1.简述激励的过程。

2.马斯洛需要层次论的主要内容是什么？在管理中有哪些应用？

3.双因素理论的主要内容是什么？如何应用？

4.期望理论的基本内容是什么？

5.期望理论提出在进行激励时要处理好哪些关系？

6.公平理论的内容是什么？其有什么实际意义？

7.强化理论的种类有哪些？如何应用？

8.激励的方式有哪些？

9.如何提高激励的有效性？

第12章

沟通

学习目标

通过本章的学习，重点了解沟通的基本含义和沟通过程的特点；掌握沟通的网络模式及优缺点；了解各种不同沟通形式的特点及差异；熟悉人际沟通与组织沟通的基本内容；掌握影响沟通的障碍和提高沟通有效性的方法。

12.1 沟通的含义和过程

12.1.1 沟通的含义

1）什么是沟通

“沟通”一词源于拉丁语的动词communicare，意为“分享、传递共同的信息”。英文的“沟通”一词也可以译为“交际”或“社交”，是指社会上人与人之间使用语言等媒介进行思想、观念、感情等的交往、联系和相互作用的一种行为。

由于沟通在人类行为活动中的重要作用，所以，有关沟通的研究很早就引起了社会学家、心理学家、管理学家、经济学家的关注，从不同的学科或研究视角有不同的解释。社会学家桑德拉·黑贝尔斯将沟通定义为人们分享信息、思想和情感的任何过程；基蒂·洛克也认为沟通是同周围环境进行信息交换的一个多元化过程。

但在管理学家的眼中，沟通则是一种功能。丹尼尔·卡茨和罗伯特·卡恩认为：“信息沟通，即交流信息情况和传达意图，是一个社会系统或组织的重要组成部分。”而孔茨则将沟通解释为：“信息从发送者转移到接收者那里，并使后者理解该项信息的含义。”西蒙则认为：“信息沟通系指一个组织成员向另一个组织成员传递决策前提的过程。”斯蒂芬·罗宾斯则把沟通看作“意义的传递和理解”。

我们倾向于把沟通理解为：人们在社会活动中，利用媒介传递信息的过程。

2）怎样理解沟通

（1）沟通是涉及两个以上人的行为或活动。由于沟通的主客体都是人，人与人之间的沟通不仅是信息的交流，而且还包括情感、思想、态度、价值观等，即人的主观能动性和创造性都反映在沟通活动中，这在某种程度上会影响沟通的作用与效果。

（2）人与人之间的沟通不同于其他沟通过程的特殊性就在于，人与人之间是通过语言和其他的媒介形式进行信息传递和思想交流。广义的语言既包括口头语言和书面语言，也包括作为“副语言”的表情语言和肢体语言等。

（3）沟通必须有内容。其内容必定是双方的接触、联系并产生相互影响，在信息的发出者和接收者之间，需彼此了解对方进行信息交流的动机和目的，因而沟通是双向的，是互为客体的。

（4）沟通的目的是促进人们之间的了解与合作。但是，由于沟通会出现特殊障碍，这种障碍不仅是由信息渠道的失真或错误造成的，而且也是人特有的心理障碍。例如，使用语言沟通时，即便是同一语言，由于说话者的口气、语速、神态等不同，人们也会诠释出不同的含义。所以，良好的沟通不等于沟通双方达成一致的意见，更重要的是应准确地理解沟通中信息的含义，最大限度地摈弃主观偏见。

在各类组织中，管理的有效性在很大程度上取决于良好的沟通。管理学家斯蒂芬·罗宾斯认为，管理者所做的每件事都包含着沟通。而且组织的管理层级越高，沟通对管理者越重要，管理者用于沟通的时间也越多。一项研究表明，一个基层管理人员工作时间的20%～50%用于语言沟通；而中层和高层管理人员工作时间的66%～87%用于面对面和电话形式的沟通。当然，如果加上阅读和书写文件报告等，用于管理沟通的时间就更多了。随着移动互联网的快速发展，QQ、微信、微博、APP（小程序）等已经成为人们之间沟通的重要形式。

12.1.2 沟通的过程情境

组织中沟通的目的是对有助于组织利益的活动施加影响。由于沟通把各项管理职能联成一体，所以它对组织内部职能的行使是必不可少的。在一个组织内，沟通主要用来实现以下目的：设置并传递一个组织的目标；制订实现目标的计划；以最有效果和效率的方式来组织人力资源及其他资源；选拔、培养、评估组织中心成员；领导和激励人们并营造一个人人想要做出贡献的环境；控制组织目标的实现。

沟通过程是指一个信息的发送者通过选定的渠道把信息传递给接收者，这个过程的具体步骤如图12-1所示。

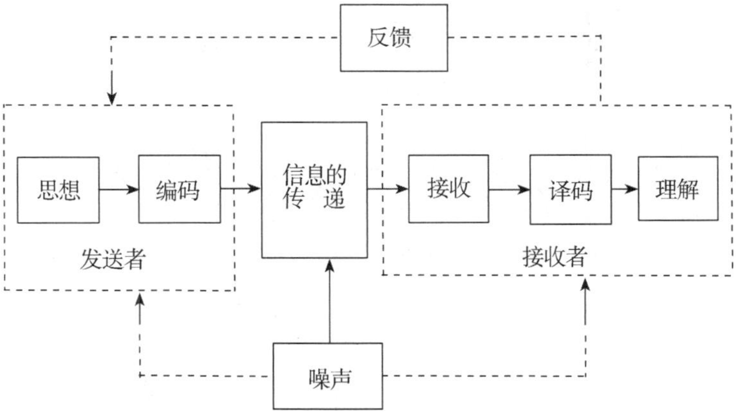

图12-1 沟通过程的一般模式图

沟通开始于有某种要被传递的信息或发送者的想法，然后通过发送者和接收者都能理解的方式进行信息编码，并通过链接发送者和接收者的媒介加以传递。它由七个要素构成：信息源、信息、编码、通道、解码、接收者以及反馈。在管理活动中，信息的传递既可以是口头的或书面的，也可以通过备忘录、计算机、电话、电报或电视来传递。有时人们可以使用两种以上的传递渠道，如双方可以先用电话达成一个基本协议，然后再用书信予以认可。每种渠道都各有利弊，所以，选择恰当的渠道进行沟通是极为重要的。

沟通的下一个步骤是译码，即接收者把信息回译成思想。只有当发送者和接收者对符号的意思持有相同的或类似的理解时，才会有准确的沟通。从图12-1中我们还可以看出，沟通经常受到“噪声”的干扰。无论是在发送者方面还是在接收者方面，噪声是指妨碍信息沟通的任何因素。为了检验沟通的效果如何，反馈是必不可少的，因为在没有反馈证实之前，难以确定信息是否已经得到有效的编码、传递、译码和理解。

有许多情境和组织因素也左右着沟通过程。从外部环境看，有教育、社会、法律、政治和经济的各种因素。例如，强制性的政治环境会抑制有效畅通的沟通。另一种情境因素就是地理上的距离。面对面的直接沟通，既不同于两个人远隔千里的电话交谈，也不同于电报和信函的往来，手机的普及，使得人们随时随地都可以沟通和交流。此外，时间也是沟通中必须考虑的因素。其他影响组织内部沟通的情境因素还有组织结构、管理和非管理过程以及技术等。需要指出的是沟通过程的反馈也是十分重要的。

12.1.3 沟通的网络模式

沟通网络实际上是对各种沟通形式的概括。组织中不同沟通网络形式对组织活动的效率有着不同的影响。莱维特最早通过实验提出了五种沟通网络形式，如图12-2所示。

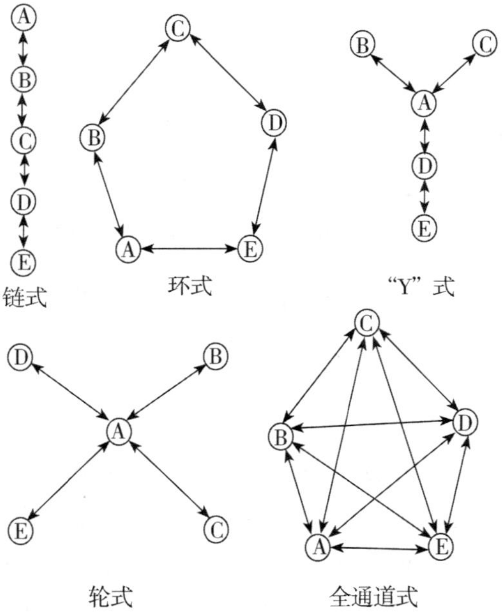

图 12-2 五种不同的沟通网络示意图

图12-2中的圆圈代表信息的传递者，箭头表示传递方向。

1）链式沟通

这是一个平行网络，其中居于沟通两端的人只能与内侧的一人联系，居中的人则可分别与两人沟通信息。在一个组织系统中，它相当于一个纵向沟通网络，代表一个五级层次，逐渐传递，信息可自上而下进行沟通。在这个网络中，由于信息传递环节较多，容易失真。所以，各个信息传递者所接收的信息差异很大，平均满意程度有较大差距。此外，这种网络还可表示组织中主管人员和下级部属之间中间管理者的组织系统，属于控制型结构。在管理中，如果某一组织系统过于庞大，需要实行分权、授权管理，那么，链式沟通网络是一种行之有效的方法。

2）环式沟通

此形态可以看成是链式形态的一个封闭式控制结构，表示5个人之间依次联络和沟通。其中，每个人都可以同时与两侧的人沟通信息。在这个网络中，组织的集中化程度和领导人的预测程度都较低；畅通渠道不多，组织中成员具有比较一致的满意度，组织士气高昂。如果在组织中需要创造一种高昂的士气来实现组织目标，环式沟通是一种行之有效的措施。

3）“Y”式沟通

这是一个纵向沟通网络，其中只有一个成员位于沟通的中心，成为沟通的媒介。在组织中，这一网络大体相当于组织领导、秘书班子再到下级主管人员或一般成员之间的纵向关系。这种沟通网络集中化程度高，解决问题速度快，组织中领导人员预测程度高。除中心人员外，组织成员的平均满意度较低。此网络适用于主管人员的工作任务十分繁重，需要有人选择信息、提供决策依据，节省时间，而又要对组织实行有效的控制。但此网络易导致信息曲解或失真，影响组织中成员的士气，阻碍组织提高效率。

4）轮式沟通

轮式沟通属于控制型网络，其中只有一个成员是各种信息的汇集点与传递中心。在组织中，大体相当于一个主管领导直接管理几个部门的权威控制系统。此网络集中化程度高，解决问题的速度快。主管人员的预测程度很高；而沟通的渠道很少，组织成员的满意度低，士气低落。轮式沟通网络是加强组织控制、争时间、抢速度的一个有效方法。如果组织接受紧急攻关任务，要求进行严密控制，则可采取这种网络模式。

5）全通道式沟通

这是一个开放式的网络系统，其中每个成员之间都有一定的联系，彼此了解。此网络中组织的集中化程度及主管人员的预测程度都比较低。由于沟通渠道很多，组织成员的平均满意程度高且差异小，所以士气高昂，合作气氛浓厚。这对于解决复杂问题，增强组织合作精神，提高士气均有很大作用。但是，这种网络沟通渠道太多，易造成混乱，且又费时，会影响工作效率。

上述五种沟通模式各有其优缺点。链式沟通网络传递信息的速度最快；环式沟通网络能提高组织成员的士气，即大家都感到满意；轮式和链式沟通网络解决简单问题的效率最高；而在解决复杂问题时，环式和全通道式最为有效；“Y”式兼有轮式和链式的优缺点，即沟通速度快，但成员的满意感较低，见表12-1。

除了上述五种沟通网络模式外，还有很多种不同的信息沟通模式，每个组织都可能有自己特殊的、正式的沟通网络。主管人员应该自觉地研究和建立适合本组织需要的信息沟通网络，以保证上下、左右各部门、各个人员之间的信息能够得到顺利沟通。

表 12-1 五种沟通模式的比较

评价标准 \ 沟通模式	链式	轮式	"Y"式	环式	全通道式
集中性	适中	高	较高	低	很低
速度	适中	1.快（简单任务） 2.慢（复杂任务）	快	慢	快
正确性	高	1.高（简单任务） 2.低（复杂任务）	较高	低	适中
领导能力	适中	很高	高	低	很低
全体成员满意	适中	低	较低	高	很高
示例	命令链锁	主管对四个部属	领导任务繁重	工作任务小组	非正式沟通（秘密信息）

12.2 沟通的分类及特点

沟通按照划分的标准不同，有不同的类型。不同类型的沟通模式，特点不同，作用也有很大区别。研究沟通类型可以使我们更好地认识沟通的特点与作用，注重利用不同沟通模式的优点，避免其缺点。

12.2.1 人际沟通与组织沟通

沟通按照目标对象的不同，可以分为人际沟通与组织沟通。

1）人际沟通

人际沟通是指两个或两个以上人之间的沟通。人际沟通是组织沟通的基础。

在人际沟通中，沟通的动因、个体行为对沟通的影响是十分重要的。社会学研究表明，人的社会属性主要来自于人与人之间的沟通。人们通过思想、感情的交流满足了情感接受和宣泄的需要，使得人们各种社会需求不断得到激发与满足。此外，人由于受自身能力的限制，必须要与他人进行分工与协作，才能保证任务的实施和完成。只有善于与人沟通，才能更好地生存和实现目标。

关于人际之间的沟通必须注意以下几个特点：首先，人际之间的沟通主要是通过语言（或语言的文字形式）来进行的。其次，人际之间的沟通不仅是消息的交流，而且还包括情感、思想、态度、观点的交流。再次，在人与人的沟通过程中，心理因素有着重要的意义。最后，在人际之间的信息沟通过程中会出现特殊的沟通障碍。这种障碍不仅是由于沟通通道（即传递）的失真或错误，而且还由于人们所特有的心理障碍所产生的。如由于人的知识、经历、职业、政治见解的差异，对同一信息可能有不同的体会和解释。因此，在研究人际之间的沟通时，需要了解和研究它的特殊规律。

在人际沟通中，不可忽视的一点是个体行为对沟通的影响。在人际沟通中，信息的传递和理解是与信息发送者和接收者的个体因素密切相关的。由于受人的知识水平、思维能力、情感、个性、动机、感知信息的方式及人们在社会中的角色等因素的影响，沟通中的信息传递与接收都会发生变异，从而影响沟通的效果。

2）组织沟通

组织沟通是指组织内部人与人、部门与部门之间，以及组织与外部之间进行的信息交流或传递活动，包括组织中沟通的各种方式、网络和系统等。在一个组织内部，既存在着人与人之间的沟通，也存在着部门与部门之间的沟通。良好的人际沟通是进行组织中部门间沟通的前提，有效的部门间沟通又是管理者组织协调各部门之间关系的重要条件。因此，影响组织沟通的因素除了组织中的人际沟通影响因素之外，还有影响组织生存的各种环境因素。在管理活动中，各种沟通模式和方法效果与检验都应置于组织中。

在组织内，成员间所进行的沟通包括正式沟通、上行沟通、下行沟通、平行沟通等各种形式。组织沟通与人际沟通最大的差别是人际沟通主要体现为一种平等关系，而组织沟通更多的形式是上下层级之间的关系。由于其特殊的组织角色关系，沟通会出现一些问题。例如，下属在组织内的发展前途，在相当大的程度上受上级所左右。这使得下级在与上级接触时，心态并不完全正常，许多情况下会通过揣摩上级的喜好来交流信息，对沟通的内容进行选择或掩饰。研究表明，上下级之间的沟通会导致较大的信息缺失，如图12-3所示。

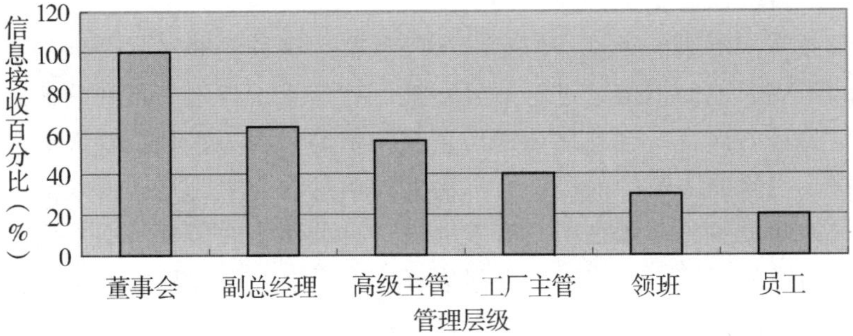

图12-3 不同管理层级间沟通的损失

资料来源 徐子健. 管理学［M］. 北京：对外经济贸易大学出版社，2002.

表12-2反映了在不同管理层级由下至上的沟通中，在最基层作业的员工所反映的内容，在不同管理层级之间的沟通过程中不断发生扭曲。尽管在每一层级中扭曲的程度表面上看起来是比较轻微的，但是，随着沟通的层级不断上升，我们可以发现，沟通的内容已经发生了极大的改变，甚至已经完全失真。

12.2.2 正式沟通与非正式沟通

沟通按照组织系统的划分标准，可以分为正式沟通和非正式沟通。

表 12-2　　不同管理层级间沟通信息失真过程

管理者	接收到的信息
董事长	管理和工资结构是非常出色的，福利和工作条件是好的，而且会更好
副董事长	我们非常喜欢这种工资结构，希望新的福利计划和工作条件将会改善，我们非常喜欢这里的管理工作
总经理	工资是好的，福利和工作条件还可以，明年还会进一步改善
主管	工资是好的，福利和工作条件勉强可以接受，我们认为应该更好一些
工人	我们感到工作条件不好，工作任务不明确，保险计划很糟糕，然而我们确实喜欢竞争性工资结构，我们认为公司有能力解决这些问题

资料来源　徐子健.管理学［M］. 北京：对外经济贸易大学出版社，2002.

1）正式沟通

正式沟通就是通过组织明文规定的渠道进行信息传递和交流。这类沟通代表组织比较慎重。例如，组织规定的汇报制度，定期或不定期的会议制度，上级的指示按组织系统逐级下达，或下级的情况逐级上报等。正式沟通的优点是，沟通效果好，比较严肃，约束力强，易于保密，可以使信息沟通保持权威性。组织内重要的消息和文件传达，组织的决策等，一般都采取这种方式。其缺点在于，由于靠组织系统层层传递，要遵照既定的程序，沟通的成本相对较高，而且沟通的速度慢，也存在着信息失真的可能。

按照古典管理理论，沟通应遵循指挥和层级系统进行。因此，在组织中存在着上行沟通、下行沟通和交叉沟通三种形式。

上行沟通是指下级的意见、信息向上级反映。这种沟通经常受到沟通环节上的主管人员的阻碍，他们把信息过滤并且不把所有信息，特别是不利的消息向上级传送。就控制的目的而言，客观地传送信息至关重要，因为这是主管人员掌握全面情况，做出符合实际的决策的前提。自下而上的信息沟通主要是启发式的，它通常存在于参与式的和民主的环境之中。有效地进行自下而上的信息沟通需要有一个使下属可以自由沟通的环境。组织气氛在很大程度上受上级管理部门的影响，因而，创造自下而上自由沟通这样一个环境的责任在很大程度上也应由上层管理部门承担。

下行沟通是指自上而下的沟通，是信息从高层次成员朝低层次成员的流动。这种沟通方式在具有独裁主义气氛的组织中尤为突出。主管人员把组织目标、规章制度、工作程序等向下传达，这是保证组织工作进行的重要沟通形式。遗憾的是，信息向下属指挥系统传送时往往被遗漏或被曲解。而最高管理部门所颁布的政策和工作程序并不保证信息的沟通。事实上，许多指示并未被下属所理解，甚至连看都没看过。因而，要知道接收者是否按照发送者的意图去理解信息，必须要有一个信息反馈系统。

交叉沟通是指同一级之间，或对角线即处于不同层次的没有直接隶属关系的成员之间的沟通。这种沟通方式用来加速信息的流动，促进理解，并为实现组织的目标而协调各方面的努力。

2）非正式沟通

非正式沟通是在正式沟通渠道之外进行的信息传递或交流。一般形式繁多且无定型，这类沟通代表个人。例如，职工私下交换意见，议论某人某事等。现代管理中很重视研究非正式沟通。因为人们的真实思想和动机往往是在非正式的沟通中表露出来的。这样的沟通，信息传递快而且不受限制，起着补充正式沟通的作用。但这两者之间的界限不是绝对的，有时是很难区分的。

非正式沟通和正式沟通不同，这主要是基于沟通的对象、时间以及内容等方面的非计划性以及难以识别。非正式沟通源自于非正式组织成员间感情和动机上的需要，其沟通途径是组织内的各种社会关系，这种社会关系超越了部门、单位以及层级。非正式沟通的途径与正式沟通的途径有较大的差别，具有相当大的弹性，可以是横向流向或斜角流向，传播速度比较快。在许多情况下，来自于非正式沟通的信息，反而获得接收者的重视。

从某种意义上说，非正式沟通对于组织的正式沟通也是十分重要的，有些时候，非正式沟通并不一定是正式沟通的补充，甚至会成为主导的沟通模式。非正式沟通途径具有较大的弹性，沟通也比较迅速，有时反而能获得接收者的重视。许多不愿意通过正式渠道（或正式渠道效果不好）传递的信息，可能采用非正式沟通的形式。当然，这种沟通要适度，过分依赖有较大的风险。由于这种沟通多半是口头方式，信息传播人不负责任、没有证据，信息遭受歪曲或发生错误的可能性较大，会对组织的正式沟通造成较大的干扰。

一般来讲，由于非正式沟通不会受到规定手续或形式的限制，比正式沟通还难以预测和分析。这在专业领域被称为“葡萄藤（grapevine）”，用以形容它枝繁叶茂，随处延伸。研究表明，非正式沟通是小团体、小圈子交流的最重要形式，也是小团体稳定的心理范围。研究表明，非正式沟通主要有四种类型或形态，即单向沟通、闲谈沟通、随机沟通和集群沟通，如图12-4所示。

（1）单向沟通。图12-4中的（a）是指信息由一人转告另一人，实施单线传播。研究表明，非正式组织传递小道消息时主要运用单向沟通模式。这类沟通模式传递的信息最容易失真，但却最适宜传递那些不宜公开的信息或机密的信息。从非正式组织传递信息常用的方式来看，这种传递信息的模式使用较少。

（2）闲谈沟通。图12-4中的（b）是指以某一人为中心，将信息传播给其他人，发布“独家新闻”。其特点是一个信息发送者，多个信息接收者，信息发送者不一定是非正式组织的领导，但一定是信息率先获得者，或是喜欢搬弄是非的人。

（3）随机沟通。图12-4中的（c）是指信息传递者没有固定模式，遇到什么人就转告什么人，并无一定中心人物或选择性。这种沟通模式的最大特点是无事先指定信息接收者。这种沟通方式在非正式组织中最为常见。

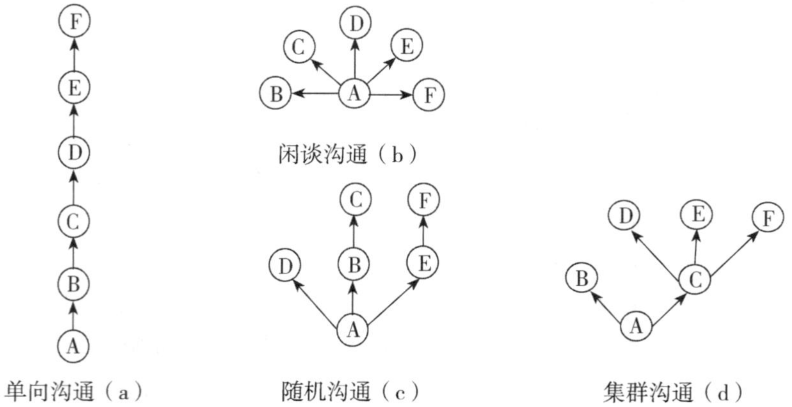

图12-4 非正式的沟通模式

（4）集群沟通。图12-4中的（d）是指在沟通过程中，可能有几个中心人物，信息由中心人物向外扩散，而且有某种程度的弹性。这种沟通模式在群体中比较常见。

在传统的管理理论中，通常认为非正式沟通是消极的，管理者应该将其减少到最低程度。事实上，即使是在极其规范的正式组织中，非正式沟通现象的存在也是根深蒂固、无法完全消除的。小道消息盛行，却反映了正式渠道的不畅通。这就有必要通过各种渠道把信息告诉人们，以防止那些不利于或有碍于组织目标实现的小道消息的传播。今天我们认识非正式沟通，不仅要减少由非正式沟通带来的消极作用，还要对其加以适当利用。例如，组织中的主管利用非正式网络沟通中“转播站”的核心地位，传达一些正式组织中不宜沟通的信息，或了解情况的信息。这样做的好处：一是可以使信息传播比正式沟通更迅速，二是可以了解信息接收者的真实反应，有利于沟通者采取一些补救措施。

12.2.3 语言沟通与非语言沟通

按沟通媒介的不同，沟通可分为语言沟通、非语言沟通以及电子媒介沟通。

1）语言沟通

语言沟通是借助于语言进行的沟通。由于语言是一种十分复杂、严密，而又弹性极强、容量极大的音义结合的符号体系，因此，它的表达手段丰富纷繁，表现内容包罗万象，使用范围极其广泛。在管理沟通中，语言沟通主要包括谈话、报告、讨论、讲授、电话交谈等。

语言包括书面语言和口头语言。与口头语言相比，书面语言比较规范、准确、周密、逻辑性强、条理清晰，也具有权威性。在组织活动中，书面语言沟通包括报告、备忘录、信件、组织内发行的期刊、布告、合同、协议、规定、通知以及其他任何传递书面语言或符号的手段。它的优点是沟通双方一般都有文字记载，信息可以长期保存，便于事后核实，也可以使接收者反复阅读，又可以把传送的情报作为档案或参考资料保存下来，往往比口头沟通更为仔细。组织中的正式沟通多采用书面语言沟通方式。

与此相对应，口头沟通也是组织沟通的重要形式。它的特点是形式灵活多样，用途广泛，信息传递速度快，可以在最短的时间内直接得到对方的反馈，并且可以反复交流。此外，由于是面对面交谈，多数人会感到亲切自然，效果也不错。但口头沟通也存在明显缺陷，即信息传递中的失真。例如，“我没说她偷了我的钱”这句话，如果说话者将重音放在不同的地方，产生的意思会有很大的差别，甚至截然不同。由于信息是经过多人口头传递，每个人都以自己的方式来解释信息，依次经过几个环节后，信息内容可能会发生很大歪曲，这也是被专家研究证实的。另外，由于是口头传递，事后难以准确查证。所以，组织中正式沟通一般避免只采取口头沟通的方式。

2）非语言沟通

非语言沟通有多种方式，人们在沟通中常用的非语言沟通形式主要有体态语言、物体的利用、环境布置以及声光信号等形式。

体态语言主要是用手势、面部表情、说话声调、语气和身体姿态等形式来实现的。例如，管理者与其下属交谈时，常常可以通过其眼神和面部表情来判断所讲的话是否为对方所理解，是赞同还是反对。

体态姿势更多的时候是加强或否认语言沟通的效果。特别是面对面交谈时，人们习惯于通过对方的表情、姿势、装束等非语言信号得到许多有价值的信息并据此做出评价。在一项关于交流的研究中，梅拉拜恩测算出一般观众把他们注意力的50%投向讲话者的说话方式，42%的注意力投向讲话者的形象，仅有8%的注意力投向讲话的内容。“身势学”的杰出学者伯德惠斯·戴尔曾提出，在两个人的互动场合中，有65%的“社会含义”是通过非语言方式传递的。有项研究表明，在工作的早期阶段，老板对新员工身上的“敌意”“烦躁”等不良特性，就是通过面部表情和身体语言获得的。而一旦老板获得这样的印象，就很难改变。

许多情况下，非语言沟通主要是辅助语言沟通，起进一步强化的作用。英国学者阿盖尔认为非语言交际有三个作用：一是处理、操纵直接的社会情景；二是辅助语言交际；三是代替语言交际。研究也表明，当人们发现语言和非语言所表达的信息不一致时，人们通常根据非语言信息来判断。

人与人交流时的空间距离也是非语言沟通的重要方面。美国学者霍尔研究发现，人在社会中与他人的关系很大程度上要受空间距离的影响。他把这种距离分为四种：一是亲密距离。人们在交谈时保持在0到0.6米之间。二是私人距离。人们交谈的距离保持在0.6米到1.5米之间。三是社交距离。人们交往时一般保持在1.5米到4米之间。四是公众距离。人们交往时会保持在4米以上。显然，空间距离的远近和心理距离密切相关。当然，这其中也会受到其他因素的干扰，如交流者的身份、地位、交流信息的重要程度和文化等。

3）电子媒介沟通

利用电子媒介进行沟通的方式具有信息传递快、信息容量大、可以同时传递给多人的特点。而且在沟通过程中不仅大大降低了沟通成本，有效地缩短了沟通时间，沟通的信息失真、无法面对面等问题也都得到了有效的解决。电子信息技术从根本上改变了组织内部的沟通模式，极大地提高了管理者控制员工的技能，也使团队管理、协调能力有机结合，为员工提供了更多的加强合作和共享信息的机会。一项研究表明，在一个大型办公设备公司里，由于使用电子邮件，人们打电话的时间减少了80%、办公之间的信件减少了94%、复印件减少了60%、备忘录减少了50%。全球最大的计算机企业IBM公司拥有31.6万名员工，有75%的员工经常使用即时信息传递软件进行沟通和协同工作；联想和惠普公司利用现代信息网络技术完全可以实现无纸化办公。

对管理沟通最有影响的信息技术领域主要是计算机网络系统和无线通信技术。

计算机网络系统，是指通过兼容的软、硬件把组织内的电脑连接在一起，形成组织内部的计算机网络，以实现组织范围内的成员随时随地的沟通与联系。组织在管理中应用计算机网络系统主要采取电子邮件、即时信息（instant messaging，IM）、音频邮件、电子数据交换（electronic data interchange，EDI）、可视会议、内部互联网，以及专为聊天开设的闲聊网等。

无线通信技术，是指借助于微波信号、通信卫星、无线电波和天线以及红外线等技术，通过太空或空气传递信号的沟通方式。无绳电话、笔记本电脑以及其他便携式通信设备等的发展，使管理者拥有了与有关人员保持联系的全新方式。目前，我国已成为世界上使用移动手机增长幅度最快的国家，每年以两位数的比例递增。无线通信技术发展与普及已为组织之间有效快捷的沟通提供了最好模式。

移动互联网，是移动和互联网融合的产物，继承了移动随时、随地、随身和互联网分享、开放、互动的优势，即运营商提供无线接入，互联网企业提供各种成熟的应用。随着手机，特别是智能手机的普及，移动互联网发展势头迅猛，已经超过了PC互联网。到2016年5月，中国网民超过12亿，移动互联网民7.8亿，微博用户超过5亿，微信用户达到5.91亿，手机支付、手机网购、手机旅行预订用户分别达到2.76亿、2.70亿和1.68亿。消费者已经从线上的红包、手机银行转账、APP及网站在线支付的标准化支付，向线下的基于各类场景的多元化支付快速扩展。移动互联网的普及，极大地改变了人们的生活方式，沟通也变得极为便捷。

以微信和APP平台为代表的新型沟通方式在给人们带来沟通便捷的同时，也极大的改变了人们的观念和行为。2011年1月21日，腾讯推出了微信1.0（测试版），一经推出，立刻广受欢迎。当时发1个彩信5毛钱，发10张照片5块钱。但使用微信，不仅免费，还十分便捷。2012年4月，微信4.0版的朋友圈功能开启了微信“社交平台化”的模式，使沟通变得无边界。2012年8月，微信公众平台上线，引发了新媒体革命，也催生了以徐沪生、罗振宇、石榴婆等人为代表的各类网红，成为尽人皆知的大咖，起着知识领袖、时尚领袖的作用。2014年1月，微信红包上线。2017年1月9日，微信小程序正式发布引起极大关注，小程序是嵌入微信里的APP，可以用美团小程序团购，用饿了么小程序订外卖，不占用任何空间。仅从支付领域讲，线下移动支付已经从零售、餐饮、商超、物流等传统小额高频场景，逐步扩展到医院、票务、娱乐、交通等更多交易领域。专家们预计，未来中国移动支付将出现更多的平台和公司，以加速市场化和国际化的进程。

12.2.4 单向沟通与双向沟通

按沟通方向的可逆性，可以把沟通分为单向沟通和双向沟通。

1）单向沟通

单向沟通是指信息朝一个方向前进，信息发送者与接收者之间的地位不发生变化，比较典型的沟通形式有作报告、发指示、作讲演等。这种沟通的特点是速度快、秩序好、无反馈、无逆向沟通，但接收率低，接收者容易产生挫折、埋怨和抗拒心理。

单向沟通只强调单一的信息传递，不要求反馈，组织中运用这一沟通模式是由于其具有传递速度快、传播范围广、传递模式简单的特点。在规模较小的组织或特定组织中，单向沟通十分重要，甚至占有主导地位。如对于军队系统的沟通，单向沟通模式被普遍采用，主要是为了适应其快速反应和快速行动的特点。

在组织中，下行沟通也常常是单向沟通，以利于管理者将任务或目标有效地传达给下属，并使下属快速有效完成。

在当今社会，单项沟通更多的是在特别的情况下，如间谍工作、对保密性要求高的任务或者是私密性强的活动等。

2）双向沟通

双向沟通是指信息发送者与接收者之间的地位不断发生变化，信息在二者之间反复变换传送方向的沟通模式，如交谈、协商、会谈等。这种沟通的特点是速度慢、气氛活跃、有反馈、实收率高，接收者能表达意见，人际关系较好。但信息发送者有一定的心理压力，因为要随时准备接收信息接收者的反馈意见，许多时候是批评或建议。随着互联网，特别是移动互联网的普及以及这方面技术的重大改进，双向沟通越来越便捷，也越来越成为沟通的主要形式。

双向沟通在组织沟通中十分重要，这主要是基于沟通有反馈、交流，能更好地实现沟通的目的。在组织中，面对面交流、电话交谈、微信、QQ、小组会议、电子邮件、电话会议、可视会议等都是典型的双向沟通模式，能很好地实现信息资源共享。在组织沟通中，经常采用的下属提交工作绩效报告、合理化建议、员工恳谈会等都是双向沟通的形式，但是在组织中，主要的问题是管理者由于各种原因不能及时反馈，常常将双向沟通变成了单向沟通。例如，员工提了合理化建议，但管理层并不做出反馈，这样就影响了员工提建议的积极性。微信的出现很好地弥补了组织沟通上由于管理层次差异带来的障碍，交流变得十分便捷，因此很多组织将微信和微信群列为组织的正式沟通形式。

12.2.5 直接沟通与间接沟通

按沟通有无中间媒介，可以分为直接沟通和间接沟通。

1）直接沟通

直接沟通是指沟通双方或多方直接进行有效的接触与沟通，而不经过任何中间环节。直接沟通是组织内部沟通最有效的方式之一。组织应该鼓励成员之间在工作上的正式沟通，采取直接的方式会收到良好的效果，也有利于组织成员之间合作关系的建立以及工作上的有机配合。

研究表明，在管理沟通中，比较有效的沟通模式是直接沟通、双向沟通和口头沟通。美国学者曾对经理层进行了一项调查，请他们选择较好的沟通方式。结果55%的经理认为直接听口头汇报最好，37%的经理喜欢下去检查，18%的经理喜欢定期会议，25%的经理喜欢下面给写汇报。另外一项调查是问询经理们在传达重要政策时，哪种沟通方式最有效。被调查的共51人，选择召开会议做口头说明的有44人，亲自接见重要工作人员的有27人，在管理公报上宣布政策的有16人，在内部备忘录上说明政策的有14人，通过电话系统说明政策的仅有1人。这些都表明，人们倾向于面对面的直接沟通、口头沟通和双向沟通。在日本，不提倡领导者单独办公，主张采取集体办公的方式，主要是考虑管理层能及时准确地掌握第一手资料和信息。

2）间接沟通

间接沟通泛指面对面交流以外的各种沟通模式。这种沟通模式是信息发送方与接收方不直接接触，通过各种中间媒介来传送信息，既可以有效避免双方面对面沟通的不便或尴尬，也可以实现面对面沟通无法解决的多方同时沟通的问题。相比而言，间接沟通有着成本低、效率高、时间短、信息量大的特点，特别是利用互联网进行的信息沟通，其范围远远超出了地理边界的界限。需要指出，间接沟通在很多情况下是通过第三方进行双方或多方的沟通。通过第三方进行沟通，可以解决沟通双方不便直接表达或传递信息的情况，而沟通中产生的误解、发生的矛盾也可通过第三方进行解释和调解。

间接沟通可以借助于快速处置人员和联络人员。在信息沟通过程中，常常会出现一些矛盾。例如，接收者可能对某些信息有成见，对之不感兴趣；对信息发出者不信任甚至怀有敌意，他们可能不听、不看；有时来自不同地方或同一地方的信息是互相矛盾的，对此接收者可能置之不理，也可能会随自己的喜好来选择，最终造成信息的失真，使信息失去意义。为了应付这种经常出现的情况，主管人员可以使用快速处置人员和联络人员。快速处置人员的责任是，帮助信息接收者选出一些适宜于优先处理的事情，以弥补信息沟通不佳造成的缺陷。而联络人员则充当了信息发出者与接收者之间传递信息的中间人，从而节约了时间。同时，他们还负有解释信息的责任，这也是为了弥补信息沟通不佳的缺陷。

12.3 有效沟通

12.3.1 消除沟通障碍

1）沟通过程中的障碍

管理人员经常不能有效沟通主要是因为存在沟通障碍。常见的信息沟通障碍有以下几种：

（1）语言障碍。由于语言问题形成的沟通障碍主要表现为以下几方面：首先，语言不同造成的沟通障碍。人们发现用外语表述问题不如用母语清晰，在接收外语时也存在着语意差别。其次，由于语言的语意差别形成的障碍，即同一语言在不同地区会有不同的含义。中文由于语音复杂，一词多义，理解的可变度极大。再次，语言发送者表述方式所形成的障碍，如有些沟通者事先缺乏必要的准备和思索，或用词不当或说话意图不清，使听者不知所云。最后，信息接收者个人在接收的过程中由于主观原因，如推理能力、世界观、经历、经验、需要等所形成的障碍。为了克服组织中语言障碍，对员工进行规范的语言训练是必要的。

（2）信息损耗。在沟通中，由于环节过多，信息损耗现象时有发生。研究表明，信息从一个人传到另一个人的一系列传递过程中会越来越失真，一般每经过一个中间环节，就要丢失30%的信息。这一方面是由于人的性别、年龄等生理特点影响所致，另一方面是由于人们的文化程度、信仰、观念、态度不同，从而造成了感觉和知觉上的不同以及接受水平上的差异。另外，对信息的遗忘性也是一个问题。因此，在管理沟通中，采用什么沟通渠道或媒介是管理者应考虑的重要方面。

（3）选择性知觉。管理学家罗宾斯认为选择性知觉是人际间有效沟通的障碍。这主要是指个人的兴趣、经验和态度会影响其有选择地解释所看或所听的信息。研究已经证实人们会有选择地接收信息以保护自己。当然，如果人们在沟通中存在着偏见、猜疑、威胁和恐惧等心理，那么对沟通的影响就更大了。如果信息发送者在接收者心目中的形象不好，则后者对前者所讲述的内容往往不愿意听或专挑毛病，有时虽无成见，但认为所传达的内容与己无关，从而不予理会，或拒绝接受。在管理活动中，如果在含有不利因素的气氛中进行沟通，那么任何信息的有效传递都会受到影响。

（4）地位差异。一般情况下，人在接收信息时不仅要判断信息本身，而且还要判断信息的发送人。信息发源的层次越高，信息接收者越倾向于接收。相反，信息发送者地位较低，其发出的信息也将跟着打折扣。一般来说，地位高的人对地位低的人沟通是无所顾忌的，而下级与上级沟通时往往是有所顾忌的。由于地位的差异，下级往往是观察上级领导者的真实意图进行沟通，如当领导者不愿意听取不同意见时，下级更愿意保持沉默或沟通与领导意见一致的信息。

（5）信息传递方式。信息表达不清，沟通要求不明，渠道不畅，都会在不同程度上影响沟通。尽管信息发送者头脑中的某个想法很清晰，但仍有可能受措词不当、疏忽遗漏、缺乏条理、思想表达紊乱、行文陈词滥调、乱用术语以及未能阐明信息的含义等现象的影响，使信息表达不清楚或不正确，从而造成损失，降低组织的运行效能。

（6）地理障碍。由地理位置所造成的沟通障碍也是不可忽视的。在管理中，由于组织规模庞大，地理位置分散所造成的信息传递失真或延误并不在少数。大企业病最典型的表现之一就是企业对市场反应迟缓，机制不灵活。其主要原因就是信息传递不畅。

（7）信息超负荷。研究表明，不受限制的信息流动会导致信息过量，信息超负荷也会导致一系列问题：第一，人们可以无视某些信息，例如，一个人收到的信件太多，干脆就把应该答复的信件也置之不理了。第二，一旦人们被信息过量所困扰，在处理中就会出差错。最常见的就是人们会把信息所传送的“不”字忽略了，从而使原意颠倒。第三，信息过量可能会降低人们的工作效率，无限期地拖延对信息的处理。第四，人们会对信息进行过滤，很可能忽略了关键性的信息。第五，人们会干脆从沟通中脱身以对待信息超负荷的情况。综上所述，由于信息超负荷，人们会把信息束之高阁或者不进行有效沟通。

2）沟通环境方面的障碍

社会环境的影响。社会环境的影响主要是指社会中的生活方式、价值观、态度体系等方面要素对沟通的影响。例如，在美国的社会文化背景下，组织中的上下级沟通显得较为民主，下级可以直接向上级提出自己的意见。而在日本的公司中则是等级森严，沟通一般都是逐层进行的。因此，在日本公司中，人们之间的正式交往显得非常慎重。在我国的组织中，员工的非正式沟通行为更多地受社会关系的影响。例如，热衷传播小道消息，喜欢打听别人隐私等。

组织结构的影响。其主要表现为：一是组织结构的类型。组织现有机构设置的模式和管理层级会直接影响信息在组织中传递的速度和方式。二是组织中提倡的沟通模式。一些组织强调正式沟通形式，一切都严格按照组织程序进行。三是组织规模大小。组织规模大小对沟通模式选择、沟通的有效性等都有直接影响。在这种层级组织里，正式渠道的沟通障碍极大。而在现代组织结构形式中，以网络为代表的沟通渠道，极大地改变了沟通的速度和方式，较好地克服了传统组织结构给沟通带来的信息过滤和信息延误的问题。

组织文化的影响。组织中员工的价值观和态度体系、行为方式在很大程度上要受组织文化的约束或影响，因而对组织中的信息沟通有着不可忽视的作用。例如，在一个崇尚等级制度、强调独裁式管理的官僚组织里，信息通常被高层管理者垄断，而且人与人之间的沟通过程缺乏互动性和开放性，自下而上的沟通行为常常不受重视。

12.3.2 正确选择沟通方法

1）组织中常用的沟通方法

目前，在我国的各类组织中，比较常用的信息沟通方法主要有：

发布指示。上级领导在指导下级工作时，发布指示不仅是重要的，而且是最有效的领导方式。“指示”有许多含义，指示作为一个领导方法，可以理解为上级的训令，它要求下级在一定的环境下工作或停止工作。它隐含有从上级到下级的直线指挥人员之间的关系，这种关系是不能倒过来的。指示的另一个含义是，指示的内容应该和实现组织的目标密切关联，指示的定义含有强制性的意思。如果下级拒绝执行或不恰当地执行指示，而上级主管人员却又不能对此使用制裁办法，那么他今后的指示可能会失去作用，他的地位将难以维持。要避免这种情况的出现，可以在指示发布之前听取各方面的意见，或对下级进行训导。发布指示的方法也是一种艺术，可采取正式和非正式，以及书面和口头的方式。

形成例会制度。组织通过例会形式，在员工中沟通信息、交流思想、统一认识。会议交流的方式，可以有效地进行信息沟通，特别是反馈及时。组织制定例会制度，就是为了及时了解工作中的问题，有效处理组织活动中的各种人际关系，及时解决出现的问题。

鼓励平行交流。所谓平行交流是指在组织中同一层次之间相互沟通信息。有些领导者整天忙于当仲裁者，想以此说明自己的重要性，其实这是不明智的。领导的重要职能是协调，但是这里的协调主要是目标的协调、计划的协调，而不是日常活动的协调。日常的协调应鼓励尽量在平级之间进行。即便是上下级之间的沟通也要改变下级只是被动接受的做法，创造平等交流的宽松环境。

建立信息沟通网络。信息沟通网络系统的建立是十分重要的，在当今知识经济背景条件下，市场竞争的激化需要企业有一个能有效高速运转的信息网络系统来收集、整理和分析组织运行所需要的各类信息，而现代信息科学技术的发展也为组织建立这一系统提供了必要的技术支持。现代企业的竞争是对信息资源的争夺和利用，企业要实现管理创新和突破、实现动态化管理则要以信息网络系统为支撑。

2）组织沟通方法有效性

有人对经理人员做过分析，一天内撰写占9%，阅读占16%，言谈占30%，聆听占45%，用于沟通的时间约占70%。但一般情况下，经理都不是一个好听众，其沟通效率只有25%。在不同情况下，使用哪一种沟通方法更有效、成本更低呢？研究者从不同角度和不同沟通媒介之间的关系入手，发现用不同的评价标准，不同的沟通方法有不同的效果，见表12-3。

表 12-3　　组织沟通方式比较

标准 沟通方式	反馈能力	复杂性能力	潜在宽度	私密性	编码容易度	解码容易度	时空限制	费用	人情味	正规度	信息可得性	信息消费点
面对面	1	1	1	1	1	1	1	2	1	4	4	共享
电话	1	4	2	2	1	1	3	3	2	4	4	共享
小组会议	2	2	2	4	2	2	1	1	2	3	4	共享
正式演讲	4	2	2	4	3	2	1	1	3	3	5	发送者
备忘录	4	4	2	3	4	3	5	3	5	2	1	接收者
传统信件	5	3	3	2	4	3	5	3	4	1	1	接收者
传真	3	4	2	4	3	3	5	3	3	3	1	接收者
公司出版物	5	4	2	5	5	3	5	2	4	1	1	接收者
告示板	4	5	1	5	3	2	2	4	5	3	1	接收者
音像带	4	4	3	5	4	2	3	2	3	3	5	接收者
热线	2	5	2	2	3	1	4	2	3	3	4	接收者
电子邮件	3	4	1	2	3	2	4	2	4	3	4	接收者
计算机会议	1	2	2	4	3	2	3	2	3	3	4	共享
音频邮件	2	4	2	1	2	1	5	3	2	4	4	接收者
电话会议	2	3	2	5	2	2	2	2	3	3	5	共享
可视会议	3	3	2	4	2	2	2	1	2	3	5	共享

说明：按1～5级评分，1表示最高分，5表示最低分。“信息消费点”指何方控制沟通信息的接收时点。“共享”意味着发送者和接收者共同拥有控制权。

资料来源　罗宾斯. 管理学［M］. 孙健敏，等，译. 北京：中国人民大学出版社，2004.

这里作者将16种常用的沟通形式，用12个评价标准进行了比较分析，其中，评价标准的指标分类为：反馈能力——接收者对所传递的信息做出反馈的速度；复杂性能力——沟通方法能否有效地处理复杂信息；潜在宽度——使用这一通道能同时传递信息的数量；私密性——使信息传递限制在有效的范围内；编码容易度——信息发送者能否快捷使用这一方法；解码容易度——信息接收者能否快捷地对收到的信息加以解码；时空限制——信息的发送与接收是否要同步进行；费用——使用这一沟通方法的成本；人情味——这一沟通方法能加强人们之间的联系和感情的程度；正规度——这一沟通方法正规化的程度；信息可得性——沟通方式能否使接收方方便地获得所需的有用信息；信息消费点——发送者与接收者谁对何时收到的信息拥有决定权。

12.3.3 有效沟通策略

1）“约哈里窗口”

“约哈里窗口”理论是由乔瑟夫·勒夫和哈里·英格拉姆在20世纪50年代提出的。在管理领域主要用来分析与提升自我意识，增强人际关系、组织动力与组织间关系。

在模型中，沟通主客体的内心世界（掌握的知识与内在感受）被划成四个部分。其中：公开区是指沟通双方皆知的信息领域；盲目区是指沟通客体知道的信息，但主体不清楚；隐秘区是指沟通主体知道但客体不知道的信息领域；未知区是指沟通双方都不了解的全新领域信息。详见图12-5。

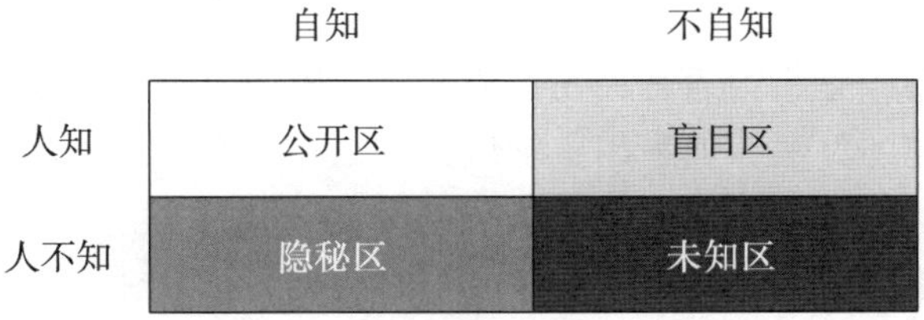

图12-5 “约哈里窗口”模型

资料来源 杜慕群. 管理沟通［M］. 北京：清华大学出版社，2009：90.

在公开区域内进行的沟通往往是有效的，因为在这个区域内，沟通主客体同时掌握信息资源，双方对沟通的效果都满意。隐秘区和盲目区都是只被一方所认知，所以存在潜在的冲突，限制了沟通的有效性，甚至稍不注意可能造成冲突。未知区是既没有被自己认知又不被他人认知的那些信息，因为模糊性、隐蔽性和不确定性而最容易产生冲突。

因此，选择沟通策略的原则就是扩大公开区域，增加真实度、透明度和诚信度，缩小隐秘区、盲目区和未知区。

2）沟通形式选择策略

沟通者可以根据自己对沟通内容的控制程度和沟通对象的参与程度，采取四种不同的沟通形式，即告知、说服、征询、参与，如图12-6所示。

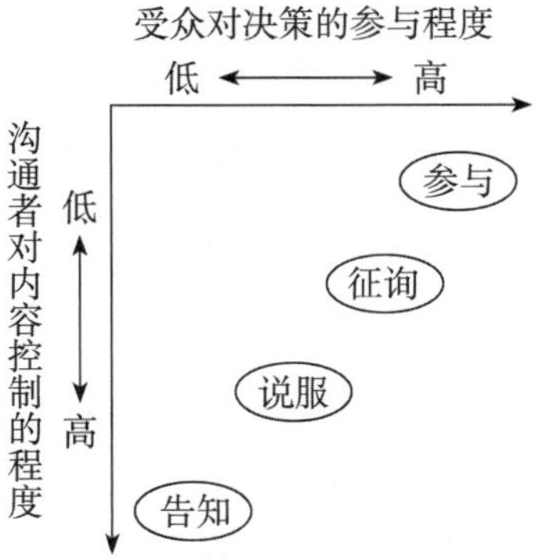

图12-6 沟通形式选择策略图

资料来源 杜慕群. 管理沟通［M］. 北京：清华大学出版社，2009：94.

（1）告知策略，是指沟通者在权威或信息掌握程度上处于完全的控制地位，沟通者仅仅是向对方叙述或解释信息或要求，沟通的结果在于让受众接受理解和要求。如领导布置下属完成某项既定任务，不需要下属参与和发表意见。

（2）说服策略，是指沟通者在权威或信息方面处于主导地位，但受众有最终的决定权，沟通者只能向对方说明做或不做的利弊，以供对方参考。如产品销售经理向顾客推销产品与服务，对方可以接受或不接受你的建议或提议，最终选择权在沟通客体。

（3）征询策略，是指沟通主体就计划执行的行为获得沟通客体的认同，或者沟通主体希望通过商议来共同实现一个目标。双方同时付出与收获。如沟通者希望说服同事支持他向高层管理者提出某个建议。

（4）参与策略，是指沟通者最初可能并没有形成最后的建议，需要通过共同讨论去发现解决问题的办法。如采用头脑风暴法，让与会者就某个创新性的问题提出新的思想。

在上述四种策略中，告知策略和说服策略统称为指导性策略，征询策略和参与策略统称为咨询性策略。指导性策略重在能力，而咨询性策略重在态度。一般来说，当沟通者认为沟通的目的在于通过为他人提供建议或制定标准来帮助对方提高工作技巧时，可采用指导性策略，而当沟通者认为沟通的目的在于帮助他们认识某个思想感情问题时，则采用咨询性策略。

3）四维度理论

德国学者尤·弗莱克提出了“人际沟通的四维度理论”。几乎所有的信息都包含了中性信息、感性感情与理性思想，由此构成了一个四边形，如图 12-7 所示。

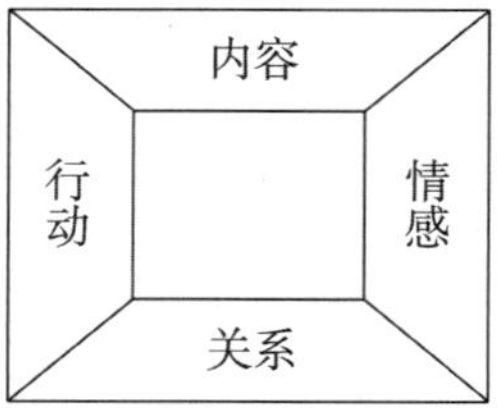

图 12-7　人际沟通的四维度图

资料来源　杜慕群. 管理沟通［M］. 北京：清华大学出版社，2009：102.

四边分别代表了内容（中性信息）、情感（感性情感）、行动（理性思想）及关系。其中，“内容”是中性的成分，“情感”是指信息里面感性的成分，“关系”则指沟通信息，暗含沟通双方的关系状态，“行动”是希望接收者在对这一信息的理性思考后而采取的行动。

根据四维度理论，对于沟通主体和客体，可以提炼出有效的接受和解码信息的指南：一是关注倾听的内容，准确把握所传送的信息。二是注意语言的暗示（察言观色），不论是语言或非语言，如表情、声音等，辨认需要澄清的混合信息。三是倾听感受，识别传送者对传送内容的感受，如愉快或不愉快。四是对此作出反馈，让传送者知道接收者了解信息内容和感受。

本章小结

首先，介绍了管理沟通的基本含义以及沟通的一般过程，沟通是指人们在社会活动中利用媒介传递信息的过程。沟通的含义简单，但理解沟通比较重要。沟通的情境过程研究表明，沟通开始于有某种要被传递的信息或发送者的想法，然后通过发送者和接收者都能理解的方式进行信息编码，并通过连接发送者和接收者的媒介加以传递。它由七个要素构成：信息源、信息、编码、通道、解码、接收者以及反馈。其中的噪声干扰会使沟通信息失真，影响沟通效果。此外，沟通的五种经典模式（链式、环式、全通道式、轮式和“Y”式）也表明，不同沟通模式适用于不同情境。

其次，沟通的分类和特点研究也十分重要，沟通分为人际沟通和组织沟通。人与人之间的沟通是信息传递的重要形式，但差异极大，主要是受沟通主体的影响。组织沟通比较规范，但沟通内容和模式有一定规律。正式沟通和非正式沟通适用于不同情境，而且差异极大。特别是非正式沟通，由于模式不确定，在组织中负面影响比较大。此外，语言沟通和非语言沟通、单向沟通与双向沟通、直接沟通和间接沟通等都有其特点，需要根据具体情况确定。

最后，在有效沟通的章节，主要介绍了当前比较有代表性的理论及研究成果在沟通领域的应用，指出：有效沟通在不同的认知层面有不同的效果；在控制和参与程度方面有不同的反应；在沟通过程中，还要关注内容、情感、关系和行动方面的相互影响，只有如此，才能提高管理者沟通的有效性。

本章案例

创业公司的“沟通会”

“今天晚上9点，咱们6个人一起开个会，确定一下策划方案的修改意见吧。”晚上5点半看到QQ群里的会议通知，公司负责人老张瞬间完成了接下来的一整套动作——打电话，订外卖，通知家人，并早早安排好了手头的工作。

虽然游乐一族公司刚创办不久，但像这样的会议，几位创始人已经不知经历过多少次了。这是一家手游公司，初创团队不可谓不强：既有移动互联网业界的商务老手，又有技术精英、策划高人。老张在团队中虽然是领军人物，却是几乎从不打游戏的跨界人——由于个人的经验和管理能力，他被一致推举为公司负责人。其他团队成员也有着非常丰富的经验。创业一开始，大家都是冲着一个概念来的，希望研发一款玩法上有创意的休闲益智类轻度移动游戏。但随着概念的不断细化，要想达成一致，沟通成本却越来越高了。且不说开会时间越来越长，每次争执中都会揪出新问题，仅算算电话会议、网络会议所消耗的话费、电费，就已经令老张肉痛了。

晚上7点半，会议主持人小郭给老张打电话："今晚会议用群语音还是QT语音？""群语音吧，QT效果实在不太好。"由于整个团队处于初创阶段，6个初创人员分别位于上海、深圳的两个办公室，大家通常通过免费网络语音来开网络会议。

晚9点，会议准时开始。首先发言的是主持人小郭："我们今天讨论一下我早上发给大家的脚本修改方案。我主要修改三个方面：第一，增加了卡牌合成系统；第二，对角色成长方案进行了调整；第三，团战改为回合制，这个想法还不太成熟，需要今晚讨论商定。你们都看过我早上发的方案了吗？""还没！"服务器主管老傅不假思索地说。"收到了，但还没时间看。"技术主管和项目经理小孙一整天都在忙着和前端主程谈需求，坐到电脑前还不到一小时。

负责游戏制作的小黄说："我粗粗看了一下，12页啊！不是还没定稿吗，你直接说想法吧。""好吧，"小郭显然很丧气，"我写了一晚上啊，你们都没看。"一直没出声的后台支持小曹也开口了："你以后发到邮箱时也顺便短信通知一下，我也是刚刚才知道的。"

小郭讲完之后，"老"程序员小曹开腔了："帅郭啊，你这是要全变长链接啊？"小郭愣了愣："恩……这个，有什么影响吗？"小曹："影响大了"，于是开始滔滔不绝讲起他的看法。原本沉默的几个人也都七嘴八舌地说起来。本来效果不怎么样的群语音系统，此时，谁也听不清谁在说什么。"我觉得越改越复杂了，都变成中度偏重度了。""呵呵，好像已经变成另一个游戏了。""到底谁来拿主意"……

老张说："小郭，你是从哪个角度设想的？"小郭继续说："我是从玩家的心态考虑的，就是玩这个游戏的人是不是想充钱继续玩下去。"还没等他说完，小黄立马说道："你不能代表玩家，你只能代表你自己。产品设计的最大误区就是以为自己能代表所有用户！"小孙也表示赞同："休闲轻游戏的玩家本来就是小白用户居多、女生居多，很多人都是利用坐地铁、等公交、吃午饭等碎片时间来打游戏的，根本不是什么重度玩家。""如果你要真的增加可玩性和复杂程度，后台架构的变化就很大了。这将我们初始估计的开发进度要延后很多。"

看到大家都在反对，小郭也急了："那我们的游戏怎么赚钱？没有足够的道具消耗方式，就不会有人愿意充值！"小曹说："挖坑肯定是要的。既然我们的游戏主要靠卖道具赚钱，就必须有足够的道具消耗途径，增加合成系统、对战系统是有必要的。""但是你的单人对战系统还没确定呢，包括界面怎么做？横版还是直版？要不要双方同时可视？这些都没有，很不专业啊，同学！"小郭说："是不专业，所以让你提出具体的修改意见啊！""上次我已经提了，你没有改，连怎么计算胜负都还没定，现在又来个团战，就更没法做了！"

小黄是从业内某个著名手游公司空降加盟的，曾经主持过一款大热门游戏的策划制作，一直就不太服小郭这个只是“老玩家”出身的设计新丁，两个人这一驳火，立即一来一往，唇枪舌战，把其他人都晾在了一边。

时间过得很快，转眼就到夜里12点了。老张打断他们的争论，“好了，注意点时间好不好?”小郭赶紧说：“那么这个项目大家还有什么意见。”小曹说：“这个方案如果按照小郭设计的进行，会给今后的开发带来很大的麻烦，不能就这样结束了。”但此言一出，立刻引来大家的不悦。“都下半夜了，我回去都没车了。”“第二天还要上班呢，我得先走了 。”最后剩下小郭、小黄和老张三人继续讨论。到第二天早上7点钟，传来了振奋人心的消息。老张说：“散会吧!”但是讨论的话题还要继续……

资料来源 周白羽. 创业公司头痛的“会”[J]. 人力资源开发与管理，2014（4）.

思考题：

你认为这样的沟通会议能起到很好的决策作用吗?请设想一下与会者想要达到什么目标。“议而不决”是由于各位智商太高，缺少权威，还是……你认为怎样改进能达到更好的沟通效果?

思考与练习

1.什么是沟通?沟通的信息模式是什么?

2.沟通网络有哪几种模式?各有什么特点?

3.人际沟通有什么特点?

4.非正式沟通的形式及在组织中的作用是什么?

5.信息沟通的障碍表现在哪些方面?

6.信息沟通的方法有哪些?

7.电子沟通模式与传统沟通模式的差异和共同点是什么?

8.如何提高管理者沟通的有效性?

第13章

危机管理

学习目标

通过本章的学习，重点了解危机和危机管理的含义、特点与类型；了解危机危害影响与相关问题；掌握危机管理的经典理论；了解危机预警、危机处理和恢复技术；了解危机与利益相关者的关系和危机管理的领导体系。

13.1 危机管理的含义和特征

13.1.1 危机管理的含义

1）危机的含义

危机一词源于希腊语中的Krinein，其含义是指筛选和鉴别。在英文《韦伯词典》中将危机定义为：有可能变好或变坏的转折点或关键时刻。《牛津词典》对危机的定义是：危险和非常困难的时期；决定性的瞬间或转折点。《现代汉语词典》对危机的界定是危险的根由；严重困难的关头。危机研究先驱赫尔曼（Hermann）认为，危机是一种情境状态。福斯特（Forster）认为危机是急需迅速决策的状态。国内学者胡百精认为，危机是一种状态，即因组织内部管理问题或者外部环境变化导致组织的正常秩序以及目标等遭受伤害或者是一种具有威胁性的状态。魏加宁把事关组织或个人生死存亡的突变（突发性事件）称作“危机”。何苏湘从哲学的矛盾角度认为，危机是由不平衡和混乱状态引发的特殊情况。

综合上述观点，我们认为危机是组织价值、正常秩序、目标等存在潜在威胁，需要管理者在紧迫时间内决策的一种不可预知的状态。

2）危机管理的含义

我国学者魏加宁认为危机管理是对危机进行管理，以防止和回避危机，使组织或个人在危机中得以生存并将危机所造成的损害限制在最低度程度。朱延智认为企业危机管理是有计划、有组织、系统地在危机爆发前，识别危险因子，并于危机爆发后，以最迅速、有效的方法，使企业转危为安的动态过程。余明阳和张慧彬从危机生命周期的角度考察危机管理，认为危机管理是组织通过危机的事前监控、事中处理和事后恢复，最大限度地降低或消除危机带来的损害的一系列过程。胡百精认为，危机管理自始至终都是一个决策过程，危机管理决策是围绕时间紧迫、信息不明、威胁严重并且管理资源匮乏这三个基本属性引发的问题展开的，这三个基本属性也是规划危机沟通管理策略的现实起点。

国外学者米特洛夫（Mitroff）和皮尔森（Pearson）认为，危机管理者需要迅速对危机作出反应，即在危机发生的初期，管理者需要通过合理的渠道搜集信息，并鉴别和深度分析信息的真实性，在此基础上尽可能控制损失。同时，在整个过程中，有效地沟通尤其重要。

我们认为危机管理是各类组织为应对突发事件所进行的规划决策、动态调整、化解处理及员工培训等活动过程，其目的在于消除或降低危机所带来的威胁和损失。

为更好地理解危机管理，要充分认识以下几个方面的问题：

（1）危机管理是一个持续过程，既包括危机爆发前的状态，也包括危机爆发过程中和危机事件处理后的过程。

（2）危机管理的目的在于减少乃至消除危机可能带来的危害。

（3）危机也有积极的一面，在一定条件下可以化危机为机会。

13.1.2 危机的特征

1）突发性

突发性是危机的首要特征，突然发生，令人猝不及防，也由此决定了危机的破坏性和危机处理的紧迫性。

2）不确定性

不确定性是危机的重要属性，不论是从危机的表现形式还是波及的范围以及造成的影响等，都表现出极大的不确定性。

3）紧迫性

危机的紧迫性是指时间上的延迟可能带来的损害。发生危机会威胁个体、组织和社会的安全，必须在短时间内采取有力措施进行有效处理。危机的紧迫性主要表现在时间紧迫、资源匮乏和信息不畅。就时间性来讲，危机一旦爆发会呈现扩散趋势，反应迟缓会导致严重损失或伤害。

4）破坏性

危机本身与破坏性紧密相关，危害的严重性是危机的本质特性。危机的危害可以是有形的，如人员的伤亡、财产的损失等，也可以是无形的，包括个人心理伤害等。

5）扩散性

危机具有意外和突发的特点，一旦发生会马上聚焦，并迅速传播。尤其是在移动互联网普及，通信技术高度发达、传播手段日趋多元化、信息呈几何级数增长的背景下，危机一旦爆发，立刻传遍各个角落。

6）隐蔽性

危机爆发是一个渐进过程，在爆发点之前已经在不断累积，但往往被人们忽视，也有的管理者心存侥幸。

13.1.3 危机类型

要化解危机，首先要正确认识危机，特别是危机的类型，这不仅有助于我们有针对性地处理危机，更重要的是要根据危机发生的前因、过程和后果，提高危机预警，更好地防范危机发生。根据余明阳、张慧彬等人的研究，危机可以从以下角度划分：

1）按照危机的性质划分

按照危机的性质，危机可以分为自然危机和人为危机。自然危机是指非人为原因引发的危机。人为危机是指由人为的原因导致的危机事件。

2）按照危机产生的诱因划分

按照危机产生的诱因，危机可以分为外生型危机、内生型危机以及内外双生型危机。外生型危机是指由于外部环境变化带来的危机；内生型危机是指由于组织内部要素的异化、管理不善甚至是恶意欺诈等原因造成的危机。但现实中的危机多为外部环境变化与企业内部管理不善等双重因素交叉作用结果，甚至很难清晰地划定两者的界限，即内外双生型危机。

3）按照危机影响的范围划分

按照危机的影响范围，危机可分为国际危机、国内危机和组织危机。国家与国家之间发生的冲突或危机事件，一般属于国际危机，如全球能源危机、国家之间的外交危机、地缘政治带来的国家间冲突等。在一国内部发生的事件，不论涉及范围有多广，都属于国内危机，如社会骚乱、市民游行等。由于员工对企业管理层不满，出现工人罢工等则属于组织危机。

4）按照我国突发事件管理法划分

按照《中华人民共和国突发事件应对法》的规定，危机（突发事件）可以分为自然灾害、事故灾难、公共卫生事件和社会治安事件四大类。

自然灾害主要包括由于自然界非人为因素带来的灾难事件，具有不可抗力，包括地震、海啸、森林大火、龙卷风、飓风、洪水、虫灾、雹灾等。

事故灾难是指企业生产经营过程中出现的重大灾难性事件。按照国务院《生产安全事故报告和调查处理条例》，事故分为特别重大事故、重大事故、较大事故和一般事故。特别重大事故是指造成30人（包括30人）以上死亡，或者100人以上重伤（包括急性工业中毒，下同），或者1亿元以上直接经济损失的事故。

根据《国家突发公共卫生事件应急预案》，公共卫生事件是指在全国或一个地区范围内集中爆发的传染疫情以及卫生行政部门认定的公共安全事件。历史数据显示，全球流感死亡人数是最多的。20世纪全球有几次流感大爆发：第一次（1918年）西班牙大流感，整个欧洲死亡人数达到4 000万；第二次（1957年）亚洲大流感，死亡人数达到400万；第三次（1968年）香港大流感，死亡人数达到200万。

社会治安事件是指在一定区域出现的影响社会安全稳定的事件，包括恐怖袭击，冲击公共场所、政府机关等。

13.2 危机预警、控制和恢复

13.2.1 危机预警

危机预警是危机管理的首要阶段，通过积极的预防、及时的规避或转移风险，能使组织获得更为稳定的生存环境，避免重大生命和财产损失。

1）危机预警的含义

预警一词最早用于军事领域，逐渐延伸到政治、经济和文化领域。它是指在灾害或灾难以及其他需要防范的危险发生之前，观测到可能的前兆、信号等，由此做出的警示或部署，防范危险发生。许多突发事件在爆发之前都会出现某些征兆，突发事件的防范与应对关注的不仅是事件爆发后各种危害的处理，而且要建立突发事件警戒线。企业在事件到来之前，把一些可以避免的问题消灭在萌芽之中，对于另一些不可避免的突发事件通过预警系统能够及时得到解决。

2）海恩法则

海恩法则是德国飞机涡轮机的发明者帕布斯·海恩提出的一个在航空界关于安全飞行的法则，现广泛应用于各个领域的危机预警。海恩法则指出：每一起严重事故的背后，必然有29次轻微事故和300起未遂先兆以及1 000起事故隐患。它强调两点：一是事故的发生是量的积累的结果；二是再好的技术，再完善的规章制度，在实际操作层面，也无法取代人自身的素质和责任心。按照海恩法则，当一件重大事故发生后，我们在处理事故本身的同时，还要及时对同类问题的“事故征兆”和“事故苗头”进行排查，及时解除再次发生重大事故的隐患，把问题解决在萌芽状态。

3）危机预警策略

（1）控制策略。根据危机征兆，分析可能引发的后果，采取恰当的措施，制止危机的扩大，将危机控制在安全范围内。通常采取以下措施：第一，远离危害较大的风险。如因天气恶劣取消飞行计划。第二，实施零缺陷管理，严把流程管理等。第三，缔结与核心利益者稳定的互动关系，寻求强有力的支持。第四，迅速解决小问题，防微杜渐。

（2）延缓策略。当危机的诱发因素不在组织的控制范围内或难以消除时，通过采取各种措施，尽可能地减轻危机爆发后可能造成的直接和间接伤害，将负面影响降到最低。延缓策略可以帮助组织争取更多的时间，也可以有效地转移公众的视线，避免问题一直成为焦点，以利于危机的处理和化解。

（3）转移策略。当诱发危机的要素很难消除甚至缓解也十分困难时，组织可以通过将危机带来的风险转移给其他组织或个人的做法，来减轻组织的压力。如在自然灾害的公共危机中，地方政府在应对同时，会将险情向上级通报，寻求支持。更多情况下，是利用新闻媒体的报道，转移公众的注意力。

（4）教育策略。对组织内外部的利益相关者进行危机教育，是危机预警工作顺利开展的重要基础。对外部公众的教育，可以为处于危机中的公众提供智力支持，也可以唤起民众的责任感，同时，还可以起到维护稳定的作用。

13.2.2 危机控制

1）危机控制模型

（1）诺曼·奥古斯丁的六阶段模式

诺曼·奥古斯丁（Norman R. Augustine）将危机管理划分为以下阶段：

①危机避免。这是指预防危机的发生。预防是控制潜在危机付出最少、最简易的方法。在该阶段，管理者必须尽可能减小风险，对无法避免的风险，必须有适当的保障机制，确保风险发生时不至于失控。

②危机管理准备。它包括建立危机处理中心，制订应急计划，事先选好危机管理小组成员，提供完备、便捷的沟通系统等。

③危机确认。这是指确认危机的发生并深挖其根源。在搜集危机发生的信息时，要注重舆情或请独立调查员和知情者帮助了解情况。这个阶段在危机管理过程最具挑战性。

④危机控制。此阶段，要根据不同情况确立危机处理的优先次序，将损失控制到最小程度。

⑤危机解决。通过采取有效的措施，成功地使组织渡过难关。速度是该阶段的关键。

⑥从危机中获益。该阶段主要是总结经验、教训，寻找弥补部分损失和纠正造错误的机会，将危机变为生机。

（2）罗伯特希斯的4R模式

罗伯特·希斯将危机管理的过程划分为四大阶段，即缩减、预备、反应和恢复，简称“4R”模式。

①缩减阶段。该阶段即通过风险评估与管理，预防危机的发生和减少危机发生后的冲击程度。

②预备阶段。该阶段即通过预警、培训和演习，使组织做好处理危机情况的准备。

③反应阶段。该阶段即在危机爆发后，合理地运用各种资源和管理方法，在尽可能短的时间内遏制危机的发展，防止事态进一步恶化。

④恢复阶段。该阶段即确认危机带来的冲击和影响，制订危机恢复管理计划，对危机管理工作进行评估。

（3）安·米特洛夫和克里斯汀·皮尔森的五阶段模式

安·米特洛夫（Ian I. Mitroff）和克里斯汀·皮尔森（Christine M. Pearson）认为危机管理由以下五个阶段构成，被称之为M模型。

①危机信号侦测阶段：识别危机发生的预警信号。

②危机准备与预防阶段：对可能发生的危机做好准备和预防工作。

③危机损失控制阶段：在危机发生后，尽可能将损失控制在最小程度。

④危机恢复阶段：尽可能从危机带来的损害中恢复过来，使组织恢复正常运转。

⑤学习阶段：总结经验教训，以避免危机，改善危机管理效率。

此外，鲍勇剑、陈百助提出了危机管理的“5P”模式，即端正态度、防范发生、时刻准备、积极参与和危中找机。饶常林将危机管理过程分为危机的预防与预警阶段、危机的救治阶段和危机的评估复原阶段。胡百精提出危机管理的三范畴模式：危机战略规则、危机预控、危机应急管理。

以上几种模式虽然各有侧重，但都从危机发生的时间序列角度，以危机的生命周期为基础划分的，并且都将危机事前和事后的管理纳入危机管理之中，注重危机的事前预防、事后的恢复和总结。

2）危机控制技术

危机控制技术主要是指危机发生时所采用的有效控制策略或方法，主要包括以下四个方面：

（1）危机中止策略

寻找危机发生的诱因，在危机发生的前期采取有效控制措施。当然中止不等同于危机没有发生。这需要管理层评估预案，权衡利弊。

（2）危机隔离策略

危机发生后伴随的是巨大的社会舆论，如果不加以有效控制，范围会无限扩大，给组织带来多重损害。隔离策略旨在将危机的负面影响控制在最小范围内。隔离策略主要包括两个方面：一方面，危害隔离；另一方面，人员隔离。

（3）危机消除策略

消除危机发生后造成的各种负面影响，转变公众的态度和舆论，振奋危机企业员工的士气等。在危机时期，媒体和各类信息传递渠道目标指向越一致，越能确定信息的权威性，宣传的效果越好，越能尽快消除负面影响。

（4）危机利用策略

危机变为生机。危机发生并不只有一种结果，如果处理得好，可能会带来意想不到的机会和声誉。2001年美国“9·11”恐袭事件发生后，当时的纽约市长朱利安尼指挥得当，决策果断，表现堪称完美，成为美国人心目中的英雄。

13.2.3 危机恢复

危机恢复是指危机中的企业采取各种措施和利用各种资源进行恢复和重建的过程。这既包括社会、经济、生态环境、组织秩序等的恢复，也包括对受到影响的组织和个体的恢复，具体包括受损的建筑物、产品、设备、环境等硬件设施，也包括危机发生后造成的各种负面影响、公众的态度和舆论、企业员工的士气等。

在危机恢复阶段，一个很重要的措施是“补强”行为，即修复形象，重建信任。可以采取三种途径，即补偿和救赎、重构话语秩序和晶化舆论。

（1）补偿和救赎。补偿和救赎是指危机恢复过程中，一部分是以“解决危险”为中心诉求的补救型任务，包括补偿危机中受到损害的利益相关者和公众、大众心理的修复、组织形象的重建。另一部分是指改善型任务，包括提升组织形象，总结问题所在并吸取经验、教训等

（2）重构话语秩序。话语是作为权力关系的建构规则存在的，这种规则是双重的：话语被权力关系构建，同时也构建权力关系。一个社会组织从引发危机到应对危机和恢复管理，实际上是一个话语秩序被解构，努力重构的过程。其本质是组织作为社会权力主体的正当性遭到质疑和破坏，而进行补救、修复和再造的过程。

（3）晶化舆论。公共关系研究者伯内斯认为：“舆论是权力博弈的现实反

映……因此公共关系所谋求的是自我主张与个体、群体头脑中观念的对应和分享，并使这种对应和分享实现凝结、固化，亦即结晶。”在此基础上，晶化舆论就是将企业核心价值观和公众形象固化，不会因危机受损。

13.3 危机管理策略

13.3.1 危机过程管理

为提高危机管理的有效性，认准危机所处的阶段是至关重要的。由美国哈弗大学教授拉芮·格雷钠（Larry E. Greiner）（1972年）在《组织成长的演变和变革》一文中提出的生命周期理论、诺曼·奥古斯丁和罗伯特·希斯的危机管理过程理论都指出危机经历潜伏期、爆发期和恢复期（如图13-1所示）。为了有效管理危机，管理者应根据危机在不同阶段的不同特征，认清危机所处的阶段，进而采取合适的应对策略，如沟通策略、信息管理策略等。

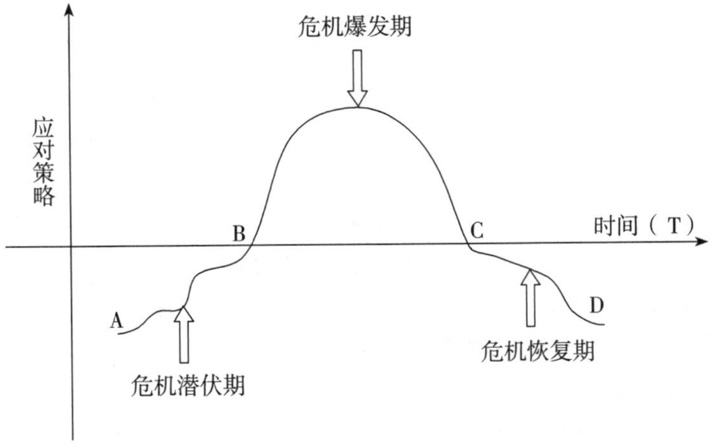

图13-1　组织危机的动态发展及其应对策略

美国著名的管理咨询专家史蒂文·芬克（Steven Fink）在《危机管理》一书中指出，每一个当权的人“都应当像认识到死亡和纳税是不可能避免的并必须为之做计划一样，认识到危机也是不可避免的，也必须为之做准备”。A到B阶段为危机的潜伏期，极具隐蔽性，不容易被察觉，也很难进行识别和预测。通常情况下，避免、控制潜在危机是花费最少且最简便的方法，所以，组织必须建立危机预警系统。通过这个系统，组织搜集可能引发危机的外部环境信息和内部环境信息，对组织发展的各方面风险、威胁进行识别和分析，当各种指标和因素超过危机警戒线后发出警报，并及时按照预先制订 的危机预警处理方案采取措施，把危机消灭在萌芽状态。

B到C阶段为危机的发生期，表现为组织管理失控，危机在不断扩大。为了减少危机杀伤力，企业应搜集和分析危机变化和对企业有威胁的信息，适时调整危机处理计划和应对策略，及时采取处理措施。现代企业在危机处理的过程中，应该处于一种临战状态。危机处理小组有重任在身，按照权责对等的原则，理应受到各方面的支持，如：提供现场准确的信息和决策机构；保障稳定的、持续的物质、技术、人员的后方力量；保证新闻媒体对危机处理的正面报道。

C到D阶段，危机已在恢复阶段得到有效控制，但危机管理并没有就此结束，要对组织危机进行认真而系统的总结，分析危机发生的原因、未及时控制的原因，消除可能出现的各种不安因素，事故的责任人要承担相应的责任。危机恢复期管理中的评估是一个总结教训、经验的过程，建立有效的危机管理评估体系，能客观地反映危机管理中的成功与失败。组织可以根据自身的需要，对各部分工作进行调查与评价，总结危机管理过程中的成败原因，为以后的危机管理提供经验。

13.3.2 危机利益相关者管理

企业利益相关者包括两大层面：一个层面是与组织有直接关系的团体，包括雇员、股东、信用机构、供应商、顾客和竞争者；另一个层面是与组织有间接关系的群体，包括政府、社区、行业协会、媒体、社会和政治团体。危机发生后，与利益相关者的沟通、协调是危机管理的重要内容。根据迈克尔·布兰德（Michael Brand）的理论：企业沟通的对象涵盖四大方面：受危机影响的群众和组织、影响公司运营的单位、被卷入危机的群众或组织、必须被告知的群众和组织。

1）与以顾客为代表的公众的沟通管理

危机一旦发生，传播会非常迅速，最直接的影响者就是企业的顾客（客户、消费者），主要表现为恐慌、悲观、逆反、观望甚至破坏。特别是面对突如其来的重大事故，人们会被焦虑、恐惧等负面情绪裹挟。因此，企业首先要在特定的时间，以诚恳的态度、权威的手段、详实的内容面对公众发布消息。同时，创造一切条件及时向顾客或公众传递危机控制的进展状况。其次，要采取补偿措施。尽管补偿并不一定能完全弥补顾客的损失，但补偿一定是消除顾客负面情绪，挽留顾客的重要手段。最后，要通过各种方式让顾客及时了解企业对于危机处理所采取的具有实际效果的应对策略。这是恢复甚至增强顾客对于企业信任的有效手段。

2）与政府和媒体的沟通管理

政府作为公众利益的代表者和社会秩序的维护者，是任何其他组织和角色都无法替代的，无论是在危机的哪个阶段，企业都必须竭尽全力争取政府的支持与协助。首先，企业要主动、积极地与政府沟通，让政府第一时间了解事件真相以及解决问题的对策，如果需要政府调动相关资源，这一点就更为重要。其次，是利用政府的公信力，对公众发布相关消息或承诺整改。最后，积极配合政府落实相关政策，解决根本性问题。

信息时代，传媒的作用十分重要，传媒的主要职能就是向公众发布相关信息。

危机中的媒体管理策略，首先，危机发生主体要与媒体合作，并借此引导舆论。可以采取多种形式，如：接受主要媒体专访，将关键信息透漏给媒体由其发布，召开记者会答疑，刊登声明等，以此补救企业形象。其次，与媒体保持互动沟通，将权威信息不间断向公众发布，避免谣言惑众，带来次生灾害。

3）与以经销商和供应商为代表的利益相关方的沟通管理

与企业利益休戚相关的是企业的供应商和经销商，一旦企业危机爆发，这些利益相关群体都会在不同程度上受到损害，甚至是致命打击。所以，危机主体还要处理好与这些利益相关者的关系。首先，要在第一时间与这些利益相关者进行沟通，讲清事情原委与可能的后果，要对方做好心里准备，动员利益相关方与企业一起抵抗危机的冲击。其次，在必要的条件下，以各种形式给对方某种补偿，减缓对方的损失和焦虑。最后，与供应商和经销商联手，采取新的合作形式，这也是有利于企业走出危机的途径。

4）企业股东与员工的沟通管理

企业发生危机时，一般注重对危机起主导作用的管理层的信息沟通与协调，但常常忽视与股东和员工的沟通。一些企业的领导者还可能故意掩盖危机事实，瞒报危机损失等。这种做法只能带来更大的负面影响。企业发生危机，股东有知情权，但采用的方式，发布的时间、范围需要评估。危机企业可以通过内部报表、分析报告、定期刊物等形式披露企业的信息，也可以召开专门股东会议、电话会议，通过邮件、微信群等发布相关信息。

员工是企业的重要资产，有些员工还是危机事件处理的当事人。危机发生前的事前培训主要是针对员工和管理层的，危机发生过程中员工的知情权不仅重要，还是必需的。这是因为：只有员工了解了真实情况，才能同仇敌忾；只有员工了解真实情况，才能在控制危机过程中采取科学办法或有效的干预手段，化解危机。当然，如何让员工了解最必要的信息，做出正确反应，也是企业管理者的难题。危机发生过程中会产生大量的信息，因危机所处阶段的不同，信息发生的内容也不尽相同，相应的管理策略也有所不同。

总而言之，企业在危机发生时与各个层面的沟通是建立在完整的信息管理体系中的，这种沟通要结合企业平时的信息管理制度和培训要求，做到以下几点：①在危机事前控制阶段应注意建立信息发布系统；②紧扣危机识别、危机事中处理阶段需要聚焦的核心信息，及时处理并反馈，确保信息畅通；③整合各类信息流，形成传播合力；④危机事后恢复阶段要注意信息的汇总、归类和分析。

13.3.3　危机组织领导体系管理

1）危机组织领导体系确立理论

美国危机管理专家迈耶（Meyer）和霍勒萨（Holusha）（1986年）认为：由首席执行官或企业高级管理者领导的特别行动小组在处理危机事件时更有效率，因为它具有较强的灵活性。该系统应由以下人员组成：公司中能承担压力的、富有创造力的高级管理人员；非常熟悉组织运作、学识渊博的人员；资深或实权在握的领导者；熟悉公司运作的外部人员。巴顿（Barton）（1993年）从功能定位的角度进一步明确人员的组成结构，即律师、公关人员、技术专家、财务官员、主管通信的经理、公共事务专家、首席执行官或其代表。英国公关关系专家里杰斯从危机管理组织领导系统的类型出发，认为小组成员应包含创意者、沟通者、颠覆者、记录员和人本主义者。

2）危机管理的领导者角色

在企业危机管理应急预案中，危机管理领导体系设置是核心，危机管理中的领导角色，对最大限度地发挥团队效用起着至关重要作用。根据乔恩·R.卡曾巴赫（Jon R. Katzenbach）等提出的绩优团队理论，优秀的团队领导者应该做到以下几点：使目的、目标和方法恰当而有意义；致力于建立每个人的责任感和自信心，进行积极的建设性鼓励，避免强迫下属去执行；处理好与团队外人员的关系；为团队和团队成员提供创造业绩的机会；同团队中的每一个成员一样，尽可能地干实事。

危机管理的领导者具有领导力，需要坚持以下原则：危机管理领导团队中的任一领导，必须具备并且坚持核心价值观，这种核心价值观是领导人的信仰，是指导一个人或组织行为的准则。危机管理领导团队的每个领导，必须拥有一项关键资产。这项关键资产给予领导角色扮演对象应有的发言权、决策权。当然，不同的领导者对象拥有不同的关键资产，危机管理领导团队中的领导，必须具有系统地解决问题的能力。由于危机的复杂性，危机管理的参与团队也十分复杂，需要领导角色扮演对象具有大局观、整合团队的能力，同时具有良好的沟通能力。

本章小结

首先，介绍了危机、危机管理的含义及特点，在此基础上，又介绍了危机类型及表现形式、危机管理过程的经典模型，要求学生深入领会和认真掌握。

其次，阐述了危机预警、危机控制和危机恢复理论与技术。在危机预警中，要重点理解海恩法则，这是危机管理的出发点和基石，适用于预警所有危机类型。危机控制也是本章重点内容，主要通过一些基本理论介绍，研究如何有效控制危机造成的破坏，将损失降到最小。在危急恢复阶段，通过对救赎、重构话语秩序和晶化舆论等研究，介绍组织遭受危机后的全方位恢复技术。

最后，介绍危机管理过程模型，危机主体与利益相关者的沟通管理和危机管理领导体系建设。

本章案例

危机中的领导者

2010年8月5日，像往常一样，54岁的领班乌尔苏亚带领智利圣何塞铜矿的32位矿工兄弟下井采矿，下午14许，头顶突然传来的巨大震动和轰鸣声。待尘埃稍落，乌尔苏亚和他的矿工兄弟发现，他们遭遇了生平最严重的塌方事故。塌方的尘埃充斥了隧道，矿工们双眼像被灼烧一样剧痛，看不清周围任何东西。通过相互呼喊，乌尔苏亚让大家在黑暗中排队摸索着寻找通风隧道。不幸的是，塌方导致的岩层变化将通风口完全堵塞。接下去的17天中，在2 000英尺的地下，33位矿工与地面完全失去了联系。地面的营救人员也根本无法判断是否有任何一位矿工仍然存活着。他们暂时“死了”。

在乌尔苏亚的带领下，首先，他们评估了生存环境，并马上制定大家必须遵守的规则。他们在巷道的避难所中找到了120罐金枪鱼罐头、一些饼干，还有当天带下井的几罐牛奶。33个人很容易把这些仅有的食物换算成能活多久的分分秒秒。第一个奇迹发生了，这些习惯了酒肉生活、不受约束、过一天是一天的矿工愿意接受每人每天1勺金枪鱼、一口牛奶再加上半块饼干的管理模式。因为他们知道，只有这样，他们才能在有限的食物资源条件下活得更长久。

其次，乌尔苏亚将每个矿工都动员起来，33个人分成了11组，3人一组，所有的组都被委派了收集水源、打扫卫生、分配补给等工作任务。他们不仅相互监督，而且相互竞争。63岁的老矿工马里奥·戈麦斯成为大家的临时牧师，每天带领大家祈祷。有医疗救护技能的矿工被指派看护有疾病症状的矿工，仿佛执行着社会救助系统的工作。在繁忙的集体互动中，一个地下的小社会形成了。

再次，保全生存资源。他们集中了可以找到的各种设备，在有经验老矿工的指挥下，大家收集了井下一切照明资源。经过大家的努力，他们用一台可以钻破岩层的机械成功挖出了地下水。有了水，生命就可以延续。

最后，不断派出有经验的矿工出去打探周围环境，寻找任何可能求生的机会。矿工们花费了大量的时间绘制了一份周围地形的详细地图。在紧迫的生存环境下，做如此细腻的规划活动，似乎非常荒诞，但正是这些充满希望的荒诞行动溶解了人内心深处的绝望。在沙漠上开垦，永远不会有稻麦的收获，但在忘我的开采活动中，希望的绿芽不知不觉地从心田里萌发出来，只有曾经绝望的人，才可以理解荒诞之外的价值。

8月20日左右，乌尔苏亚和他的同伴们听到了头上传来熟悉的钻井声，而且这声音越来越大，越来越近。我们有希望了，这让地下的矿工们欣喜若狂。但经过17天的地下洗礼，他们很快冷静下来。作为这个临时地下社会的精神牧师，戈麦斯用红色的笔迹在纸上写出："我们33人都在避难所内，全部安好。"此后的活动就是大多数领导者可以胜任的管理了。

10月14日，在矿难69天后，作为最后一位被困的矿工，乌尔苏亚重新回到了地面，智利总统紧紧地拥抱住他："头，您可以下班了！"

资料来源 根据鲍永剑，袁文龙. 反动的危机管理［M］. 上海：上海人民出版社，2011改编。

思考题：

乌尔苏亚领导"地下员工"开展了哪些管理活动？有怎样的价值？你认为危机中的领导者（管理者）应具有怎样的素质和技能？

思考与练习

1. 什么是危机和危机管理？它们有哪些特点？
2. 危机有哪些分类？异同点是什么？
3. 危机管理有哪几种模式？
4. 如何做好危机的预警、控制和恢复？
5. 危机管理过程的核心是什么？
6. 在危机处理中，危机主体要注重与哪些方面的利益相关者有效沟通？
7. 危机管理领导体系如何建立？领导者应具有哪些特质？

第14章

控制过程

学习目标

通过本章的学习，重点了解控制的基本要素，明确控制实施的作用机理；了解控制过程中的标准与方法；熟悉控制的内容以及相互关系；通过了解控制的基本形式，掌握预算控制、作业控制及审计控制的基本内容。

14.1 控制的基本要素

14.1.1 控制的本质

控制作为科学的概念，是指在确定的条件下，使事物沿着可能性空间内方向发展。而管理活动中的控制，主要是监督活动过程，并纠正偏差，以确保组织计划完成。控制是管理四大职能的重要组成部分，没有控制，管理就会无序，控制不到位，不仅企业运营缺乏效率、绩效低下甚至影响企业的生存。

控制体现三个方面的含义，即控制与目的紧密相联、控制能够监督和纠偏、控制是一个过程。

管理专家斯蒂芬·P.罗宾斯提出系统控制的三种方法及特点，见表14-1 。

表14-1　**系统控制的三种方法及特点**

控制方法	特　点
市场控制法	使用外部市场机制，如价格竞争和相对市场份额，以建立系统的标准。主要由提供明确的产品和服务并面临相当激烈的市场竞争的组织使用
层级控制法	强调组织职权，依赖行政管理和等级机制，如规则、规定、程序、政策、标准化活动、工作说明书和预算，确保员工采取正确行动，达到绩效标准
同族控制法	通过共同价值观、标准、传统、习惯、信仰和组织文化等方面来规范员工的行为。通常用于普遍存在工作团队和技术变化迅速的组织

资料来源　罗宾斯. 管理学原理［M］. 毛蕴诗，译. 大连：东北财经大学出版社，2005.

上述三种方法各有其特点，市场控制法一般是通过企业的利润中心利用其主要经营指标评价业绩，一些跨国公司大都采用这种方法。而层级控制法是利用行政管理机制，如组织的预算支出来达到绩效标准，一些关系国计民生的重要企业采用此种控制法。同族控制法主要依靠个人和群体认同的价值标准和自律行为确定绩效，在一些强势力文化的组织中，这种控制方法比较有效。

需要指出的是，许多情况下，各类组织的控制系统并不是只有某一控制方法或手段在单独发挥作用。一个组织的典型做法是，强调层级控制法或同族控制法并加入一些市场控制措施。

管理过程中的控制是按照既定目标和标准，对组织活动进行监督、测量，发现偏差并分析原因，采取措施使组织活动符合既定要求的过程，应具备以下特点：

整体性。其包含两层含义：一是控制是组织全体成员的职责，完成计划是组织全体成员共同的责任，参与控制是全体成员的共同任务；二是控制的对象是组织的各个方面，而不是单一的某个环节或部门。

动态性。由于控制的内外部环境及条件随时都在变化，进而决定了控制标准和方法作相应调整，以提高控制的适应性和有效性。

人本性。组织中的各项工作要靠人来完成，各项控制活动也要靠人去执行。因此，管理控制既是由人来执行，也是对人的控制。

两重性。管理控制是组织提高绩效的有效方式，也是提升职工能力的重要手段。控制不仅仅是监督，更重要的是指导和帮助，以提高职工的工作和自我控制能力。

14.1.2 控制的类型

由于管理对象、管理目标、系统状态不同，所运用的控制方式也不同，从而形成了不同的管理控制类型。

1）按照控制点的位置划分

控制活动可以按控制点处于事物发展进程的哪一阶段，而划分为前馈控制、同期控制和反馈控制三种类型，如图14-1所示。

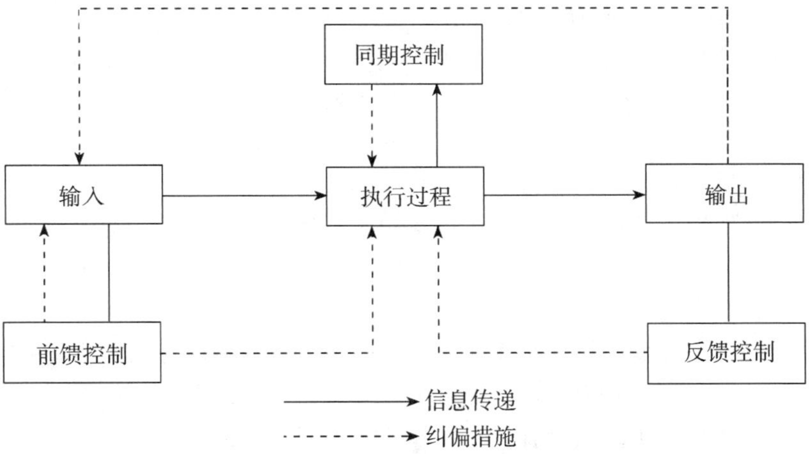

图14-1 控制过程的相互关系

（1）前馈控制。前馈控制也称预先控制或事前控制，强调的是“事前”控制，即在实际问题发生之前就采取管理行动，避免预期问题的出现。要实现这个目的，及时、准确的信息以及对活动未来结果的预测就显得尤为重要。其主要分为两个步骤：一是检查活动所需各种资源的准备情况和保证程度；二是分析影响活动的各种因素，预测活动可能的结果。如麦当劳在中国开设餐厅，不仅对餐厅本身管理十分严格，还深入到餐厅运营的前端，派遣质量控制专家指导中国农民掌握种植优质土豆的技巧，以确保餐厅薯条原材料的质量。

预先控制具有许多优点。首先，预先控制是在工作开始之前进行的控制，因而可防患于未然，避免了事后控制对已铸成的差错无能为力的弊端。其次，预先控制适用于一切领域中的所有工作，如企业、学校、医院、军队等都可运用这种控制方法。最后，预先控制是在工作开始之前，是针对某项计划行动所依赖的条件进行控制，不针对具体人员，因而不会造成心理冲突，易于被员工接受并付诸实施。一些组织的事前控制特别重要，如报社和电视台在新闻稿播出之前核实新闻的准确性，卫星发射之前的检查等。

（2）同期控制。同期控制也称现场控制或过程控制，是指在活动进行的过程中，对活动中的各种因素予以控制。管理者采用同期控制的方法，可以及早发现活动与计划的偏差，以便及时采取纠偏措施，在发生重大问题之前及时纠正。现场控制具有指导的职能，有助于提高工作人员的工作能力和自我控制能力。但是，现场控制也有很多弊端。首先，运用这种控制方法容易受管理者的时间、精力、业务水平的制约。其次，现场控制的应用范围较窄。对生产工作容易进行现场控制，而对那些问题难以辨别、成果难以衡量的工作，如科研、管理工作等，几乎无法进行现场控制。最后，现场控制容易在控制者与被控制者之间形成心理上的对立，容易损害被控制者的工作积极性和主动精神。

最常见的同期控制方式是直接视察。当管理者直接视察下属的行动时，一方面管理者可以随时发现下属在工作中与计划要求相偏离的现象，从而及时采取措施进行纠正，将问题消灭在萌芽状态，或者避免已经产生的问题对企业不利影响的扩散；另一方面管理者有机会当面解释工作的要领和技巧，纠正下属错误的作业方法与过程，从而可以提高他们的工作能力。几乎所有的组织都有过程控制。例如，在戴尔电脑公司的装配厂里，计算机系统组件在装配完成后要进行周期性的检查，以确保装配后的所有组件工作正常。

（3）反馈控制。反馈控制也称事后控制，是指活动结束后，通过活动结果与计划的比较，肯定成绩、分析不足、总结经验和教训，为后续的计划提供参考与借鉴。反馈控制是企业管理中最常用的控制类型，在生产、营销、人力资源管理等方面均有广泛的应用。反馈控制是面向未来的，对后续活动的计划、实施有非常重要的作用。首先，反馈控制为管理者提供了关于计划的效果究竟如何的真实信息。如果反馈显示标准与现实之间只有很小的偏差，说明计划的目标达到了；如果偏差很大，管理者就应该利用这一信息使新计划制订得更有效。其次，反馈控制可以增强员工的积极性。因为人们希望获得评价他们绩效的信息，而反馈正好提供了这样的信息。例如，零售企业、航空组织的售后服务和信息反馈对于有效消除顾客不满起到了非常重要的作用。

前馈控制、同期控制和反馈控制这三种控制方式互为前提、互相补充。在实际控制工作中，不能只依靠某一种方式进行控制，必须根据实际情况，综合运用各种控制方式，以提高控制效果。

2）按照控制源划分

按照控制源划分可以把控制分为正式组织控制、群体控制和自我控制三种类型。

（1）正式组织控制。正式组织控制是指由管理人员设计和建立起来的一些机构或规定来进行控制，如规划、预算和审计部门等是正式组织控制的例子。组织可以通过规划来指导组织成员的活动；通过预算来控制消费；通过审计来检查各部门或各个人是否按照规定进行活动，并提出更正措施。

（2）群体控制。群体控制是指由非正式组织基于群体成员的价值观念和行为准则来加以维持的控制。非正式组织中的行为规范，虽然没有明文规定，但其成员都十分清楚这些规范并自愿遵守，非正式组织会通过群体的接纳和认可强化成员的行为。群体控制由于是通过非正式组织来左右人们的行为，处理得好则有利于达成组织的目标，处理得不好将会给组织带来很大的危害。

（3）自我控制。自我控制是指个人有意识地去按某一行为规范进行活动。自我控制的能力取决于个人的素质，也取决于组织文化的影响以及管理制度的实施。具有良好修养的人一般自我控制能力较强，强文化的约束会使组织成员重视集体利益而约束自己，此外，由于失控给组织带来损失而受到严厉处罚也会使员工增强自控能力。

根据《商界评论》杂志披露的数据，一台MacBook全部组装需要50人，一台iPad需要300人，而一部iPhone6需要500人。按照每个车间摆放5条流水线来计算，在正常的生产过程中，有至少2 500人拥挤在同一块神秘的区域。这么多人在一个拥挤的范围内作业，管理与控制就变成了首要问题，任何方面出现差错，后果将十分严重。中国的富士康在2010年和2011年发生的员工多次跳楼事件，实际上就是生产工艺精细化、管理严苛化和员工个性化冲突的典型事件。近几年，富士康一方面大量采用机器人将流水线的自动化和人员操作精细化相结合，另一方面加强员工的职业技能训练和心里辅导，较好地解决了这一问题。

3）按照逻辑发展划分

按逻辑发展可以把管理控制划分为试探性控制、经验控制、推理控制、最优控制四种类型。

（1）试探性控制。试探性控制也称随机控制，是一种最原始的控制类型，也是其他控制类型的基础。试探性控制完全建立在偶然机遇的基础上，主要是在人们对解决问题的条件不了解，对控制对象的性质不清楚的情况下所采取的办法。这种控制方式有较大的风险，对事关重大的活动，一般不宜采用这种控制。如一些企业临时性的规定，有些控制条款规定试用期等。

（2）经验控制。经验控制也称记忆控制，是一种应用广泛的控制类型。试探性控制所得的直接成果就是经验，把由试探性控制得出的结果用于指导下一次控制，就是经验控制。在经验控制中，最重要的是经验的可靠性。经验控制有时与直觉相联系，如有些决策者不是根据试验数据或调查结果，而是直接做出决定等。

（3）推理控制。推理控制也称逻辑控制，是试探性控制和经验控制相结合的产物，它通过中间起过渡作用的媒介来实现控制，因此又叫共扼控制。推理控制就是根据事物之间的相似性，用类比的方法将对一种事物的控制方法用于对另一种事物的控制。

（4）最优控制。它是控制类型发展的高级阶段，即是符合最优标准的控制。其主要特征是，不仅要保证实现控制的目的，而且强调要在较短时间内，以尽可能少的人力、物力、财力消耗（即系统的输入）来实现控制；或者，在同样的时间、资源条件下，使系统的输出达到最佳目标状态。

4）按照控制手段划分

按照控制手段可以把控制划分为直接控制和预防性控制两种类型。

（1）直接控制。直接控制是指当人们没有觉察到那些将要出现的问题，因而未能及时采取适当的纠正或预防措施时，往往是根据计划和标准对比来考核实际结果，追查出现偏差的原因和责任，然后才去进行纠正的控制过程。如调查显示，有88%的组织数据泄露是由于企业内部管理疏忽所致。因此，在管理制度中应直接设定员工必须遵守的条款，否则，就视同违反泄密管理规定。

（2）预防性控制。其主要是通过提高主管人员的素质来达到控制目的。预防性控制的指导思想是合格的主管人员差错最少。所谓“合格”，就是指管理者能熟练地运用管理的概念、原理和技术，以系统的观点来进行管理工作。因此，预防性控制的原则也就是，主管人员及其下属的工作质量越高，就越不需要进行直接控制。如麦当劳进入中国市场时，制定了比美国本土更细化的生产工艺流程，使中国员工严格按照流程操作。

14.2 控制的过程

控制过程主要包括三大步骤，即建立标准、根据建立的标准衡量实际工作情况、纠正实际执行情况偏离了标准和计划的误差。图14-2说明了这一过程的基本步骤。

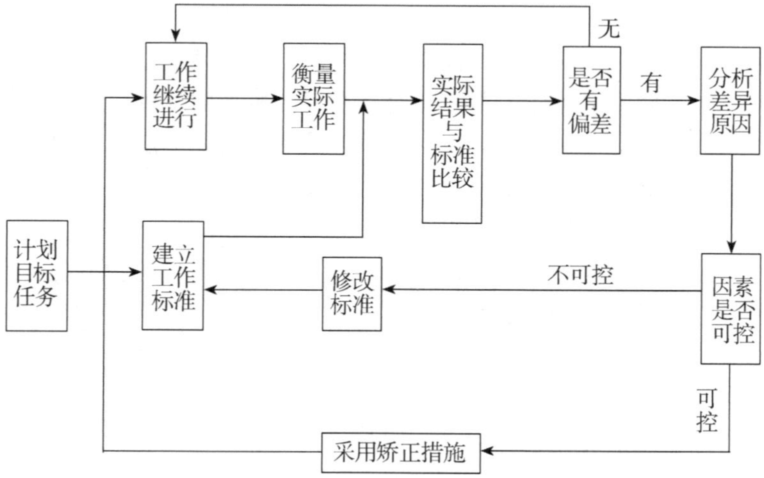

图14-2 控制过程示意图

14.2.1 制定控制标准及控制水平

1）控制标准

控制标准是人们检查和衡量实际工作及其结果（包括阶段结果与最终结果）的规范，是由一系列计划目标构成的。控制标准一般包括数量标准和质量标准两部分。前者具有明确、可证实、可度量等特点；而后者往往是管理者借助经验和判断来形成的衡量标准，因此，具有一定的主观性。

数量标准包括经验标准、统计标准和技术标准三种。

（1）经验标准。经验标准是一种估计的标准，它是在缺乏统计资料和客观依据的情况下，根据管理人员的经验，通过判断、评估等确定的标准。

（2）统计标准。统计标准是一种历史性标准，是利用各种历史数据，采用统计方法建立的控制标准。这是组织最常用的一种控制标准。

（3）技术标准。技术标准通常也称为工程标准，它是根据事物的内在联系，采用科学的测量和计算方法，并经过科学分析确定的标准。技术标准准确性高，具有较强的稳定性，所以企业一般都采用标准文件的形式把它法律化。

比较常用的控制标准有四类：时间标准（如工时、交货期）、数量标准（如产品数量、废品数量）、质量标准（如产品等级、合格率）和成本标准（如单位产品成本）。组织中的所有作业活动都可依据这四种标准进行控制。管理控制标准的适用性是管控难点之一。20世纪90年代，由于电器产品畅销，加之缺乏严格的管控标准，市场上出现了大量的瑕疵产品。但海尔逆势而行，制造了轰动全国的“大锤砸冰箱事件”，严控冰箱质量标准，才有了今天的世界家电企业排名第一的结果。

2）控制水平

在确定控制标准的过程中，除了选择标准的种类外，对其水平的确定也是一项十分重要的工作。合理、恰当的标准水平有利于保证控制系统的有效性，促进实际工作能力不断提高；反之，则可能使控制系统流于形式，收不到预想的效果。控制标准的水平确定应该遵循以下几条原则：计划目标导向原则、先进合理性原则、适度柔性原则等。北京首都国际机场3号航站楼于2008年2月启动后，由于管理控制水平问题，出现了每天数千名旅客走错航站楼的事件，一时间引发社会巨大反响，经过反复调试和整改后，有关方面宣布，旅客每天走错航站楼的人次下降到千人次以下。

此外，需要注意的是，要使标准便于对各部门的工作进行衡量，当出现偏差时能找到相应的责任单位，则建立的标准应尽可能地体现出一致性。如成本控制，不仅要规定总生产费用，而且要按成本项目规定标准，为每个部门规定费用标准等。控制标准应是公平的，应适用于组织的每个组织成员和环节。

14.2.2 衡量实际绩效

1）衡量绩效的方法

组织的绩效衡量必须满足以下四点要求，即实用性、可靠性、实时性和经济性，这也决定了组织衡量实际绩效所采用的方法。

衡量实际绩效首先需要收集反映实际运行状态的信息，然后才能根据这些信息与标准信息比较确定是否存在偏差，因此，衡量绩效实质上就是信息的收集与处理过程。组织信息的采集和处理主要采取以下几种方法：

（1）个人观察和讨论。可以通过亲自查看工作现场的实际情况，还可通过与工作人员现场交谈来了解工作进展及存在的问题，进而获得真实而全面的信息，避免二手信息在加工、整理和传递过程中的信息耗散。这种方法收集的信息具有及时性、适用性的特点。但由于观察人员时间和主观意识的限制，观察的范围和可靠性会受到影响。因此，要求主管人员对观察活动尽量设计明确的组织程序和制度规范。

（2）统计报告。随着组织规模的扩大，组织内部的信息交流范围和内容会大量增加，而且资料的累积和整理工作也会加重，统计方法和技术的运用可以很好地解决企业这方面的问题。这种方法节省时间，获取的信息相对客观真实，而且成本也比较低。但获取的信息是否全面、系统往往取决于组织统计信息系统的完善程度。因此，组织内部要建立健全统计、原始记录等基础管理工作，应促使组织成员养成重视信息收集的意识，培养他们掌握信息收集的方法。同时信息的加工、检索和传递工作要及时。如果信息不能及时提供给各级主管人员及相关人员，信息的使用价值就会丧失，而且会给组织带来巨大的损失。

（3）书面报告。书面报告通常是经过管理者认真仔细的加工整理，并以正式的书面形式提交的。比较正规的组织有各种文字资料，而书面报告是其中最重要的一种，许多重要的信息和分析以及组织的政策和措施都在其中体现出来。因此，信息更为精确和全面，但缺点是传递速度慢。

（4）召开会议。组织各部门管理者定期或不定期汇报各自的工作近况及遇到的问题，汇集情况，商讨解决问题的形式。这既有助于管理者了解各部门工作的情况，又有助于加强部门间的配合协作。

此外，抽样调查法，即对从整批调查对象中抽取出的部分样本进行调查，并把结果看成整批调查对象的近似特征。和口头报告等方法一样，抽样调查法也在组织的信息收集与整理中发挥着重要作用，这种方法既实用有效，又可节省调查成本和时间。

2）衡量绩效的有效性

在实践中，绩效衡量不仅仅是收集信息，然后进行比较这么简单，还必须使绩效的衡量更有效，以便能够更好地为管理者服务。但如何提高衡量工作的有效性呢？以下提供几点建议：

（1）利用预警指标。预警指标是指能够预示可能出现较大问题的一些因素。例如，车间事故较多可能预示着工作条件的恶化或者工人出现不满情绪，产品返工数量的增加可能预示着质量控制的欠缺或者生产组织的不合理等。显然，充分利用预警指标可以及时发现实际工作中潜藏的一些问题，如果能够及早解决就可以避免发生较重大的问题。

（2）确定衡量频度。衡量频度是指一段时间内对同一控制对象衡量的次数。衡量频度过大或者过小都会影响衡量的有效性，衡量过多不仅会增加相关费用，而且可能会引起作业人员的不满，并因此影响他们的工作；衡量过少，则可能使许多重大的偏差不能及时被发现，因而不能及时采取措施纠正。

（3）及时处置衡量结果。衡量结果出来以后，及时地处置也是有效性的重要保证。一般情况下，衡量结果应该立即送达有权对偏差做出纠正决策的负责人手中，以便及时采取措施；同时，还应该及时通知被控制对象的直接负责人以及相关的服务或配套部门，以便纠正措施能够很好地执行。

（4）建立信息管理系统。现代企业运营主要是采集信息和处理信息。如果没有现代化的信息处理手段，则根本无法应对成倍增长的信息，甚至会严重影响企业的经营活动。所以，建立组织的管理信息系统是十分重要的。组织通过建立有效的信息管理网络，可以将杂乱的信息变成有序的、系统的、彼此紧密联系的信息，并能在正确的时间、以正确的数量提供给管理者，从而极大地方便管理者的工作，提高其工作效率。

排名世界500强第一的沃尔玛是以连锁经营为扩张手段的零售企业，为了应对企业庞大的数据处理问题，公司专门发射了一颗人造卫星，在沃尔玛总部班顿威尔最大的一栋建筑物中，成排的大型电脑储存的资料，规模仅次于美国国防部，比美国国税局的资料还要多出3倍。沃尔玛的系统中储存了过去十几年来的每一笔交易，这些数据会对顾客选购商品时的几百项变数（包括购买时间和价格等之间的相关性）寻找可以利用的关联。沃尔玛有世界上最先进的数据采集系统，为所有的店铺进行预测、补货和商品配置。沃尔玛与麻省理工学院合作开发利用无线频率识别技术，制作“便宜的芯片”，很快，这些便宜的芯片替代了条形码，它们会自动告诉系统自己的当前位置——是在货架，还是在仓库，而不需要人工介入，从而实现智能驱动的供应链。而沃尔玛已经在物流配送中心使用的语音识别技术也是世界上最先进的。

14.2.3 采取行动，纠正偏差

控制过程的最后一个步骤就是根据绩效衡量的结果，采取必要的措施纠正偏差。这时实际工作与计划的偏差是已知的条件，需要知道引起偏差的原因，需要清楚该针对什么采取措施以及什么措施更有效。

1）分析偏差产生的原因

在控制过程中，并不是所有的偏差都要纠正，因为并非所有的偏差都可能影响企业的最终成果。有些偏差可能反映了计划制订或执行工作中的严重问题，而另一些偏差则可能是由一些偶然的、暂时的、局部性因素引起的，其结果也比较轻微。因此，在采取纠正措施以前，必须对反映偏差的信息进行评估和分析。首先，要判断偏差的严重程度，是否足以构成对组织活动的威胁；其次，对分析的偏差问题，还要探寻导致偏差的主要原因和次要原因，以便采取有针对性的措施。

偏差分析是控制中比较重要的环节，通常对管理者的能力和素质是一个考验。但现在随着计算机和通信技术的发展，借助决策支持系统（DSS）、数据挖掘（data mining）系统，许多组织实现了控制分析系统的自动化、电子化，不仅提高

了分析的准确度，也节省了时间，降低了管理成本。

2）采取恰当的纠偏措施

一般来说，导致偏差的主要原因可以分为两类：一类是实际工作没有做好，与计划要求产生了偏差，即绩效不足；另一类则是控制标准的问题。因此，纠正偏差的方法主要采取两种：一是改进工作绩效；二是修订标准。

（1）改进工作绩效。如果分析过程表明，出现偏差问题在于工作本身，管理者就需要采取纠正行动。他们可以通过对管理策略、组织结构、补救措施或培训计划的调整，来消除偏差，也可以重新分配员工的工作，或做出人事上的调整，以满足实际工作的需要。

改进工作绩效行为可以按照行动效果不同分为立即纠偏模式和彻底纠偏模式。前者是指发现问题后，管理者立即采取行动，在最短的时间内纠正偏差，使危害降低到最小程度。后者是指发现问题后，并不马上采取行动，而是认真讨论，采用比较系统的方法，彻底解决问题。

（2）修订标准。如果是标准出现问题，需要对标准或者计划目标做出调整。但需要注意的是，在对标准进行调整之前，不仅需要明确控制标准调整的内容和方法，更需要对标准调整可能带来的问题有所估计。实际上如果某个员工或某个部门的实际工作与目标之间的差距非常大，通常他们对偏差的抱怨就会转移到标准上。因此，要在维护标准严肃性的基础上，才能考虑对控制标准的调整，且一定要有充分的理由。

14.3 控制的内容

1）对人员的控制

组织的目标是要由组织员工来实现的，一般的管理控制主要是针对组织员工，特别是管理员工的控制是确保组织目标实现的基础。对组织作业人员控制最常用的方法就是直接巡视，发现问题马上进行纠正。对组织管理人员控制比较有效的是进行系统化的评估。通过评估，对绩效好的管理者予以奖励，使其维持或加强良好的表现；对绩效差的就采取相应的措施，纠正出现的偏差。

2）对财务的控制

为保证企业获取利润，维持企业正常的运作，必须进行财务控制。这主要包括审核各期的财务报表，以保证一定的现金存量，保证债务的负担不致过重和各项资产都得到有效的利用等。预算是最常用的财务控制标准，因此也是一种有效的控制工具。同时，财务控制也是防止企业出现类似美国安然公司那样的事件的较好形式。

3）对作业的控制

所谓作业，就是指从劳动力、原材料等物质资源到最终产品和服务的转换过程。组织中的作业质量很大程度上决定了组织提供的产品和服务的质量，而作业控制就是通过对作业过程的控制，来评价并提高作业的效率和效果，从而提高组织提供的产品或服务的质量。组织中常用的作业控制有生产控制、质量控制、原材料购买控制和库存控制等。20世纪80年代，美国摩托罗拉公司反思企业之所以在与日本公司争夺电器产品市场的竞争中败下阵来，主要是由于企业在内部质量管理中的问题。于是，该公司痛下决心，狠抓质量管理，发明了“6σ”管理法。

4）对信息的控制

随着人类步入信息社会，信息在组织运行中的地位越来越高，不精确的、不完整的、不及时的信息会大大降低组织的效率。因此，在现代组织中对信息的控制就显得尤为重要。对信息的控制就是建立一个管理信息系统，使它能及时地为管理者提供充分、可靠的信息。例如，对于大多数零售企业来讲，顾客信息的收集和整理主要限于对居住地点和收入、阶层等信息的分类。但是在沃尔玛看来，即使收入阶层相同、居住地区相同的顾客也有许多超乎想象的细微区别。以洗衣粉为例，沃尔玛通过数据系统最先进行18项基本组合，在全美的所有店铺进行货品陈列和补货。通过不断地对企业信息系统进行数据收集整理、分析与改进，目前，沃尔玛洗衣粉的销售组合已达到288种，极大地满足了顾客的差别化需求。如今零售业也意识到利用顾客知识对企业营销的重要意义，在业内流行的“啤酒加尿布”法则就是一个经典。一般来讲，啤酒和尿布是顾客群完全不同的商品。但是数据分析结果显示，在居民区中尿布卖得好的店面啤酒也卖得很好。其原因就是太太让先生下楼买尿布的时候，先生们一般都会犒劳自己两听啤酒。

5）对组织效率的控制

组织绩效是组织上层管理者控制的对象，组织目标的达成与否都从这里反映出来。无论是组织内部的人员，还是组织外部的人员和组织，如证券分析人员、潜在的投资者、贷款银行、供应商以及政府部门等都十分关注组织的绩效。要有效实施对组织绩效的控制，关键在于科学地评价、衡量组织绩效。一个组织的整体绩效很难用一个指标来衡量，生产率、产量、市场占有率、员工福利、组织的成长性等都可能成为衡量的标准，关键是看组织的目标取向，即要根据组织完成目标的实际情况并按照目标所设定标准来衡量组织的绩效。

14.4　控制的方式

14.4.1　预算

预算也是计划的一种形式，是用数字反映组织在未来某一时期的综合计划，并通过财务形式把计划数字化，并把这些计划分解落实到组织的各层次和各部门中去，达到实施管理控制的目的。所以，预算在组织中的作用主要表现在明确工作目标、协调部门关系、控制日常活动和考核业绩标准四大方面。

1）预算的种类

按综合程度不同可将预算分为一般预算和全面预算。

（1）一般预算。一般预算是以货币及其他数量形式所反映的有关组织未来一段时期内局部经营活动各项目标的行动计划与相应措施的数量说明。

（2）全面预算。全面预算是以货币及其他数量形式所反映的有关组织未来一段时期内全部经营活动各项目标的行动计划与相应措施的数量说明。在现代管理实践中，全面预算处于承上启下的地位，即以经营决策的结果为依据，是决策的继续，同时又是控制的先导与考核业绩的前提条件。

按预算的内容可分为收支预算、产品预算、基本建设费用预算、现金预算及资产负债预算。

（1）收支预算。这是以货币来表示组织经营管理的收支计划。其中最基本的是销售预算，它是表示销售预测的详细正式说明，也是预算控制的基础。

（2）产品预算。这是一种以实物单位来表示的预算，常用的实物预算单位有，直接工时数、台时数、原材料的数量、占用的空间和生产量。

（3）基本建设费用预算。它主要用于投资厂房、机器设备等方面的费用支出。

（4）现金预算。这实际上是一种现金的收支预测，它可用来衡量实际的现金使用情况。

（5）资产负债预算。它可用来预测将来某一特定时期的资产、负债和资本等账户的情况。

2）预算编制方法

（1）固定预算与弹性预算。只依赖一种业务量编制预算的方法称为固定预算。弹性预算是为了克服固定预算的缺点而设计的，它是在成本性态分析的基础上，按一系列可能达到的预计业务量水平（如按一定百分比间隔）编制能适应多种情况的预算方法。由于它能规定不同业务量条件下的预算收支，适用面宽，机动性强，具有弹性，故称为弹性预算，也有人称变动预算或滑动预算。

弹性预算的适用范围。弹性预算从理论上讲适用于全面预算中与业务量有关的项目，编制弹性成本预算应在选择适当业务量计量单位并确定其有效变动范围的基础上，按该业务量与有关成本费用项目之间的内在关系进行分析而实现。常见的方法有公式法、列表法、图示法等。

（2）增量预算与零基预算。增量预算一般是以现有成本费用水平为出发点，结合预算期的业务量水平及有关降低成本的措施，调整有关费用项目而编制预算的方法。这种预算往往不加分析地保留或接受原有成本项目，或按主观臆断平均削减，或只增不减，容易造成浪费，并使不必要的开支合理化。零基预算是区别于传统的增量预算而设计的一种编制费用预算的方法。它不是以现有费用为前提，而是一切从零做起，从实际需要和可能出发，逐项审议各种费用，进行综合平衡，从而确定预算成本的一种方法。

需要指出的是，预算是一种普遍使用的行之有效的计划和控制方法，但它也存在不足，即容易导致控制过细，从而出现预算过细过死的危险；容易导致本位主义；容易导致效能低下和缺乏灵活性。

14.4.2 作业控制

1）成本控制

成本控制是指使用成本核算方法，通过制定成本、可比产品成本降低率以及相关责任等实现对组织活动有效控制的目的的管理活动与过程。

成本控制最重要的是制定控制标准。一般组织可以采用预算成本或标准成本作为成本控制的标准。预算成本是指用财务核算方法为各部门或各项活动规定的在资金、劳动、材料、能源等方面支出的额度。标准成本则是根据组织一段时间内各成本项目的实际耗费情况而确定的。

在控制方法上，可以采用成本中心法控制成本。各部门、分厂或车间都可以被当作独立的成本中心，其主管人员对其产品的成本负责。加强成本控制，必须建立健全有关的基础性工作。主要是建立分级控制和归口控制的责任制度；建立费用审批制度；加强和完善流程管理工作以及组织发动员工开展各种降低成本的活动。

多年来，零售巨头沃尔玛一直在不停地削减成本。20世纪80年代以前，沃尔玛控制成本的方法主要依赖于山姆·沃尔顿的个人节约意识。他规定采购人员进货时，费用必须低于采购成本的1%，于是沃尔玛的许多高级经理住在最便宜的旅店，甚至在深夜或者凌晨与供货商见面，以便节约住宿费。即使到了21世纪的今天，改革后的沃尔玛，其差旅费的报销标准依然是两人同住一间客房，伙食标准是15美元。

当今，沃尔玛节约成本的理念已发展为利用信息技术实现流程管理的科学化。沃尔玛能实现低成本，关键在于沃尔玛强大的流程管理。沃尔玛在电脑数字管理系统、卫星通信系统和物流运营控制上的投资已超过了数十亿美元，它所采取的尖端信息技术也是为了更大地降低成本。公司于20世纪70年代花费巨资安装完成了第一套覆盖整个公司的计算机终端网络系统后，沃尔玛对这一系统的改进就从未停止过，这也为沃尔玛低成本目标的实现提供了坚实的基础。20世纪80年代，世界最大的零售商之一凯玛特，其每1美元的销售额需要花费5美分的配货费用（这也是当时零售业的平均费用），而沃尔玛只有不到2美分。

2）采购控制

物料成本是产品成本的重要部分，在一些产品中可达70%以上。因此，有效地控制物料成本自然就成了企业降低成本和增加利润的重要渠道。而组织对物料成本的控制很大程度上依靠采购控制。

采购控制的主要内容是供应商交付的物料的性能、质量、数量和价格等，以及寻找、评价、决定能够提供最好产品或服务的供应商。采购控制的目标是确保原材料来源正当、质量可靠、价格合理，同时减少采购流程，降低成本。目前，国内一些企业采用“比价采购”的方法，对企业的采购工作进行价格控制以降低采购成本，多数都收到了比较好的效果。

沃尔玛将采购控制系统与其开发应用的客户管理系统紧密相联，客户管理系统主要是通过高智能的电子技术，系统地收集、存储和分析客户的有关知识信息，如顾客的购买特点及习惯、购买时间、一次性购买商品的种类等，由此得出货架的使用效率、畅销商品的类别、商品在不同地区的销售对比、最经常光顾的顾客群等数据，将客户的需求不断细化、整合，实现距离较近的连锁店之间不同的售卖重点或是根据不同店面销售差别进行货物调配。商品种类繁多，而且许多生鲜商品时效性短，这就要求零售企业的系统能实时监控整个企业资源，并且能根据资源发出正确的指令，沃尔玛完全实现了这一管理流程。

3）质量控制

质量控制是指通过对作业系统运行全过程的监控，确保产品质量满足预先制定的标准。其主要注重，一是管理者应明确对产品是采用全数检测的方法还是采用抽样检测的方法。二是管理者应该确定何时、何地检测。在制造业中，检测主要用于以下几个方面：当供应商生产时在其厂检测；从供应商处收到货时进行检测；在高成本或不可逆转的工序之前检测；依次在生产工序、完工产品、装运之前检测。在有条件的地方，还应该尽量采用源头检测的方法，即在有可能产生缺陷之前检测。三是管理者还要考虑是采用计数值检测还是采用计量值检测。前者是将产品简单地分成合格品和不合格品，并不标出缺陷的程度。后者则需要设置一个可接受的偏差范围，然后衡量诸如重量、速度、尺寸或强度等指标，看是否落在可接受的范围内。

最有影响的质量管理方法被称为全面质量管理（total quality management，TQM）。全面质量管理主要通过组织的战略承诺、员工参与、技术和物料、方法等步骤来实现，同时，也要注重使用一些特定的工具和技术来提高质量。比较常见的是增值分析、设立标杆、外包、缩短周转时间，以及统计质量控制。

4）库存控制

与企业物料采购相关的另一项需要控制的内容是库存，对库存的控制不仅可以提供准确的关于采购数量和采购时间等的信息，更重要的是通过对库存的控制，可以减少库存、降低各种占用、提高经济效益。库存控制包括对原材料库存、在制品库存、制成品库存和在途库存的控制，但不同库存由于目的、用途和存储方式的差异，控制方法也不相同，见表14-2。

表14-2 **四种库存与控制方法**

类　型	目　的	控制方法
原材料库存	提供生产需要的材料	模具与系统采购
在制品库存	将制造过程划分为可管理的阶段	车间管理控制系统
制成品库存	按照顾客要求提供产品，实现大批量、高效率的生产	高级制造规划系统
在途库存	产品分销	运输和分销控制系统

资料来源　格里芬．管理学［M］．刘伟，译．北京：中国市场出版社，2010.

进行库存控制可以借助ABC分类法确定不同库存物资控制的重要程度。在库存物资的补充时间控制方面，常用的方法是订货点法和定期补充法。订货点法指设置一个订货点，当现有库存量降低到订货点时，就向供应商发出订货，每次的订货量均为固定的值，如经济订购批量。而近年来比较流行的是准时制（just-in-time，JIT），它给库存管理带来了重大变化，不仅有效降低了库存空间与投资，也实现了原材料在需要时的准时到达。零库存不仅仅节省企业运营成本，更表明现了企业的管控能力。零库存管理的典范是丰田公司，后来者为戴尔公司，如今，中国的海尔也实现了严格的零库存管理。

14.4.3 审计控制

审计是常用的一种控制方法，它包括财务审计和管理审计两大类。审计还有外部审计和内部审计。

1）财务审计

财务审计是由专职机构和人员，依法对审计单位的财务、财政收入及有关经济活动的真实性、合法性、效益性进行审查，评价其经济责任，以达到维护财经法纪，改善经营管理，提高经济效益，促进宏观调控的独立性的经济监督活动。财务审计的主要方法有：

（1）审计检查法。审计检查法是指在审计项目实施过程中所采用的各种检验、查证方法。按检查的对象不同，可分为资料检查法和实物检查法。资料检查法亦称查账法，是对会计凭证、账簿、报表以及其他有关资料进行检查的方法。实物检查法是指收集书面以外的信息及其载体，证实书面资料及其反映的经济活动的真实性、合法性的一种方法。

（2）审计调查法。审计调查法是指审计人员通过调查，对被审计单位的会计资料和有关事实进行查证的一种方法。其具体方法包括审计查询法、观察法和专题调查法等。

（3）审计分析法。审计分析法是指审计人员利用各种分析技术对审计对象进行比较、分析和评价的一种方法。主要用来查找可疑事项的线索，验证和评价各种经济资料所反映经济活动的真实性、合法性和效益性。常用的方法有账户分析法、账龄分析法、逻辑推理分析法、经济活动分析法、经济技术分析法和数学分析法等。

（4）抽样审计法。它是先从被查总体中抽取一部分资料作为样本进行审查，然后根据审查结果来推断被查总体正确性和合法性的一种方法。常用的方法有任意抽样审计法、判断抽样审计法和统计抽样审计法。

2）管理审计

管理审计是指以管理原理为评价准则，系统地考查、分析和评价一个组织的管理水平和管理成效，进而采取措施克服存在的缺点或问题。管理审计目标不是评价个别主管人员的工作质量和管理水平，而是从系统的观点出发来评价一个组织整个管理系统的管理质量。

应该把管理审计和经营审计区别开来，二者的差别类似于评价主管人员的管理能力及评价主管人员在制定和实现目标方面的能力。管理审计的方法与财务审计的一般方法基本一致，其中查明事实真相是管理审计工作的最基本任务。

3）内部审计与外部审计

（1）内部审计。内部审计是指企业的经营审核。从广义上说，经营审核就是企业内部的审计人员对企业的会计、财务和其他业务经营活动所做的定期的和独立的评价。内部审计提供了检查现有控制程序和方法能否有效地达成既定目标和执行既定政策的手段。内部审计是对经营活动的全面评价所采用的主要形式。

（2）外部审计。外部审计是由外部机构选派的审计人员和专家对组织财务报表及其反映的财务状况进行独立的评估。外部审计的主要目标是为股东、政府和其他感兴趣的团体证实组织的财务管理和报告以及文件的合法与恰当。法律规定，公众持股公司必须进行外部审计。

本章小结

首先，介绍与控制概念相关的基本内容。管理过程的控制是监督活动过程，并纠正偏差，以确保组织计划完成。控制要体现三个方面的含义，即控制与目的紧密相联、控制能够监督和纠偏、控制是一个过程。在这一控制中主要注意控制的整体性、动态性、人本性和两重性。由于管理对象、管理目标、系统状态的不同，所运用的控制方式也不同，从而形成了不同的管理控制类型。

其次，控制过程主要包括三大步骤，即确立标准、根据建立的标准衡量实际工作情况、纠正实际执行情况偏离了标准和计划的误差。控制标准比较常见的有统计的、技术的和经验的标准，而控制水平要注重与组织中各部门具体情况相结合。衡量实际绩效包括确定方法和绩效有效性两个方面。最后一点是分析偏差产生的原因和采取相应的纠正措施。控制的内容主要包括对人员的控制、对财务的控制、对作业的控制、对信息的控制和对组织效率的控制。

最后，控制的方式主要有预算控制；作业控制，如成本控制、采购控制、质量控制和库存控制等；审计控制，包括财务审计、管理审计、内部审计和外部审计等内容。

本章案例

丰田汽车公司的生产（控制）流程

丰田汽车公司（以下简称“丰田”）创建于1933年，是一家总部设在日本爱知县丰田市和东京都文京区的汽车工业制造公司，隶属于日本三井产业财阀，其创始人为丰田喜一郎。丰田是世界十大汽车工业公司之一，其旗下品牌主要包括雷克萨斯、丰田等。

丰田的产品范围涉及汽车、钢铁、机床、电子、纺织机械、纤维织品、家庭日用品、化工、建筑机械及建筑业等。丰田汽车（包括丰田、大发、日野等）2010年度全球销量为841.8万辆，排名第一；2017年度全球销量为1 038.6万辆，排名第三。

支撑丰田取得这样业绩的是丰田独具特色的生产和管理方式。

1）丰田生产控制流程的指导思想

丰田生产控制流程的指导思想可以概括为“一个目标”、“两大支柱”和“一大基础”。

“一个目标”是低成本、高效率、高质量地进行生产，最大限度地使顾客满意。基点是实现以下三个子目标：一是提高生产力，降低生产成本。丰田公司通过降低存货及清除多余的存货，减少生产中多余的人力、工具，并通过自动化及工业工程的方法，使生产力得到发挥。二是降低存货投资，提高投资回报率。丰田把不当的存货视为企业最大的浪费。三是提高准时交货水平，丰田公司通过在产与销售环节的密切配合来实现这一目的。

“两大支柱”是人员自动化与即时化。人员自动化是人员与机械设备的有机配合行为。生产线一旦产生数量、质量、品种上的问题，机械设备自动停机并有指示灯显示，而任何人发现故障问题都有权立即停止生产线，主动排除故障、解决问题。同时，丰田将质量管理融入生产过程，使其变为每一个员工的自觉行为，将一切工作变为有效劳动。

即时化生产，即以市场为龙头，在合适的时间、生产合适的数量和高质量的产品。即时以拉动生产为基础，以标准化为条件。拉动生产是以看板管理为手段，采用“取料制”，即后道工序根据“市场”需要进行生产；同时，根据本工序在制品短缺的量，从前道工序获取相同的在制品量，从而形成全过程的拉动控制系统，绝不多生产一件产品。标准化是指工件在被拉动到生产系统之前，要按照加工时间、数量、品种等进行合理的搭配和排序，使拉动到生产系统中的工件流具有加工工时上的平稳性，保证均衡生产，实现市场对多品种、小批量需要的快速反应和满足功能。

“一大基础”是指改善，即持续的改进与创新，包括以下方面：

（1）改进生产手段和作业流程，消除一切浪费。丰田生产方式的基本理念认为，不能提高附加价值的一切工作（包括生产过剩，库存，等待，搬运，加工中的某些活动、多余的动作、不良品的返工等）都是浪费，必须努力消除。

（2）从局部到整体永远存在着改进与提高的余地。在生产方式、操作方法、质量、生产结构和管理方式上要不断地改进与提高。

（3）以消除浪费和改进提高的思想为依托，对生产与管理中的问题，采用由易到难的原则，不断地改善、巩固，经过不懈的努力，以求长期的积累，获得显著效果。

2）丰田生产控制流程的改进

丰田喜一郎在创建了丰田汽车公司之后，探索出了一套汽车生产的管理流程。首先，他将全公司的工厂结构进行了调整，改变汽车生产“大一统”的传统格局。公司的机床生产部改为丰田机械公司，车身部改为丰田车身公司，电器安装部改为日本电气安装公司，新川工厂一分为二，分为爱知钢铁公司和爱新精密机械公司。改制后公司的专业化程度更加细化，管理和控制的水平也更加严密。其次，他将工厂内部的生产流程进行调整，使之适合于专业化生产。公司以汽车总装厂为中心，把公司外部零散的零部件供应商组合起来，有计划地将自己的需要同供应商的技术结合起来，从而有计划地排产订货。同时，他又将组装汽车所用的零部件分为内制品和外购品两大类。其中，内制品是技术含量高、附加价值大、由公司自己制造的零部件；外购品又分为从市场上买到的一般外部订货、需要给予技术指导或使用特殊设备的特殊外部订货，以及只有使用专门设备才可以加工的专门订货。在零部件上，内制与外购分别管理，不同种类的外购品又以不同的重视程度区别对待。这些做法为后来的“丰田准时制生产方式”奠定了基础，保障了生产的高效运作。

丰田生产方式倡导的是零库存，将传统的批量生产方式改为弹性生产方式。通过科学的预测与计划，丰田每天只生产“适量”的产品，需要多少零部件就生产多少，在减掉库存的同时，节省了大量资金。

3）丰田生产控制流程的核心——准时生产

（1）准时生产方式。丰田生产方式的核心内容就是准时化生产（just in time，JIT）。所谓“准时化”，就是用所需要的零部件在需要的时刻，以需要的数量，生产所需的产品。这意味着整个生产过程的零库存状态。准时生产方式还倡导工人充分发挥他们的潜力，并赋予员工在生产过程中的最大责任。如任何人发现故障问题都有权立即停止生产，以激发员工提高生产效率。准时生产方式是一种零库存、零浪费、零不良、零故障、零停滞的生产系统。

（2）逆向思维的生产、计划流程。丰田采取逆向思维的方法，它以生产工序的最后一道“总装配线”为起点，开始给装配线提出生产计划；而装配线上用的零部件的运送方法，也从过去由前一道工序向后一道工序运送的方式，改为由后一道工序在需要的时刻到前一道工序去领取需要数量的、需要的东西，而前一道工序则只生产所需领取的数量。这样，不仅可以解决库存问题，而且还避免了生产计划的种种变动对生产带来的巨大冲击。

（3）生产的同步化与均衡化。生产的同步化，即工序间不设置仓库，前一工序加工结束后，使其立即转到下一工序去，装配线与机械加工几乎平行进行。在铸造、锻造、冲压等必须成批生产的工序，则通过尽量缩短作业更换时间来尽量缩小生产批量。这种方式与以往的各个工序之间相互独立，各工序的生产人员在加工出来的产品累计到一定数量后一次性运到下道工序的做法完全不同，它令多道工序同时进行，是产品实施小批量生产的一种方法。

生产的均衡化，是指总装配线在向前一道工序领取零部件时应均衡地使用各种零部件，生产各种产品。为此在制订生产计划时就必须加以考虑，然后将其体现于产品生产顺序计划之中。在制造阶段，均衡化通过专用设备通用化和制定标准作业来实现。所在环节都按标准定额组织生产，因此要按此生产定额均衡地组织物资的供应，安排物品的流动。

4）丰田生产控制流程的要素——自动化故障检报

自动化故障检报是丰田生产方式的另一大组成部分，它是用于检验生产过程中各种故障的自动装置，发现并降低生产过程中故障的发生，从而消除次品和废品，进而达到消除浪费、保证质量的目的。

5）丰田生产控制流程的管理工具——“看板”管理

“看板”作为一种生产、运送指令的传递工具，将何物、何时、生产数量、生产方式、搬运放置等生产指令明确地显示出来。根据JIT生产方式，把生产计划下达给最后的组装线，指示什么时间、生产多少什么类型的车，这样组装线便依次向前一道工序领取所需的各种零部件，用这种倒过来运送的管理方法一步一步逆着生产工序向上推进，一直上溯到原材料供应部门，并给以连锁性的同步化衔接，这样就可以满足“准时化”条件。

资料来源　根据以下资料整理：[1] 大野耐一. 丰田生产方式 [M]. 谢克俭，等，译. 北京：中国铁道出版社，2006；[2] 片山修. 丰田方式 [M]. 陈锐，译. 北京：华夏出版社，1999；[3] 郝斌. 模块化创新　企业间的价值吸收 [J]. 科学研究，2011（1）.

思考题：

丰田的生产控制体现在哪些方面？丰田生产控制的核心思想是什么？丰田生产控制模式能够取得成功的关键要素是什么？

思考与练习

1.管理控制系统的三种方法是什么？各有什么特点？

2.前馈控制、同期控制和反馈控制的优缺点是什么？

3.正式组织控制和群体控制的差异是什么？怎样在组织中使用这些控制手段？

4.最优控制是指什么？如何实现最优控制？

5.控制过程分为几个步骤？相互之间是什么关系？

6.在控制的内容中，哪一项是控制的根本？

7.有效控制系统对信息的基本要求是什么？

8.预算有哪几种形式？通过什么方式实现控制？

9.作业控制从哪些方面实现降低企业成本、提高效益的目的？

10.财务审计的目的是什么？有哪些内容？

主要参考书目

[1] 罗宾斯. 管理学 [M]. 毛蕴诗，译. 北京：中国人民大学出版社，1997.

[2] 罗宾斯，库尔特. 管理学 [M]. 刘刚，等，译. 北京：中国人民大学出版社，2017.

[3] 邢以群. 管理学 [M]. 北京：电子工业出版社，2016.

[4] 希尔，麦克沙恩，李维安，等. 管理学 [M]. 北京：机械工业出版社，2011.

[5] 科克，洛克伍德. 极简法则 [M]. 李璐，译. 南昌：江西人民出版社，2017.

[6] 曾仕强. 中国式管理 [M]. 北京：中国社会科学出版社，2005.

[7] 吉耶尔. 真实情境中的管理学 [M]. 耿云，等，译. 北京：中国人民大学出版社，2010.

[8] 泰勒. 科学管理原理 [M]. 李柱流，译. 北京：中国社会科学出版社，1980.

[9] 法约尔. 工业管理与一般管理 [M]. 周安华，等，译. 北京：中国社会科学出版社，1982.

[10] 西蒙. 管理决策新科学 [M]. 李柱流，等，译. 北京：中国社会科学出版社，1982.

[11] 方振帮. 管理思想百年脉络 [M]. 北京：中国人民大学出版社，2007.

[12] 圣吉. 第五项修炼——学习型组织的艺术与实务 [M]. 郭进隆，译. 上海：上海三联书店，2002.

[13] 鲍益新. 人人都是首席质量官 [M]. 北京：华夏出版社，2017.

[14] 魏昕，廖小东. 富士康内幕 全球最大代工企业成长真相 [M]. 北京：华夏出版社，2010.

[15] 徐明天. 郭台铭管理日志 [M]. 杭州：浙江大学出版社，2011.

[16] 哈特利. 商业伦理：西方经典管理案例集 [M]. 胡敏，等，译. 北京：中信出版社，2000.

[17] 占豪. 大博弈——中国之危与机 [M]. 上海：上海财经大学出版社，2014.

[18] 宋晓军. 大目标 [M]. 北京：光明日报出版社，2012.

[19] 郑永年. 未来三十年 [M]. 北京：中信出版集团，2017.

[20] 王千马，梁冬梅. 新制造时代 [M]. 北京：中信出版集团，2017.

[21] 蔡斯. 共享经济 [M]. 王芮，译. 杭州：浙江人民出版社，2015.

[22] 朱克力，张孝荣. 分享经济 [M]. 北京：中信出版集团，2016.

[23] 德鲁克. 巨变时代的管理 [M]. 朱雁斌，译. 北京：机械工业出版社，2006.

[24] 麦戈文. 零工经济 [M]. 邱墨楠，译. 北京：中信出版集团，2017.

[25] 丁正. 华为高效工作法 [M]. 北京：机械工业出版社，2018.

[26] 西蒙. 管理决策新科学 [M]. 李柱流，等，译. 北京：中国社会科学出版社，1982.

[27] 西蒙. 管理行为：管理组织决策过程的研究 [M]. 骆梅英，译. 北京：北京经济学院出版社，1988.

[28] 西蒙. 现代决策理论的基石：有限理性说 [M]. 杨砾，等，译. 北京：北京经济学院出版社，1988.

[29] 巴纳德. 经理人员的职能 [M]. 孙耀君，等，译. 北京：中国社会科学出版社，1997.

[30] 巴泽曼. 管理决策中的判断 [M]. 杜伟宇，等，译. 北京：人民邮电出版社，2007.

[31] 普劳斯. 决策与判断 [M]. 施俊琦，等，译. 北京：人民邮电出版社，2013.

[32] 希特，爱尔兰. 战略管理 [M]. 吕巍，译. 北京：中国人民大学出版社，2017.

[33] 希尔. 战略管理 [M]. 孙忠，译. 北京：中国市场出版社，2010.

[34] 亨格，惠伦. 战略管理精要 [M]. 邵冲，译. 北京：电子工业出版社，2002.

[35] 王石，缪川. 道路与梦想——我与万科20年 [M]. 北京：中信出版社，2006.

[36] 陆新之. 王石管理日志 [M]. 北京：中信出版社，2009.

[37] 吴晓波. 腾讯传 [M]. 杭州：浙江大学出版社，2017.

[38] 卡斯特，罗森茨韦克. 组织与管理——系统方法与权变方法 [M]. 李柱流，等，译. 北京：中国社会科学出版社，1985.

[39] 曹仰锋. 海尔转型 [M]. 北京：中信出版集团，2017.

[40] 德鲁克. 管理：任务、责任和实践 [M]. 孙耀君，等，译. 北京：中国社会科学出版社，1987.

[41] 田旺，苍耳. 雷军：世界需要我的突围 [M]. 合肥：安徽人民出版社，2013.

[42] 田曦. 蚂蚁金服 [M]. 北京：中信出版集团，2017.

[43] 王钦. 人单合一管理学 [M]. 北京：经济管理出版社，2016.

[44] 胡泳. 张瑞敏如是说 [M]. 杭州: 浙江人民出版社, 2003.

[45] 刘光明. 企业文化 [M]. 北京: 经济管理出版社, 2006.

[46] 陈春花. 企业文化 [M]. 北京: 机械工业出版社, 2010.

[47] 茨威尔. 创造基于能力的企业文化 [M]. 王申英, 等, 译. 北京: 华夏出版社, 2002.

[48] 德斯勒. 人力资源管理 [M]. 刘昕, 译. 北京: 中国人民大学出版社, 2017.

[49] 马海刚, 彭剑锋. HR+三支柱: 人力资源管理转型升级与实践创新 [M]. 北京: 中国人民大学出版社, 2017.

[50] 李开复. 世界因你不同 [M]. 北京: 中信出版社, 2009.

[51] 赵明. 企业家的逻辑 [M]. 北京: 经济管理出版社, 2010.

[52] 哈格斯, 吉纳特, 柯菲. 领导学 [M]. 朱舟, 译. 北京: 机械工业出版社, 2016.

[53] 布莱克, 麦坎斯. 领导难题·方格解法 [M]. 孔令济, 等, 译. 北京: 中国社会科学出版社, 1999.

[54] 丁栋虹. 领导力 [M]. 北京: 清华大学出版社, 2012.

[55] 陈树文. 卓越领导者的智慧 [M]. 北京: 清华大学出版社, 2009.

[56] 华生. 万科模式 [M]. 上海: 东方出版社, 2017.

[57] 姚宇锋, 谢洁. 股权激励整体解决方案 [M]. 北京: 中国经济出版社, 2018.

[58] 吴晓波. 吴敬琏传 [M]. 北京: 中信出版社, 2009.

[59] 杰纳兹, 多德, 施奈德. 组织中的人际沟通 [M]. 孙相云, 等, 译. 北京: 中国人民大学出版社, 2016.

[60] 康青. 管理沟通 [M]. 北京: 中国人民大学出版社, 2015.

[61] 叶龙. 微信公众号 [M]. 北京: 清华大学出版社, 2017.

[62] 王坚. 在线 [M]. 北京: 中信出版集团, 2016.

[63] 余明阳, 张慧彬. 危机管理战略 [M]. 北京: 清华大学出版社, 北京交通大学出版社, 2009.

[64] 唐钧. 应急管理与危机公关 [M]. 北京: 中国人民大学出版社, 2012.

[65] 鲍勇剑, 袁文龙. 反动的危机管理 [M]. 上海: 格致出版社, 上海人民出版社, 2011.

[66] 鲍勇剑, 陈百助. 危机管理——当最坏的情况发生时 [M]. 上海: 复旦大学出版社, 2003.

[67] 希斯. 危机管理 [M]. 王成, 等, 译. 北京: 中信出版集团, 2001.

[68] 巴顿. 危机管理 [M]. 许瀞予, 译, 北京: 东方出版社, 2009.

[69] 谢耘耕. 中国社会舆情与危机管理报告 [M]. 北京: 中国社会科学文献出版社, 2017.

［70］小林裕. 企业经营再造工程［M］. 纪香君，译. 北京：北京出版社，1995.

［71］苏敬勤. 中国企业管理创新研究［M］. 北京：科学出版社，2013.

［72］刘丽文. 生产与运作管理［M］. 北京：清华大学出版社，2016.

［73］徐国良. 企业管理案例精选精析［M］. 北京：中国社会科学出版社，2009.

［74］类延昊. 运营笔记［M］. 天津：天津出版传媒集团，2016.

［75］莱克. 丰田模式：精益制造的14项管理原则［M］. 李芳龄，译. 北京：机械工业出版社，2016.

［76］大野耐一. 大野耐一的现场管理［M］. 崔柳，等，译. 北京：机械工业出版社，2016.